本书属于教育部哲学社会科学研究重大课题攻关项目
"中国古代科技文献整理与研究"（项目编号：19JZD042）
阶段性成果

中国古代科技文献萃编

陈宁 王颖琛 主编

中国社会科学出版社

图书在版编目（CIP）数据

中国古代科技文献萃编/陈宁，王颖琛主编.—北京：中国社会科学出版社，2023.9
ISBN 978-7-5227-2438-6

Ⅰ.①中… Ⅱ.①陈… ②王… Ⅲ.①科技文献—汇编—中国—古代 Ⅳ.①G257.36

中国国家版本馆 CIP 数据核字（2023）第 153015 号

出 版 人	赵剑英
责任编辑	党旺旺
责任校对	闫　萃
责任印制	王　超

出　　版	中国社会科学出版社
社　　址	北京鼓楼西大街甲 158 号
邮　　编	100720
网　　址	http://www.csspw.cn
发 行 部	010-84083685
门 市 部	010-84029450
经　　销	新华书店及其他书店
印　　刷	北京明恒达印务有限公司
装　　订	廊坊市广阳区广增装订厂
版　　次	2023 年 9 月第 1 版
印　　次	2023 年 9 月第 1 次印刷
开　　本	710×1000　1/16
印　　张	30
插　　页	2
字　　数	475 千字
定　　价	158.00 元

凡购买中国社会科学出版社图书，如有质量问题请与本社营销中心联系调换
电话：010-84083683
版权所有　侵权必究

编纂者名单

主　编：陈　宁　　王颖琛
参　编：张钰钒　　曹一凡　　郑　彬
统　稿：刘培峰

前　　言

　　中国古代在科技方面取得了许多举世瞩目的成就，造纸术、印刷术、火药、指南针、瓷器等就是其中的杰出代表，这些科技成就对于中国乃至世界科技的发展起到了极大的推动作用。英国著名科技史学家李约瑟博士曾有言道："中国在公元 3 世纪至 13 世纪之间，保持一个西方所望尘莫及的科学知识水平……（中国科学的发明和发现）往往远远超过同时代的欧洲，尤其是 15 世纪之前更是如此。"[①] 作为中国古代科技文化的重要组成部分，中国古代科技文献是中国古代科技经验的总结，也是中国古代科技成就的反映，对于了解和认识中国古代科技的发明发展尤为重要。

　　综观整个中国古代科技文献的编纂，其绝对数量还是比较多的，尤其是农学、医学之类的科技典籍数量庞大。但若与传统的经史类、文集类典籍相比，其数量又显得十分稀少。诚如近代学者梁启超所言："做中国学术史，最令我们惭愧的是，科学史料异常贫乏。"这也许与中国古代"重道轻器""重经史轻理艺""劳心者治人、劳力者治于人"以及各种儒家思想、科举制度等方面的影响有关。如被誉为"中国十七世纪科技百科全书"的中国古代科技名著《天工开物》，不仅未被收录在《四库全书》中，甚至连《四库全书总目提要》都对该书只字未提，包括作者宋应星自己也强调说，该书"不系人之利害者""于功名进取毫不相关也"。

　　中国古代科技文献的编纂不仅整体数量偏少，而且分布比较分散，

---

① ［英］李约瑟：《中国科学技术史》第一卷，科学出版社、上海古籍出版社，1990 年。

多散见于历代正史、杂史、方志、政书、文集以及诸子百家之类的典籍中。近年来，由于国家对科技的高度重视，学界对科技文献尤其是中国古代科技的整理与研究方兴未艾，出现了一系列的整理与研究成果。而有关中国古代科技文献的整理成果，概括起来，无外乎这么几种，即整体性整理成果、专题性整理成果、某一著作的整理成果等。

关于中国古代科技文献的整体性整理成果，由于其涉及门类众多，过于庞杂，因此整理难度极大，成果相对较少。根据编者统计，目前这方面的整理成果主要有1992年胡道静主编的《中国古代科技名著译注丛书》，1993年中国科学院自然科学史研究所组织编纂的《中国科学技术典籍通汇》，2017年冯立昇主编的《江南制造局科技译著集成》，2021年上海图书馆组织编纂的《江南制造局译书全编》等。尽管这些整理成果题名冠以诸如"丛书""通汇""集成""全编"之类的字眼，属于整体性整理成果的范畴，但若仔细翻阅这些成果，很容易发现它们收录的中国古代科技文献明显不全。以《中国科学技术典籍通汇》为例，该书共有11卷，计50册，以影印的方式收录了天文、物理、数学、化学、地学、生物、农学、医学、工艺技术等门类的典籍541种，是一部十分重要的中国古代科技文献整理类著作，参引价值极大，不过该书收录的中国古代科技文献明显是不全的，甚至只能说是其中的"冰山一角"。

关于中国古代科技文献的专题性整理成果，由于各个科技门类和学科发展的需要，其整理成果颇多，尤以农学类和医学类这两类科技文献的整理成果为最多，整理方式也比较多样，包括汇编、精选、点校、注释、影印以及相关的专题研究、目录编制等。这类整理成果中，比较有代表性的有1964年王毓瑚编的《中国农学书录》，1970年毛雍编的《中国农书目录汇编》，1990年中国农业历史学会、中国农业博物馆编的《农业古籍联合目录》，2002年中国农业遗产研究室编的《中国农学遗产选集》，2003年张芳、王思明主编的《中国农业古籍目录》；1998年顾保群编的《中医古籍选读》，2012年顾宁一主编的《中医古籍善本书目提要》，2012年王淑民编著的《英藏敦煌医学文献图影与注疏》，2014年周仲瑛、于文明主编的《中医古籍珍本集成》，2015年梁松涛编著的《黑水城出土西夏文医药文献整理与研究》，2019年段逸山、吉文辉主编的《中医古籍珍稀抄本精选》等。与农学类、医学类相比，其他诸如天文类、算学类、物理学类、化学类等科技文献的专题性整理成果则显得比较稀少，具有一定代表性的成果有 1989 年中国科学院北京天文台主编的《中国天文史料汇编》，1996 年邓文宽编校的《敦煌天文历法文献辑校》，2000 年吴文俊编的《中国算学书目汇编》，2017 年邓可卉编著的《中外天文学文献校点与研究》等。

尤值一提的是，目前专门针对手工业类科技文献的整理成果更是凤毛麟角，且多不齐全，也不深入，或只是针对手工业类的某一专题进行整理与研究，如 2008 年李合群主编的《中国古代桥梁文献精选》，就是专门针对手工业类中的桥梁类科技文献进行整理的；又如 1999 年冯先铭编著的《中国古陶瓷文献集释》，2003 年全国图书馆文献缩微复制中心编的《中国古代陶瓷文献辑录》，2006 年熊寥、熊微编注的《中国陶瓷古籍集成》，2008 年中国第一历史档案馆、北京铁源陶瓷研究院编的《清宫瓷器档案全集》，2012 年景德镇陶瓷大学中国陶瓷文化研究所编的《中国古代陶瓷文献影印辑刊》，2015 年陈雨前主编的《中国古陶瓷文献校注》等，均是针对手工业类中的陶瓷类科技文献进行整理的；甚或是针对某种具体手工业著作进行整理与研究，如 1984 年傅振伦译注的《〈陶说〉译注》，2004 年连冕编注的《景德镇陶录图说》，2010 年杜斌校注的《匋雅》，2017 年陈艳丽校注的《〈铜政便览〉校注》以及马晓粉校注的《〈滇南矿厂图略〉校注》等，而这些成果也属于笔者前文说的第三种整理成果的范畴，即中国古代科技某一著作的整理成果。以上情况亦可说明，目前有关中国古代手工业类科技文献的整理还是十分匮乏的，而国家对传统手工业复兴的高度重视，尤其是近期国家文旅部、教育部、自然资源部、农业农村部、国家乡村振兴局、国家开发银行等联合发布了《关于推动文化产业赋能乡村振兴的意见》，其中就有"手工艺赋能乡村振兴"的明确要求，这样将传统手工业的复兴与乡村振兴的发展战略紧密地联系在一起，使得有关中国古代手工业类科技文献的整理显得更为迫切，而这类文献正是本书选录编排整理的重点，以弥补当前有关中国古代科技文献整理中的不足。

关于中国古代科技某一著作的整理成果，由于整理起来相对比较便易，因此整理成果最为丰富。除了前文提及的数种，还有诸如 1956 年石声汉编译的《氾胜之书今释》，1977 年刘衡如编校的《本草纲目》，1991

年刘渡舟校注的《伤寒论校注》等，由于数量庞大，这里不再一一列举。需要特别指出的是，中国古代比较重要的科技著作由于参引率较高，因此受到了格外的关注和重视，出现了许多不同的整理版本。以清代乾嘉时期蓝浦编著的《景德镇陶录》为例，古代刻印本就有嘉庆二十年翼经堂刻本、同治九年郑氏藏版重刻本、光绪十七年书业堂重刻本、清抄本、民国间石印本、上海朝记书庄石印本、1928年《美术丛书》等，现代整理本有1993年《景德镇陶录详注》、1993年《古玩文化丛书·说陶》、1993年《古瓷鉴定指南》、1996年《景德镇陶录校注》、1998年《中华美术丛书》、2000年《中国陶瓷古籍集成》、2002年《续修四库全书》、2003年《中国古代陶瓷文献辑录》、2004年《景德镇陶录图说》、2012年《中国古代陶瓷文献影印辑刊》、2015年《中国古陶瓷文献校注》等，外译本有1856年法国儒莲（Stanislas Julien）译本、1907年日本藤江永孝译本、1951年英国塞义（Geoffrey R. Sayer）译本等，共计20余种，可谓十分庞杂。那么，如何甄别其异同，辨析其优劣，从而选取比较好的本子作为编排整理的底本，就显得十分重要了，而这也是本书要重点考虑解决的问题之一。

本书题名《中国古代科技文献萃编》，即精选汇编中国古代比较有代表性的科技文献，追求的是"小而精"，不是"大而全"，因此选录编排的角度和思路就显得极其重要。根据前文分析，本书将参照被誉为"中国十七世纪科技百科全书"的宋应星《天工开物》的分类编排思路，精选汇编中国古代农业和手工业类的科技文献，尤其重点选录当前整理比较匮乏的中国古代手工业类科技文献。在这里，就不得不简要描述一下宋应星及其著作《天工开物》的分类编排思路。

宋应星（1587—?），字长庚，江西奉新县人，万历四十三年（1615）举人，曾任江西省袁州府分宜县教谕、福建省汀州府推官、南直隶凤阳府亳州知州等职，明末清初著名科学家。一生著述颇丰，主要有《天工开物》《野议》《谈天》《论气》《思怜诗》《画音归正》《观象》《乐律》《春秋戎狄解》《卮言十种》等，但多已亡佚，目前仅存《天工开物》《野议》《谈天》《论气》《思怜诗》五种，十分珍贵。这些著作中，以《天工开物》最为有名，也最具影响力。该书是宋应星五次会试不第后，受当时"实学"思想的影响，弃经问艺，弃虚务实，转投"于功名进取毫不相关"而"于人们生活日息相关"的技艺之学，由此编纂而成世界上第一部较为系统地介绍农业和手工业生产技术的专书。该书分上、中、下三卷，每卷又设小类，共十八类，即乃粒、乃服、彰施、粹精、作咸、甘嗜、陶埏、冶铸、舟车、锤锻、燔石、膏液、杀青、五金、佳兵、丹青、曲蘖、珠玉。

由于《天工开物》在中国古代科技文献编撰史上具有开拓性意义，常被视作中国古代科技文献的"经典之作"，因此整理者和研究者众多，当前流传的版本也比较繁杂。其中，比较有代表性的当属潘吉星的《天工开物译注》《天工开物校注及研究》和杨维增的《天工开物新注研究》等。作为本书主编之一的陈宁，也曾以《天工人代，开物成务——论宋应星〈天工开物〉的工艺编撰思想》为题，对宋应星《天工开物》的工艺编撰思想作过系统研究，并将其总结为五个方面，即重视"天工"，强调"人巧"；重视调查，强调实用；重视数据罗列，强调图文并茂；昭承述技观念，富有比较意识；赞颂农工技艺，体恤百姓疾苦。有鉴于此，本书将《天工开物》放在选录文献的第一篇，并作为"综论篇"，统领全书；然后依据《天工开物》的分类编排思路，按照农业和手工业两大类科技文献进行选录，分别设为"农业篇"和"手工业篇"。

其中，"农业篇"主要涉及农作物、蚕桑、丝织方面的农业技术以及相关的制糖、制盐、酿酒等，选录了《氾胜之书》《农书·农器图谱》《豳风广义》《齐民要术》《熬波图》《糖霜谱》六种文献；"手工业篇"则以陶冶、矿冶、兵器、漆器等门类为主，选录了《周礼·考工记》《陶冶图说》《南窑笔记》《景德镇陶录》《滇南矿厂图略》《髹饰录》等手工业文献，以及有相关记载的《武经总要》《梦溪笔谈》《岭外代答》等文献的部分篇章。需要说明的是，编者根据实际的编排需要，考虑到选录文献与中国古代科技知识联系的紧密程度，将大多数选录文献采用"全文照录"的方式编排，但也有少量的文献采用"节选篇章"的方式编排。此外，本书不再选录其他类别（如医学、天文学、数学、物理、化学等）科技文献，其原因主要是：这几类科技文献，要么已有比较齐全的文献汇编本，要么已有相对完善的现代整理本，加上编者的知识架构多为技术史研究方向，故作此安排。

本书的编纂分工情况是：全书由陈宁负责整体的统筹规划，由王颖琛负责具体的组织实施，由陈宁、王颖琛、张钰钒、曹一凡、郑彬五人进行文献的选编和点校整理，由刘培峰负责统稿，最后由陈宁和王颖琛二人审定。

本书属于教育部哲学社会科学研究重大课题攻关项目"中国古代科技文献整理与研究"（项目编号：19JZD042）的阶段性成果，该项目首席专家、武汉大学信息管理学院李明杰教授对本书的编纂出版给予了指导和大力支持，在此表示衷心的感谢。同时，感谢中国国家图书馆、清华大学图书馆、北京大学图书馆、武汉大学图书馆、景德镇陶瓷大学图书馆、景德镇市图书馆等馆藏单位在查阅文献及其版本时提供的便利。感谢中国社会科学出版社出版。

由于本书是由多人编纂而成，且多为青年学者，学术背景不尽一致，因此其编校内容难免会有不一致甚或错漏之处，敬祈读者不吝指正。

陈　宁　王颖琛
2022 年 7 月 20 日

整理说明

本书参照明末宋应星《天工开物》的分类编排思路，主要精选农业和手工业两类比较有代表性的中国古代科技文献，共计选录20种，其内容涵盖农业技术、生产器具、陶瓷技术、冶金技术、漆器技术等，对于认识和研究中国古代科技的发明发展具有重要的参考价值。针对本书的编排整理工作，需要说明以下几点：

（1）本书选录的中国古代科技文献共计20种，分三篇进行编排，具体信息见下表：

篇名称	类别名称	文献名称	编纂者	选用版本
综论篇	综合类	天工开物	（明）宋应星	明崇祯十年涂伯聚刻本
农业篇	农业技术综合	氾胜之书	（汉）氾胜之	清洪颐煊辑《经典集林》本
	农业器械与工具	农书·农器图谱	（元）王祯	以明嘉靖九年刻本为底本，以文渊阁《四库全书》本为参校本
	丝织技术	豳风广义	（清）杨屾	民国年间宋联奎辑《关中丛书》本
	染料作物与酿酒技术	齐民要术	（北魏）贾思勰	以明万历年间胡震亨、沈士龙刻本为底本，以上海涵芬楼《四部丛刊》影印明抄本为参校本
	制盐技术	熬波图	（元）陈椿	文渊阁《四库全书》本
	制糖技术	糖霜谱	（宋）王灼	清嘉庆十年张氏照旷阁刻本

续表

篇名称	类别名称	文献名称	编纂者	选用版本
手工业篇	手工业技术综合	周礼·考工记	佚名	清乾隆河间纪氏阅微草堂刻本
	陶瓷技术	阳羡茗壶系	（明）周高起	以清康熙刻《檀几丛书》本为底本，以光绪刻《粟香室丛书》本为参校本
		陶冶图说	（清）唐英	清乾隆八年戴临写本
		南窑笔记	（清）张九钺	以清乾隆稿本为底本，以民国《美术丛书》本为参校本
		景德镇陶录	（清）蓝浦	以清嘉庆二十年翼经堂刻本为底本，以同治九年张氏校刻本为参校本
	矿冶与加工技术	管子·地数篇	（周）管仲	明天启五年花斋刻本
		梦溪笔谈	（宋）沈括	元大德年间刻本
		滇南矿厂图略	（清）吴其濬	清道光年间刻本
	兵器制造	武经总要前集	（宋）曾公亮	明嘉靖年间刻本
	颜料与制墨	历代名画记	（唐）张彦远	明嘉靖年间刻本
		文房四谱	（宋）苏易简	明龙山童氏刻本
	珠玉开采	岭外代答	（宋）周去非	清长塘鲍氏知不足斋刻本
	漆器技术	髹饰录	（明）黄成	日本兼葭堂藏抄本

（2）本书选录中国古代科技文献的编排顺序，先按综合篇、农业篇、手工业篇三个篇目进行编排，同一篇目下再按类别进行编排，类别总体上按照宋应星《天工开物》的类目编排顺序进行编排，同一类别下再按文献的成书时代顺序进行编排。需要说明的是，由于漆器技术也是中国古代十分重要的手工业制造技术，尽管它并未见载于《天工开物》，但是考虑其特殊的重要性，本书也选录了一种比较有代表性的古代漆器专著《髹饰录》，将之编排在"手工业篇"的最后。

（3）本书选录的中国古代科技文献均以传世善本为底本，如《天工开物》选用的底本就是该书最早的传世刻本"明崇祯十年涂伯聚刻本"。编者通过比较分析各个版本的优劣后，在觉得十分必要的情况下，除了选用一个比较好的版本作为底本，还会再择一个参校本作为补充。如《景德镇陶录》就是以该书最早的传世刻本"清嘉庆二十年翼经堂刻本"作为底本、以清同治九年张氏校刻本作为参校本的，该同治本不仅纠正了嘉庆本的一些漏误，还补充了同治年间校刻者的一篇序文，是嘉庆本的有益补充。

（4）本书选录中国古代科技文献的插图大多引自古籍原本，倘若遇到比较特殊的情况，编者会在选录文献的正文首页以页下注的方式予以说明。为了方便今人查阅，编者对部分插图的顺序进行了适当调整。

（5）本书选录中国古代科技文献的原文注解均标有"原注："字样，并将其注解文字以稍小号的楷体字进行编排，注解内容统一用圆括号括起来，以示与正文文字内容的区分。编者对选录文献内容的注解，则以页下注的方式进行编排。

（6）为了保持文献原貌，本书选录中国古代科技文献的段落划分，均依照原始文献进行编排，不再另作划分。

（7）为了方便今人查阅，本书采用现代规范简体字编排，然后加以句读点校。

目　录

综论篇

天工开物 …………………………………………………（3）

农业篇

氾胜之书 …………………………………………………（127）
农书·农器图谱（节选）…………………………………（135）
豳风广义（节选）…………………………………………（162）
齐民要术（节选）…………………………………………（175）
熬波图 ……………………………………………………（210）
糖霜谱 ……………………………………………………（246）

手工业篇

周礼·考工记 ……………………………………………（253）
阳羡茗壶系 ………………………………………………（264）
陶冶图说 …………………………………………………（272）
南窑笔记 …………………………………………………（278）
景德镇陶录 ………………………………………………（289）
管子·地数篇 ……………………………………………（350）
梦溪笔谈（节选）…………………………………………（353）

滇南矿厂图略（节选） ………………………………………（359）
武经总要前集（节选） ………………………………………（407）
历代名画记（节选） …………………………………………（420）
文房四谱（节选） ……………………………………………（426）
岭外代答（节选） ……………………………………………（437）
髹饰录 …………………………………………………………（440）

综 论 篇

天工开物

（明）宋应星

（明崇祯十年涂伯聚刻本）

天工开物序[①]

天覆地载，物数号万，而事亦因之曲成而不遗，岂人力也哉！事物而既万矣，必待口授目成而后识之，其与几何？万事万物之中，其无益生人与有益者，各载其半；世有聪明博物者，稠人推焉。乃枣梨之花未赏，而臆度楚萍；釜鬵之范鲜经，而侈谈莒鼎。画工好图鬼魅而恶犬马，即郑侨、晋华岂足为烈哉？幸生圣明极盛之世，滇南车马，纵贯辽阳；岭徼宦商，衡游蓟北。为方万里中，何事何物，不可见见闻闻。若为士而生东晋之初，南宋之季，其视燕、秦、晋、豫方物，已成夷产，从互市而得裘帽，何殊肃慎之矢也。且夫王孙帝子生长深宫，御厨玉粒正香而欲观耒耜，尚宫锦衣方剪而想象机丝。当斯时也，披图一观，如获重宝矣。年来著书一种，名曰《天工开物卷》。伤哉贫也！欲购奇考证，而乏洛下之资；欲招致同人，商略赝真，而缺陈思之馆。随其孤陋见闻，藏诸方寸而写之，岂有当哉？吾友涂伯聚先生，诚意动天，心灵格物，凡古今一言之嘉，寸长可取，必勤勤恳恳而契合焉。昨岁《画音归正》由先生而授梓，兹有后命，复取此卷而继起为之，其亦风缘之所召哉！卷分前后，乃贵五谷而贱金玉之义。《观象》《乐律》二卷，其道太精，

[①] 该书插图均引自《续修四库全书》，特此说明。

自揣非吾事，故临梓删去。丐大业文人，弃掷案头，此书于功名进取毫不相关也。时崇祯丁丑孟夏月，奉新宋应星书于家食之问堂。

卷上
乃粒第一卷

宋子曰：上古神农氏，若存若亡，然味其徽号，两言至今存矣。生人不能久生而五谷生之，五谷不能自生而生人生之。土脉历时代而异，种性随水土而分。不然，神农去陶唐，粒食已千年矣。耒耜之利，以教天下，岂有隐焉。而纷纷嘉种，必待后稷详明，其故何也？纨绔之子，以赭衣视笠蓑；经生之家，以农夫为诟詈。晨炊晚馕，知其味而忘其源者众矣！夫先农而系之以神，岂人力之所为哉！

总名

凡谷无定名，百谷指成数言。五谷则麻、菽、麦、稷、黍，独遗稻者，以著书圣贤起自西北也。今天下育民人者，稻居十七，而来、牟、黍、稷居十三。麻、菽二者，功用已全入蔬饵膏馔之中，而犹系之谷者，从其朔也。

稻

凡稻种最多。不黏者，禾曰秔，米曰粳；黏者，禾曰稌，米曰糯。（原注：南方无黏黍，酒皆糯米所为。）质本粳而晚收带黏，（原注：俗名婺源光之类。）不可为酒，只可为粥者，又一种性也。凡稻谷形有长芒、短芒，（原注：江南名长芒者曰浏阳早，短芒者曰吉安早。）长粒、尖粒、圆顶、扁面不一，其中米色有雪白、牙黄、大赤、半紫、杂黑不一。湿种之期，最早者春分以前，名为社种，（原注：遇天寒有冻死不生者。）最迟者后于清明。凡播种，先以稻麦稿包浸数日，俟其生芽，撒于田中，生出寸许，其名曰秧。秧生三十日即拔起分栽。若田亩逢旱干、水溢，不可插秧。秧过期，老而长节，即栽于亩中，生谷数粒，结果而已。凡秧田一亩所生秧，供移栽二十五亩。凡秧既分栽后，早者七十日即收获。（原注：粳有救公饥、喉下急，糯有金包银之类，方语百千，不可殚述。）最迟者历夏及冬二百日方收获。其冬季播种、仲夏即收者，则广南之稻，地无霜雪故也。凡稻旬日失水，即愁旱干。夏种冬收之谷，必山间源水不绝之亩，其谷种亦耐久，其土脉亦寒，不催苗也。湖滨之田，待夏潦已过，六月方栽者，其秧立夏播种，撒藏高亩之上，以待时也。南方平原，田多一岁两栽两获者。其再栽秧，俗名晚糯，非粳类也。六月刈初禾，耕治老稿田，插再生秧。其秧清明时已偕早秧撒布。早秧一日无水即死，此秧历四五两月，任从烈日暵干无忧，此一异也。凡再植稻遇秋多晴，则汲灌与稻相终始。农家勤苦，为春酒之需也。凡稻旬日失水则死期至。幻出旱稻一种，粳而不黏者，即高山可插，又一异也。香稻一种，取其芳气以供贵人，收实甚少，滋益全无，不足尚也。

稻宜

凡稻，土脉焦枯，则穗实萧索。勤农粪田，多方以助之。人畜秽遗、榨油枯饼，（原注：枯者，以去膏而得名也。胡麻、莱菔子为上，芸苔次之，大眼桐又次之，樟、柏、棉花又次之。）草皮木叶，以佐生机，普天之所同也。（原注：南方磨绿豆粉者，取溲浆灌田肥甚。豆贱之时，撒黄豆于田，一粒烂土方三寸，得谷之息倍焉。）土性带冷浆者，宜骨灰蘸秧根，（原注：凡禽兽骨。）石灰淹苗足，向阳暖土不宜也。土脉坚紧者，宜耕陇，叠块压薪而烧之，埴坟松土不宜也。

稻工耕、耙、磨耙、耘耔（原注：具图）

凡稻田刈获不再种者，土宜本秋耕垦，使宿稿化烂，敌粪力一倍。或秋旱无水及怠农春耕，则收获损薄也。凡粪田若撒枯浇泽，恐霖雨至，过水来，肥质随漂而去。谨视天时，在老农心计也。凡一耕之后，勤者再耕、三耕，然后施耙，则土质匀碎，而其中膏脉释化也。凡牛力穷者，两人以扛悬耜，项背相望而起土。两人竟日仅敌一牛之力。若耕后牛穷，

耕图、耘图、耔图、耙图

制成磨耙，两人肩手磨轧，则一日敌三牛之力也。凡牛，中国惟水、黄两种。水牛力倍于黄。但畜水牛者，冬与土室御寒，夏与池塘浴水，畜养心计亦倍于黄牛也。凡牛春前力耕汗出，切忌雨点，将雨则疾驱入室。候过谷雨，则任从风雨不惧也。吴郡力田者，以锄代耜，不借牛力。愚见贫农之家，会计牛值与水草之资，窃盗死病之变，不若人力亦便。假如有牛者，供办十亩。无牛用锄而勤者半之。既已无牛，则秋获之后，田中无复刍牧之患，而菽、麦、麻、蔬诸种，纷纷可种，以再获偿半荒之亩，似亦相当也。凡稻分秧之后数日，旧叶萎黄而更生新叶。青叶既长，则耔可施焉。（原注：俗名挞禾。）植杖于手，以足扶泥壅根，并屈宿田水草，使不生也。凡宿田菌草之类，遇耔而曲折。而稊、稗与茶、蓼非足力所可除者，则耘以继之。耘者苦在腰手，辨①在两眸，非类既去，而嘉谷茂焉。从此洩以防潦，溉以防旱，旬月而奄观铚刈矣。

稻灾

凡早稻种，秋初收藏，当午晒时烈日火气在内，入仓廪中关闭太急，则其谷沾带暑气。（原注：勤农之家，偏受此患。）明年田有粪肥，土脉发烧，东南风助暖，则尽发炎火，大坏苗穗，此一灾也。若种谷晚凉入廪，或冬至数九天收贮雪水、冰水一瓮，（原注：交春即不验。）清明湿种时，每石以数碗激洒，立解暑气，则任从东南风暖，而此苗清秀异常矣。（原注：祟在种内，反怨鬼神。）凡稻撒种时，或水浮数寸，其谷未即沉下，骤发狂风，堆积一隅，此二灾也。谨视风定而后撒，则沉匀成秧矣。凡谷种生秧之后，防雀鸟聚食，此三灾也。立标飘，扬鹰俑，则雀可驱矣。凡秧沉脚未定，阴雨连绵，则损折过半，此四灾也。邀天晴霁三日，则粒粒皆生矣。凡苗既函之后，亩土肥泽连发，南风薰热，函内生虫，（原注：形似蚕茧。）此五灾也。邀天遇西风雨一阵，则虫化而谷生矣。凡苗吐穑之后，暮夜鬼火游烧，此六灾也。此火乃朽木腹中放出。凡木母火子，子藏母腹，母身未坏，子性千秋不灭。每逢多雨之年，孤野墓坟，多被狐狸穿塌。其中棺板为水浸，朽烂之极，所谓母质坏也。火子无附，脱母飞扬。然阴火不见阳光，直待日没黄昏，此火冲隙而出，其力不能上腾，飘游不定，数尺而止。凡禾穑叶遇之立刻焦炎。逐火之人见他处树根放光，以为鬼也，奋梃击之，反有鬼变枯柴之说。不知向来鬼火见灯光而已化矣。（原注：凡火未经人间灯传者，总属阴火，故见灯即灭。）凡苗自函活以至颖栗，早者食水三斗，晚者食水五斗，失水即枯。（原注：将刈之时少水一升，谷数虽存，米粒缩小，入碾臼中，亦多断碎。）此七灾也。汲灌之智，人巧已无余矣。凡稻成熟之时，遇狂风吹

---

① 底本原作"辩"，今依前后文意应作"辨"。

粒殒落，或阴雨竟旬，谷粒沾湿自烂，此八灾也。然风灾不越三十里，阴雨灾不越三百里，偏方厄难亦不广被。风落不可为。若贫困之家，苦于无霁，将湿谷升于锅内，燃薪其下，炸去糠膜，收炒糗以充饥，亦补助造化之一端矣。

水利筒车、牛车、踏车、拔车、桔槔（原注：皆具图）

凡稻防旱藉水，独甚五谷。厥土、沙、泥、硗、腻，随方不一。有三日即干者，有半月后干者。天泽不降，则人力挽水以济。凡河滨有制筒车者，堰陂障流，绕于车下，激轮使转，挽水入筒，一一倾于枧内，流入亩中。昼夜不息，百亩无忧。（原注：不用水时，拴木碍止，使轮不转动。）其湖池不流水，或以牛力转盘，或聚数人踏转。车身长者二丈，短者半之。其内用龙骨拴串板，关水逆流而上。大抵一人竟日之力，灌田五亩，而牛则倍之。其浅池、小浍不载长车者，则数尺之车，一人两手疾转，竟日之功可灌二亩而已。扬郡以风帆数扇，俟风转车，风息则止。此车为救潦，欲去泽水以便栽种，盖去水非取水也，不适济旱。用桔槔、辘轳，功劳又甚细已。

汲水图

踏车图

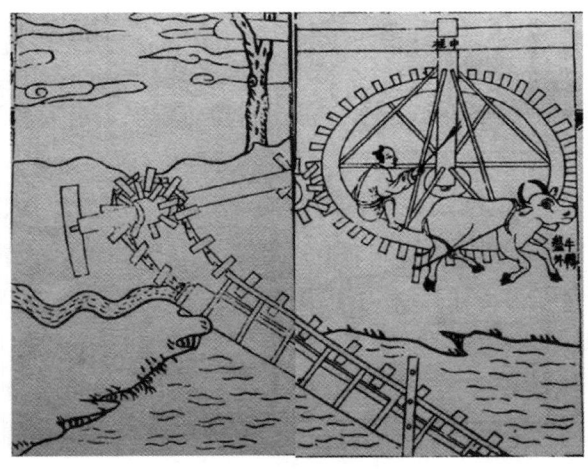

牛车图

拔车图、桔槔图

麦

凡麦有数种。小麦曰来，麦之长也。大麦曰牟、曰穬。杂麦曰雀、曰荞。皆以播种同时、花形相似、粉食同功而得麦名也。四海之内，燕、秦、晋、豫、齐鲁诸道，蒸民粒食，小麦居半，而黍、稷、稻、粱仅居半。西极川、云，东至闽、浙，吴楚腹焉，方长六千里中，种小麦者，二十分而一。磨面以为捻头、环饵、馒首、汤料之需，而饔飧不及焉。种余麦者五十分而一，间阎作苦以充朝膳，而贵介不与焉。穬麦独产陕西，一名青稞，即大麦。随土而变，而皮成青黑色者，秦人专以饲马，饥荒人乃食之。（原注：大麦亦有黏者，河洛用以酿酒。）雀麦细穗，穗中又分十数细子，间亦野生。荞麦实非麦类，然以其为粉疗饥，传名为麦，则麦之而已。凡北方小麦，历四时之气，自秋播种，明年初夏方收。南方者，种与收期，时日差短。江南麦花夜发，江北麦花昼发，亦一异也。大麦种获期与小麦相同，荞麦则秋半下种，不两月而即收。其苗遇霜即杀，邀天降霜迟迟，则有收矣。

麦工 北耕种、耨（原注：具图）

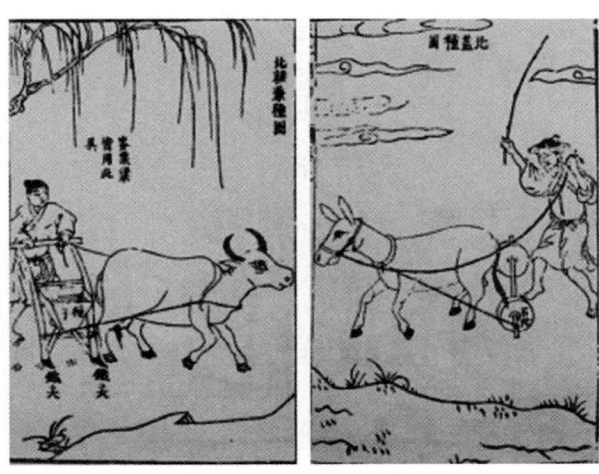

北耕兼种图、北盖种图

耨图、南种牟麦图

凡麦与稻初耕垦土则同，播种以后则耘耔。诸勤苦皆属稻，麦唯施耨而已。凡北方厥土坟垆易解释者，种麦之法耕具差异，耕即兼种。其服牛起土者，耒不用耕，并列两铁于横木之上，其具方语曰镪①。镪中间盛一小斗，贮麦种于内，其斗底空梅花眼。牛行摇动，种子即从眼中撒下。欲密而多，则鞭牛疾走，子撒必多。欲稀而少，则缓其牛，撒种即少。既撒种后，用驴驾两小石团，压土埋麦。凡麦种紧压方生。南地不比同者，多耕多耙之后，然后以灰拌种，手指拈而种之。种过之后，随以脚根压土使紧，以代北方驴石也。耕种之后，勤议耨锄。凡耨草用阔面大铸，麦苗生后，耨不厌勤。（原注：有三过四过者。）余草生机尽诛锄下，则竟亩精华尽聚嘉实矣。功勤易耨，南与北同也。凡粪麦田，既种以后，粪无可施，为计在先也。陕、洛之间忧虫蚀者，或以砒霜拌种子，南方所用唯炊烬也。（原注：俗名地灰。）南方稻田有种肥田麦者，不粪麦实。当春小麦、大麦青青之时，耕杀田中，蒸罨土性，秋收稻谷必加倍也。凡麦收空隙，可再种他物。自初夏至季秋，时日亦半载，择土宜而为之，唯人所取也。南方大麦有既刈之后，乃种迟生粳稻者。勤农作苦，明赐无不及也。凡荞麦，南方必刈稻，北方必刈菽、稷而后种。其性稍吸肥腴，能使土瘦。然计其获入，业偿半谷有余，勤农之家何妨再粪也。

麦灾

凡麦防患抵稻三分之一。播种以后，雪、霜、晴、潦皆非所计。麦性食水甚少，北土中春再沐雨水一升，则秀华成嘉粒矣。荆、扬以南唯患梅雨。倘成熟之时晴干旬日，则仓廪皆盈，不可胜食。扬州谚云"寸麦不怕尺水"，谓麦初长时，任水灭顶无伤；"尺麦只怕寸水"，谓成熟时寸水软根，倒茎沾泥，则麦粒尽烂于地面也。江南有雀一种，有肉无骨，飞食麦田数盈千万，然不广及，罹害者数十里而止。江北蝗生，则大祲之岁也。

---

① 据潘吉星《天工开物校注及研究》，该字应作"耩"，下句同。

黍稷粱粟

凡粮食，米而不粉者，种类甚多。相去数百里，则色、味、形、质随方而变，大同小异，千百其名。北人唯以大米呼粳稻，而其余概以小米名之。凡黍与稷同类，粱与粟同类。黍有黏有不黏，（原注：黏者为酒。）稷有粳无黏。凡黏黍、黏粟统名曰秫，非二种外更有秫也。黍色赤、白、黄、黑皆有，而或专以黑色为稷，未是。至以稷米为先他谷熟，堪供祭祀，则当以早熟者为稷，则近之矣。凡黍在《诗》《书》有虋、芑、秬、秠等名。在今方语有牛毛、燕颔、马革、驴皮、稻尾等名。种以三月为上时，五月熟。四月为中时，七月熟。五月为下时，八月熟。扬花结穗总与来、牟不相见也。凡黍粒大小，总视土地肥硗、时令害育。宋儒拘定以某方黍定律，未是也。凡粟与粱统名黄米。粘粟可为酒，而芦粟一种名曰高粱者，以其身高七尺如芦、荻也。粱粟种类名号之多，视黍稷犹甚。其命名或因姓氏、山水，或以形似、时令，总之不可枚举。山东人唯以谷子呼之，并不知粱粟之名也。已上四米皆春种秋获，耕耨之法与来、牟同，而种收之候则相悬绝云。

麻

凡麻可粒可油者，唯火麻、胡麻二种。胡麻即脂麻，相传西汉始自大宛来。古者以麻为五谷之一，若专以火麻当之，义岂有当哉？窃意《诗》《书》五谷之麻，或其种已灭，或即菽、粟之中别种，而渐讹其名号，皆未可知也。今胡麻味美而功高，即以冠百谷不为过。火麻子粒压油无多，皮为疏恶布，其值几何？胡麻数龠充肠，移时不馁。粗饵、饴饧得黏其粒，味高而品贵。其为油也，发得之而泽，腹得之而膏，腥膻得之而芳，毒厉得之而解。农家能广种，厚实可胜言哉。种胡麻法，或治畦圃，或垄田亩。土碎草净之极，然后以地灰微湿，拌匀麻子而撒种之。早者三月种，迟者不出大暑前。早种者花实亦待中秋乃结。耨草之功，唯锄是视。其色有黑、白、赤三者。其结角长寸许，有四棱者，房小而子少；八棱者，房大而子多。皆因肥瘠所致，非种性也。收子榨油，每石得四十斤余，其枯用以肥田。若饥荒之年，则留供人食。

菽

凡菽种类之多，与稻、黍相等。播种收获之期，四季相承。果腹之功在人日用，盖与饮食相终始。

一种大豆，有黑、黄两色，下种不出清明前后。黄者有五月黄、六月爆、冬黄三种。五月黄收粒少，而冬黄必倍之。黑者刻期八月收。淮北长征骡马，必食黑豆，筋力乃强。凡大豆视土地肥硗、耨草勤怠、雨露足悭，分收入多少。凡为豉、为酱、为腐，皆于大豆中取质焉。江南又有高脚黄，六月刈早稻方再种，九十月收获。江西吉郡种法甚妙：其刈稻田竟不耕垦，每禾稿头中拈豆三四粒，以指扱之，其稿凝露水以滋豆，豆性克发，复浸烂稿根以滋。已生苗之后，遇无雨亢干，则汲水一升以灌之。一灌之后，再耨之余，收获甚多。凡大豆入土未出芽时，防鸠雀害，驱之惟人。

一种绿豆，圆小如珠。绿豆必小暑方种，未及小暑而种，则其苗蔓延数尺，结荚甚稀；若过期至于处暑，则随时开花结荚，颗粒亦少。豆种亦有二，一曰摘绿，荚先老者先摘，人逐日而取之；二曰拔绿，则至期老足，竟亩拔取也。凡绿豆磨澄晒干为粉，荡片搓索，食家珍贵。做粉溲浆灌田甚肥。凡蓄藏绿豆种子，或用地灰、石灰，或用马蓼，或用黄土拌收，则四五月间不愁空蛀。勤者逢晴频晒，亦免蛀。凡已刈稻田，夏秋种绿豆，必长接斧柄，击碎土块，发生乃多。凡种绿豆，一日之内，遇大雨扳土则不复生。既生之后，防雨水浸，疏沟浍以泄之。凡耕绿豆及大豆田地，耒耜欲浅，不宜深入，盖豆质根短而苗直，耕土既深，土块曲压，则不生者半矣。"深耕"二字不可施之菽类，此先农之所未发者。

一种豌豆，此豆有黑斑点，形圆同绿豆，而大则过之。其种十月下，来年五月收。凡树木叶迟者，其下亦可种。

一种蚕豆，其荚似蚕形，豆粒大于大豆。八月下种，来年四月收。西浙桑树之下遍繁种之。盖凡物树叶遮露则不生。此豆与豌豆，树叶茂时彼已结荚而成实矣。襄汉上流，此豆甚多而贱，果腹之功不啻黍稷也。

一种小豆，赤小豆入药有奇功，白小豆（原注：一名饭豆。）当餐助嘉谷。夏至下种，九月收获，种盛江淮之间。

一种稞（原注：音吕。）豆，此豆古者野生田间，今则北土盛种。成粉荡皮可敌绿豆。燕京负贩者，终朝呼稞豆皮，则其产必多矣。

一种白扁豆，乃沿篱蔓生者，一名蛾眉豆。其他豇豆、虎斑豆、刀豆，与大豆中分青皮、褐色之类，间繁一方者，犹不能尽述，皆充蔬代谷以粒烝民者，博物者其可忽诸。

乃服第二卷

宋子曰：人为万物之灵，五官百体，赅而存焉。贵者垂衣裳，煌煌山龙，以治天下。贱者裋褐、枲裳，冬以御寒，夏以蔽体，以自别于禽兽。是故其质则造物之所具也。属草木者为枲、麻、苘、葛，属禽兽与昆虫者，为裘褐、丝绵。各载其半，而裳服充焉矣。

天孙机杼，传巧人间。从本质而见花，因绣濯而得锦。乃杼柚遍天下，而得见花机之巧者，能几人哉？治乱经纶字义，学者童而习之，而终身不见其形象，岂非缺憾也！先列饲蚕之法，以知丝源之所自。盖人物相丽，贵贱有章，天实为之矣。

蚕种

凡蛹变蚕蛾，旬日破茧而出，雌雄均等。雌者伏而不动，雄者两翅飞扑，遇雌即交。交一日、半日方解。解脱之后，雄者中枯而死，雌者即时生卵。承藉卵生者，或纸或布，随方所用。（原注：嘉、湖用桑皮厚纸，来年尚可再用。）一蛾计生卵二百余粒，自然粘于纸上，粒粒匀铺，天然无一堆积。蚕主收贮，以待来年。

蚕浴

凡蚕用浴法，唯嘉、湖两郡。湖多用天露、石灰，嘉多用盐卤水。每蚕纸一张，用盐仓走出卤水二升，参水浸于盂内，纸浮其面。（原注：石灰仿此。）逢腊月十二即浸浴，至二十四日，计十二日，周即漉起，用微火炡干。从此珍重箱匣中，半点风湿不受，直待清明抱产。其天露浴者，时日相同。以篾盘盛纸，摊开屋上，四隅小石镇压，任从霜雨、风雨、雷电，满十二日方收。珍重待时如前法。盖低种经浴，则自死不出，不费叶故，且得丝亦多也。晚种不用浴。

种忌

凡蚕纸用竹木四条为方架，高悬透风避日梁枋之上，其下忌桐油、烟煤火气。冬月忌雪映，一映即空。遇大雪下时，即忙收贮，明日雪过，依然悬挂，直待腊月浴藏。

种类

凡蚕有早、晚二种。晚种每年先早种五六日出，（原注：川中者不同。）结茧亦在先，其茧较轻三分之一。若早蚕结茧时，彼已出蛾生卵，以便再养矣。（原注：晚蛹戒不宜食。）凡三样浴种，皆谨视原记。如一错误，或将天露者投盐浴，则尽空不出矣。凡茧色唯黄、白二种。川、陕、晋、豫有黄无白，嘉、湖有白无黄。若将白雄配黄雌，则其嗣变成褐茧。黄丝以猪胰漂洗，亦成白色，但终不可染漂白、桃红二色。凡茧形亦有数种。晚茧结成亚腰葫芦样，天露茧尖长如榧子形，又或圆扁如核桃形。又一种不忌泥涂叶者，名为贱蚕，得丝偏多。凡蚕形亦有纯白、虎斑、纯黑、花纹数种，吐丝则同。今寒家有将早雄配晚雌者，幻出嘉种，一异也。野蚕自为茧，出青州、沂水等地，树老即自生。其丝为衣，能御雨及垢污。其蛾出即能飞，不传种纸上。他处亦有，但稀少耳。

抱养

凡清明逝三日，蚕妙即不偎衣衾暖气，自然生出。蚕室宜向东南，周围用纸糊风隙，上无棚板者宜顶格，值寒冷则用炭火于室内助暖。凡初乳蚕，将桑叶切为细条。切叶不束稻麦稿为之，则不损刀。摘叶用瓮坛盛，不欲风吹枯悴。二眠以前，誊筐方法，皆用尖圆小竹筷提过。二眠以后则不用筷，而手指可拈矣。凡誊筐勤苦，皆视人工。怠于誊者，厚叶与粪湿蒸，多致压死。凡眠齐时，皆吐丝而后眠。若誊过，须将旧叶些微拣净。若黏带丝缠叶在中，眠起之时，恐其即食一口，则其病为胀死。三眠已过，若天气炎热，急宜搬出宽凉所，亦忌风吹。凡大眠后，计上叶十二餐方誊，太勤则丝糙。

养忌

凡蚕畏香，复畏臭。若焚骨灰、淘毛圊者，顺风吹来，多致触死。隔壁煎鲍鱼、宿脂，抑或触死。灶烧煤炭，炉爇沉檀，亦触死。懒妇便器摇动气侵，亦有损伤。若风则偏忌西南，西南风太劲，则有合箔皆僵者。凡臭气触来，急烧残桑叶烟以抵之。

叶料

凡桑叶无土不生。嘉、湖用枝条垂压。今年视桑树傍生条，用竹钩挂卧，逐渐近地面。至冬月则抛土压之，来春每节生根，则剪开他栽。其树精华皆聚叶上，不复生葚与开花矣。欲叶便剪摘，则树至七八尺即斩截当顶，叶则婆娑可扳伐，不必乘梯缘木也。其他用子种者，立夏桑葚紫熟时取来，用黄泥水搓洗，并水浇于地面，本秋即长尺余。来春移栽，倘灌粪勤劳，亦易长茂。但间有生葚与开花者，则叶最薄少耳。又有花桑叶薄不堪用者，其树接过，亦生厚叶也。又有柘叶三种以济桑叶之穷。柘叶浙中不经见，川中最多。寒家用浙种桑叶，穷时仍啖柘叶，则物理一也。凡琴弦、弓弦丝，用柘养蚕，名曰棘茧，谓最坚韧。凡取叶必用剪。铁剪出嘉郡桐乡者最犀利，他乡未得其利。剪枝之法，再生条次月叶愈茂，取资既多，人工复便。凡再生条叶，仲夏以养晚蚕，则止摘叶而不剪条。二叶摘后，秋来三叶复茂，浙人听其经霜自落，片片扫拾，以饲绵羊，大获绒毡之利。

食忌

凡蚕大眠以后，径食湿叶。雨天摘来者，任从铺地加餐。晴日摘来者，以水洒湿而饲之，则丝有光泽。未大眠时，雨天摘叶用绳悬挂透风檐下，时振其绳，待风吹干。若用手掌拍干，则叶焦而不滋润，他时丝亦枯色。凡食叶，眠前必令饱足而眠，眠起即迟半日上叶无妨也。雾天湿叶甚坏蚕，其晨有雾，切勿摘叶，待雾收时，或晴或雨，方剪伐也。露珠水亦待旰干而后剪摘。

病症

凡蚕卵中受病，已详前款。出后湿热积压，妨忌在人。初眠誊时，用漆合者，不可盖掩逼出气水。凡蚕将病，则脑上放光，通身黄色，头渐大而尾渐小。并及眠之时，游走不眠，食叶又不多者，皆病作也。急择而去之，勿使败群。凡蚕强美者必眠叶面，压在下者或力弱或性懒，作茧亦薄。其作茧不知收法，妄吐丝成阔窝者，乃蠢蚕，非懒蚕也。

老足

凡蚕食叶足候，只争时刻。自卵出蚱，多在辰巳二时，故老足结茧亦多辰巳二时。老足者，喉下两颊通明。捉时嫩一分则丝少；过老一分，又吐去丝，茧壳必薄。捉者眼法高，一只不差方妙。黑色蚕不见身中透光，最难捉。

结茧山箔（原注：具图）

凡结茧必如嘉、湖，方尽其法。他国不知用火烘，听蚕结出。甚至丛杆之内，箱匣之中，火不经，风不透。故所为屯、漳等绢，豫、蜀等绸，皆易朽烂。若嘉、湖产丝成衣，即入水浣濯百余度，其质尚存。其法析竹编箔，其下横架料木，约六尺高，地下摆列炭火，（原注：炭忌爆炸。）方圆去四五尺即列火一盆。初上山时，火分两略轻少，引他成绪，蚕恋火意，即时造茧，不复缘走。茧绪既成，即每盆加火半斤，吐出丝来随即干燥，所以经久不坏也。其茧室不宜楼板遮盖，下欲火而上欲风凉也。凡火顶上者不以为种，取种宁用火偏者。其箔上山用麦稻稿斩齐，随手纠掞成山，顿插箔上。做山之人，最宜手健。箔竹稀疏，用短稿略铺洒，防蚕跌坠地下与火中也。

山箔图

取茧

凡茧造三日，则下箔而取之。其壳外浮丝，一名丝匡者，湖郡老妇贱价买去，（原注：每斤百文。）用铜钱坠打成线，织成湖绸。去浮之后，其茧必用大盘摊开架上，以听治丝、扩绵。若用厨箱掩盖，则湆郁而丝绪断绝矣。

物害

凡害蚕者，有雀、鼠、蚊三种。雀害不及茧，蚊害不及早蚕，鼠害则与之相终始。防驱之智是不一法，唯人所行也。（原注：雀屎粘叶，蚕食之立刻死烂。）

择茧

凡取丝必用圆正独蚕茧，则绪不乱。若双茧并四五蚕共为茧，择去取绵用，或以为丝，则粗甚。

造绵

凡双茧并缫丝锅底零余，并出种茧壳，皆绪断乱不可为丝，用以取绵。用稻灰水煮过，（原注：不宜石灰。）倾入清水盆内。手大指去甲净尽，指头顶开四个，四四数足，用拳顶开又四四十六拳数，然后上小竹弓。此《庄子》所谓洴澼绖也。湖绵独白净清化者，总缘手法之妙。上弓之时唯取快捷，带水扩开。若稍缓水流去，则结块不尽解，而色不纯白矣。其治丝，余者名锅底绵，装绵衣衾内以御重寒，谓之挟纩。凡取绵人工难于取丝八倍，竟日只得四两余。用此绵坠打线织湖绸者，价颇重。以绵线登花机者名曰花绵，价尤重。

治丝缫车（原注：具图）

凡治丝先制丝车，其尺寸器具开载后图。锅煎极沸汤，丝粗细视投茧多寡。穷日之力一人可取三十两。若包头丝，则只取二十两，以其苗长也。凡绫罗丝，一起投茧二十枚，包头丝只投十余枚。凡茧滚沸时，以竹签拨动水面，丝绪自见。提绪入手，引入竹针眼，先绕星丁头。（原

注：以竹棍做成，如香筒样。）然后由送丝干①勾挂，以登大关车。断绝之时，寻绪丢上，不必绕接。其丝排匀不堆积者，全在送丝干与磨木之上。川蜀丝车制稍异，其法架横锅上，引四五绪而上，两人对寻锅中绪，然终不若湖制之尽善也。凡供治丝薪，取极燥无烟湿者，则宝色不损。丝美之法有六字：一曰出口干，即结茧时用炭火烘。一曰出水干，则治丝登车时，用炭火四五两，盆盛，去车关五寸许。运转如风时，转转火意照干，是曰出水干也。（原注：若晴光又风色，则不用火。）

治丝图、调丝图

调丝

凡丝议织时，最先用调。透光檐端宇下，以木架铺地，植竹四根于上，名曰络笃。丝匡竹上，其傍倚柱，高八尺处，钉具斜安小竹偃月挂钩，悬搭丝于钩内，手中执籰旋缠，以俟牵经织纬之用。小竹坠石为活头，接断之时，扳之即下。

---

① 据潘吉星《天工开物校注及研究》，此字应为"竿"。

纬络纺车（原注：具图）

凡丝既篹之后，以就经纬。经质用少而纬质用多。每丝十两，经四纬六，此大略也。凡供纬篹，以水沃湿丝，摇车转铤而纺于竹管之上。（原注：竹用小箭竹。）

纺纬图、溜眼图

经具 溜眼、掌扇、经耙、印架（原注：皆具图）

凡丝既篹之后，牵经就织。以直竹竿穿眼三十余，透过篾圈，名曰溜眼。竿横架柱上，丝从圈透过掌扇，然后缠绕经耙之上。度数既足，将印架捆卷。既捆，中以交竹二度，一上一下间丝，然后扱于筘内。（原注：此筘非织筘。）扱筘之后，以的杠与印架相望，登开五七丈。或过糊者，就此过糊。或不过糊，就此卷于的杠，穿综就织。

经耙图

过糊

凡糊用面筋内小粉为质。纱罗所必用,绫绸或用或不用。其染纱不存素质者,用牛胶水为之,名曰清胶纱。糊糨承于筘上,推移染透,推移就干。天气暗明,顷刻而燥,阴天必借风力之吹也。

边维

凡帛不论绫罗,皆别牵边,两傍各二十余缕。边缕必过糊,用筘推移梳干。凡绫罗必三十丈、五六十丈一穿,以省穿接繁苦。每匹应截画墨于边丝之上,即知其丈尺之足。边丝不登的杠,别绕机梁之上。

经数

凡织帛,罗纱筘以八百齿为率。绫绢筘以一千二百齿为率。每筘齿中度经过糊者,四缕合为二缕。罗纱经计三千二百缕,绫绸经计五千六千缕。古书八十缕为一升,今绫绢厚者,古所谓六十升布也。凡织花文,必用嘉湖出口、出水,皆干丝为经,则任从提挈,不忧断接。他省者即勉强提花，潦草而已。

机式（原注：具全图）

　　凡花机通身度长一丈六尺，隆起花楼，中托衢盘，下垂衢脚。（原注：水磨竹棍为之，计一千八百根。）对花楼下掘坑二尺许，以藏衢脚。（原注：地气湿者，架棚二尺代之。）提花小厮坐立花楼架木上。机末以的杠卷丝，中用叠助木两枝，直穿二木，约四尺长，其尖插于筘两头。叠助织纱罗者，视织绫绢者，减轻十余斤方妙。其素罗不起花纹，与软纱绫绢踏成浪梅小花者，视素罗只加桄二扇。一人踏织自成，不用提花之人。闲住花楼，亦不设衢盘与衢脚也。其机式两接，前一接平安，自花楼向身一接，斜倚低下尺许，则叠助力雄。若织包头细软，则另为均平不斜之机，坐处斗二脚，以其丝微细，防遏叠助之力也。

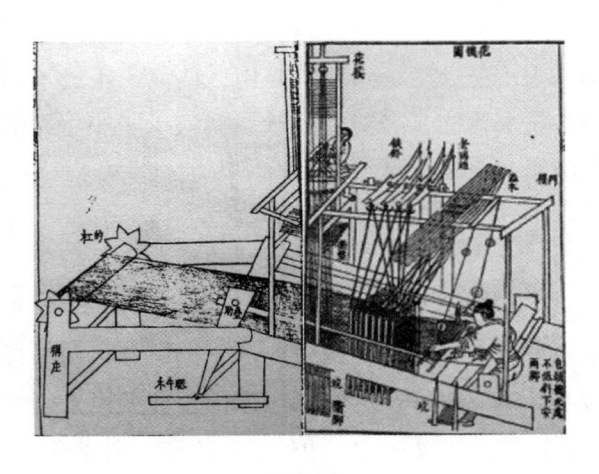

花机图

腰机式（原注：具图）

　　凡织杭西、罗地等绢，轻素等绸，银条、巾帽等纱，不必用花机，只用小机。织匠以熟皮一方置坐下，其力全在腰尻之上，故名腰机。普天织葛、苎、棉布者，用此机法，布帛更整齐坚泽，惜今传之犹未广也。

腰机式图、印架图

花本

凡工匠结花本者，心计最精巧。画师先画何等花色于纸上，结本者以丝线随画量度，算计分寸秒忽而结成之。张悬花楼之上，即织者不知成何花色，穿综带经，随其尺寸度数提起衢脚，梭过之后，居然花现。盖绫绢以浮经而见花，纱罗以纠纬而见花。绫绢一梭一提，纱罗来梭提，往梭不提。天孙机杼，人巧备矣。

穿经

凡丝穿综度经，必用四人列坐。过筘之人，手执筘耙，先插以待丝至。丝过筘，则两指执定，足五、七十筘，则绦结之。不乱之妙，消息全在交竹。即接断，就丝一扯即长数寸。打结之后，依还原度，此丝本质自具之妙也。

分名

　　凡罗，中空小路以透风凉，其消息全在软综之中。衮头两扇打综，一软一硬。凡五梭、三梭（原注：最厚者七梭。）之后，踏起软综，自然纠转诸经，空路不粘。若平过不空路，而仍稀者曰纱。消息亦在两扇衮头之上。直至织花绫绸，则去此两扇而用桄综八扇。凡左右手各用一梭，交互织者，曰绉纱。凡单经曰罗地，双经曰绢地，五经曰绫地。凡花分实地与绫地，绫地者光，实地者暗。先染丝而后织者曰缎。（原注：北土屯绢，亦先染丝。）就丝绸机上织时，两梭轻，一梭重，空出稀路者，名曰秋罗。此法亦起近代。凡吴越秋罗，闽广怀素，皆利缙绅当暑服，屯绢则为外官、卑官，逊别锦绣用也。

熟练

　　凡帛织就，犹是生丝，煮练方熟。练用稻稿灰入水煮，以猪胰脂陈宿一晚，入汤浣之，宝色烨然。或用乌梅者，宝色略减。凡早丝为经，晚丝为纬者，练熟之时，每十两轻去三两。经纬皆美好早丝，轻化只二两。练后日干张急，以大蚌壳磨使乖钝，通身极力刮过，以成宝色。

龙袍

　　凡上供龙袍，我朝局在苏杭。其花楼高一丈五尺，能手两人扳提花本，织过数寸即换龙形。各房斗合，不出一手。赭黄亦先染丝，工器原无殊异，但人工慎重与资本皆数十倍，以效忠敬之谊。其中节目微细，不可得而详考云。

倭缎

　　凡倭缎制起东夷，漳、泉海滨效法为之。丝质来自川蜀，商人万里贩来，以易胡椒归里。其织法亦自夷国传来。盖质已先染，而斲绵夹藏经面，织过数寸即刮成黑光。北虏互市者，见而悦之。但其帛最易朽污，冠弁之上顷刻集灰，衣领之间移日损坏。今华夷皆贱之。将来为弃物，织法可不传云。

布衣　赶、弹、纺（原注：具图）

凡棉布御寒，贵贱同之。棉花古书名枲麻，种遍天下。种有木棉、草棉两者，花有白、紫二色。种者白居十九，紫居十一。凡棉春种秋花，花先绽者逐日摘取，取不一时。其花黏子于腹，登赶车而分之。去子取花，悬弓弹化。（原注：为挟纩温衾袄者，就此止功。）弹后以木板擦成长条，以登纺车，引绪纠成纱缕。然后绕籰牵经就织。凡纺工能者，一手握三管，纺于铤上。（原注：捷则不坚。）凡棉布寸土皆有，而织造尚松江，浆染尚芜湖。凡布缕紧则坚，缓则脆。碾石取江北性冷质腻者，（原注：每块佳者值十余金。）石不发烧，则缕紧不松泛。芜湖巨店首尚佳石。广南为布薮，而偏取远产，必有所试矣。为衣敝浣，犹尚寒砧捣声，其义亦犹是也。外国朝鲜造法相同，惟西洋则未核其质，并不得其机织之妙。凡织布有云花、斜纹、象眼等，皆仿花机而生义。然既曰布衣，太素足矣。织机十室必有，不必具图。

赶棉图、弹棉图

擦条图、纺缕图

枲着

凡衣衾挟纩御寒，百有之中，止一人用茧绵，余皆枲着。古缊袍今俗名胖袄。棉花既弹化，相衣衾格式而入装之。新装者附体轻暖，经年板紧，暖气渐无，取出弹化而重装之，其暖如故。

夏服

凡苎麻无土不生。其种植有撒子、分头两法。（原注：池郡每岁以草粪压头，其根随土而高。广南青麻撒子，种田甚茂。）色有青、黄两样。每岁有两刈者、有三刈者，绩为当暑衣裳、帷帐。凡苎皮剥取后，喜日燥干，见水即烂。破析时则以水浸之，然只耐二十刻，久而不析则亦烂。苎质本淡黄，漂工化成至白色。（原注：先用稻灰、石灰水煮过，入长流水再漂，再晒，以成至白。）纺苎纱，能者用脚车，一女工并敌三工。惟破析时穷日之力只得三、五铢重。织苎机具与织棉者同。凡布衣缝线，革履串绳，其质必用苎纠合。凡葛蔓生，质长于苎数尺。破析至细者，成布贵重。又有苘麻一种，成布甚粗，最粗者以充丧服。即苎布有极粗者，漆家以盛布灰，大内以充火炬。又有蕉纱，乃闽中取芭蕉皮，析缉为之，轻细之甚，值贱而质枵，不可为衣也。

裘

凡取兽皮制服，统名曰裘。贵至貂、狐，贱至羊、麂，值分百等。貂产辽东外徼建州地及朝鲜国。其鼠好食松子，夷人夜伺树下，屏息悄声而射取之。一貂之皮，方不盈尺。积六十余貂仅成一裘。服貂裘者立风雪中，更暖于宇下。眯入目中，拭之即出，所以贵也。色有三种，一白者曰银貂，一纯黑，一黯黄。（原注：黑而毛长者，近值一帽套已五十金。）凡狐、貉亦产燕、齐、辽、汴诸道。纯白狐腋裘价与貂相仿，黄褐狐裘值貂五分之一，御寒温体功用次于貂。凡关外狐取毛见底青黑，中国者吹开见白色，以此分优劣。羊皮裘，母贱子贵。在腹者名曰胞羔，（原注：毛文略具。）初生者名曰乳羔，（原注：皮上毛似耳环脚。）三月者曰跑羔，七月者曰走羔。（原注：毛文渐直。）胞羔、乳羔，为裘不膻。古者羔裘为大夫之服，今西北缙绅亦贵重之。其老大羊皮，硝熟为裘，裘质痴重，则贱者之服耳。然此皆绵羊所为。若南方短毛革，硝其鞟如纸薄，止供画灯之用而已。服羊裘者，腥膻之气习久而俱化，南方不习者不堪也。然寒凉渐杀，亦无所用之。麂皮去毛，硝熟为袄裤，御风便体，袜靴更佳。此物广南繁生外，中土则积集楚中，望华山为市皮之所。麂皮且御蝎患，北人制衣而外，割条以缘衾边，则蝎自远去。虎豹至文，将军用以彰身。犬豕至贱，役夫用以适足。西戎尚獭皮，以为毳衣领饰。襄黄之人，穷山越国，射取而远货，得重价焉。殊方异物如金丝猿，上用为帽套，扯里狲御服以为袍，皆非中华物也。兽皮衣人，此其大略，方物则不可殚述。飞禽之中有取鹰腹、雁胁毳毛，杀生盈万乃得一裘，名天鹅绒者，将焉用之？

褐、毡

凡绵羊有二种。一曰蓑衣羊，剪其毳为毡、为绒片，帽袜遍天下，胥此出焉。古者西域羊未入中国，作褐为贱者服，亦以其毛为之。褐有粗而无精，今日粗褐亦间出此羊之身。此种自徐淮以北，州郡无不繁生。南方唯湖郡饲畜绵羊，一岁三剪毛。（原注：夏季稀革不生。）每羊一只，岁得绒袜料三双。生羔牝牡合数得二羔，故北方家畜绵羊百只，则岁入计百金云。一种矞艻羊，（原注：番语。）唐末始自西域传来，外毛不甚蓑长，内毳细软，取织绒褐，秦人名曰山羊，以别于绵羊。此种先自西域传入临洮，今兰州独盛，故褐之细者，皆出兰州。一曰兰绒，番语谓之孤古绒，从其初号也。山羊毳绒亦分两等，一曰搊绒，用梳栉搊下，打线织帛，曰褐子、把子诸名色；一曰拔绒，乃毳毛精细者，以两指甲逐茎挦下，打线织绒褐。此褐织成，揩面如丝帛滑腻。每人穷日之力打线，只得一钱重，费半载工夫方成匹帛之料。若搊绒打线，日多拔绒数倍。凡打褐绒线，冶铅为锤，坠于绪端，两手宛转搓成。凡织绒褐机大于布机，用综八扇，穿经度缕，下施四踏轮，踏起经隔二抛纬，故织出文成斜现。其梭长一尺二寸，机织、羊种皆彼时归夷传来。（原注：名姓再详。）故至今织工皆其族类，中国无与也。凡绵羊剪毳，粗者为毡，细者为绒。毡皆煎烧沸汤投于其中搓洗，俟其黏合，以木板定物式，铺绒其上，运轴赶成。凡毡绒白黑为本色，其余皆染色。其氍俞、氆鲁等名称，皆华夷各方语所命。若最粗而为毯者，则驽马诸料杂错而成，非专取料于羊也。

彰施第三卷

宋子曰：霄汉之间云霞异色，阎浮之内花叶殊形。天垂象而圣人则之，以五采彰施于五色，有虞氏岂无所用其心哉？飞禽众而凤则丹，走兽盈而麟则碧。夫林林青衣，望阙而拜黄朱也，其义亦犹是矣。老子曰：甘受和，白受采。世间丝、麻、裘、褐皆具素质，而使殊颜异色得以尚焉。谓造物不劳心者，吾不信也。

诸色质料

大红色。（原注：其质红花饼一味，用乌梅水煎出。又用碱水澄数次，或稻稿灰代碱，功用亦同。澄得多次，色则鲜甚。染房讨便宜者，先染芦木打脚。凡红花最忌沉麝，袍服与衣香共收，旬月之间其色即毁。凡红花染帛之后，若欲退转，但浸湿所染帛，以碱水、稻灰水滴上数十点，其红一毫收转，仍还原质。所收之水藏于绿豆粉内，放出染红，半滴不耗。染家以为秘诀，不以告人。）莲红、桃红色、银红、水红色。（原注：以上质亦红花饼一味，浅深分两加减而成。是四色皆非黄茧丝所可为，必用白丝方现。）木红色。（原注：用苏木煎水，入明矾、棓子。）紫色。（原注：苏木为地，青矾尚之。）赭黄色。（原注：制未详。）鹅黄色。（原注：黄蘗煎水染，靛水盖上。）金黄色。（原注：芦木煎水染，复用麻稿灰淋，碱水漂。）茶褐色。（原注：莲子壳煎水染，复用青矾水盖。）大红官绿色。（原注：槐花煎水染，蓝淀盖，浅深皆用明矾。）豆绿色。（原注：黄蘗水染，靛水盖。今用小叶苋蓝煎水盖者，名草豆绿，色甚鲜。）油绿色。（原注：槐花薄染，青矾盖。）天青色。（原注：入靛缸浅染，苏木水盖。）葡萄青色。（原注：入靛缸深染，苏木水深盖。）蛋青色。（原注：黄蘗水染，然后入靛缸。）翠蓝、天蓝。（原注：二色俱靛水分深浅。）玄色。（原注：靛水染深青，芦木、杨梅皮等分煎水盖。又一法，将蓝芽叶水浸，然后下青矾、棓子同浸，令布帛易朽。）月白、草白二色。（原注：俱靛水微染，今法用苋蓝煎水，半生半熟染。）象牙色。（原注：芦木煎水薄染，或用黄土。）藕褐色。（原注：苏木水薄染，入莲子壳，青矾水薄盖。）附染包头青色。（原注：此黑不出蓝靛，用栗壳或莲子壳煎煮，一日滤起，然后入铁砂、皂矾锅内，再煮一宵即成深黑色。）附染毛青布色法。（原注：布青初尚芜湖千百年矣。以其浆碾成青光，边方外国皆贵重之。人情久则生厌。毛青乃出近代，其法取松江美布染成深青，不复浆碾，吹干，用胶水参豆浆水一过。先蓄好靛，名曰标缸。入内薄染即起，红焰之色隐然。此布一时重用。）

蓝淀

凡蓝五种，皆可为淀。茶蓝即菘蓝，插根活。蓼蓝、马蓝、吴蓝等皆撒子生。近又出蓼蓝小叶者，俗名苋蓝，种更佳。凡种茶蓝法，冬月割获，将叶片片削下，入窖造淀。其身斩去上下，近根留数寸。薰干，埋藏土内。春月烧净山土使极肥松，然后用锥锄。（原注：其锄勾末[1]向身长八寸许。）刺土打斜眼，插入于内，自然活根生叶。其余蓝皆收子，撒种畦圃中。暮春生苗，六月采实，七月刈身造淀。凡造淀，叶者茎多者入窖，少者入桶与缸。水浸七日，其汁自来。每水浆一石下石灰五升，搅冲数十下，淀信即结。水性定时，淀沉于底。近来出产，闽人种山皆茶蓝，其数倍于诸蓝。山中结箬篓，输入舟航。其掠出浮沫晒干者曰靛花。凡靛入缸必用稻灰水先和，每日手执竹棍搅动，不可计数，其最佳者曰标缸。

红花

红花场圃撒子种，二月初下种。若太早种者，苗高尺许即生虫，如黑蚁，食根立毙。凡种地肥者，苗高二三尺。每路打橛，缚绳横阑，以备狂风拗折。若瘦地尺五以下者，不必为之。红花入夏即放绽，花下作梂汇，多刺，花出梂上。采花者必侵晨带露摘取。若日高露旰，其花即已结闭成实，不可采矣。其朝阴雨无露，放花较少，旰摘无防，以无日色故也。红花逐日放绽，经月乃尽。入药用者不必制饼。若入染家用者，必以法成饼然后用，则黄汁净尽，而真红乃现也。其子煎压出油，或以银箔贴扇面，用此油一刷，火上照干，立成金色。

造红花饼法

带露摘红花，捣熟以水淘，布袋绞去黄汁。又捣，以酸粟或米泔清。又淘，又绞袋去汁，以青蒿覆一宿，捏成薄饼，阴干收贮。染家得法，"我朱孔扬"，所谓猩红也。（原注：染纸吉礼用，亦必用制饼，不然全无色。）

---

[1] 底本原作"未"，根据前后文意应作"末"。

附：燕脂

燕脂古造法以紫鉚①染绵者为上，红花汁及山榴花汁者次之。近济宁路但取染残红花滓为之，值甚贱。其滓干者名曰紫粉，丹青家或收用，染家则糟粕弃也。

槐花

凡槐树十余年后方生花实。花初试未开者曰槐蕊，绿衣所需，犹红花之成红也。取者张度与稠其下而承之。以水煮一沸，漉干，捏成饼，入染家用。既放之，花色渐入黄，收用者以石灰少许晒拌而藏之。

粹精第四卷

宋子曰：天生五谷以育民，美在其中，有黄裳之意焉。稻以糠为甲，麦以麸为衣，粟、粱、黍、稷毛羽隐然。播精而择粹，其道宁终秘也。饮食而知味者，"食不厌精"。杵臼之利，万民以济，盖取诸小过。为此者，岂非人貌而天者哉？

攻稻　击禾、轧禾、风车、水碓、石碾、臼、碓、筛（原注：皆具图）

凡稻刈获之后，离稿取粒。束稿于手而击取者半，聚稿于场而曳牛滚石以取者半。凡束手而击者，受击之物，或用木桶，或用石板。收获之时雨多霁少，田稻交湿，不可登场者，以木桶就田击取。晴霁稻秆，则用石板甚便也。凡服牛曳石，滚压场中，视人手击取者，力省三倍。但作种之谷，恐磨去壳尖，减削生机，故南方多种之家，场禾多藉牛力，而来年作种者，则宁向石板击取也。凡稻最佳者，九穰一秕。倘风雨不

---

① 据明代书林杨素卿刻本，该字写作"铆"。

时，耘耔失节，则六穰四秕者，容有之。凡去秕，南方尽用风车扇去。北方稻少，用扬法，即以扬麦、黍者扬稻，盖不若风车之便也。凡稻去壳用砻，去膜用舂、用碾。然水碓主舂，则兼并砻功。燥干之谷入碾亦省砻也。凡砻有二种：一用木为之，截木尺许。（原注：质多用松。）斫合成大磨形，两扇皆凿纵斜齿，下合植笋穿贯上合，空中受谷。木砻攻米二千余石，其身乃尽。凡木砻，谷不甚燥者，入砻亦不碎。故入贡军国漕储千万，皆出此中也。一土砻析竹匡围成圈，实洁净黄土于内。上下两面，各嵌竹齿。上合篾空受谷，其量倍于木砻。谷稍滋湿者，入其中即碎断。土砻攻米二百石，其身乃朽。凡木砻必用健夫，土砻即孱妇弱子可胜其任。庶民饔飧皆出此中也。凡既砻，则风扇以去糠秕，倾入筛中团转。谷未剖破者，浮出筛面，重复入砻。凡筛大者围五尺，小者半①之。大者其中心偃隆而起，健夫利用。小者弦高二寸，其中平洼，妇子所需也。凡稻米既筛之后，入臼而舂，臼亦两种。八口以上之家，堀地藏石臼其上，臼量大者容五斗，小者半之。横木穿插碓头。（原注：碓嘴冶铁为之，用醋淬合上。）足踏其末而舂之。不及则粗，太过则粉，精粮从此出焉。晨炊无多者，断木为手杵，其臼或木，或石，以受舂也。既舂以后，皮膜成粉，名曰细糠，以供犬豕之豢。荒歉之岁，人亦可食也。细糠随风扇播扬分去，则膜尘净尽，而粹精见矣。凡水碓，山国之人居河滨者之所为也。攻稻之法省人力十倍，人乐为之。引水成功，即筒车灌田，同一制度也。设臼多寡不一。值流水少而地窄者，或两三臼。流水洪而地室宽者，即并列十臼无忧也。江南信郡，水碓之法巧绝。盖水碓所愁者，埋臼之地，卑则洪潦为患，高则承流不及。信郡造法即以一舟为地，橛桩维之。筑土舟中，陷臼于其上，中流微堰石梁，而碓已造成，不烦揆木壅坡之力也。又有一举而三用者，激水转轮头，一节转磨成面，二节运碓成米，三节引水灌于稻田。此心计无遗者之所为也。凡河滨水碓之国，有老死不见砻者，去糠去膜皆以臼相终始，唯风筛之法则无不同也。凡碾砌石为之，承借、转轮皆用石。牛犊、马驹惟人所使，盖一牛之力，日可得五人。但入其中者，必极燥之谷，稍润则碎断也。

---

① 底本原作"平"，今依明杨素卿刻本作"半"。

牛碾图、湿田击稻图

稻场图、木砻图

土砻图、风扇车图

攻麦　扬、磨、罗（原注：具图）

凡小麦，其质为面。盖精之至者，稻中再舂之米。粹之至者，麦中重罗之面也。小麦收获时，束稿击取，如击稻法。其去秕法，北土用扬，盖风扇流传未遍率土也。凡扬不在宇下，必待风至，而后为之。风不至，雨不收，皆不可为也。凡小麦既扬之后，以水淘洗尘垢净尽，又复晒干，然后入磨。凡小麦有紫、黄二种，紫胜于黄。凡佳者，每石得面一百二十斤，劣者损三分之一也。凡磨大小无定形，大者用肥健力牛曳转。其牛曳磨时，用桐壳掩眸，不然则眩晕。其腹系桶以盛遗，不然则秽也。次者用驴磨，斤两稍轻。又次小磨，则止用人推挨者。凡力牛一日攻麦二石，驴半之。人则强者攻三斗，弱者半之。若水磨之法，其详已载《攻稻·水碓》中，制度相同，其便利又三倍于牛犊也。凡牛马与水磨，皆悬袋磨上，上宽下窄，贮麦数斗于中，溜入磨眼。人力所挨则不必也。凡磨石有两种，面品由石而分。江南少粹白上面者，以石怀沙滓，相磨发烧，则其麸并破，故黑颣参和面中，无从罗去也。江北石性冷腻，而产于池郡之九华山者，美更甚。以此石制磨，石不发烧，其麸压至扁秕之极不破，则黑疵一毫不入，而面成至白也。凡江南磨，二十日即断齿，江北者，经半载方断。南磨破麸得面百斤，北磨只得八十斤，故上面之值增十之二，然面筋、小粉皆从彼磨出，则衡数已足，得值更多焉。凡麦经磨之后，几番入罗，勤者不厌重复。罗匡之底，用丝织罗地绢为之。湖丝所织者，罗面千石不损。若他方黄丝所为，经百石而已朽也。凡面既成后，寒天可经三月，春夏不出二十日则郁坏。为食适口，贵及时也。凡大麦则就春去膜，炊饭而食，为粉者十无一焉。荞麦则微加春杵去衣，然后或春或磨以成粉而后食之。盖此类之视小麦，精粗贵贱大径庭也。

水碓图

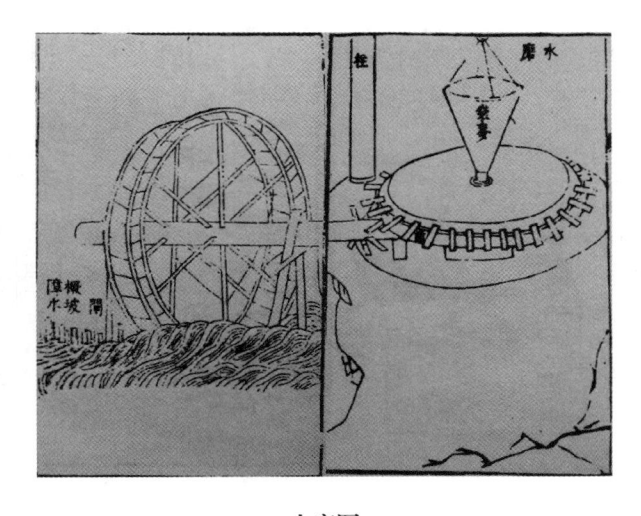

水磨图

赶稻及菽图、舂图

攻黍、稷、粟、梁、麻、菽小碾 枷（原注：具图）

凡攻治小米，扬得其实，舂得其精，磨得其粹。风扬、车扇而外，簸法生焉。其法簸织为圆盘，铺米其中，挤匀扬播。轻者居前，楪弃地下；重者在后，嘉实存焉。凡小米舂、磨、扬、播制器，已详《稻》《麦》之中。唯小碾一制在《稻》《麦》之外。北方攻小米者，家置石墩，中高边下，边沿不开槽。铺米墩上，妇子两人相向，接手而碾之。其碾石圆长如牛赶石，而两头插木柄。米堕边时，随手以小篲扫上。家有此具，杵臼竟悬也。凡胡麻刈获，于烈日中晒干，束为小把，两手执把相击，麻粒绽落，承借以篝席也。凡麻筛，与米筛小者同形，而目密五倍。麻从目中落，叶残角屑皆浮筛上而弃之。凡豆菽刈获，少者用枷，多而省力者仍铺场，烈日晒干，牛曳石赶而压落之。凡打豆枷，竹木竿为柄。其端锥圆，眼拴木一条，长三尺许。铺豆于场，执柄而击之。凡豆击之后，用风扇扬去荚叶，筛以继之，嘉实洒然入禀矣。是故舂磨不及麻，碪碾不及菽也。

罗面图、小碾图

打枷图

作咸第五卷

宋子曰：天有五气，是生五味。润下作咸，王访箕子而首闻其义焉。口之于味也，辛酸甘苦，经年绝一无恙。独食盐禁戒旬日，则缚鸡胜匹，倦怠恹然。岂非"天一生水",而此味为生人生气之源哉?四海之中,五服而外,为蔬为谷,皆有寂灭之乡,而斥卤则巧生以待。孰知其所以然。

盐产

凡盐产最不一,海、池、井、土、崖、砂石,略分六种,而东夷树叶,西戎光明不与焉。赤县之内,海卤居十之八,而其二为井、池、土碱。或假人力,或由天造。总之,一经舟车穷窘,则造物应付出焉。

海水盐

凡海水自具咸质,海滨地,高者名潮墩,下者名草荡,地皆产盐。同一海卤,传神,而取法则异。一法高堰地,潮波不没者,地可种盐。种户各有区画经界,不相侵越。度诘朝无雨,则今日广布稻麦稿灰及芦茅灰寸许于地上,压使平匀。明晨露气冲腾,则其下盐茅勃发。日中晴霁,灰、盐一并扫起淋煎。一法潮波浅被地,不用灰压。候潮一过,明日天晴,半日晒出盐霜,疾趋扫起煎炼。一法逼海潮深地,先掘深坑。横架竹木,上铺席苇,又铺沙于苇席上。俟潮灭顶冲过,卤气由沙渗下坑中,撤去沙、苇。以灯烛之,卤气冲灯即灭,取卤水煎炼。总之功在晴霁,若淫雨连旬,则谓之盐荒。又淮场地面,有日晒自然生霜如马牙者,谓之大晒盐。不由煎炼,扫起即食。海水顺风飘来断草,勾取煎炼,名蓬盐。凡淋煎法,掘坑二个,一浅一深。浅者尺许,以竹木架芦席于上,将扫来盐料,(原注:不论有灰无灰,淋法皆同。)铺于席上。四围隆起作一堤垱形,中以海水灌淋,渗下浅坑中。深者深七、八尺,受浅坑所淋之汁,然后入锅煎炼。凡煎盐锅,古谓之牢盆,亦有两种制度。其盆周阔数丈,径亦丈许。用铁者,以铁打成叶片,铁钉栓合。其底平如盂,其四周高尺二寸,其合缝处,一经卤汁结塞,永无隙漏。其下列灶燃薪,多者十二三眼,少者七八眼,共煎此盘。南海有编竹为者,将竹编成阔丈深尺,糊以蜃灰,附于釜背。火燃釜底,滚沸延及成盐。亦名盐盆。然不若铁叶镶成之便也。凡煎卤,未即凝结,将皂角椎碎,和粟、米糠二味,卤沸之时,投入其中搅和,盐即顷刻结成。盖皂角结盐,犹石膏之结腐也。凡盐，淮扬场者，质重而黑。其他质轻而白。以量较之，淮场者一升重十两，则广、浙、长芦者，只重六七两。凡蓬草盐不可常期，或数年一至，或一月数至。凡盐见水即化，见风即卤，见火愈坚。凡收藏不必用仓廪，盐性畏风不畏湿，地下叠稿三寸，任从卑湿无伤。周遭以土砖泥隙，上盖茅草尺许，百年如故也。

布灰种盐图、淋水入坑图

池盐

凡池盐，宇内有二，一出宁夏，供食边镇。一出山西解池，供晋豫诸郡县。解池界安邑、猗氏、临晋之间，其池外有城堞，周遭禁御。池水深聚处，其色绿沉。土人种盐者，池傍耕地为畦陇，引清水入所耕畦中，忌浊水，参入即淤淀盐脉。凡引水种盐，春间即为之，久则水成赤色。待夏秋之交，南风大起，则一宵结成，名曰颗盐，即古志所谓大盐也。以海水煎者细碎，而此成粒颗，故得大名。其盐凝结之后，扫起即成食味。种盐之人，积扫一石交官，得钱数十文而已。其海丰、深州，引海水入池晒成者，凝结之时，扫食不加人力，与解盐同。但成盐时日，与不借南风则大异也。

井盐

　　凡滇、蜀两省，远离海滨，舟车艰通，形势高上，其咸脉即韫藏地中。凡蜀中石山去河不远者，多可造井取盐。盐井周圆不过数寸，其上口一小盂覆之有余。深必十丈以外，乃得卤信。故造井功费甚难。其器冶铁锥，如碓嘴形，其尖使极刚利，向石山舂凿成孔。其身破竹缠绳，夹悬此锥。每舂深入数尺，则又以竹接其身使引而长。初入丈许，或以足踏碓梢如舂米形。太深则用手捧持顿下。所舂石成碎粉，随以长竹接引，悬铁盏挖之而上。大抵深者半载，浅者月余，乃得一井成就。盖井中空阔，则卤气游散，不克结盐故也。井及泉后，择美竹长丈者，凿净其中节，留底不去。其喉下安消息，吸水入筒，用长绠系竹沉下，其中水满。井上悬桔槔、辘卢诸具，制盘驾牛。牛拽盘转，辘卢绞绠，汲水而上。入于釜中煎炼。（原注：只用中釜，不用牢盆。）顷刻结盐，色成至白。

　　西川有火井，事奇甚。其井居然冷水，绝无火气，但以长竹剖开，去节合缝漆布。一头插入井底，其上曲接，以口紧对釜脐，注卤水釜中。只见火意烘烘，水即滚沸。启竹而视之，绝无半点焦炎意。未见火形而用火神，此世间大奇事也。凡川滇盐井，逃课掩盖至易，不可穷诘。

海卤煎炼图、蜀省井盐图

转绳汲井图、盐池图

末盐

凡地碱煎盐，除并州末盐外，长芦分司地土人，亦有刮削煎成者，带杂黑色，味不甚佳。

崖盐

凡西省阶、凤等州邑，海井交穷。其岩穴自生盐，色如红土，恣人刮取，不假煎炼。

甘嗜第六卷

宋子曰：气至于芳，色至于艳，味至于甘，人之大欲存焉。芳而烈，艳而艳，甘而甜，则造物有尤异之思矣。世间作甘之味，十八产于草木，而飞虫竭力争衡，采取百花，酿成佳味，使草木无全功。孰主张是，而颐养遍于天下哉？

蔗种

凡甘蔗有二种，产繁闽、广间，他方合并得其十一而已。似竹而大者为果蔗，截断生啖，取汁适口，不可以造糖。似荻而小者为糖蔗，口啖即棘伤唇舌，人不敢食，白霜、红砂皆从此出。凡蔗，古来中国不知造糖。唐大历间，西僧邹和尚游蜀中遂宁，始传其法。今蜀中种盛，亦自西域渐来也。凡种荻蔗，冬初霜将至，将蔗砍伐，去杪与根，埋藏土内。（原注：土忌洼聚水湿处。）雨水前五六日，天色晴明，即开出，去外壳，砍断五六寸长，以两个节为率。密布地上，微以土掩之，头尾相枕，若鱼鳞然。两芽平放，不得一上一下，致芽向土难发。芽长一二寸，频以清粪水浇之，俟长六七寸，锄起分栽。凡栽蔗必用夹沙土，河滨洲土为第一。试验土色，掘坑尺五许，将沙土入口尝味，味苦者不可栽蔗。凡洲土近深山上流河滨者，即土味甘，亦不可种。盖山气凝寒，则他日糖味亦焦苦。去山四五十里，平阳洲土择佳而为之。（原注：黄泥脚地毫不可为。）凡栽蔗治畦，行阔四尺，犁沟深四寸。蔗栽沟内，约七尺列三丛，掩土寸许，土太厚则芽发稀少也。芽发三四个，或六七个时，渐渐下土，遇锄耨时加之。加土渐厚，则身长根深，庶免欹倒之患。凡锄耨不厌勤过，浇粪多少视土地肥硗。长至一二尺，则将胡麻或芸苔，枯浸和水灌，灌肥欲施行内。高二三尺则用牛进行内耕之。半月一耕，用犁一次垦土断傍根，一次掩土培根。九月初培土护根，以防砍后霜雪。

蔗品

凡荻蔗造糖，有凝冰、白霜、红砂三品。糖品之分，分于蔗浆之老嫩。凡蔗性，至秋渐转红黑色，冬至以后由红转褐，以成至白。五岭以南无霜国土，蓄蔗不伐以取糖霜。若韶、雄以北，十月霜侵，蔗质遇霜即杀，其身不能久待以成白色，故速伐以取红糖也。凡取红糖，穷十日之力而为之。十日以前，其浆尚未满足，十日以后，恐霜气逼侵，前功尽弃。故种蔗十亩之家，即制车釜一付，以供急用。若广南无霜，迟早唯人也。

造糖（原注：具图）

凡造糖车，制用横板二片，长五尺，厚五寸，阔二尺。两头凿眼安柱，上笋出少许，下笋出板二、三尺，埋筑土内，使安稳不摇。上板中凿二眼，并列巨轴两根。（原注：木用至坚重者。）轴木大七尺围方妙。两轴一长三尺，一长四尺五寸，其长者出笋安犁担。担用屈木，长一丈五尺，以便驾牛团转走。轴上凿齿，分配雌雄，其合缝处须直而圆，圆而缝合。夹蔗于中，一轧而过，与棉花赶车同义。蔗过浆流，再拾其滓，向轴上鸭嘴扱入。再轧，又三轧之，其汁尽矣，其滓为薪。其下板承轴，凿眼，只深一寸五分，使轴脚不穿透，以便板上受汁也。其轴脚嵌安铁锭于中，以便捱转。凡汁浆流板有槽，枧汁入于缸内。每汁一石，下石灰五合于中。凡取汁煎糖，并列三锅如品字。先将稠汁聚入一锅，然后逐加稀汁两锅之内。若火力少束薪，其糖即成顽糖，起沫不中用。

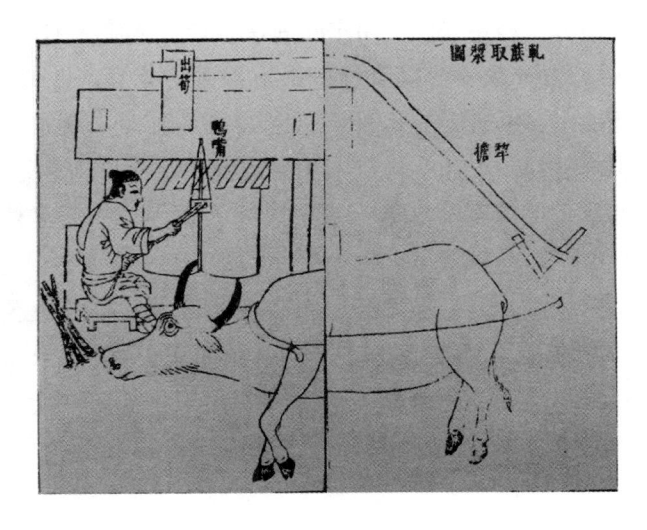

轧蔗取浆图

澄结糖霜瓦器图

造白糖

凡闽、广南方，经冬老蔗，用车同前法。榨汁入缸，看水花为火色。其花煎至细嫩，如煮羹沸，以手捻试，拈手则信来矣。此时尚黄黑色，将桶盛贮，凝成黑沙。然后，以瓦溜，（原注：教陶家烧造。）置缸上。其溜上宽下尖，底有一小孔，将草塞住，倾桶中黑沙于内。待黑沙结定，然后去孔中塞草，用黄泥水淋下。其中黑滓入缸内，溜内尽成白霜。最上一层厚五寸许，洁白异常，名曰洋糖。（原注：西洋糖绝白美，故名。）下者稍黄褐。造冰糖者将洋糖煎化，蛋青澄去浮滓，候视火色。将新青竹破成篾片，寸斩，撒入其中。经过一宵，即成天然冰块。造狮、象、人物等，质料精粗由人。凡白糖有五品，石山为上，团枝次之，瓮鉴次之，小颗又次，沙脚为下。

蜂蜜

凡酿蜜蜂，普天皆有，唯蔗盛之乡，则蜜蜂自然减少。蜂造之蜜，出山岩土穴者十居其八。而人家招蜂造酿而割取者，十居其二也。凡蜜无定色，或青或白，或黄或褐，皆随方土花性而变。如菜花蜜、禾花蜜之类，百千其名不止也。凡蜂无论于家、于野，皆有蜂王。王之所居，造一台，如桃大。王之子世为王。王生而不采花，每日群蜂轮值，分班采花供王。王每日出游两度。（原注：春夏造蜜时。）游则八蜂轮值以待。蜂王自至孔隙口，四蜂以头顶腹，四蜂傍翼飞翔而去，游数刻而返，翼顶如前。畜家蜂者，或悬桶檐端，或置箱牖下，皆锥圆孔眼数十，俟其进入。凡家人杀一蜂二蜂，皆无恙，杀至三蜂则群起螫人，谓之蜂反。凡蝙蝠最喜食蜂，投隙入中，吞噬无限。杀一蝙蝠，悬于蜂前，则不敢食，俗谓之枭令。凡家蓄蜂，东邻分而之西舍，必分。王之子去而为君，去时如铺扇拥卫。乡人有撒洒糟香而招之者。凡蜂酿蜜，造成蜜牌，其形鬣鬣然。咀嚼花心汁，吐积而成。润以人小遗，则甘芳并至，所谓臭腐神奇也。凡割牌取蜜，蜂子多死其中。其底则为黄蜡。凡深山崖石上，有经数载未割者，其蜜已经时自熟，土人以长竿刺取，蜜即流下。或未经年而扳缘可取者，割炼与家蜜同也。土穴所酿，多出北方，南方卑湿，有崖蜜而无穴蜜。凡蜜牌一斤，炼取十二两。西北半天下，盖与蔗浆分胜云。

饴饧

凡饴饧，稻、麦、黍、粟，皆可为之。《洪范》云：稼穑作甘。及此乃穷其理。其法用稻麦之类浸湿，生芽暴干，然后煎炼调化而成。色以白者为上，赤色者名曰胶饴。一时宫中尚之，含于口内即溶化，形如琥珀。南方造饼饵者，谓饴饧为小糖，盖对蔗浆而得名也。饴饧人巧千方以供甘旨，不可枚述。唯尚方用者名一窝丝，或流传后代不可知也。

附：造兽糖

凡造兽糖者，每巨釜一口，受糖五十斤。其下发火慢煎，火从一角烧灼，则糖头滚旋而起。若釜心发火，则尽尽沸溢于地。每釜用鸡子三个，去黄取青，入冷水五升化解。逐匙滴下，用火糖头之上，则浮沤黑滓尽起水面，以笊篱捞去，其糖清白之甚。然后打入铜铫，下用自风慢火温之,看定火色然后入模。凡狮象糖模,两合如瓦为之。杓写糖入,随手覆转倾下。模冷糖烧,自有糖一膜靠模凝结,名曰享糖,华筵用之。

卷中
陶埏第七卷

宋子曰:水火既济而土合。万室之国,日勤千人而不足,民用亦繁矣哉。上栋下室,以避风雨,而瓴建焉。王公设险,以守其国。而城垣雉堞,寇来不可上矣。泥瓮坚而醴酒欲清,瓦登洁而醯醢以荐。商周之际,俎豆以木为之,毋亦质重之思耶。后世方土效灵,人工表异,陶成雅器,有素肌玉骨之象焉。掩映几筵,文明可掬,岂终固哉?

瓦

凡埏泥造瓦,掘地二尺余,择取无沙黏土而为之。百里之内必产合用土色,供人居室之用。凡民居瓦形皆四合分片,先以圆桶为模骨,外画四条界。调践熟泥,叠成高长方条。然后用铁线弦弓,线上空三分,以尺限定,向泥不平戛一片,似揭纸而起,周包圆桶之上。待其稍干,脱模而出,自然裂为四片。凡瓦大小,苦无定式,大者纵横八九寸,小者缩十之三。室宇合沟中,则必需其最大者,名曰沟瓦,能承受淫雨不溢漏也。凡坯既成,干燥之后,则堆积窑中。燃薪举火,或一昼夜,或二昼夜,视陶①中多少为熄火久暂。浇水转釉②(原注:音右。)与造砖同法。其垂于檐端者,有滴水。下于脊沿者,有云瓦。瓦掩覆脊者,有抱同。镇脊两头者,有鸟兽诸形象,皆人工逐一做成,载于窑内,受水火而成器则一也。若皇家宫殿所用,大异于是。其制为琉璃瓦者,或为板片,或为宛筒。以圆竹与断木为模,逐片成造,其土必取于太平府,(原注:舟运三千里方达京师,参沙之伪,雇役擄船之扰,害不可极。即承天皇陵亦取于此,无人议正。)造

---

① 这里的"陶",同"窑"。
② 底本原作"锈",根据前后文意应作"釉"。

成，先装入琉璃窑内，每柴五千斤，烧瓦百片。取出，成色以无名异、棕榈毛等煎汁涂染成绿，黛赭石、松香、蒲草等涂染成黄。再入别窑，减杀薪火，逼成琉璃宝色。外省亲王殿与仙佛宫观间亦为之，但色料各有譬合。采取不必尽同，民居则有禁也。

砖

凡垫泥造砖，亦掘地验辨土色，或蓝或白，或红或黄。（原注：闽、广多红泥，蓝者名善泥，江浙居多。）皆以黏而不散、粉而不沙者为上。汲水滋土，人逐数牛错趾，踏成稠泥，然后填满木框之中。铁线弓戛平其面，而成坯形。凡郡邑、城雉、民居、垣墙所用者，有眠砖、侧砖两色。眠砖方长条，砌城郭与民人饶富家，不惜工费直垒而上。民居算计者，则一眠之上施。（原注：侧砖。）一路填土砾其中以实之，盖省啬之义也。凡墙砖而外，甃地者名曰方墁砖。榱桷上用以承瓦者曰楻板砖。圆鞠小桥、梁与圭门与窀穸墓穴者，曰刀砖，又曰鞠砖。凡刀砖削狭一偏面，相靠挤紧，上砌成圆，车马践压不能损陷。造方墁砖，泥入方匡中，平板盖面，两人足立其上，研转而坚固之，烧成效用。石工磨斫四沿，然后甃地。刀砖之直，视墙砖，稍溢一分。楻板砖则积十以当墙砖之一。方墁砖则一以敌墙砖之十也。凡砖成坯之后，装入窑中。所装百钧则火力一昼夜，二百钧则倍时而足。凡烧砖有柴薪窑，有煤炭窑。用薪者出火成青黑色，用煤者出火成白色。凡柴薪窑，巅上偏侧凿三孔以出烟，火足止薪之候，泥固塞其孔，然后使水转釉。凡火候少一两，则釉色不光，少三两则名嫩火砖。本色杂现，他日经霜冒雪，则立成解散，仍还土质。火候多一两则砖面有裂纹，多三两则砖形缩小拆裂，屈曲不伸，击之如碎铁然，不适于用。巧用者以之埋藏土内为墙脚，则亦有砖之用也。凡观火候，从窑门透视内壁，土受火精，形神摇荡，若金银熔化之极然。陶长辨之。凡转釉之法，窑巅作一平田样，四围稍弦起，灌水其上[①]。砖瓦百钧，用水四十石。水神透入土膜之下，与火意相感而成。水火既济，其质千秋矣。若煤炭窑，视柴窑深欲倍之，其上圆鞠渐

[①] 底本原作"土"，今依明杨素卿刻本作"上"。

小，并不封顶。其内以煤造成尺五径阔饼，每煤一层，隔砖一层，苇薪垫地发火。若皇居所用砖，其大者厂在临清，工部分司主之。初名色有副砖、券砖、平身砖、望板砖、斧刃砖、方砖之类，后革去半。运至京师，每漕舫搭四十块，民舟半之。又细料方砖以墁正殿者，则由苏州造解。其琉璃砖色料，已载《瓦》款。取薪台基厂，烧由黑窑云。

造瓦图

泥砖造坯图、砖瓦济水转釉窑图

煤炭烧砖窑图、瓶窑连接图

缸窑图、造瓶图

造缸图

罂瓮

　　凡陶家为缶属，其类百千。大者缸瓮，中者钵盂，小者瓶罐，款制各从方土，悉数之不能。造此者必为圆而不方之器。试土寻泥之后，仍制陶车旋盘。功夫精熟者，视器大小揑泥，不甚增多少，两人扶泥旋转，一捏而就。其朝廷所用龙凤缸，（原注：窑在真定曲阳与扬州仪真。）与南直花缸，则厚积其泥，以俟雕镂，做法全不相同，故其直或百倍，或五十倍也。凡罂缶有耳嘴者皆另为合，上以釉水涂黏。陶器皆有底，无底者则陕以西，炊甑用瓦不用木也。凡诸陶器，精者中外皆过釉，粗者或釉其半体。唯砂盆齿钵之类，其中不釉，存其粗涩，以受研擂之功。砂锅砂罐不釉，利于透火性以熟烹也。凡釉质料随地而生，江、浙、闽、广用者蕨蓝草一味。其草乃居民供灶之薪，长不过三尺，枝叶似杉木，勒而不棘人。（原注：其名数十，各地不同。）陶家取来燃灰，布袋灌水澄滤，去其粗者，取其绝细。每灰二碗，参以红土泥水一碗，搅令极匀，蘸涂坯上，烧出自成光色。北方未详用何物。苏州黄罐釉亦别有料。唯上用龙凤器则仍用松香与无名异也。凡瓶窑烧小器，缸窑烧大器。山西、浙江各分缸窑、瓶窑，余省则合一处为之。凡造敞口缸，旋成两截，接合处以木椎内外打紧，匝口、坛瓮亦两截，接内不便用椎，预于别窑烧成瓦圈，如金刚圈形，托印其内外。以木椎打紧，土性自合。凡缸、瓶窑不于平地，必于斜阜山冈之上。延长者或二三十丈，短者亦十余丈，连接为数十窑，皆一窑高一级。盖依傍山势，所以驱流水湿滋之患，而火气又循级透上。其数十方成陶者，其中苦无重值物，合并众力众资而为之也。其窑鞠成之后，上铺覆以绝细土，厚三寸许。窑隔五尺许则透烟窗，窑门两边相向而开。装物以至小器，装载头一低窑，绝大缸瓮装在最末尾高窑。发火先从头一低窑起，两人对面交看火色。大抵陶器一百三十斤费薪百斤。火候足时，掩闭其门，然后次发第二火，以次结竟至尾云。

白瓷　附：青瓷

凡白土曰垩土，为陶家精美器用。中国出唯五六处，北则真定定州、平凉华亭、太原平定、开封禹州，南则泉郡德化，（原注：土出永定，窑在德化。）徽郡婺源、祁门。（原注：他处白土陶范不黏，或以扫壁为墁。）德化窑惟以烧造瓷仙、精巧人物、玩器，不适实用。真开等郡瓷窑所出，色或黄滞无宝光。合并数郡，不敌江西饶郡产。浙省处州丽水、龙泉两邑，烧造过釉杯碗，青黑如漆，名曰处窑。宋元时，龙泉华琉山下，有章氏造窑出款贵重，古董行所谓哥窑器者即此。若夫中华四裔驰名猎取者，皆饶郡浮梁景德镇之产也。此镇从古及今为烧器地，然不产白土。土出婺源、祁门两山，一名高梁山，出粳米土，其性坚硬；一名开化山，出糯米土，其性粢软。两土和合，瓷器方成。其土作成方块，小舟运至镇。造器者将两土等分入臼，舂一日，然后入缸水澄。其上浮者为细料，倾跌过一缸。其下沉底者为粗料。细料缸中再取上浮者，倾过为最细料，沉底者为中料。既澄之后，以砖砌方长塘，逼靠火窑以借火力。倾所澄之泥于中，吸干然后重用清水调和造坯。凡造瓷坯，有两种。一曰印器，如方圆不等瓶瓮炉合之类，御器则有瓷屏风、烛台之类。先以黄泥塑成模印，或两破，或两截，抑或囫囵。然后埏白泥印成，以釉水涂合其缝，烧出时自圆成无隙。一曰圆器，凡大小亿万杯盘之类，乃生人日用必需。造者居十九，而印器则十一。造此器坯先制陶车。车竖直木一根，埋三尺入土内使之安稳。上高二尺许，上下列圆盘，盘沿以短竹棍拨运旋转。盘顶正中，用檀木刻成盔头冒其上。凡造杯盘，无有定形模式，以两手棒泥盔冒之上，旋盘使转。拇指剪去甲，按定泥底，就大指薄旋而上，即成一杯碗之形。（原注：初学者任从作废，破坯取泥再造。）功多业熟，即千万如出一范。凡盔冒上，造小坯者不必加泥，造中盘、大碗则增泥大其冒，使干燥而后受功。凡手指旋成坯后，覆转用盔冒一印，微晒留滋润。又一印，晒成极白干，入水一汶，漉上盔冒，过利刀二次。（原注：过刀时手脉微振，烧出即成雀口。）然后补整碎缺，就车上旋转打圈。圈后或画或书字，画后喷水数口，然后过釉。凡为碎器，与千钟粟，与褐色杯等，不用青料。欲为碎器，利刀过后，日晒极热。入清水一蘸而起，烧出自成裂纹。千钟粟则釉浆捷点，褐色则老茶叶煎水一抹也。（原注：古碎器日本国极珍重，真者不惜千金。古香炉碎器，不知何代造，底有铁钉，其钉掩光色不锈。）凡饶镇白瓷釉，用小港嘴泥浆，和桃竹叶灰调成，似清泔汁。（原注：泉郡瓷仙用松毛水调泥浆，处郡青瓷釉未详所出。）盛于缸内。凡诸器过釉，先荡其内，外边用指一蘸涂弦，自然流遍。凡画碗，青料总一味无名异。（原注：漆匠煎油，亦用以收火色。）此物不生深土，浮生地面，深者掘下三尺即止，各省直皆有之。亦辨认上料、中料、下料，用时先将炭火丛红锻过。上者出火成翠毛色，中者微青，下者近土褐。上者每斤锻出只得七两，中下者以次缩减。如上品细料器。及御器龙凤等，皆以上料画成，故其价每石值银二十四两。中者半之，下者则十之三而已。凡饶镇所用，以衢信两郡山中者为上料，名曰浙料。上高诸邑者为中，丰城诸处者为下也。凡使料锻过之后，以乳钵极研。（原注：其钵底留粗，不转釉。）然后调画水。调研时，色如皂，入火则成青碧色。凡将碎器为紫霞色杯者，用胭脂打湿，将铁线纽一兜络，盛碎器其中，炭火炙热，然后以湿胭脂一抹即成。凡宣红器，乃烧成之后出火，另施工巧微炙而成者，非世上朱砂能留红质于火内也。（原注：宣红元末已失传。正德中，历试复造出。）凡瓷器经画过釉之后，装入匣钵。（原注：装时手拿微重，后日烧出即成坳口，不复周正。）钵以粗泥造，其中一泥饼托一器，底空处以沙实之。大器一匣装一个，小器十余共一匣钵。钵佳者，装烧十余度，劣者一二次即坏。凡匣钵装器入窑，然后举火。其窑上空十二圆眼，名曰天窗。火以十二时辰为足。先发门火十个时，火力从下攻上，然后天窗掷柴烧两时，火力从上透下。器在火中其软如棉絮，以铁叉取一以验火候之足。辨认真足，然后绝薪止火。共计一杯工力，过手七十二方克成器。其中微细节目，尚不能尽也。

附：窑变、回青

正德中，内使监造御器。时宣红失传不成，身家俱丧。一人跃入自焚。托梦他人造出，竟传窑变。好异者遂妄传烧出鹿、象诸异物也。又回青乃西域大青，美者亦名佛头青。上料无名异，出火似之，非大青能入洪炉存本色也。

瓷器窑等图

冶铸第八卷

宋子曰：首山之采，肇自轩辕，源流远矣哉。九牧贡金，用襄禹鼎，从此火金功用，日异而月新矣。夫金之生也，以土为母。及其成形，而效用于世也。母模子肖，亦犹是焉。精粗巨细之间，但见钝者司春，利者司垦。薄其身，以媒合水火，而百姓繁，虚其腹，以振荡空灵，而八音起。愿者肖仙梵之身，而尘凡有至象。巧者夺上清之魄，而海宇遍流泉。即屈指唱筹，岂能悉数！要之，人力不至于此。

鼎

凡铸鼎，唐虞以前不可考。唯禹铸九鼎，则因九州贡赋壤则已成，入贡方物岁例已定，疏浚河道已通，《禹贡》业已成书。恐后世人君，增赋重敛，后代侯国冒贡奇淫，后日治水之人，不由其道，故铸之于鼎。不如书籍之易去，使有所遵守，不可移易，此九鼎所为铸也。年代久远，末学寡闻，如螭珠、暨鱼、狐狸、织皮之类，皆其刻画于鼎上者，或漫灭改形，亦未可知。陋者遂以为怪物。故《春秋传》有使知神奸、不逢魑魅之说也。此鼎入秦始亡。而春秋时郜大鼎、莒二方鼎，皆其列国自造，即有刻画，必失《禹贡》初旨。此但存名为古物，后世图籍繁多，百倍上古，亦不复铸鼎，特并志之。

铸鼎图

钟

凡钟为金乐之首，其声一喧，大者闻十里，小者亦及里之余。故君视朝、官出署，必用以集众。而乡饮酒礼，必用以和歌。梵宫仙殿，必用以明摄谒者之诚，幽起鬼神之敬。凡铸钟，高者铜质，下者铁质。今北极朝钟，则纯用响铜，每口共费铜四万七千斤、锡四千斤、金五十两、银一百二十两于内。成器亦重二万斤，身高一丈一尺五寸。双龙蒲牢高二尺七寸，口径八尺，则今朝钟之制也。凡造万钧钟，与铸鼎法同。掘坑深丈几尺，燥筑其中，如房舍。埏泥作模骨，其模骨用石灰三和土筑，不使有丝毫隙拆。干燥之后，以牛油、黄蜡附其上数寸。油蜡分两：油居十八，蜡居十二。其上高蔽抵晴雨。（原注：夏月不可为，油不冻结。）油蜡墁定，然后雕镂书文、物象，丝发成就。然后春筛绝细土，与炭末为泥，涂墁以渐，而加厚至数寸，使其内外透体干坚。外施火力，炙化其中油蜡，从口上孔隙熔流净尽。则其中空处，即钟鼎托体之区也。凡油蜡一斤虚位，填铜十斤。塑油时，尽油十斤，则备铜百斤以俟之。中既空净，则议熔铜。凡火铜至万钧，非手足所能驱使。四面筑炉，四面泥作槽道，其道上口承接炉中，下口斜低，以就钟鼎入铜孔。槽傍一齐红炭炽围。洪炉熔化时，决开槽梗。（原注：先泥土为梗塞住。）一齐如水横流，从槽道中枧注而下，钟鼎成矣。凡万钧铁钟，与炉釜，其法皆同，而塑法则由人省啬也。若千斤以内者，则不须如此劳费，但多捏十数锅炉。炉形如箕，铁条作骨，附泥做就。其下先以铁片圈筒，直透作两孔，以受杠穿。其炉垫于土墩之上，各炉一齐鼓鞴熔化。化后以两杠穿炉下。轻者两人，重者数人，抬起，倾注模底孔中。甲炉既倾，乙炉疾继之，丙炉又疾继之。其中自然黏合。若相承迟缓，则先入之质欲冻，后者不粘，衅所由生也。凡铁钟模不重费油蜡者，先埏土作外模，剖破两边形，或为两截，以子口串合，翻刻书文于其上。内模缩小分寸，空其中体，精算而就。外模刻文后，以牛油滑之，使他日器无粘糯。然后盖上，泥合其缝而受铸焉。巨磬、云板法皆仿此。

铸千斤钟与仙佛像图

釜

凡釜储水受火，日用司命系焉。铸用生铁，或废铸铁器为质。大小无定式，常用者，径口二尺为率，厚约二分。小者径口半之，厚薄不减。其模内外为两层，先塑其内，俟久日干燥，合釜形分寸于上，然后塑外层盖模。此塑匠最精，差之毫厘则无用。模既成就干燥，然后泥捏冶炉。其中如釜，受生铁于中，其炉背透管通风，炉面捏嘴出铁。一炉所化约十釜、二十釜之料。铁化如水，以泥固纯铁柄杓，从嘴受注。一杓约一釜之料，倾注模底孔内，不俟冷定即揭开盖模，看视鳞绽未周之处。此时釜身尚通红未黑。有不到处，即浇少许于上补完，打湿草片按平，若无痕迹。凡生铁初铸釜，补绽者甚多。唯废破釜铁熔铸，则无复隙漏。（原注：朝鲜国俗，破釜必弃之山中，不以还炉。）凡釜既成后，试法以轻杖敲之，响声如木者佳。声有差响，则铁质未熟之故，他日易为损坏。海内丛林大处，铸有千僧锅者，煮糜受米二石，此直痴物云。

塑钟模图、铸釜图

像

凡铸仙佛铜像，塑法与朝钟同。但钟鼎不可接，而像则数接为之，故泻①时为力甚易。但接模之法分寸最精云。

炮

凡铸炮，西洋②、红夷、佛郎机等用熟铜造。信炮、短提铳等，用生熟铜兼半造。襄阳、盏口、大将军、二将军等用铁造。

镜

凡铸镜，模用灰沙，铜用锡和。（原注：不用倭铅。）《考工记》亦云：金锡相半，谓之鉴燧之剂。开面成光，则水银附体而成，非铜有光明如许也。唐开元宫中镜，尽以白银与铜等分铸成，每口值银数两者以此故。朱砂斑点乃金银精华发现。（原注：古炉有入金于内者。）我朝宣炉亦缘某库偶灾，金银杂铜锡化作一团，命以铸炉。（原注：真者错现金色。）唐镜、宣炉皆朝廷盛世物也。

钱

凡铸铜为钱以利民用，一面刊国号通宝四字，工部分司主之。凡钱通利者，以十文抵银一分值。其大钱当五、当十，其弊便于私铸，反以害民。故中外行而辄不行也。凡铸钱每十斤，红铜居六七。倭铅（原注：京中名水锡。）居三四，此等分大略。倭铅每见烈火，必耗四分之一。我朝行用钱高色者，唯北京宝源局黄钱与广东高州炉青钱。（原注：高州钱行盛漳泉路。）其价一文敌南直、江、浙等二文。黄钱

---

① 底本作"写"，今依《天工开物校注及研究》作"泻"。
② 底本作"羊"，今依《天工开物校注及研究》作"洋"。

又分二等，四火铜所铸，曰金背钱；二火铜所铸，曰火漆钱。凡铸钱熔铜之罐，以绝细土末，（原注：打碎干土砖妙。）和炭末为之。（原注：京炉用牛蹄甲，未详何作用。）罐料十两，土居七而炭居三，以炭灰性暖，佐土使易化物也。罐长八寸，口径二寸五分。一罐约载铜铅十斤，铜先入化，然后投铅，洪沪扇合，倾入模内。凡铸钱模，以木四条为空匡。（原注：木长一尺一寸，阔一寸二分。）土炭末筛令极细，填实匡中。微洒杉木炭灰或柳木炭灰于其面上。或熏模则用松香与清油。然后以母钱百文，（原注：用锡雕成。）或字或背布置其上。又用一匡，如前法填实合盖之。既合之后，已成面、背两匡。随手覆转，则母钱尽落后匡之上。又用一匡填实，合上后匡，如是转覆。只合十余匡，然后以绳捆定。其木匡上弦，原留入铜眼孔。铸工用鹰嘴钳，洪炉提出熔罐，一人以别钳扶抬罐底相助，逐一倾入孔中。冷定解绳开匡，则磊落百文，如花果附枝。模中原印空梗，走铜如树枝样，挟出逐一摘断，以待磨锉成钱。凡钱先错边沿，以竹木条直贯数百文受锉，后锉平面则逐一为之。凡钱高低，以铅多寡分，其厚重与薄削，则昭然易见。铅贱铜贵，私铸者至对半为之，以之掷阶石上，声如木石者，此低钱也。若高钱铜九铅一，则掷地作金声矣。凡将成器废铜铸钱者，每火十耗其一。盖铅质先走，其铜色渐高，胜于新铜初化者。若琉球诸国银钱，其模即凿锲铁钳头上。银化之时，入锅夹取，淬于冷水之中，即落一钱其内。图并具右。

附：铁钱

铁质贱甚，从古无铸钱。起于唐藩镇魏博诸地，铜货不通，始冶为之，盖斯须之计也。皇家盛时，则冶银为豆，杂伯衰时，则铸铁为钱。并志博物者感慨。

铸钱图

锉钱图、倭国造银钱图

舟车第九卷

宋子曰：人群分而物异产，来往贸迁，以成宇宙。若各居而老死，何借有群类哉？人有贵而必出，行畏周行。物有贱而必须，坐穷负贩。四海之内，南资舟而北资车。梯航万国，能使帝京元气充然。何其始造舟车者，不食尸祝之报也。浮海长年，视万顷波如平地，此与列子所谓御泠风者无异。传所称奚仲之流，倘所谓神人者非耶！

舟

凡舟古名百千，今名亦百千。或以形名，（原注：如海鳅、江鳊、山梭之类。）或以量名，（原注：载物之数。）或以质名，（原注：各色木料。）不可殚述。游海滨者得见洋船，居江湄者得见漕舫。若局趣山国之中，老死平原之地，所见者一叶扁舟、截流乱筏而已。粗载数舟制度，其余可例推云。

漕舫

凡京师为军民集区，万国水运以供储，漕舫所由兴也。元朝混一，以燕京为大都。南方运道由苏州刘家港、海门黄连沙开洋，直抵天津，制度用遮洋船。永乐间因之。以风涛多险，后改漕运。平江伯陈某始造平底浅船，则今粮船之制也。凡船制底为地，枋为宫墙，阴阳竹为覆瓦。伏狮，前为阀阅，后为寝堂。桅为弓弩，弦篷为翼。橹为车马，篙纤为履鞋。绊索为鹰雕筋骨，招为先锋。舵为指挥主帅，锚为劄军营寨。粮船初制，底长五丈二尺，其板厚二寸。采巨木楠为上，栗次之。头长九尺五寸，梢[1]长九尺五寸。底阔九尺五寸，底头阔六尺，底梢阔五尺。头伏狮阔八尺，梢伏狮阔七尺。梁头一十四座。龙口梁阔一丈，深四尺。使风梁阔一丈四尺，

---

[1] 底本原作"稍"，今据《天工开物校注及研究》改作"梢"，本卷皆同。

深三尺八寸。后断水梁阔九尺,深四尺五寸。两厫共阔七尺六寸。此其初制,载米可近二千石。(原注:交兑每只止足五百石。)运军造者,私增身长二丈,首尾阔二尺余,其量可受三千石。而运河闸口,原阔一丈二尺,差可度过。凡今官坐船,其制尽同。第窗户之间,宽其出径,加以精工彩饰而已。凡造船,先从底起,底面傍靠樯,上承栈,下亲地面。隔位列置者曰梁。两傍峻立者曰樯。盖樯巨木曰正枋,枋上曰弦。梁前竖桅位,曰锚坛,坛底横木夹桅本者,曰地龙。前后维曰伏狮,其下曰拿狮,伏狮下封头木曰连三枋。船头面中缺一方,曰水井。(原注:其下藏缆索等物。)头面眉际,树两木以系缆者曰将军柱。船尾下斜上者,曰草鞋底。后封头下曰短枋,枋下曰挽脚梁。船梢掌舵所居其上曰野鸡篷。(原注:使风时,一人坐篷巅,收守篷索。)凡舟身将十丈者,立桅必两。树中桅之位,折中过前二位,头桅又前丈余。粮船中,桅长者以八丈为率,短者缩十之一二。其本入窗内亦丈余,悬篷之位五六丈。头桅尺寸则不及中桅之半。篷纵横亦不敌三分之一。苏湖六郡运米,其船多过石瓮桥下,且无江汉之险,故桅与篷尺寸全杀。若湖广、江西省舟,则过湖冲江,无端风浪,故锚、缆、篷、桅必极尽制度,而后无患。凡风篷尺寸,其则一视全舟横身。过则有患,不及则力软。凡船篷,其质乃析篾成片织就,夹维竹条,逐块折叠,以俟悬挂。粮船中桅篷合并十人力,方克凑顶。头篷则两人带之有余。凡度篷索,先系空中寸圆木,关捩于桅巅之上。然后带索腰间,缘木而上,三股交错而度之。凡风篷之力,其末一叶,敌其本三叶。调匀和畅,顺风则绝顶张篷,行疾奔马。若风力浡至,则以次减下。(原注:遇风鼓急不下,以钩搭扯。)狂甚则只带一两叶而已。凡风从横来,名曰抢风。顺水行舟,则挂篷之玄游走。或一抢向东,止寸平过,甚至却退数十丈。未及岸时,捩舵转篷,一抢向西,借贷水力兼带风力轧下,则顷刻十余里。或湖水平而不流者,亦可缓轧。若上水舟,则一步不可行也。凡船性随水,若草从风,故制舵障水,使不定向流。舵板一转,一泓从之。凡舵尺寸,与船腹切齐。若长一寸,则遇浅之时,船腹已过,其梢尼舵使胶住。设风狂力劲,则寸木为难不可言。舵短一寸,则转运力怯,回头不捷。凡舵力所障水,相应及船头而止。其腹底之下,俨若一派急顺流。故船头不约而正,其机妙不可言。舵上所操柄,名曰关门棒。欲船北则南向捩转,欲船南则北向捩转。船身太长而风力横劲,舵力不甚应手,则急下一偏拔水板,以抵其势。凡舵用直木一根（原注：粮船用者，围三尺，长丈余。）为身，上截衡受棒，下截界开衔口。纳板其中如斧形，铁钉固拴以障水。梢后隆起处，亦名曰舵楼。凡铁锚所以沉水系舟。一粮船计用五六锚。最雄者曰看家锚，重五百斤内外。其余头用二枝，梢用二枝。凡中流遇逆风，不可去又不可泊。（原注：或业已近岸，其下有石非沙，亦不可泊，惟打锚深处。）则下锚沉水底，其所系绋缠绕将军柱上。锚爪一遇泥沙，扣底抓住，十分危急则下看家锚。系此锚者名曰本身，盖重言之也。或同行前舟阻滞，恐我舟顺势急去，有撞伤之祸。则急下梢锚提住，使不迅速流行。风息开舟，则以云车绞缆，提锚使上。凡船板合隙缝，以白麻斮絮为筋，钝凿扱入。然后筛过细石灰，和桐油舂杵成团，调舱。温、台、闽、广即用砺灰。凡舟中带篷索，以火麻秸，（原注：一名大麻。）绚绞。粗成径寸以外者，即系万钧不绝。若系锚缆，则破析青篾为之，其篾线入釜煮熟，然后纠绞。拽䌰䈻亦煮熟，篾线绞成十丈以往，中作圈为接，遇阻碍可以掐断。凡竹性直，篾一线千钧。三峡入川上水舟，不用纠绞䈻䌰，即破竹阔寸许者，整条以次接长，名曰火杖。盖沿崖石棱如刃，惧破篾易损也。凡木色桅，用端直杉木，长不足则接。其表铁箍逐寸包围。船窗前道皆当中空阙，以便树桅。凡树中桅，合并数巨舟承载，其末长缆系表而起。梁与枋樯用楠木、楮木、樟木、榆木、槐木。（原注：樟木春夏伐者，久则粉蛀。）栈板不拘何木。舵杆用榆木、榔木、楮木。关门棒用椆木、榔木。橹用杉木、桧木、楸木。此其大端云。

海舟

凡海舟，元朝与国初运米者，曰遮洋浅船。次者曰钻风船。（原注：即海鳅。）所经道里，止万里长滩、黑水洋、沙门岛等处，苦无大险。与出使琉球、日本，暨商贾爪哇、笃泥等舶制度，工费不及十分之一。凡遮洋运船制，视漕船长一丈六尺，阔二尺五寸，器具皆同。唯舵杆必用铁力木，舱灰用鱼油和桐油，不知何义。凡外国海舶制度，大同小异，闽、广（原注：闽由海澄开洋，广由香山嶴。）洋船，截竹两破排栅，树于两傍以抵浪。登、莱制度又不然。倭国海舶，两傍列橹手栏板抵水，人在其中运力。朝鲜制度又不然。至其首尾，各安罗经盘，以定方向。中腰大横梁，出头数尺，贯插腰舵，则皆同也。腰舵非与梢舵形同，乃阔板斫成刀形，插入水中，亦不捩转。盖夹卫扶倾之义。其上仍横柄，拴于梁上，而遇浅则提起。有似乎舵，故名腰舵也。凡海舟，以竹筒贮淡水数石，度供舟内人两日之需。遇岛又汲。其何国、何岛、合用何向，针指示昭然，恐非人力所祖。舵工一群主佐，直是识力造到死生浑忘地，非鼓勇之谓也。

漕舫图

六桨课船图

杂舟

江汉课船，身甚狭小而长，上列十余仓，每仓容止一人卧息。首尾共桨六把，小桅篷一座。风涛之中，恃有多桨挟持。不遇逆风，一昼夜顺水行四百余里，逆水亦行百余里。国朝盐课，淮、扬数颇多，故设此运银，名曰课船。行人欲速者，亦买之。其船南自章、贡，西自荆、襄，达于瓜、仪而止。

三吴浪船。凡浙西、平江，纵横七百里内，尽是深沟，小水湾环，浪船（原注：最小者曰塘船。）以万亿计。其舟行人贵贱，来往以代马车、屝履。舟即小者，必造窗牖堂房，质料多用杉木。人物载其中，不可偏重一石，偏即欹侧。故俗名天平船。此舟来往七百里内，或好逸便者径买，北达通津。只有镇江一横渡，俟风静涉过，又渡清江浦，溯黄河浅水二百里，则入闸河安稳路矣。至长江上流风浪，则没世避而不经也。浪船行力在梢后，巨橹一只，两三人推轧前走，或恃缱篗。至于风篷，则小席如掌所不恃也。

东浙西安船。浙东自常山至钱塘八百里，水径入海，不通他道，故此舟自常山、开化、遂安等小河起，钱塘而止，更无他涉。舟制箬篷如卷瓦，为上盖。缝布为帆，高可二丈许，绵索张带。初为布帆者，原因钱塘有潮涌，急时易于收下。此亦未然。其费似侈于篾席，总不可晓。

福建清流、梢篷船。其船自光泽、崇安两小河起，达于福州洪塘而止。其下水道皆海矣。清流船以载货物、客商，梢篷制大差可坐卧，官贵家属用之。其船皆以杉木为地。滩石甚险，破损者其常。遇损则急舣向岸，搬物掩塞。船梢径不用舵，船首列一巨招，捩头使转。每帮五只方行，经一险滩则四舟之人皆从尾后曳缆，以缓其趋势。长年即寒冬不裹①足，以便频濡。风篷竟悬不用云。

四川八橹等船。凡川水源通江汉，然川船达荆州而止，此下则更舟矣。逆行而上，自夷陵入峡。挽缱者，以巨竹破为四片或六片，麻绳约接，名曰火杖。舟中鸣鼓若竞渡，挽人从山石中闻鼓声而咸力。中夏至

---

① 底本原作"果"，根据前后文意应作"裹"。

中秋，川水封峡，则断绝行舟数月。过此消退，方通往来。其新滩等数极险处，人与货尽盘岸行半里许，只余空舟上下。其舟制腹圆，而首尾尖狭，所以辟滩浪云。

黄河满篷梢。其船自河入淮，自淮溯汴用之。质用楠木，工价颇优。大小不等，巨者载三千石，小者五百石。下水则首颈之际，横压一梁，巨橹两只，两傍推轧而下。锚、缆、篙、帆制与江汉相仿云。

广东黑楼船、盐船。北自南雄，南达会省，下此惠、潮，通漳、泉则由海汊乘海舟矣。黑楼船为官贵所乘，盐船以载货物。舟制两傍可行走。风帆编蒲为之，不挂独竿桅。双柱悬帆，不若中原随转。逆流冯借缱力，则与各省直同功云。

黄河秦船。（原注：俗名摆子船。）造作多出韩城，巨者载石数万钧。顺流而下，供用淮、徐地面。舟制首尾方阔均等，仓梁平下不甚隆起。急流顺下，巨橹两傍夹推，来往不冯风力。归舟挽缱，多至二十余人，甚有弃舟空返者。

车

凡车利行平地，古者秦、晋、燕、齐之交，列国战争必用车。故千乘、万乘之号起自战争国。楚、汉血争而后日辟。南方则水战用舟，陆战用步马，北膺胡虏，交使铁骑，战车逐无所用之。但今服马驾车，以运重载，则今日骡车，即同彼时战车之义也。凡骡车之制，有四轮者，有双轮者，其上承载支架，皆从轴上穿斗而起。四轮者，前后各横轴一根，轴上短柱，起架直梁，梁上载箱。马止脱驾之时，其上平整，如居屋安稳之象。若两轮者驾马行时，马曳其前则箱地平正。脱马之时，则以短木从地支撑而住，不然则欹卸也。凡车轮一曰辕。（原注：俗名车陀。）其大车中毂，（原注：俗名车脑。）长一尺五寸。（原注：见《小戎》朱注。）所谓外受辐、中贯轴者。辐计三十片，其内插毂，其外接辅。车轮之中，内集轮外接辋，圆转一圈者是曰辅也。辋际尽头，则曰轮辕也。凡大车脱时，则诸物星散收藏。驾则先上两轴，然后以次间架。凡轼、衡、轸、轭，皆从轴上受基也。凡四轮大车，量可载五十石。骡

车图

双缱独辕车图、南方独橇车图

马多者，或十二挂，或十挂，少亦八挂。执鞭掌御者，居箱之中，立足高处。前马分为两班。（原注：战车四马一班，分骖服。）纠黄麻为长索，分系马项，后套总结收入衡内两旁。掌御者手执长鞭，鞭以麻为绳，长七尺许。竿身亦相等，察视不力者，鞭及其身。箱内用二人踹绳，须识马性与索性者为之。马行太紧则急起踹绳，否则翻车之祸从此起也。凡车行时遇前途行人应避者，则掌御者急以声呼，则群马皆止。凡马索总系透衡入箱处，皆以牛皮束缚，《诗经》所谓"胁驱"是也。凡大车饲马，不入肆舍，车上载有柳盘，解索而野食之。乘车人上下皆缘小梯。凡过桥梁中高边下者，则十马之中，择一最强力者系于车后。当其下坂，则九马从前缓曳，一马从后竭力抓住，以杀其驰趋之势，不然则险道也。凡大车行程，遇河亦止，遇山亦止，遇曲径小道亦止。徐、兖、汴梁之交，或达三百里者，无水之国所以济舟楫之穷也。凡车质，唯先择长者为轴，短者为毂。其木以槐、枣、檀、榆（原注：用榔榆。）为上。檀质太久劳则发烧，有慎用者，合抱枣、槐，其至美也。其余轸、衡、箱、轭则诸木可为耳。此外，牛车以载刍粮，最盛晋地。路逢隘道则牛颈系巨铃，名曰报君知。犹之骡车群马，尽系铃声也。又北方独辕车，人推其后，驴曳其前，行人不耐骑坐者，则雇觅之。鞠席其上以蔽风日。人必两旁对坐，否则敧倒。此车北上长安、济宁，径达帝京。不载人者，载货重四五石而止。其驾牛为轿车者，独盛中州。两旁双轮，中穿一轴，其分寸平如水。横架短衡，列轿其上，人可安坐，脱驾不敧。其南方独轮推车，则一人之力是视。容载两石，遇坎即止，最远者止达百里而已。其余难以枚述。但生于南方者，不见大车，老于北方者，不见巨舰，故粗载之。

锤锻第十卷

宋子曰：金木受攻而物象曲成。世无利器，即般、倕安所施其巧哉？五兵之内，六乐之中，微钳锤之奏功也，生杀之机泯然矣。同出洪炉烈火，大小殊形。重千钧者，系巨舰于狂渊。轻一羽者，透绣纹于章服。使冶钟铸鼎之巧，束手而让神功焉。莫邪、干将，双龙飞跃，毋其说亦有征焉者乎？

治铁

凡治铁成器，取已炒熟铁为之。先铸铁成砧，以为受锤之地。谚云：万器以钳为祖。非无稽之说也。凡出炉熟铁，名曰毛铁。受锻之时，十耗其三为铁华、铁落。若已成废器，未锈烂者，名曰劳铁，改造他器与本器，再经锤煅，十止耗去其一也。凡炉中炽铁用炭，煤炭居十七，木炭居十三。凡山林无煤之处，锻工先择坚硬条木，烧成火墨。（原注：俗名火矢，扬烧不闭穴火。）其炎更烈于煤。即用煤炭，亦别有铁炭一种，取其火性内攻，焰不虚腾者，与炊炭同形而分类也。凡铁性逐节黏合，涂上黄泥于接口之上。入火挥槌，泥滓成枵而去，取其神气为媒合。胶结之后，非灼红斧斩，永不可断也。凡熟铁、钢铁，已经炉锤，水火未济，其质未坚。乘其出火之时，入清水淬之，名曰健钢①、健铁。言乎未健之时，为钢为铁，弱性犹存也。凡钎铁之法，西洋诸国别有奇药。中华小钎用白铜末。大钎则竭力挥锤，而强合之，历岁之久，终不可坚。故大炮西番有锻成者，中国则惟事冶铸也。

斤斧

凡铁兵薄者为刀剑，背厚而面薄者为斧斤。刀剑绝美者，以百炼钢包裹其外，其中仍用无钢铁为骨。若非钢表铁里，则劲力所施，即成折断。其次寻常刀斧，止嵌钢于其面。即重价宝刀，可斩钉截凡铁者，经数千遭磨砺，则钢尽而铁现也。倭国刀背阔不及二分许，架于手指之上不复欹倒，不知用何锤法。中国未得其传。

凡健刀斧皆嵌钢、包钢，整齐而后入水淬之。其快利则又在砺石成功也。凡匠斧与锥，其中空管受柄处，皆先打冷铁为骨，名曰羊头。然后热铁包裹，冷者不沾，自成空隙。凡攻石锥，日久四面皆空，熔铁补满平填，再用无弊。

---

① 底本原作"刚"，根据前后文意应作"钢"。

锄镈

凡治地生物，用锄、镈之属，熟铁锻成，熔化生铁淋口，入水淬健，即成刚劲。每锹、锄重一斤者，淋生铁三钱为率。少则不坚，多则过刚而折。

锉

凡铁锉，纯钢为之。未健之时，钢性亦软。以已健钢錾划成纵斜文理。划时斜向入，则文方成焰。划后烧红，退微冷，入水健。久用乖平，入水退去健性，再用錾划。凡锉，开锯齿用茅叶锉，后用快弦锉。治铜钱用方长牵锉，锁钥之类用方条锉，治骨角用剑面锉。（原注：朱注所谓鑢鐋。）治木末则锥成圆眼，不用纵斜纹者，名曰香锉。（原注：划锉纹时，用羊角末和盐醋先涂。）

锥

凡锥，熟铁锤成，不入钢和。治书编之类用圆钻，攻皮革用扁钻。梓人转索通眼、引钉合木者，用蛇头钻。其制颖上二分许，一面圆，二面剜入，傍起两棱，以便转索。治铜叶用鸡心钻。其通身三棱者名旋钻。通身四方而末锐者名打钻。

锯

凡锯熟铁锻[1]成薄条，不钢，亦不淬健。出火退烧后，频加冷锤坚性。用锉开齿。两头衔木为梁，纠篾张开，促紧使直。长者剖木，短者截木，齿最细者截竹。齿钝之时，频加锉锐，而后使之。

---

[1] 底本原作"断"，根据前后文意应作"锻"。

刨

凡刨，磨砺嵌钢寸铁，露刃秒忽，斜出木口之面，所以平木。古名曰准。巨者卧准露刃，持木抽削，名曰推刨，圆桶家使之。寻常用者，横木为两翅，手执前推。梓人为细功者，有起线刨，刃阔二分许。又刮木使极光者名蜈蚣刨。一木之上，衔十余小刀，如蜈蚣之足。

凿

凡凿熟铁锻成，嵌钢于口，其本空圆，以受木柄。（原注：先打铁骨为模，名曰羊头，杓柄同用。）斧从柄催，入木透眼。其末粗者阔寸许，细者三分而止。需圆眼者，则制成剜凿为之。

锚

凡舟行遇风难泊，则全身系命于锚。战船、海船有重千钧者。锤法先成四爪，以次逐节接身。其三百斤以内者，用径尺阔砧，安顿炉傍。当其两端皆红，掀去炉炭，铁包木棍夹持上砧。若千斤内外者，则架木为棚，多人立其上共持铁链[1]。两接锚身，其末皆带巨铁圈链套，提起掠转，咸力锤合。合药不用黄泥，先取陈久壁土筛细，一人频撒接口之中，浑合方无微罅。盖炉锤之中，此物其最巨者。

针

凡针，先锤铁为细条。用铁尺一根，锥成线眼。抽过条铁成线，逐寸剪断为针。先锉其末成颖，用小槌敲扁其本，钢[2]锥穿鼻，复锉其外。然后入釜，慢火炒熬。炒后以土末入松木、火矢、豆豉三物罨盖，下用

---

[1] 底本原作"练"，根据前后文意及图示应作"链"，下句同。
[2] 底本原作"刚"，根据前后文意应作"钢"。

火蒸。留针二三口，插于其外，以试火候。其外针入手捻成粉碎，则其下针火候皆足。然后开封，入水健之。凡引线成衣与刺绣者，其质皆刚。唯马尾刺工为冠者，则用柳条软针。分别之妙，在于水火健法云。

锤锚图

抽线琢图

治铜

凡红铜升黄,而后熔化造器。用砒升者,为白铜器,工费倍难,佟者事之。凡黄铜,原从炉甘石升者,不退火性受锤。从倭铅升者,出炉退火性,以受冷锤。凡响铜入锡参和,(原注:法具《五金》卷。)成乐器者,必圆成无钎。其余方圆用器,走钎炙火黏合。用锡末者为小钎,用响铜末者为大钎。(原注:碎铜为末,用饭粘和打,入水洗去饭。铜末具存,不然则撒散。)若钎银器,则用红铜末。凡锤乐器,锤钲,(原注:俗名锣。)不事先铸,熔团即锤。锤镯,(原注:俗名铜鼓。)与丁宁,则先铸成圆片,然后受锤。凡锤钲、镯,皆铺团于地面。巨者众共挥力,由小阔开,就身起弦声,俱从冷锤点发。其铜鼓中间突起隆炮,而后冷锤开声。声分雌与雄,则在分厘起伏之妙。重数锤者,其声为雄。凡铜经锤之后,色成哑白,受锉复现黄光。经锤折耗,铁损其十者,铜只去其一。气腥而色美,故锤工亦贵重铁工一等云。

钟钲与镯图

燔石第十一卷

宋子曰：五行之内，土为万物之母。子之贵者，岂惟五金哉。金与火相守而流，功用谓莫尚焉矣。石得燔而成①功，盖愈出而愈奇焉。水浸淫而败物，有隙必攻，所谓不遗丝发者。调和一物，以为外拒，漂海则冲洋澜，黏甃则固城雉。不烦历候远涉，而至宝得焉。燔石之功，殆莫之与京矣。至于矾现五色之形，硫为群石之将，皆变化于烈火。巧极丹铅炉火，方士纵焦劳唇舌，何尝肖像天工之万一哉！

石灰

凡石灰，经火焚炼为用。成质之后，入水永劫不坏。亿万舟楫，亿万垣墙，窒隙防淫，是必由之。百里内外，土中必生可燔石。石以青色为上，黄白次之。石必掩土内二三尺，掘取受燔，土面见风者不用。燔灰火料，煤炭居十九，薪炭居什一。先取煤炭泥，和做成饼，每煤饼一层、叠石一层。铺薪其底，灼火燔之。最佳者曰矿灰，最恶者曰窑滓灰。火力到后，烧酥石性，置于风中，久自吹化成粉。急用者以水沃之，亦自解散。凡灰用以固舟缝，则桐油、鱼油调厚绢、细罗，和油杵千下塞艌。用以砌墙石，则筛去石块，水调黏合。甃墁则仍用油灰。用以垩墙壁，则澄过入纸筋涂墁。用以襄墓及贮水池，则灰一分，入河沙、黄土二分，用糯米粳、羊桃藤汁，和匀，轻筑坚固，永不隳坏，名曰三和土。其余造淀造纸，功用难以枚述。凡温、台、闽、广海滨，石不堪灰者，则天生蛎蚝以代之。

蛎灰

凡海滨石山傍水处，咸浪积压，生出蛎房，闽中曰蚝房。经年久者，

---

① 底本原作"咸"，今据明杨素卿刻本作"成"。

长成数丈，阔则数亩，崎岖如石假山形象。蛤之类压入岩中，久则消化作肉团，名曰蛎黄，味极珍美。凡燔蛎灰者，执椎与凿，濡足取来。（原注：药铺所货牡蛎，即此碎块。）叠煤架火燔成，与前石灰共法。黏砌成墙、桥梁，调和桐油造舟，功皆相同。有误以蚬灰（原注：蛤粉。）为蛎灰者，不格物之故也。

煤炭

凡煤炭，普天皆生，以供锻炼金石之用。南方秃山无草木者，下即有煤，北方勿论。煤有三种，有明煤、碎煤、末煤[①]。明煤大块如斗许，燕、齐、秦、晋生之。不用风箱鼓扇，以木炭少许引燃，熯炽达昼夜。其傍夹带碎屑，则用洁净黄土，调水作饼而烧之。碎煤有两种，多生吴楚。炎高者曰饭炭，用以炊烹。炎平者曰铁炭，用以冶锻。入炉先用水沃湿，必用鼓鞲后红，以次增添而用。末炭如面者，名曰自来风。泥水调成饼，入于炉内，既灼之后，与明煤相同，经昼夜不灭。半供炊爨，半供熔铜、化石、升朱。至于燔石为灰与矾、硫，则三煤皆可用也。凡取煤经历久者，从土面能辨有无之色，然后掘挖。深至五丈许，方始得煤。初见煤端时，毒气灼人。有将巨竹凿去中节，尖锐其末，插入炭中。其毒烟从竹中透上，人从其下施䦆拾取者。或一井而下，炭纵横广有，则随其左右阔取。其上枝板，以防压崩耳。凡煤炭取空而后，以土填实其井。经二三十年后，其下煤复生长，取之不尽。其底及四周石卵，土人名曰铜炭者，取出烧皂矾与硫黄。凡石卵单取硫黄者，其气薰甚，名曰臭煤。燕京房山、固安，湖广荆州等处间有之。凡煤炭经焚而后，质随火神化去，总无灰滓。盖金与土石之间，造化别现此种云。凡煤炭不生茂草盛木之乡，以见天心之妙。其炊爨功用所不及者，唯结腐一种而已。（原注：结豆腐者，用煤炉则焦苦。）

[①] 底本原作"媒"，根据前后文意应作"煤"，当为同音形近致误。

矾石　白矾

　　凡矾燔石而成。白矾一种，亦所在有之。最盛者山西晋、南直无为等州，值价低贱，与寒水石相仿。然煎水极沸，投矾化之，以之染物，则固结肤膜之间，外水永不入，故制糖饯与染画纸、红纸者需之。其末干撒，又能治浸淫恶水，故湿疮家亦急需之也。凡白矾，掘土取磊块石，层叠煤炭饼锻炼，如烧石灰样。火候已足，冷定入水。煎水极沸时，盘中有溅溢如物飞出，俗名蝴蝶矾者，则矾成矣。煎浓之后，入水缸内澄。其上隆结曰吊矾，洁白异常。其沉下者曰缸矾。轻虚如棉絮者，曰柳絮矾。烧汁至尽，白如雪者，谓之巴石。方药家锻过用者，曰枯矾云。

青矾、红矾、黄矾、胆矾

　　凡皂、红、黄矾，皆出一种而成，变化其质。取煤炭外矿石（原注：俗名铜炭。）子，每五百斤入炉，炉内用煤炭饼（原注：自来风，不用鼓鞲者。）千余斤，周围包裹此石。炉外砌筑土墙圈围，炉巅空一圆孔，如茶碗口大，透炎直上，孔傍以矾滓厚罨。（原注：此滓不知起自何世，欲作新炉者，非旧滓罨盖则不成。）然后从底发火，此火度经十日方熄。其孔眼时有金色光直上。（原注：取硫，详后款。）锻经十日后，冷定取出。半酥杂碎者另拣出，名曰时矾，为煎矾红用。其中精粹，如矿灰形者，取入缸中浸三个时，漉入釜中煎炼。每水十石，煎至一石，火候方足。煎干之后，上结者皆佳好皂矾，下者为矾滓。（原注：后炉用此盖。）此皂矾染家必须用。中国煎者，亦唯五六所。原石五百斤，成皂矾二百斤，其大端也。其拣出时矾，（原注：俗又名鸡屎矾。）每斤入黄土四两，入罐熬炼，则成矾红。圬墁及油漆家用之。其黄矾所出，又奇甚。乃即炼皂矾炉侧土墙，春夏经受火石精气，至霜降立冬之交冷静之时，其墙上自然爆出此种。如淮北砖墙生焰硝样。刮取下来，名曰黄矾，染家用之。金色淡者涂炙，立成紫赤也。其黄矾，自外国来，打破中有金丝者，名曰波斯矾，别是一种。又山陕烧取硫黄山上，其滓弃地，二三年后，雨水浸淋，精液流入沟麓之中，自然结成皂矾。取而货用，不假煎炼。其中色佳者，人取以混石胆云。石胆一名胆矾者，亦出晋、隰等州，乃山石穴中自结成者，故绿色带宝光。烧铁器，淬于胆矾水中，即成铜色也。《本草》载矾虽五种，并未分别原委。其昆仑矾，状如黑泥，铁矾状如赤石脂者，皆西域产也。

南方挖煤图、烧蛎房法图

凿取蛎房图、烧皂矾图

硫黄

凡硫黄，乃烧石承液而结就。著书者，误以焚石为矾石，遂有矾液之说。然烧取硫黄石，半出特生白石，半出煤矿烧矾石。此矾液之说所由混也。又言中国有温泉处，必有硫黄。今东海、广南产硫黄处，又无温泉。此因温泉水气似硫黄，故意度言之也。凡烧硫黄石，与煤矿石同形。掘取其石，用煤炭饼包裹丛架，外筑土作炉。炭与石，皆载千斤于内，炉上用烧硫旧滓罨盖，中顶隆起，透一圆孔其中。火力到时，孔内透出黄焰金光。先教陶家烧一钵盂，其盂当中隆起，边弦卷成鱼袋样，覆于孔上。石精感受火神，化出黄光飞走。遇盂掩住不能上飞，则化成汁液靠着盂底，其液流入弦袋之中。其弦又透小眼，流入冷道灰槽小池，则凝结而成硫黄矣。其炭煤矿石，烧取皂矾者，当其黄光上走时，仍用此法掩盖，以取硫黄。得硫一斤，则减去皂矾三十余斤。其矾精华已结硫黄，则枯滓遂为弃物。凡火药，硫为纯阳，硝为纯阴。两精逼合，成声成变。此乾坤幻出神物也。硫黄不产北狄，或产而不知炼取，亦不可知。至奇炮出于西洋与红夷，则东徂西数万里，皆产硫黄之地也。其琉球土硫黄、广南水硫黄，皆误纪也。

烧取硫黄图、烧砒图

砒石

　　凡烧砒霜，质料似土而坚，似石而碎，穴土数尺而取之。江西信郡、河南信阳州皆有砒井，故名信石。近则出产独盛衡阳。一厂有造至万钧者。凡砒石井中，其上常有浊绿水，先绞水尽，然后下凿。砒有红白两种，各因所出原石色烧成。凡烧砒，下鞠土窑，纳石其上。上砌曲突，以铁釜倒悬，覆突口。其下灼炭举火。其烟气从曲突内熏贴釜上。度其已贴一层，厚结寸许，下复息火。待前烟冷定，又举次火，熏贴如前。一釜之内数层已满，然后提下，毁釜而取砒。故今砒底有铁沙，即破釜滓也。凡白砒止此一法。红砒则分金炉内、银铜恼气，有闪成者。凡烧砒时，立者必于上风十余丈外，下风所近，草木皆死。烧砒之人，经两载即改徙，否则须发尽落。此物生人食，过分厘立死。然每岁千万金钱，速售不滞者，以晋地菽麦必用拌种，且驱田中黄鼠害，宁绍郡稻田必用蘸秧根，则丰收也。不然火药与染铜，需用能几何哉！

膏液第十二卷

　　宋子曰：天道平分昼夜，而人工继晷以襄事，岂好劳而恶逸哉？使织女燃薪，书生映雪，所济成何事也。草木之实，其中韫藏膏液，而不能自流。假媒水火，冯藉木石，而后倾注而出焉。此人巧聪明，不知于何禀度也。人间负重致远，恃有舟车。乃车得一铢而辖转，舟得一石而罅完。非此物之为功也，不可行矣。至菹蔬之登釜也，莫或膏之，犹啼儿之失乳焉。斯其功用一端而已哉。

油品

　　凡油供馔食用者，胡麻（原注：一名脂麻。）、莱菔子、黄豆、菘菜子（原注：一名白菜。）为上，苏麻、（原注：形似紫苏，粒大于胡麻。）芸苔子（原注：江南名菜子。）次之，茶子（原注：其树高丈余，子如金罂子，去肉取仁。）次之，苋菜子次之，大麻仁（原注：粒如胡荽子，剥取其皮，为绊索用者。）为下。燃灯则柏仁内水油为上，芸苔次之，亚麻子（原注：陕西所种，俗名壁虱脂麻，气恶不堪食。）次之，棉花子次之，胡麻次之，（原注：燃灯最易竭。）桐油与柏混油为下。（原注：桐油毒气熏人，柏油连皮膜，则冻结不清。）造烛则柏皮油为上，蓖麻子次之，柏混油每斤入白蜡，冻结次之，白蜡结冻诸清油，又次之，樟树子油又次之。（原注：其光不减，但有避香气者。）冬青子油又次之。（原注：韶郡专用，嫌其油少，故列次。）北土广用牛油，则为下矣。凡胡麻与蓖麻子、樟树子，每石得油四十斤。莱菔子，每石得油二十七斤。（原注：甘美异常，益人五脏。）芸苔子，每石得油三十斤，其耨勤而地沃，榨法精到者，仍得四十斤。（原注：陈历一年，则空内而无油。）茶子，每石得油一十五斤。（原注：油味似猪脂，甚美，其枯则止可种火及毒鱼用。）桐子仁，每石得油三十三斤。柏子分打时，皮油得二十斤，水油得十五斤，混打时共得三十三斤。（原注：此须绝净者。）冬青子，每石得油十二斤。黄豆，每石得油九斤。（原注：吴下取油食后，以其饼充豕粮。）菘菜子，每石得油三十斤。（原注：油出清如绿水。）棉花子，每百斤得油七斤。（原注：初出甚黑浊，澄半月清甚。）苋菜子，每石得油三十斤。（原注：味甚甘美，嫌性冷滑。）亚麻、大麻仁，每石得油二十余斤。此其大端，其他未穷究试验。与夫一方已试，而他方未知者，尚有待云。

法具

凡取油，榨法而外，有两镬煮取法，以治蓖麻与苏麻。北京有磨法，朝鲜有舂法，以治胡麻。其余则皆从榨出也。凡榨木巨者，围必合抱，而中空之。其木樟为上，檀与杞次之。（原注：杞木为者，防地湿，则速朽。）此三木者，脉理循环结长，非有纵直文。故竭力挥椎①，实尖其中，而两头无璺拆之患。他木有纵文者，不可为也。中土江北少合抱木者，则取四根合并为之。铁箍裹定，横拴串合，而空其中，以受诸质，则散木有完木之用也。凡开榨，空中其量随木大小。大者受一石有余，小者受五斗不足。凡开榨，辟中凿划平槽一条，以宛凿入中，削圆上下。下沿凿一小孔，剜一小槽，使油出之时，流入承藉器中。其平槽长三四尺，阔三四寸，视其身而为之，无定式也。实槽尖与枋，唯檀木、柞子木两者宜为之，他木无望焉。其尖过斤斧而不过刨，盖欲其涩，不欲其滑，惧报转也。撞木与受撞之尖，皆以铁圈裹首，惧披散也。榨具已整理，则取诸麻菜子入釜，文火慢炒。（原注：凡柏、桐之类，属树木生者，皆不炒而碾蒸。）透出香气，然后碾碎受蒸。凡炒诸麻菜子，宜铸平底锅，深止六寸者，投子仁于内，翻拌最勤。若釜底太深，翻拌疏慢，则火候交伤，减丧油质。炒锅亦斜安灶上，与蒸锅大异。凡碾埋槽土内，（原注：木为者以铁片掩之。）其上以木杆衔铁陀，两人对举而推之。资本广者，则砌石为牛碾。一牛之力可敌十人。亦有不受碾而受磨者，则棉子之类是也。既碾而筛，择粗者再碾，细者则入釜甑受蒸。蒸气腾足，取出以稻秸与麦秸，包裹如饼形。其饼外圈箍，或用铁打成，或破篾绞刺而成，与榨中则寸相稳合。凡油原因气取，有生于无。出甑之时，包裹急缓，则水火郁蒸之气游走，为此损油。能者疾倾、疾裹而疾箍之，得油之多，诀由于此。榨工有自少至老而不知者。包裹既定，装入榨中，随其量满，挥撞挤轧，而流泉出焉矣。包内油出滓存，名曰枯饼。凡胡麻、莱菔、芸苔诸饼，皆重新碾碎，筛去秸芒，再蒸、再裹而再榨之。初次得油二分，二次得油一分。若柏、桐诸物，则一榨已尽流出，不必再也。若水煮法，则并用两釜。将蓖麻、苏麻子碾碎，入一釜中，注水滚煎，其上浮沫即油。以杓掠取，倾于干釜内，其下慢火熬干水气，油即成矣。然得油之数，毕竟减杀。北磨麻油法，以粗麻布袋揪绞，其法再详。

---

① 底本原作"推"，根据前后文意应作"椎"，当为形近致误。

南方榨图

皮油

凡皮油造浊法，起广信郡。其法取洁净柏子，囫囵入釜甑蒸，蒸后倾入臼内受舂。其臼深约尺五寸，碓以石为身，不用铁嘴。石取深山结而腻者，轻重斫成限四十斤，上嵌衡木之上而舂之。其皮膜上油，尽脱骨而纷落，挖起筛于盘内再蒸，包裹入榨，皆同前法。皮油已落尽，其骨为黑子。用冷腻小石磨，不惧火煅者，（原注：此磨亦从信郡深山觅取。）以红火矢围壅煅热，将黑子逐把灌入疾磨。磨破之时，风扇去其黑壳，则其内完全白仁，与梧桐子无异。将此碾蒸，包裹入榨，与前法同。榨出水油清亮无比，贮小盏之中，独根心草燃至天明，盖诸清油所不及者。入食馔即不伤人，恐有忌者，宁不用耳。其皮油造烛，截苦竹筒两破，水中煮涨。（原注：不然则黏带。）小篾箍勒定，用鹰嘴铁杓挽油灌入，即成一枝。插心于内，顷刻冻结，捋箍开筒而取之。或削棍为模，裁纸一方，卷于其上而成纸筒，灌入亦成一烛。此烛任置风尘中，再经寒暑，不敝坏也。

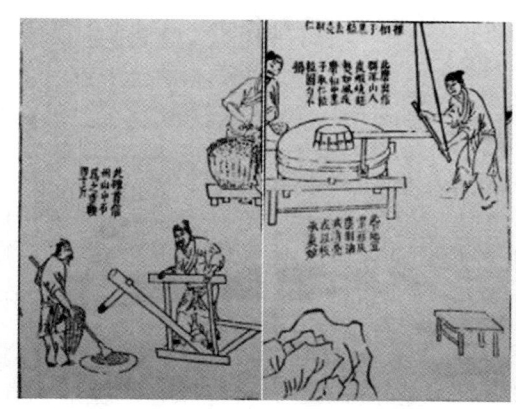

皮油图

杀青第十三卷[①]

宋子曰：物象精华，乾坤微妙，古传今而华达夷，使后起含生，目授而心识之，承载者以何物哉？君与民通，师将弟命，冯藉呫呫口语，其与几何？持寸符，握半卷，终事诠旨，风行而冰释焉。覆载之间之藉，有楮先生也，圣顽咸嘉赖之矣。身为竹骨与木皮，杀其青而白乃见，万卷百家，基从此起。其精在此，而其粗效于障风、护物之间。事已开于上古，而使汉晋时人擅名记者，何其陋哉！

纸料

凡纸质，用楮树（原注：一名谷树。）皮与桑穰、芙蓉膜等诸物者为皮纸，用竹、麻者为竹纸。精者极其洁白，供书文、印文、柬启用。粗者为火纸、包裹纸。所谓杀青，以斩竹得名。汗青，以煮沥得名。简，即已成纸名，乃煮竹成简。后人遂疑削竹片以纪事，而又误疑韦编为皮条穿竹札

[①] 底本误作第十一卷。

也。秦火未经时，书籍繁甚，削竹能藏几何？如西番用贝树造成纸叶，中华又疑以贝叶书经典。不知树叶离根即憔，与削竹同一可哂也。

造竹纸

凡造竹纸，事出南方，而闽省独专其盛。当笋生之后，看视山窝深浅，其竹以将生枝叶者为上料。节界芒种，则登山砍伐。截断五七尺长，就于本山开塘一口，注水其中漂浸。恐塘水有涸时，则用竹枧通引，不断瀑流注入。浸至百日之外，加功槌洗，洗去粗壳与青皮。（原注：是名杀青。）其中竹穰形同苎麻样。用上好石灰，化汁涂浆，入楻桶下煮，火以八日八夜为率。凡煮竹，下锅用径二尺者，锅上泥与石灰捏弦，高阔如广中煮盐牢盆样，中可载水十余石。上盖楻桶，其围丈五尺，其径四尺余。盖定受煮，八日已足。歇火一日，揭楻取出竹麻，入清水漂塘之内洗净。其塘底面、四维，皆用木板合缝砌完，以防泥污。（原注：造粗纸者不须为此。）洗净，用柴灰浆过，再入釜中。其上按平，平铺稻草灰寸许。桶内水滚沸，即取出别桶之中，仍以灰汁淋下。倘水冷，烧滚再淋。如是十余日，自然臭烂。取出入臼受舂。（原注：山国皆有水碓。）舂至形同泥面，倾入槽内。凡抄纸槽，上合方斗，尺寸阔狭，槽视帘，帘视纸。竹麻已成，槽内清水浸浮其面三寸许。入纸药水汁于其中。（原注：形同桃竹叶，方语无定名。）则水干自成洁白。凡抄纸帘，用刮磨绝细竹丝编成。展卷张开时，下有纵横架框。两手持帘入水，荡起竹麻，入于帘内。厚薄由人手法，轻荡则薄，重荡则厚。竹料浮帘之顷，水从四际淋下槽内。然后覆帘，落纸于板上，叠积千万张，数满则上以板压。俏绳入棍，如榨酒法，使水气净尽流干。然后以轻细铜镊，逐张揭起焙干。凡焙纸，先以土砖砌成夹巷，下以砖盖巷地面，数块以往，即空一砖。火薪从头穴烧发，火气从砖隙透巷外。砖尽热，湿纸逐张贴上，焙干，揭起成帙。近世阔幅者，名大四连，一时书文贵重。其废纸，洗去朱墨污秽，浸烂入槽再造。全省从前煮浸之力，依然成纸，耗亦不多。南方竹贱之国，不以为然。北方即寸条片角在地，随手拾取再造，名曰还魂纸。竹与皮，精与粗，皆同之也。若火纸、糙纸，斩竹煮麻，灰浆水淋，皆同前法。唯脱帘之后，不用烘焙，压水去湿，日晒成干而已。

盛唐时鬼神事繁，以纸钱代焚帛。（原注：北方用切条，名曰板钱。）故造此者名曰火纸。荆楚近俗，有一焚侈至千斤者。此纸十七供冥烧，十三供日用。其最粗而厚者曰包裹纸，则竹麻和宿田晚稻稿所为也。若铅山诸邑所造柬纸，则全用细竹料，厚质荡成，以射重价。最上者曰官柬，富贵之家通刺用之。其纸敦厚而无筋膜，染红为吉柬，则先以白矾水染过，后上红花汁云。

斩竹漂塘图、煮楻足火图

荡料入廉（帘）图、覆帘压纸图

透火焙干图

造皮纸

凡楮树取皮，于春末夏初剥取。树已老者，就根伐去，以土盖之。来年再长新条，其皮更美。凡皮纸，楮皮六十斤，仍入绝嫩竹麻四十斤。同塘漂浸，同用石灰浆涂，入釜煮糜。近法省啬者，皮竹十七而外，或入宿田稻稿十三。用药得方，仍成洁白。凡皮料坚固纸，其纵文扯断如绵丝，故曰绵纸，衡断且费力。其最上一等，供用大内糊窗格者，曰棂纱纸。此纸自广信郡造，长过七尺，阔过四尺。五色颜料，先滴色汁槽内和成，不由后染。其次曰连四纸，连四中最白者，曰红上纸。皮名而竹与稻稿参和而成料者，曰揭贴呈文纸。芙蓉等皮造者，统曰小皮纸。在江西则曰中夹纸。河南所造，未详何草木为质，北供帝京，产亦甚广。又桑皮造者，曰桑穰纸。极其敦厚，东浙所产，三吴收蚕种者必用之。凡糊雨伞与油扇，皆用小皮纸。凡造皮纸长阔者，其盛水槽甚宽。巨帘非一人手力所胜，两人对举荡成。若棂纱，则数人方胜其任。凡皮纸供用画幅，先用矾水荡过，则毛茨不起。纸以逼帘者为正面，盖料即成，泥浮其上者，粗意犹存也。朝鲜白硾纸，不知用何质料。倭国有造纸不用帘抄者，煮料成糜时，以巨阔青石覆于炕面，其下爇火，使石发烧。

然后用糊刷蘸糜，薄刷石面。居然顷刻成纸一张，一揭而起。其朝鲜用此法与否，不可得知。中国有用此法者，亦不可得知也。永嘉蠲糨纸，亦桑穰造。四川薛涛笺，亦芙蓉皮为料煮糜，入芙蓉花末汁。或当时薛涛所指，遂留名至今。其美在色，不在质料也。

卷下
五金第十四卷

宋子曰：人有十等，自王公至于舆台，缺一焉，而人纪不立矣。大地生五金，以利用天下与后世，其义亦犹是也。贵者千里一生，促亦五六百里而生。贱者舟车稍艰之国，其土必广生焉。黄金美者，其值去黑铁一万六千倍，然使釜、鬵、斤、斧不呈效于日用之间，即得黄金，直高而无民耳。贸迁有无，货居周官泉府，万物司命系焉。其分别美恶而指点重轻，孰开其先，而使相须于不朽焉？

黄金

凡黄金为五金之长，熔化成形之后，住世永无变更。白银入洪炉，虽无折耗，但火候足时，鼓鞲而金花闪烁，一现即没，再鼓则沉而不现。惟黄金则竭力鼓鞲，一扇一花，愈烈愈现，其质所以贵也。凡中国产金之区，大约百余处，难以枚举。山石中所出，大者名马蹄金，中者名橄榄金、带胯金，小者名瓜子金。水沙中所出，大者名狗头金，小者名麸麦金、糠金。平地掘井得者，名面沙金，大者名豆粒金。皆待先淘洗，后冶炼而成颗块。金多出西南，取者穴山，至十余丈见伴金石，即可见金。其石褐色，一头如火烧黑状。水金多者，出云南金沙江。（原注：古名丽水。）此水源出吐蕃，绕流丽江府，至于北胜州，回环五百余里，出金者有数截。又川北潼川等州邑，与湖广沅陵、溆浦等，皆于江沙水中淘沃取金。千百中间，有获狗头金一块者，名曰金母，其余皆麸麦形。入冶煎炼，初出色浅黄，再炼而后转赤也。儋崖有金田，金杂沙土之中，不必深求而得，取太频则不复产。经年淘炼，若有则限。然岭南夷獠洞穴中金，初出如黑铁落，深挖数丈得之黑焦石下。初得时咬之柔软，夫匠有吞窃腹中者，亦不伤人。河南蔡、巩等州邑，江西乐平、新建等邑，皆平地掘深井，取细沙淘炼成。但酬答人功所获，亦无几耳。大抵赤县之内，隔千里而一生。《岭表录》云，居民有从鹅鸭屎中，淘出片屑者，或日得一两，或空无所获。此恐妄记也。凡金质至重，每铜方寸重一两者，银照依其则，寸增重三钱。银方寸重一两者，金照依其则，寸增重二钱。凡金性又柔，可屈折如枝柳。其高下色，分七青、八黄、九紫、十赤。登试金石上，（原注：此石广信郡河中甚多，大者如斗，小者如拳，入鹅汤中一煮，光黑如漆。）立见分明。凡足色金，参和伪售者，唯银可入，余物无望焉。欲去银存金，则将其金打成薄片剪碎，每块以土泥裹涂，入坩埚中鹏砂熔化。其银即吸入土内，让金流出以成足色。然后入铅少许，另入坩埚内，勾出土内银，亦毫厘具在也。凡色至于金，为人间华美贵重，故人工成箔而后施之。凡金箔，每金七厘，造方寸金一千片，粘铺物面，可盖纵横三尺。凡造金箔，既成薄片后，包入乌金纸内，竭力挥椎打成。（原注：打金椎，短柄，约重八斤。）凡乌金纸，由苏杭造成，其纸用东海巨竹膜为质。用豆油点灯，闭塞周围，止留针孔通气，熏染烟光而成此纸。每纸一张，打金箔五十度，然后弃去。为药铺包朱用。尚未破损，盖人巧造成异物也。凡纸内打成箔后，先用硝熟猫皮，绷急为小方板，又铺线香灰撒墁皮上，取出乌金纸内箔覆于其上，钝刀界画成方寸。口中屏息，手执轻杖，唾湿而挑起，夹于小纸之中。以之华物，先以熟漆布地，然后粘贴。（原注：贴字者，多用楮树浆。）秦中造皮金者，硝扩羊皮使最薄，贴金其上，以便剪裁服饰用，皆煌煌至色存焉。凡金箔粘物，他日敝弃之时，刮削火化，其金仍藏灰内。滴清油数点，伴落聚底。淘洗入炉，毫厘无羔。凡假借金色者，杭扇以银箔为质，红花子油刷盖，向火熏成。广南货物，以蝉蜕壳调水描画，向火一微炙而就，非真金色也。其金成器物，呈分浅淡者，以黄矾涂染，炭火炸炙，即成赤宝色。然风尘逐渐淡去，见火又即还原耳。（原注：黄矾详《燔石》卷。）

银

　　凡银中国所出，浙江、福建旧有坑场，国初或采或闭。江西饶、信、瑞三郡，有坑从未开。湖广则出辰州，贵州则出铜仁，河南则宜阳赵保山、永宁秋树坡、卢氏高嘴儿、嵩县马槽山，与四川会川密勒山、甘肃大黄山等，皆称美矿。其他难以枚举。然生气有限，每逢开采，数不足则括派以赔偿，法不严则窃争而酿乱，故禁戒不得不苛。燕齐诸道，则地气寒而石骨薄，不产金银。然合八省所生，不敌云南之半，故开矿煎银，唯滇中可永行也。凡云南银矿，楚雄、永昌、大理为最盛，曲靖、姚安次之，镇沅又次之。凡石山硐中有铆砂，其上现磊然小石，微带褐色者，分丫成径路。采者穴土十丈或二十丈，工程不可日月计。寻见土内银苗，然后得礁砂所在。凡礁砂藏深土，如枝分派别，各人随苗分径横挖而寻之。上楷横板架顶，以防崩压。采工篝灯逐径施镢，得矿方止。凡土内银苗，或有黄色碎石，或土隙石缝有乱丝形状，此即去矿不远矣。凡成银者曰礁，至碎者曰砂，其面分丫若枝形者曰铆，其外包环石块曰矿。矿石大者如斗，小者如拳，为弃置无用物。其礁砂形如煤炭，底衬石而不甚黑，其高下有数等。（原注：商民凿穴得砂，先呈官府验辨，然后定税。）出土以斗量，付与冶工，高者六七两一斗，中者三四两，最下一二两。（原注：其礁砂放光甚者，精华泄露，得银偏少。）凡礁砂入炉，先行拣净淘洗。其炉土筑巨墩，高五尺许，底铺瓷屑、炭灰，每炉受礁砂二石。用栗木炭二百斤，周遭丛架。靠炉砌砖墙一朵，高阔皆丈余。风箱安置墙背，合两三人力，带拽透管通风。用墙以抵炎热，鼓鞴之人方克安身。炭尽之时，以长铁叉添入。风火力到，礁砂熔化成团。此时银隐铅中，尚未出脱。计礁砂二石，溶出团约重百斤。冷定取出，另入分金炉，一名虾蟆炉内，用松木炭匝围，透一门以辨火色。其炉或施风箱，或使交篁。火热功到，铅沉下为底子。（原注：其底已成陀僧样，别入炉炼，又成扁担铅。）频以柳枝从门隙入内燃照，铅气净尽，则世宝凝然成象矣。此初出银，亦名生银。倾定无丝纹，即再经一火，当中止现一点圆星，滇人名曰茶经。逮后入铜少许，重以铅力熔化，然后入槽成丝。（原注：丝必倾槽而现，以四围匡住，宝气不横溢走散。）其楚雄所出又异，彼硐砂铅气甚少，向诸郡购铅佐炼。每礁百斤，先坐铅二百斤于炉内，然后煽炼成团。其再入虾蟆炉，沉铅结银，则同法也。此世宝所生，更无别出。方书、本草，无端妄想妄注，可厌之甚。大抵坤元精气，出金之所三百里无银，出银之所三百里无金，造物之情亦大可见。其贱役，扫刷泥尘，入水漂淘而煎者，名曰淘厘锱。一日功劳，轻者所获三分，重者倍之。其银俱日用剪斧口中委余。或鞋底黏带，布于衢市，或院宇扫屑，弃于河沿。其中必有焉。非浅浮土面能生此物也。凡银为世用，唯红铜与铅两物，可杂入成伪。然当其合琐碎而成钣锭，去疵伪而造精纯，高炉火中，坩埚足炼。撒硝少许，而铜铅尽滞锅底，名曰银锈。其灰池中敲落者，名曰炉底。将锈与底同入分金炉内，填火土甑之中，其铅先化，就低溢流，而铜与粘带余银，用铁条逼就分拨，井然不紊。人工天工亦见一斑云。炉式并具于左。

附：朱砂银

凡虚伪方士，以炉火惑人者，唯朱砂银愚人易惑。其法以投铅、朱砂与白银等分，入罐封固，温养三七日后，砂盗银气，煎成至宝。拣出其银，形存神丧，块然枯物。入铅煎时，逐火轻折，再经数火，毫忽无存。折去砂价炭资，愚者贪惑犹不解，并志于此。

开采银矿图

熔礁结银与铅图

沉铅结银图

分金炉清锈底图

铜

　　凡铜供世用，出山与出炉，只有赤铜。以炉甘石或倭铅参和，转色为黄铜。以砒霜等药制炼为白铜。矾硝等药制炼为青铜。广锡参和为响铜。倭铅和写为铸铜。初质则一味红铜而已。凡铜坑所在有之。《山海经》言，出铜之山四百三十七，或有所考据也。今中国供用者，西自四川、贵州为最盛；东南间自海舶来；湖广武昌、江西广信皆饶铜穴。其衡、瑞等郡，出最下品曰蒙山铜者，或入冶铸混入，不堪升炼成坚质也。凡出铜山，夹土带石，穴凿数丈得之。仍有矿包其外，矿状如姜石，而有铜星，亦名铜璞，煎炼仍有铜流出，不似银矿之为弃物。凡铜砂在矿内，形状不一，或大或小，或光或暗，或如输石，或如姜铁。淘洗去土滓，然后入炉煎炼。其熏蒸傍溢者，为自然铜，亦曰石髓铅。凡铜质有数种。有全体皆铜，不夹铅银者，洪炉单炼而成。有与铅同体者，其煎炼炉法，傍通高低二孔，铅质先化从上孔流出，铜质后化从下孔流出。东夷铜又有托体银矿内者，入炉炼时，银结于面，铜沉于下。商舶漂入中国，名曰日本铜，其形为方长板条。漳郡人得之，有以炉再炼，取出零银，然后泻成薄饼，如川铜一样货卖者。凡红铜，升黄色为锤锻用者，

化铜图

升炼倭铅图、穴取铜铅图

用自风煤炭。(原注：此煤碎如粉，泥糊作饼，不用鼓风，通红则自昼达夜。江西则产袁郡及新喻邑。)百斤灼于炉内，以泥瓦罐载铜十斤，继入炉甘石六斤，坐于炉内，自然熔化。后人因炉甘石烟洪飞损，改用倭铅。每红铜六斤，入倭铅四斤，先后入罐熔化，冷定取出，即成黄铜，唯人打造。凡用铜造响器，用出山广锡无铅气者入内。钲（原注：今名锣。）、镯（原注：今名铜鼓。）之类，皆红铜八斤，入广锡二斤。铙、钹，铜与锡更加精炼。凡铸器，低者红铜、倭铅均平分两，甚至铅六铜四。高者名三火黄铜、四火熟铜，则铜七而铅三也。凡造低伪银者，唯本色红铜可入。一受倭铅、砒、矾等气，则永不和合。然铜入银内，使白质顿成红色，洪炉再鼓，则清浊浮沉立分，至于净尽云。

附：倭铅

凡倭铅，古书本无之，乃近世所立名色。其质用炉甘石熬炼而成。繁产山西太行山一带，而荆、衡为次之。每炉甘石十斤，装载入一泥罐内，封裹泥固以渐砑干，勿使见火拆裂。然后逐层用煤炭饼垫盛，其底铺薪，发火锻红，罐中炉甘石熔化成团，冷定毁罐取出。每十耗去其二，即倭铅也。此物无铜收伏，入火即成烟飞去。以其似铅而性猛，故名之曰倭云。

铁

凡铁场所在有之，其质浅浮土面，不生深穴，繁生平阳、冈埠，不生峻岭高山。质有土锭、碎砂数种。凡土锭铁，土面浮出黑块，形似秤锤，遥望宛然如铁，撚之则碎土。若起冶煎炼，浮者拾之，又乘雨湿之后，牛耕起土，拾其数寸土内者。耕垦之后，其块逐日生长，愈用不穷。西北甘肃，东南泉郡，皆锭铁之薮也。燕京、遵化与山西平阳，则皆砂铁之薮也。凡砂铁，一抛土膜即现其形，取来淘洗，入炉煎炼，熔化之后，与锭铁无二也。凡铁分生熟，出炉未炒则生，既炒则熟。生熟相和，炼成则钢。凡铁炉用盐做造，和泥砌成。其炉多傍山穴为之，或用巨木匡围，朔造盐泥，穷月之力不容造次。盐泥有罅，尽弃全功。凡铁一炉，载土二千余斤。或用硬木柴，或用煤炭，或用木炭，南北各从利便。扇炉风箱，必用四人、六人带拽。土化成铁之后，从炉腰孔流出。炉孔先用泥塞。每旦昼六时，一时出铁一陀。既出即叉泥塞，鼓风再熔。凡造生铁为冶铸用者，就此流成长条、圆块，范内取用。若造熟铁，则生铁流出时，相连数尺内，低下数寸，筑一方塘，短墙抵之。其铁流入塘内，数人执持柳木棍，排立墙上。先以污潮泥晒干，舂筛细罗如面。一人疾手撒掩，众人柳棍疾搅，即时炒成熟铁。其柳棍每炒一次，烧折二三寸，再用则又更之。炒过稍冷之时，或有就塘内，斩划成方块者，或有提出，挥椎打圆后货者。若浏阳诸冶，不知出此也。凡钢铁炼法，用熟铁打成薄片，如指头阔，长寸半许。以铁片束包尖紧，生铁安置其上①。（原注：广南生铁，名堕子生钢者，妙甚。）又用破草履盖其上，（原注：粘带泥土者，故不速化。）泥涂其底下。洪炉鼓鞲，火力到时，生钢先化，渗淋熟铁之中，两情投合，取出加锤。再炼再锤，不一而足。俗名团钢，亦曰灌钢者是也。其倭夷刀剑，有百炼精纯，置日光檐下则满室辉曜者，不用生熟相和炼，又名此钢为下乘云。夷人又有以地溲淬刀剑者。（原注：地溲乃石脑油之类，不产中国。）云钢可切玉，亦未之见也。凡铁内有硬处，不可打者名铁核，以香油涂之即散。凡产铁之阴，其阳出慈石，第有数处不尽然也。

锡

凡锡中国偏出西南郡邑，东北寡生。古书名锡为贺者，以临贺郡产锡最盛而得名也。今衣被天下者，独广西南丹、河池二州居其十八，衡永则次之。大理、楚雄即产锡甚盛，道远难致也。凡锡有山锡、水锡两种。山锡中又有锡瓜、锡砂两种。锡瓜块大如小瓠，锡砂如豆粒，皆穴土不甚深而得之。间或土中生脉充牣，致山土自颓，恣人拾取者。水锡，衡、永出溪中，广西则出南丹州河内，其质黑色，粉碎如重罗面。南丹河出者，居民旬前从南淘至北，旬后又从北淘至南。愈经淘取，其砂日长，百年不竭。但一日功劳，淘取煎炼不过一斤。会计炉炭资本，所获不多也。南丹山锡出山之阴，其方无水淘洗，则接连百竹为枧，从山阳枧水淘洗土滓，然后入炉。凡炼煎亦用洪炉，入砂数百斤，丛架木炭，亦数百斤，鼓鞲熔化。火力已到，砂不即熔，用铅少许勾引，方始沛然流注。或有用人家炒锡剩灰勾引者。其炉底炭末、瓷灰铺作平池，傍安

---

① 底本原作"土"，根据前后文意应作"上"，当为形近致误。

铁管小槽道，熔时流出炉外低池。其质初出洁白，然过刚，承锤即拆裂。入铅制柔，方充造器用。售者杂铅太多，欲取净，则熔化入醋，淬八九度，铅尽化灰而去。出锡唯此道。方书云，马齿苋取草锡者，妄言也。谓砒为锡苗者，亦妄言也。

升炼倭铅图、穴取铜铅图

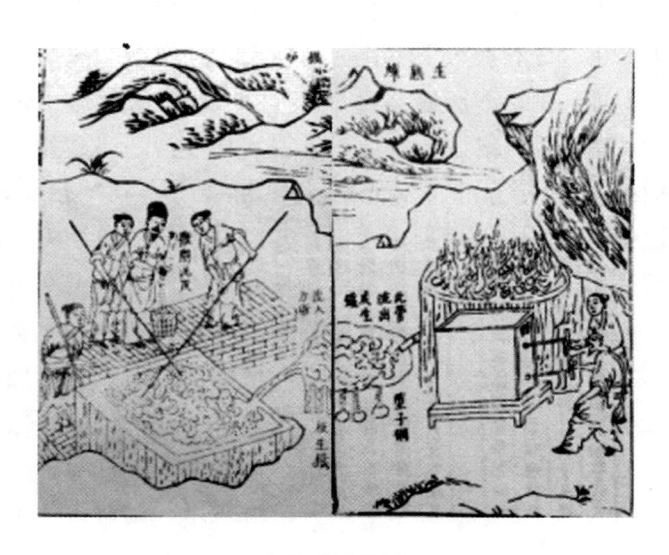

生熟炼铁炉图

河池山锡图、南丹水锡图

炼锡炉图

铅

凡产铅山穴，繁于铜锡。其质有三种，一出银矿中，包孕白银。初炼和银成团，再炼脱银沉底，曰银矿铅。此铅云南为盛。一出铜矿中，入烘炉炼化，铅先出，铜后随，曰铜山铅。此铅贵州为盛。一出单生铅穴，取者穴山石，挟油灯寻脉，曲折如采银铆。取出淘洗煎炼，名曰草节铅。此铅蜀中嘉利等州为盛。其余雅州出钓脚铅，形如皂荚子，又如蝌蚪子，生山涧沙中。广信郡上饶、饶郡乐平出杂铜铅，剑州出阴平铅，难以枚举。凡银铆中铅，炼铅成底，炼底复成铅。草节铅单入烘炉煎炼，炉傍通管，注入长条土槽内，俗名扁担铅，亦曰出山铅，所以别于凡银炉内频经煎炼者。凡铅物值虽贱，变化殊奇，白粉、黄丹，皆其显像。操银底于精纯，勾锡成其柔软，皆铅力也。

附：胡粉

凡造胡粉，每铅百斤，熔化削成薄片，卷作筒。安木甑内，甑下、甑中各安醋一瓶。外以盐泥固济，纸糊甑缝。安火四两，养之七日。期足启开，铅片皆生霜粉，扫入水缸内。未生霜者，入甑依旧，再养七日。再扫，以质尽为度，其不尽者，留作黄丹料。每扫下霜一斤，入豆粉二两、蛤粉四两。缸内搅匀，澄去清水。用细灰按成沟，纸隔数层，置粉于上。将干，截成瓦定形，或如磊块，待干收货。此物古因辰韶诸郡专造，故曰韶粉。（原注：俗误朝粉。）今则各省直饶为之矣。其质入丹青，则白不减。查妇人颊，能使本色转青。胡粉投入炭炉中，仍还熔化为铅，所谓色尽归皂者。

黄丹

凡炒铅丹，用铅一斤，土硫黄十两，硝石一两。熔铅成汁，下醋点之。滚沸时，下硫一块，少顷，入硝少许。沸定再点醋，依前渐下硝、黄。待为末，则成丹矣。其胡粉残剩者，用硝石、矾石炒成丹，不复用醋也。欲丹还铅，用葱白汁拌黄丹慢炒，金汁出时，倾出即还铅矣。

佳兵第十五卷

宋子曰：兵非圣人之得已也。虞舜在位五十载，而有苗犹弗率。明王圣帝，谁能去兵哉？弧矢之利，以威天下，其来尚矣。为老氏者，有葛天之思焉。其词有曰：佳兵者，不祥之器。盖言慎也。火药机械之窍，其先凿自西番与南裔，而后乃及于中国。变幻百出，日盛月新。中国至今日，则即戎者，以为第一义，岂其然哉？虽然，生人纵有巧思，乌能至此极也？

弧矢

凡造弓，以竹与牛角为正中干质，（原注：东北夷无竹，以柔木为之。）桑枝木为两梢。弛则竹为内体，角护其外；张则角向内，而竹居外。竹一条而角两接，桑弰则其末刻锲，以受弦驱，其本则贯插，接笋于竹丫，而光削一面以贴角。凡造弓，先削竹一片。（原注：竹宜秋冬伐，春夏则朽蛀。）中腰微亚小，两头差大，长二尺许。一面粘胶靠角，一面铺置牛筋与胶而固之。牛角当中牙接，（原注：北虏无修长牛角，则以羊角四接而束之。广弓则黄牛明角亦用，不独水牛也。）固以筋胶。胶外固以桦皮，名曰暖靶。凡桦木关外产辽阳，北土繁生遵化，西陲繁生临洮郡，闽广浙亦皆有之。其皮护物，手握如软绵，故弓靶所必用。即刀柄与枪干，亦需用之。其最薄者，则为刀剑鞘室也。凡牛脊梁，每只生筋一方条，约重三十两。杀取晒干，复浸水中，析破如苎麻丝。胡虏无蚕丝，弓弦处皆纠合此物为之。中华则以之铺护弓干，与为棉花弹弓弦也。凡胶，乃鱼脬杂肠所为，煎治多属宁国郡，其东海石首鱼，浙中以造白鲞者，取其脬为胶，坚固过于金铁。北边取海鱼脬煎成，坚固与中华无异，种性则别也。天生数物，缺一而良弓不成，非偶然也。凡造弓初成坯后，安置室中梁阁上，地面勿离火意。促者旬日，多者两月，透干其津液，然后取下磨光，重加筋胶与漆，则其弓良甚。货弓之家，不能俟日足者，则他日解释之患因之。凡弓弦，取食柘叶蚕茧，其丝更坚韧。

每条用丝线二十余根作骨，然后用线横缠紧约。缠丝分三停，隔七寸许，则空一二分不缠。故弦不张弓时，可折叠三曲而收之。往者北虏弓弦，尽以牛筋为质。故夏月雨雾，妨其解脱，不相侵犯。今则丝弦亦广有之。涂弦或用黄蜡，或不用，亦无害也。凡弓两弰系弬处，或切最厚牛皮，或削柔木，如小棋子，钉粘角端，名曰垫弦，义同琴轸。放弦归返时，雄力向内，得此而抗止。不然则受损也。凡造弓，视人力强弱为轻重。上力挽一百二十斤，过此则为虎力，亦不数出。中力减十之二三，下力及其半。彀满之时，皆能中的。但战阵之上，洞胸彻札，功必归于挽强者。而下力倘能穿杨贯虱，则以巧胜也。凡试弓力，以足踏弦就地，秤钩搭挂弓腰。弦满之时，推移秤锤所压，则知多少。其初造料分两，则上力挽强者，角与竹片削就时，约重七两。筋与胶，漆与缠约丝绳，约重八钱。此其大略。中力减十之一二，下力减十之二三也。凡成弓，藏时最嫌霉湿。（原注：霉气先南后北，岭南谷雨时，江南小满，江北六月，燕齐七月。然淮扬霉气独盛。）将士家或置烘厨、烘箱，日以炭火置其下。（原注：春秋雾雨皆然，不但霉气。）小卒无烘厨，则安顿灶突之上。稍息不勤，立受朽解之患也。（原注：近岁命南方诸省，造弓解北，纷纷驳回。不知离火即坏之故，亦无人陈说本章者。）

凡箭笴，中国南方竹质，北方萑柳质，北虏桦质，随方不一。笴长二尺，镞长一寸，其大端也。凡竹箭，削竹四条或三条，以胶黏合，过刀光削而圆成之。漆丝缠约两头，名曰三不齐箭杆。浙与广南有生成箭竹不破合者。柳与桦杆，则取彼圆直枝条而为之，微费刮削而成也。凡竹箭，其体自直，不用矫揉。木杆则燥时必曲。削造时，以数寸之木，刻槽一条，名曰箭端。将木杆逐寸戛拖而过，其身乃直。即首尾轻重，亦由过端而均停也。凡箭，其本刻衔口以驾弦，其末受镞。凡镞冶铁为之。（原注：《禹贡》砮石乃方物，不适用。）北虏制如桃叶枪尖。广南黎人，矢镞如平面铁铲。中国则三棱锥象也。响箭，则以寸木空中锥眼为窍，矢过招风而飞鸣，即《庄子》所谓嚆矢也。凡箭行端斜与疾慢，窍妙皆系本端翎羽之上。箭本近衔处，剪翎直贴三条。其长三寸，鼎足安顿，黏以胶，名曰箭羽。（原注：此胶亦忌霉湿，故将辛勤者，箭亦时以火烘。）羽以雕膀为上，（原注：雕似鹰而大，尾长翅短。）角鹰次之，鸱鹞又次之。南方造箭者，雕无望焉，即鹰鹞亦难得之货。急用塞数，即以雁翎，甚至鹅翎亦为之矣。凡雕翎，箭行疾过鹰、鹞翎，十余步而端正，能抗风吹。北虏羽箭多出此料。鹰、鹞翎作法精工，亦恍惚焉。若鹅雁之质，则释放之时，手不应心，而遇风斜窜者多矣。南箭不及北，由此分也。

弩

凡弩，为守营兵器，不利行阵。直者名身，衡者名翼，弩牙发弦者名机。斫木为身，长二尺许，身之首横拴度翼。其空缺度翼处，去面刻定一分。（原注：稍厚，则弦发不应节。）去背则不论分数。面上微刻直槽一条，以盛箭。其翼以柔木一条为者，名扁担弩，力最雄。或一木之下，加以竹片叠承，（原注：其竹一片短一片。）名三撑弩，或五撑、七撑而止。身下截刻锲衔弦，其衔傍活钉牙机，上剔发弦。上弦之时，唯力是视。一人以脚踏强弩而弦者，《汉书》名曰蹶张材官。弦送矢行，其疾无与比数。凡弩，弦以苎麻为质，缠绕以鹅翎，涂以黄蜡。其弦上翼则谨，放下仍松，故鹅翎可扳首尾于绳内。弩箭羽以箬叶为之，析破箭本，衔于其中而缠约之。其射猛兽药箭，则用草乌一味，熬成浓胶，蘸染矢刃。见血一缕，则命即绝，人畜同之。凡弓箭，强者行二百余步，弩箭最强者，五十步而止。即过咫尺，不能穿鲁缟矣。然其行疾，则十倍于弓，而入物之深亦倍之。国朝军器，造神臂弩、克敌弩，皆并发二矢、三矢者。又有诸葛弩，其上刻直槽，相承函十矢，其翼取最柔木为之。另安机木，随手扳弦而上，发去一矢，槽中又落下一矢，则又扳木上弦而发。机巧虽工，然其力绵甚，所及二十余步而已。此民家防窃具，非军国器。其山人射猛兽者，名曰窝弩。安顿交迹之衢，机傍引线，俟兽过，带发而射之。一发所获。（原注：一兽而已。）

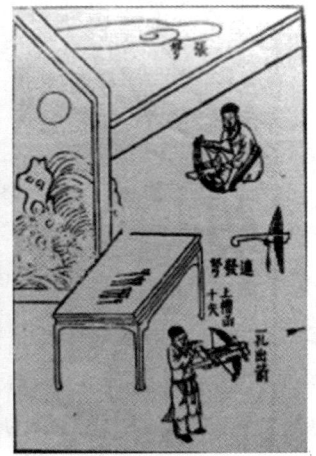

端箭图、张弩图

干

凡干戈名最古。干与戈相连得名者，后世战卒短兵驰骑者更用之。盖右手执短刀，则左手执干以蔽敌矢。古者车战之上，则有专司执干，并抵同人之受矢者。若双手执长戈，与持戟、槊，则无所用之也。凡干长不过三尺，杞柳织成尺径圈置于项①下，上出五寸，亦锐其端，下则轻竿可执。若盾名中干，则步卒②所持以蔽矢并拒槊者，俗所谓傍牌是也。

火药料

火药、火器，今时妄想进身博官者，人人张目而道，著书以献，未必尽由试验。然亦粗载数叶，附于卷内。凡火药，以硝③石、硫黄为主，草木灰为辅。硝性至阴，硫性至阳，阴阳两神物，相遇于无隙可容之中。其出也，人物膺之，魂散惊而魄齑粉。凡硝性主直，直击者硝九而硫一。

---

① 底本"项"字模糊，无法辨识，今据明杨素卿刻本补。
② 底本"则步卒"三字模糊，无法辨识，今据明杨素卿刻本补。
③ 底本此卷均作"消"，根据前后文意应作"硝"。

硫性主横，爆击者硝七而硫三。其佐使之灰，则青杨、枯杉、桦根、箬叶、蜀葵、毛竹根、茄秸之类，烧使存性，而其中箬叶为最燥也。凡火攻有毒火、神火、法火、烂火、喷火。毒火以白砒、硇砂为君，金汁、银锈、人粪和制。神火以朱砂、雄黄、雌黄为君。烂火以硼砂、磁末、牙皂、秦椒配合。飞火以朱砂、石黄、轻粉、草乌、巴豆配合。劫营火则用桐油、松香。此其大略。其狼粪烟，昼黑夜红，迎风直上，与江豚灰能逆风而炽，皆须试见而后详之。

硝石

凡硝，华夷皆生，中国则专产西北。若东南贩者不给官引，则以为私货而罪之。硝质与盐同母，大地之下，潮气蒸成，现于地面。近水而土薄者成盐，近山而土厚者成硝。以其入水即消融，故名曰消。长淮以北，节过中秋，即居室之中，隔日扫地，可取少许，以供煎炼。凡硝三所最多：出蜀中者曰川硝，生山西者，俗呼盐硝，生山东者，俗呼土硝。凡硝刮扫取时。（原注：墙中抑或迸出。）入缸内水浸一宿，秽杂之物浮于面上。掠取去时，然后入釜，注水煎炼。硝化水干，倾于器内。经过一宿，即结成硝。其上浮者曰芒硝，芒长者曰马牙硝，（原注：皆从方产本质幻出。）其下猥杂者曰朴硝。欲去杂还纯，再入水煎炼。入莱菔数枚，同煮熟，倾入盆中，经宿结成白雪，则呼盆硝。凡制火药，牙硝、盆硝功用皆同。凡取硝制药，少者用新瓦焙，多者用土釜焙。潮气一干，即取研末。凡研硝，不以铁碾入石臼，相激火生，则祸不可测。凡硝配定何药分两，入黄同研，木灰则从后增入。凡硝既焙之后，经久潮性复生。使用巨炮，多从临期装载也。

硫黄（原注：详见《燔石》卷）

凡硫黄配硝，而后火药成声。北狄无黄之国，空繁硝产，故中国有严禁。凡燃炮，捻硝与木灰为引线，黄不入内，入黄即不透关。凡碾黄难碎，每黄一两，和硝一钱同碾，则立成微尘细末也。

火器

西洋炮，熟铜铸就，圆形若铜鼓。引放时，半里之内，人马受惊死。（原注：平地蓺引炮有关捩，前行遇坎方止。点引之人，反走坠入深坑内，炮声在高头，放者方不丧命。）红夷炮铸铁为之，身长丈许，用以守城。中藏铁弹并火药数斗，飞激二里，膺其锋者为齑粉。凡炮蓺引内灼时，先往后坐千钧力，其位须墙抵住，墙崩者其常。

大将军　二将军（原注：即红夷之次，在中国为巨物。）　佛郎机（原注：水战舟头用。）

三眼铳　百子连珠炮

地雷，埋伏土中，竹管通引，冲土起击，其身从其炸裂。所谓横击，用黄多者。（原注：引线用矾油，炮口覆以盆。）

混江龙，漆固皮囊裹炮，沉于水底，岸上带索引机。囊中悬吊火石、火镰，索机一动，其中自发。敌舟行过，遇之则败。然此终痴物也。

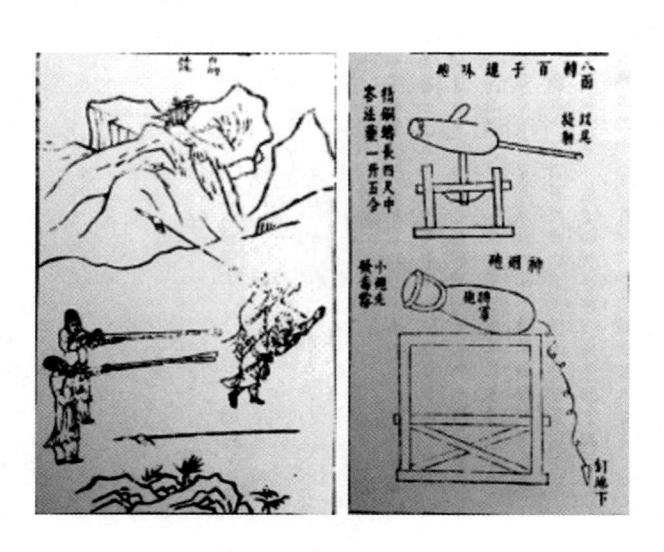

鸟铳图、百子连珠炮图

鸟铳，凡鸟铳长约三尺，铁管载药，嵌盛木棍之中，以便手握。凡锤鸟铳，先以铁梃一条，大如箸为冷骨，裹红铁锤成。先为三接，接口炽红，竭力撞合。合后，以四棱钢锥如箸大者，透转其中，使极光净，则发药无阻滞。其本近身处，管亦大于末，所以容受火药。每铳约载配硝一钱二分，铅铁弹子二钱。发药不用信引。（原注：岭南制度有用引者。）孔口通内处，露硝分厘，捶熟苎麻点火。左手握铳对敌，右手发铁机，逼苎火于硝上，则一发而去。鸟雀遇于三十步内者，羽肉皆粉碎。五十步外，方有完形。若百步则铳力竭矣。鸟枪行远过二百步，制方仿佛鸟铳，而身长药多，亦皆倍此也。

万人敌，凡外郡小邑，乘城却敌，有炮力不具者，即有空悬火炮而痴重难使者，则万人敌近制随宜可用，不必拘执一方也。盖硝、黄火力所射，千军万马立时糜烂。其法用宿干空中泥团，上留小眼，筑实硝、黄火药，参入毒火、神火，由人变通增损。贯药安信而后，外以木架匡围。或有即用木桶而塑泥实其内郭者，其义亦同。若泥团必用木匡，所以防掷投先碎也。敌攻城时，燃灼引信，抛掷城下。火力出腾，八面旋转。旋向内时，则城墙抵住，不伤我兵。旋向外时，则敌人马皆无幸。此为守城第一器。而能通火药之性、火器之方者，聪明由人。作者不上十年，守土者留心可也。

万人敌图

108 / 综论篇

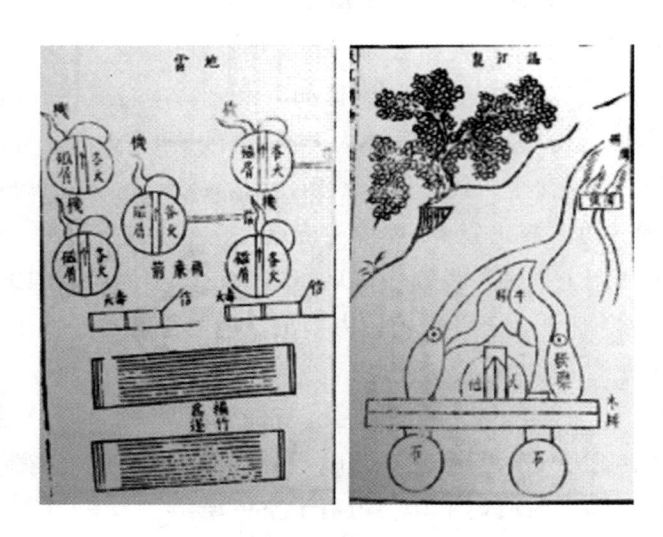

地雷图、混江龙图

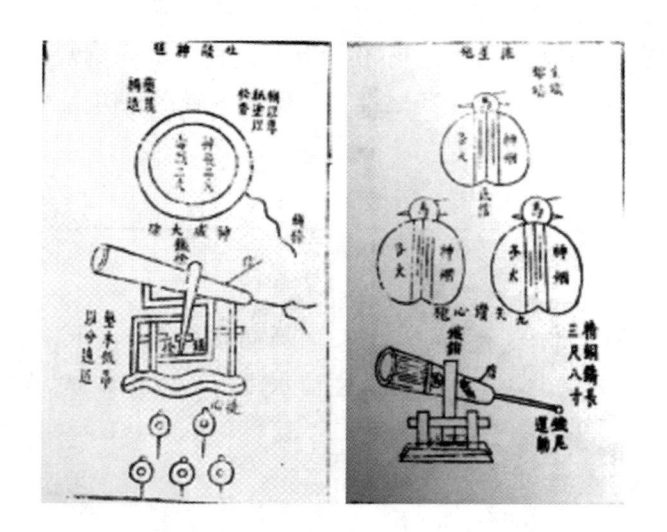

吐焰神毬图、流星炮图

丹青第十六卷

宋子曰：斯文千古之不坠也，注玄尚白，其功孰与京哉！离火红而至黑孕其中，水银白而至红呈其变。造化炉锤，思议何所容也。五章遥降，朱临墨而大号彰。万卷横披，墨得朱而天章焕。文房异宝，珠玉何为？至画工肖像万物，或取本姿，或从配合，而色色咸备焉。夫亦依坎附离，而共呈五行变态，非至神，孰能与于斯哉？

朱

凡朱砂、水银、银朱，原同一物，所以异名者，由精细老嫩而分也。上好朱砂，出辰、锦（原注：今名麻阳。）与西川者，中即孕汞，然不以升炼。盖光明、箭镞、镜面等砂，其价重于水银三倍，故择出为朱砂货鬻。若以升水，反降贱值。唯粗次朱砂，方以升炼水银，而水银又升银朱也。凡朱砂上品者，穴土十余丈乃得之。始见其苗，磊然白石，谓之朱砂床。近床①之砂，有如鸡子大者。其次砂，不入药，只为研供画用与②升炼水银者。其苗不必白石，其深数丈即得。外床或杂③青黄石，或间沙土，土中孕满，则其外沙石多自折裂。此种砂，贵州思印、铜仁等地最繁，而商州、秦州出亦广也。凡次砂取来，其通坑色带白嫩者，则不以研朱，尽以升汞。若砂质即嫩，而烁视欲丹者，则取来时，入巨铁碾槽中轧碎，如微尘。然后入缸，注清水澄浸。过三日夜，跌取其上浮者，倾入别缸，名曰二朱。其下沉结者晒干，即名头朱也。凡升水银，或用嫩白次砂，或用缸中跌出浮面二朱。水和槎成大盘条，每三十斤入一釜内升汞，其下炭质亦用三十斤。凡升汞，上盖一釜，釜当中留一小孔，釜傍盐泥紧固。釜上用铁打成一曲弓溜管，其管用麻绳密缠通梢，

---

① 底本此字模糊，无法辨识，今据明杨素卿刻本补"床"。
② 底本此字模糊，无法辨识，今据明杨素卿刻本补"与"字。
③ 底本此字模糊，无法辨识，今据明杨素卿刻本补"杂"字。

仍用盐泥涂固。锻火之时，曲溜一头插入釜中通气。（原注：插处一丝固密。）一头以中罐注水两瓶，插曲溜尾于内，釜中之气，达于罐中之水而止。共锻五个时辰，其中砂末尽化成汞，布于满釜。冷定一日，取出扫下。此最妙玄，化全部天机也。（原注：《本草》胡乱注：凿地一孔，放碗一个，盛水。）凡将水银再升朱用，故名曰银朱。其法或用磬口泥罐，或用上下釜。每水银一斤，入石亭脂（原注：即硫黄制造者。）二斤。同研不见星，炒作青砂头，装于罐内。上用铁盏盖定，盏上压一铁尺。铁线兜底捆缚，盐泥固济口缝，下用三钉插地鼎足盛罐。打火三炷香久，频以废笔蘸水擦盏。则银自成粉，贴于罐上，其贴口者，朱更鲜华。冷定揭出，刮扫取用。其石亭脂沉下罐底，可取再用也。每升水银一斤，得朱十四两，次朱三两五钱，出数借硫质而生。凡升朱与研朱，功用亦相仿。若皇家、贵家画彩，则即同辰锦丹砂研成者，不用此朱也。凡朱，文房胶成条块，石砚则显。若磨于锡砚之上，则立成皂汁。即漆工以鲜物彩，唯入桐油调则显，入漆亦晦也。凡水银与朱，更无他出，其汞海、草汞之说，无端狂妄，耳食者信之。若水银已升朱，则不可复还为汞，所谓造化之巧已尽也。

研朱图、升炼水银图

银复升朱图、燃扫清烟图

取烧图

墨

凡墨，烧烟凝质而为之。取桐油、清油、猪油烟为者，居十之一。取松烟为者，居十之九。凡造贵重墨者，国朝推重徽郡人。或以载油之艰，遣人僦居荆襄辰沅，就其贱值桐油，点烟而归。其墨他日登于纸上，日影横射有红光者，则以紫草汁浸染灯芯而燃炷者也。凡燕油取烟，每油一斤，得上烟一两余。手力捷疾者，一人供事灯盏二百付。若刮取迟缓则烟老，火燃质料并丧也。其余寻常用墨，则先将松树流去胶香，然后伐木。凡松香有一毛未净尽，其烟造墨，终有滓结不解之病。凡松树，流去香，木根凿一小孔，炷灯缓炙，则通身膏液，就暖倾流而出也。凡烧松烟，伐松斩成尺寸。鞠篾为圆屋，如舟中雨篷式，接连十余丈。内外与接口，皆以纸及席糊固完成。隔位数节小孔出烟，其下掩土砌砖，先为通烟道路。燃薪数日，歇冷，入中扫刮。凡烧松烟，放火通烟，自头彻尾。靠尾一二节者为清烟，取入佳墨为料。中节者为混烟，取为时墨料。若近头一二节，只刮取为烟子，货卖刷印书文家，仍取研细用之。其余则供漆工、垩工之涂玄者。凡松烟造墨，入水久浸，以浮沉分清悫。其和胶之后，以捶敲多寡分脆坚。其增入珍料与漱金、衔麝，则松烟、油烟增减听人。其余《墨经》《墨谱》，博物者自详。此不过粗纪质料原因而已。

附

胡粉（原注：至白色，详《五金》卷。）

黄丹（原注：红黄色，详《五金》卷。）

淀花（原注：至蓝色，详《彰施》卷。）

紫粉（原注：緅红色。贵[1]重者用胡粉、银朱对和。粗者用染家红花滓汁为之。）

大青（原注：至青色，详《珠玉》卷。）

铜绿（原注：至绿色。黄铜打成板片，醋涂其上，裹藏糠内。微藉暖火气，逐日刮取。）

石绿（原注：详《珠玉》卷。）

代赭石（原注：殷红色。处处山中有之，以代郡者为最佳。）

石黄（原注：中黄色，外紫色。石皮内黄，一名石中黄子。）

---

[1] 底本原作"责"，根据前后文意应作"贵"，当为形近致误。

曲蘖第十七卷

宋子曰：狱讼日繁，酒流生祸，其源则何辜！祀天追远，沉吟《商颂》《周雅》之间。若作酒醴之资曲蘖也，殆圣作而明述矣。惟是五谷菁华变幻，得水而凝，感风而化，供用岐黄者神其名，而坚固食羞者丹①其色。君臣自古配合日新，眉寿介而宿痾怯，其功不可殚述。自非炎黄作祖、末流聪明，乌能竟其方术哉！

酒母

凡酿酒，必资曲药成信。无曲，即佳米珍黍，空造不成。古来曲造酒，蘖造醴。后世厌醴味薄，遂至失传，则并蘖法亦亡。凡曲，麦、米、面随方土造，南北不同，其义则一。凡麦曲，大小麦皆可用。造者将麦连皮，井水淘净晒干，时宜盛暑天。磨碎，即以淘麦水和作块，用楮叶包扎，悬风处。或用稻秸罨黄，经四十九日取用。造面曲，用白面五斤、黄豆五升，以蓼汁煮烂。再用辣蓼末五两、杏仁泥十两，和踏成饼，楮叶包悬，与稻秸罨黄，法亦同前。其用糯米粉与自然蓼汁，溲和成饼，生黄收用者，罨法与时日，亦无不同也。其入诸般君臣与草药，少者数味，多者百味，则各土各法，亦不可殚述。近代燕京，则以薏苡仁为君，入曲造薏酒。浙中宁绍，则以绿豆为君，入曲造豆酒。二酒颇擅天下佳雄。（原注：别载《酒经》。）凡造酒母家，生黄未足，视候不勤，盥拭不洁，则疵药数丸，动辄败人石米。故市曲之家，必信著名闻，而后不负酿者。凡燕齐黄酒曲药，多从淮郡造成，载于舟车北市。南方曲酒，酿出即成红色者，用曲与淮郡所造相同，统名大曲。但淮郡市者，打成砖片，而南方则用饼团。其曲一味，蓼身为气脉，而米、麦为质料，但必用已成曲、酒糟为媒合。此糟不知相承起自何代，犹之烧矾之必用旧矾滓云。

---

① 底本原作"舟"，根据前后文意应作"丹"，当为形近致误。

神曲

　　凡造神曲，所以入药，乃医家别于酒母者。法起唐时，其曲不通酿用也。造者专用白面，每百斤入青蒿自然汁，马蓼、苍耳自然汁，相和作饼。麻叶或楮叶包，罨如造酱黄法。待生黄衣，即晒收之。其用他药配合，则听好医者增入，苦无定方也。

长流漂米图

凉风吹变图

丹曲

凡丹曲一种，法出近代。其义臭腐神奇，其法气精变化。世间鱼肉最朽腐物，而此物薄施涂抹，能固其质于炎暑之中，经历旬日，蛆蝇不敢近，色味不离初，盖奇药也。凡造法，用籼稻米，不拘早晚。舂杵极其精细。水浸一七日，其气臭恶不可闻，则取入长流河水漂净。（原注：必用山河流水，大江者不可用。）漂后恶臭犹不可解，入甑蒸饭则转成香气，其香芬甚。凡蒸此米成饭，初一蒸半生即止，不及其熟。出离釜中，以冷水一沃，气冷再蒸，则令极熟矣。熟后数石共积一堆拌信。凡曲信，必用绝佳红酒糟为料。每糟一斗，入马蓼自然汁三升，明矾水和化。每曲饭一石，入信二斤。乘饭热时，数人捷手拌匀，初热拌至冷。候视曲信入饭，久复微温，则信至矣。凡饭拌信后，倾入箩内，过矾水一次，然后分散入篾盘，登架乘风。后此风力为政，水火无功。凡曲饭入盘，每盘约载五升。其屋室，宜高大，防瓦上暑气侵逼。室面宜向南，防西晒。一个时中翻拌约三次。候视者，七日之中，即坐卧盘架之下，眠不敢安，中宵数起。其初时雪白色，经一二日，成至黑色。黑转褐，褐转赭，赭转红，红极复转微黄。目击风中变幻，名曰生黄曲，则其价与入物之力，皆倍于凡曲也。凡黑色转褐，褐转红，皆过水一度。红则不复入水。凡造此物，曲工盥手与洗净盘簟，皆令极洁。一毫滓秽，则败乃事也。

珠玉第十八卷

宋子曰：玉韫山辉，珠涵水媚。此理诚然乎哉，抑意逆之说也？大凡天地生物，光明者昏浊之反，滋润者枯涩之仇，贵在此则贱在彼矣。合浦、于阗行程相去二万里，珠雄于此，玉峙于彼，无胫而来，以宠爱人寰之中，而辉煌廊庙之上，使中华无端宝藏，折节而推上坐焉。岂中国辉山、媚水者，萃在人身，而天地菁华，止有此数哉？

珠

　　凡珍珠，必产蚌腹，映月成胎，经年最久，乃为至宝。其云蛇腹、龙颔、鲛皮有珠者，妄也。凡中国，珠必产雷、廉二池。三代以前，淮扬亦南国地，得珠稍近《禹贡》淮夷蠙珠。或后互市之便，非必责其土产也。金采蒲里路，元采杨村直沽口，皆传记相承妄，何尝得珠。至云忽吕古江出珠，则夷地，非中国也。凡蚌孕珠，乃无质而生质。他物形小而居水族者，吞噬弘多，寿以不永。蚌则环包坚甲，无隙可投。即吞腹，囫囵不能消化，故独得百年千年，成就无价之宝也。凡蚌孕珠，即千仞水底，一逢圆月中天，即开甲仰照，取月精以成其魄。中秋月明，则老蚌犹喜甚。若彻晓无云，则随月东升西没，转侧其身，而映照之。他海滨无珠者，潮汐震撼，蚌无安身静存之地也。凡廉州池，自乌泥独揽沙至于青莺，可百八十里。雷州池自对乐岛斜望石城界，可百五十里。蛋户采珠，每岁必以三月，时牲杀祭海神，极其虔敬。蛋户生啖海腥，入水能视水色，知蛟龙所在，则不敢侵犯。凡采珠舶，其制视他舟横阔而圆，多载草荐于上。经过水漩，则掷荐投之，舟乃无恙。舟中以长绳，系没人腰，携篮投水。凡没人以锡造湾环空管，其本缺处，对掩没人口鼻，令舒透呼吸于中，别以熟皮包络耳项之际。极深者，至四五百尺，拾蚌篮中。气逼则撼绳，其上急提引上，无命者或葬鱼腹。凡没人出水，煮热毳急覆之，缓则寒栗死。宋朝李招讨设法以铁为耩，最后木柱扳口，两角坠石，用麻绳作兜如囊状。绳系舶两傍，乘风扬帆而兜取之。然亦有漂溺之患。今蛋户两法并用之。凡珠在蚌，如玉在璞。初不识其贵贱，剖取而识之。自五分至一寸五分经者，为大品。小平似覆釜，一边光彩微似镀金者，此名珰珠，其值一颗千金矣。古来明月、夜光，即此便是。白昼晴明，檐下看有光一线闪烁不定。夜光乃其美号，非真有昏夜放光之珠也。次则走珠，置平底盘中，圆转无定歇，价亦与珰珠相仿。（原注：化者之身，受含一粒，则不复朽坏。故帝王之家重价购此。）次则滑珠，色光而形不甚圆。次则螺蚵珠，次官雨珠，次税珠，次葱符珠。幼珠如梁粟，常珠如豌豆。玭而碎者曰玑。自夜光至于碎玑，譬均一人身而王公至于氓隶也。凡珠生止有此数，采取太频，则其生不继。经数十年不采，则蚌乃安其身，繁其子孙而广孕宝质。所谓珠徙珠还，此煞定死谱，非真有清官感召也。（原注：我朝弘治中，一采得二万八千两。万历中，一采止得三千两，不偿所费。）

没水采珠船图

扬帆采珠图

宝

凡宝石，皆出井中，西番诸域最盛，中国唯出云南金齿卫与丽江两处。凡宝石，自大至小，皆有石床包其外，如玉之有璞。金银必积土其上，韫结乃成。而宝则不然，从井底直透上空，取日精月华之气而就，故生质有光明。如玉产峻湍，珠孕水底，其义一也。凡产宝之井，即极深无水，此乾坤派设机关。但其中宝气如雾，氤氲井中，人久食其气多致死。故采宝之人，或结十数为群，入井者得其半，而井上众人共得其半也。下井人以长绳系腰①，腰带叉口袋两条，及泉近宝石，随手疾拾入袋。（原注：宝井内不容蛇虫。）腰带一巨铃，宝气逼不得过，则急摇其铃，井上人引缁提上，其人即无恙，然已昏瞢。止与白滚汤入口解散，二日之内不得进食粮，然后调理平复。其袋内石，大者如碗，中者如拳，小者如豆，总不晓其中何等色。付与琢工镰错解开，然后知其为何等色也。属红黄种类者，为猫精、靺羯芽、星汉砂、琥珀、木难、酒黄、喇子。猫精黄而微带红。琥珀最贵者名曰瑿。（原注：音依，此值黄金五倍价。）红而微带黑，然昼见则黑，灯光下则红甚也。木难纯黄色，喇子纯红。前代何妄人，于松树注茯苓，又注琥珀，可笑也。属青绿种类者，为瑟瑟珠、祖母绿、鸦鹘石、空青之类。（原注：空青既取内质，其膜升打为曾青。）至玫瑰一种，如黄豆、绿豆大者，则红、碧、青、黄数色皆具。宝石有玫瑰，如珠之有玑也。星汉砂以上，犹有煮海金丹。此等皆西番产，亦间气出。滇中井所无。时人伪造者，唯琥珀易假。高者煮化硫黄，低者以殷红汁料，煮入牛羊明角，映照红赤隐然，今亦②最易辨认。（原注：琥珀磨之有浆。）至引草，原惑人之说，凡物借人气，能引拾轻芥也。自来《本草》陋妄，删去毋使灾木。

---

① 底本三字模糊，无法辨识，今据明杨素卿刻本补"绳系腰"。
② 底本原作"易"，今据《天工开物校注及研究》作"亦"。

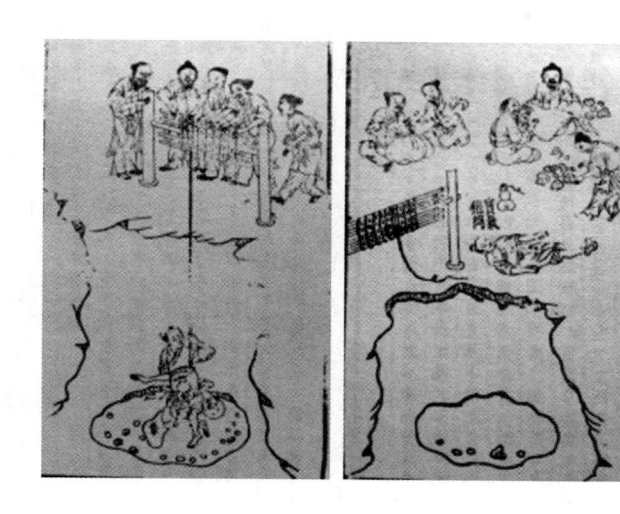

采宝图

玉

凡玉入中国,贵重用者尽出于阗(原注:汉时西国号,后代或名别失八里,或统服赤斤蒙古,定名未详。)、葱岭。所谓蓝田,即葱岭出玉别地名,而后世误以为西安之蓝田也。其岭水发源,名阿耨山,至葱岭分界两河,一曰白玉河,二曰绿玉河。后晋人高居海作《于阗国行程记》①,载有乌玉河,此节则妄也。玉璞不藏深土,源泉峻急激映而生。然取者,不于所生处,以急湍无着手。俟其夏月水涨,璞随湍流徙,或百里,或二三百里,取之河中。凡玉映月精光而生,故国人沿河取玉者,多于秋间明月夜,望河候视。玉璞堆聚处,其月色倍明亮。凡璞随水流,仍错杂乱石浅流之中,提出辨认,而后知也。白玉河流向东南,绿玉河流向西北。亦力把力地,其地有名望野者,河水多聚玉。其俗,以女人赤身没水而取者,云阴气相召,则玉留不逝,易于捞取。此或夷人之愚也。(原注:夷中不贵此物,更流数百

---

① 底本原作"张匡邺作《西域行程记》",今据《天工开物校注及研究》考订改正。

里，途远莫货，则弃而不用。）凡玉，唯白与绿两色。绿者中国名菜玉。其赤玉、黄玉之说，皆奇石、琅玕之类，价即不下于玉，然非玉也。凡玉璞，根系山石流水，未推出位时，璞中玉软如棉絮，推出位时，则已硬。入尘见风则愈硬。谓世间琢磨有软玉，则又非也。凡璞藏玉，其外者曰玉皮，取为砚托之类，其值无几。璞中之玉，有纵横尺余无瑕玷者，古者帝王取以为玺。所谓连城之璧，亦不易得。其纵横五六寸无瑕者，治以为杯斝，此已当世重宝也。此外，唯西洋琐里有异玉，平时白色，晴日下看，映出红色。阴雨时又为青色。此可谓之玉妖，尚方有之。朝鲜西北太尉山，有千年璞，中藏羊脂玉，与葱岭美者无殊异。其他虽有载志，闻见则未经也。凡玉由彼地缠头回。（原注：其俗人首一岁，裹布一层，老则臃肿之甚，故名缠头回子。其国王亦谨不见发。问其故，则云：见发则岁凶荒。可笑之甚。）或溯河舟，或驾橐驼，经庄浪入嘉峪，而至于甘州与肃州。中国贩玉者，至此互市而得之。东入中华，卸萃燕京。玉工辨璞高下定价，而后琢之。（原注：良玉虽集京师，工巧则推苏郡。）凡玉初剖时，冶铁为圆盘，以盆水盛沙，足踏圆盘使转。添沙剖玉，逐忽划断。中国解玉沙，出顺天玉田与真定邢台两邑。其沙非出河中，有泉流出，精粹如面，借以攻玉，永无耗折。既解之后，别施精巧工夫，得镔铁刀者，则为利器也。（原注：镔铁亦出西番哈密卫砺石中，剖之乃得。）凡玉器琢余碎，取入钿花用。又碎不堪者，碾筛和灰涂琴瑟，琴有玉音，以此故也。凡镂刻绝细处，难施锥刃者，以蟾酥填画，而后锲之。物理制服，殆不可晓。凡假玉以砆碔充者，如锡之于银，昭然易辨。近则捣舂上料白瓷器，细过微尘，以白敛诸汁调成为器。干燥玉色烨然，此伪最巧云。凡珠玉、金银，胎性相反。金银受日精，必沉埋深土结成。珠玉、宝石受月华，不受土寸掩盖。宝石在井上，透碧空，珠在重渊，玉在峻滩，但受空明、水色盖上。珠有螺城，螺母居中，龙神守护，人不敢犯。数应入世用者，螺母推出人取。玉初孕处，亦不可得。玉神推徙入河，然后恣取。与珠宫同神异云。

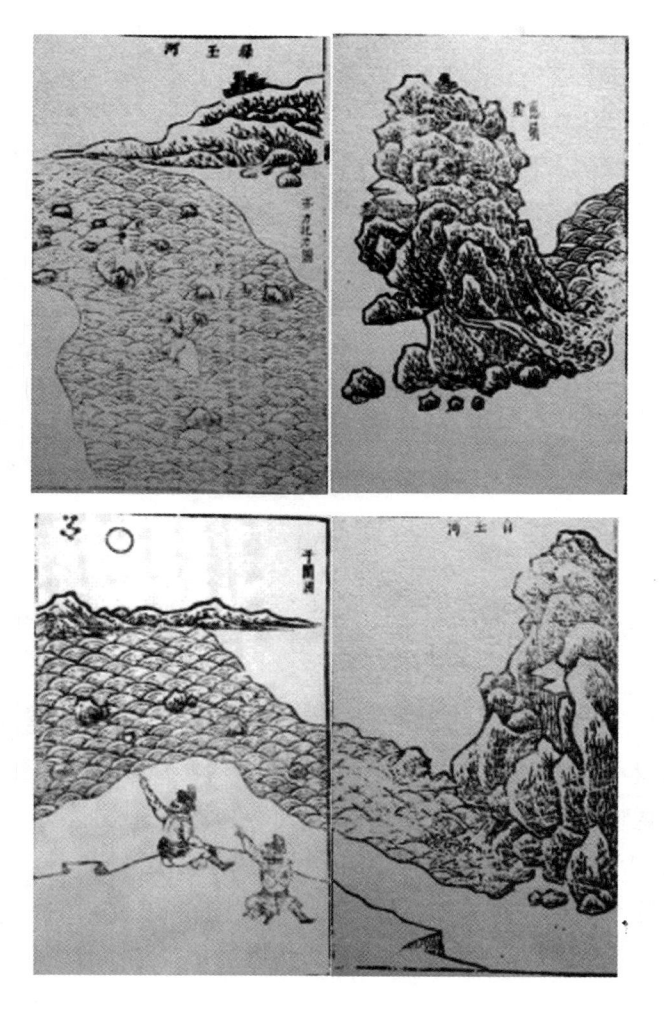

绿玉河、葱岭、白玉河、于阗国图

琢玉图

附：玛瑙　水晶　琉璃

　　凡玛瑙，非石非玉，中国产处颇多，种类以十余计。得者多为簪篦钩（原注：音扣。）结之类。或为棋子，最大者为屏风及卓面。上品者，产宁夏外徼羌地沙碛中，然中国即广有，商贩者亦不远涉也。今京师货者，多是大同、蔚州九空山、宣府四角山所产，有夹胎玛瑙、截子玛瑙、锦红玛瑙，是不一类。而神木、府谷出浆水玛瑙、锦缠玛瑙，随方货鬻，此其大端云。试法以砑木不热者为真。伪者虽易为，然真者值原不甚贵，故不乐售其技也。

　　凡中国产水晶，视玛瑙少杀。今南方用者，多福建漳浦产。（原注：山名铜山。）北方用者，多宣府黄尖山产。中土用者，多河南信阳州，（原注：黑色者最美。）与湖广兴国州（原注：潘家山。）产。黑色者产北不产南。其他山穴，本有之，而采识未到，与已经采识而官司厉禁封闭（原注：如广信惧中官开采之类。）者，尚多也。凡水晶，出深山穴内，瀑流石罅之中。其水经晶流出，昼夜不断，流出洞门半里许，其面尚如油珠滚沸。凡水晶，未离穴时，如棉软，见风方坚硬。琢工得宜者，就山穴成粗坯，然后持归加功，省力十倍云。

凡琉璃石，与中国水精、占城火齐其类相同，同一精光明透之义。然不产中国，产于西域。其石五色皆具，中华人艳之，遂竭人巧以肖之。于是烧瓴甋转釉成黄绿色者，曰琉璃瓦。煎化羊角，为盛油与笼烛者，为琉璃碗。合化硝、铅，写珠铜线穿合者，为琉璃灯。捏片为琉璃瓶袋。（原注：硝用煎炼上结马牙者。）各色颜料汁，任从点染。凡为灯、珠，皆淮北齐地人，以其地产硝之故。凡硝见火还空，其质本无。而黑铅为重质之物。两物假火为媒，硝欲引铅还空，铅欲留硝住世。和同一釜之中，透出光明形象。此乾坤造化，隐现于容易地面。《天工》卷末，著而出之。

农 业 篇

氾胜之书

（汉）氾胜之　撰

（清洪颐煊辑《经典集林》本）

卷上

神农之教，虽有石城汤池，带甲百万，而无粟者，弗能守也。夫谷帛，实天下之命。卫尉前上蚕法，今上农事。人所忽略，卫尉勤之，可谓忠国忧民之至。（原注：《艺文类聚·八十五》《文选·后汉书·光武纪赞》注，《太平御览·八百二十二》《路史·后记一》。）农事惰与其相十倍。（原注：《太平御览·八百二十二》。）

凡耕之本，在于趣时和土。务粪泽，早①锄早获。春冻解，地气始通，土一和解。夏至天气始暑，阴气始盛，土复解。夏至后九十日，昼夜分，天地气和。以此时耕田，一而当五，名曰膏泽，皆得时功。春地气通，可耕坚硬强地黑垆土，辄平摩其块以生草，草生复耕之。天有小雨，复耕和之，勿令有块，以待时，所谓强土而弱之也。（原注：《齐民要术·一》，案《周礼》草人郑注云：土化之法化之，使美若氾胜之术也。）

春候地气始通，椓橛木长尺二寸，埋尺见其二寸。立春后土块散，上没橛，陈根可拔。此时二十日以后，和气去即土刚。以此时耕，一而当四。和气去耕，四不当一。杏始华荣辄耕轻土、弱土。望杏花落复耕，

---

① 底本原作"旱"，今据万国鼎《氾胜之书辑释》改作"早"。

耕①辄蔺之。(原注：案《太平御览》，两辄字作趣。《事类赋注》："蔺之下有此，谓一耕而五也"一句。)草生有雨泽，耕重蔺之。土甚轻者，以牛羊践之，如此则土强，此谓弱土而强之也。(原注：《齐民要术·一》《文选·永明九年策秀才文》注，《太平御览·九百六十八》《事类赋注·二十六》。案《礼记·月令》注引《农书》曰：土长冒橛，陈根可拔，耕者急发。《正义》云：郑所引《农书》，先师以为《氾胜之书》也。韦昭《国语·周语》注引同。)杏花如何可耕曰沙。(原注：《太平御览·九百六十八》《事类赋注·二十六》。)春气未通，则土历适不保泽，终岁不宜稼，非粪不解，慎无旱耕，须草生至可种时，有雨即种。土相亲，苗独生，草秽烂，皆成良田，此一耕而当五也。(原注：案《文选·永明九年策秀才文》注引此句作"一耕而五获"。)不如此而旱耕，块硬，苗秽同孔出，不可锄治，反为败田。秋无雨而耕，绝土②气，土坚垎，名曰脂田。及盛冬耕，泄阴气，土枯燥，名曰腊田。腊田与脂田皆伤田。二岁不起稼，则一岁休之。(原注：《齐民要术·一》。)

凡麦③田，常以五月耕，六月再耕，七月勿耕。谨摩平以待种时。五月耕，一当三。六月耕，一当再。七月耕，五不当一。冬雨雪止，辄以蔺之，掩地雪，勿使从风飞去。后雪复蔺之，则立春保泽，冻虫死，来年宜稼。得时之和，适地之宜，田虽薄恶，收可亩十石。(原注：《齐民要术》。)

牵马令就谷堆食数口，以马践过为种。无好蓴蚨虫也。种伤温郁，热则生虫也。取麦种候熟可获，择穗大强者，斩束立场中之高燥处，曝使极燥。无令有白鱼，有辄扬治之。取干艾杂藏之。(原注：案《太平御览》作干草。)麦一石，艾一把，藏以瓦器、竹器，顺时种之，则收常倍。取禾种择高大者，斩一节下把，悬高燥处，苗则不败。欲知岁所宜，以布囊盛粟等诸物种，平量之，埋阴地。冬至后五十日，发取量之，息最多者，岁所宜也。(原注：《齐民要术·一》《太平御览·八百二十二又八百四十一》。)

种小豆忌卯，稻麻忌辰，禾忌丙，黍忌丑，秫忌寅未，小麦忌戌，

---

① 底本缺字，今据《氾胜之书辑释》补"耕"。
② 底本原作"上"，根据前后文意应作"土"。
③ 底本原作"爱"，今据《氾胜之书辑释》改作"麦"。

大麦忌子，大豆忌申。凡九谷有忌日。种之不避其忌，则多伤败，诸事禁忌日，此非空言也。其道自然者，烧黍穰则害瓠也。（原注：《齐民要术·一》《太平御览·八百二十三又八百三十七》。）

种禾无期，因地为时。三月榆荚雨时，高地强土可种禾。（原注：案《事类赋注》作可种秫。）薄田不能粪者，以原蚕矢杂禾种之，则禾不虫。又取马骨挫一石，以水三石，煮之三沸，漉去滓。以汁渍附子五枚，三四日去附子，以汁和蚕矢羊矢各等分，挠令洞洞如稠粥。先种二十日时，以溲种如麦饭状。常天旱燥时，溲之，立干，薄布数挠，令易干，明日复溲。天阴雨则勿溲，六七溲而止，辄暴谨藏，勿令复湿。至可种时，以余汁溲而种之，则禾稼不蝗。无马骨亦可用雪汁。雪汁者，五谷之精也，使稼耐旱。常以冬藏雪汁，器盛埋于地中。治种如此，则收常倍。（原注：《齐民要术·一》《初学记·三》《艺文类聚·八十八》《太平御览·二十又八百二十三又八百三十九》《事类赋注·四》。）

取雪汁渍原蚕屎五六日，待释手挼之，如饭状，和谷种之能御旱，故谓雪五谷之精也。（原注：《北堂书钞·一百五十二》《初学记·二》《艺文类聚·一》《太平御览·十二》《事类赋注·三》。）昔汤有旱灾，伊尹作为区田，教民粪种，负水浇稼。区田以粪气为美，非必须良田也。诸山林近邑高危倾阪，及丘城上皆可为区田。区田不耕旁地，庶尽地力。（原注：《齐民要术·一》《北堂书钞·三十九》《太平御览·八百二十一》。案《北堂书钞》引《浇稼下》：又云收至亩百石，胜之试为之，收至亩四十石。）

凡区种不先治地，便荒地为之。以亩为率，令一亩之地长十八丈，广四丈八尺，当横分十八丈，作十五町，町间分为十四道，以通行人。道广一尺五寸，町皆广一尺五寸，长四丈八尺，尺直横鉴町作沟。沟一尺，深亦一尺，积壤于沟间，相去亦一尺。尝悉以一尺地积壤，不相受，令宏二尺地以积壤。种禾黍于沟间，夹沟为两行，去沟两边各二寸半，中央相去五寸，旁行相去亦五寸。一沟容四十四株，一亩合万五千七百五十株。种禾黍，令上一寸土，不可令过一寸，亦不可令减一寸。凡区种麦，令相去二寸，一行一沟容五十二株。一亩凡四万五千五百五十株。麦上令土厚二寸。凡区种大豆，令相去一尺二寸，一沟容九株，一亩凡六千四百八十株。区种荏，令相去三尺，胡麻相去一尺。区种天旱常溉之，一亩常收百斛。（原注：《齐民要术·一》。）

上农夫区，方深各六寸，间相去九寸。（原注：案《后汉书》注：九寸作七寸。）一亩三千七百区，一日作千区，区种粟二十粒。美粪一升，合土和之。亩用种二升，秋收区三升。粟亩收百斛。丁男长女治十亩。（原注：案《后汉书注》《文选》注："丁男女治十亩"句在"秋收区三升"句上。）十亩收千石，岁食三十六石，支二十六年。中农夫区方九寸，深六寸，相去二尺，一亩千二十七区，用种一升。（原注：案《后汉书》注：此下有"丁男女种十亩"句。）秋收粟五十一石，一日作三百区。下农夫区方九寸，深六寸，相去三尺，一亩五百六十七区。用种半升，秋收二十八石，一日作二百区。区中草生芟之，区间草以划划之，若以锄锄。苗长不耘之者，以钊镰比地刈其草矣。（原注：《后汉书·刘般传》注，《文选》嵇叔夜《养生论》注，《齐民要术·一》。）

验美田至十九石，中田十三石，薄田一十石。（原注：《齐民要术·一》。）

植禾，夏至后八十九十日，常夜半候之，天有霜若白露下，以平明时，令两人持长索相对，各持一端，以概禾中，去霜露，日出乃止。如此禾稼五谷不伤矣。（原注：《齐民要术·一》。）

稗既堪水旱，种无不熟之时。又特滋茂盛，易生芜秽。良田亩得二三十斛，宜种之备凶年。又稗中有米，熟时可捣取米，炊食之，不减粱米，又可酿作酒。酒甚美，酿尤逾黍秫。武帝时令典农种之，一顷收二千斛，斛得米三四斗，大俭可磨食之。若值丰年可以饮牛马猪羊。（原注：案"酒甚美"以下，《齐民要术》作注文：武帝伪作魏武，今改正。）虫食桃者，粟贵。（原注：《尔雅·翼·八》《齐民要术·一》《太平御览·八百二十三》。）

黍者，暑也。种必待暑，先夏至二十日，此时有雨，强土可种黍，亩三升。黍心未生时，雨灌其心，心伤无实。初种时天雾，令两人对持长索，搜去其露，日出乃止。种黍复出锄治，皆如禾，欲稀于禾。（原注：《初学记·二十七》《太平御览·八百二十三又八百四十二》。案：《尔雅·释文》云，氾胜之种植书无稷。）

秔稻秫稻，三月种秔稻，四月种秫稻。（原注：《尔雅·翼·一》《证类本草·二十六》。）

卷下

大豆保岁易为，宜古之所以备凶年也。谨计家口数，种大豆，率人五亩，此田之本也。三月榆荚时有雨，高田可种大豆。土和无块，亩五升，土[①]不和则益之。种大豆夏至后二十日尚可种，戴甲而生，不用深耕。大豆须均而稀。豆花憎见日，见日则黄烂而根焦也。获豆之法，荚黑而茎苍，辄收无疑。其实将落，反失之。故曰：豆熟于场。于场获豆，即青荚在上[②]黑荚在下。（原注：《齐民要术·二》《太平御览·八百三十二又八百四十一》两引。）

种土不可厚，厚则项折，不能长达，屈于土中而死。（原注：《太平御览·八百三十二》。）区种大豆法，坎方深各六寸，相去二尺，一亩得千六百八十坎。其坎成，取美粪一升，合坎中土搅和，以内坎中，临种沃之，坎三升水。坎内豆三粒，覆土，土勿厚，以掌抑之，令种与土相亲。一亩用种一升，用粪十六石八斗。豆生五六叶，锄之。旱者溉之，坎三升水，丁夫一人可治五亩。至秋收，一亩中十六石。种之上，土才令蔽豆耳。（原注：《齐民要术·二》。）

小豆不保岁，难得。宜椹黑时注雨种，亩五升。豆生布叶，锄之，生五六叶又锄之。大豆、小豆不可尽治也。古所以不尽治者，豆生布叶，豆有膏，尽治之则伤膏，伤则不成。而民尽治，故其收耗折也。故曰：豆不可尽治。养美田亩可十石，以薄田尚可亩取五石。（原注：《齐民要术·二》《太平御览·八百四十一》。）

一斗大豆有千万粒。（原注：《太平御览·八百四十一》。）

种枲，春冻解，耕治其土。春草生，布粪田，复耕，平摩之。（原注：《太平御览·八百二十二》。）

种枲太早，则刚坚、厚皮、多节，晚则不坚。宁失于早，不失于晚。获麻之法，穗勃勃如灰，拔之。夏至后二十日沤枲，枲和如丝。（原注：

---

① 底本原作"工"，根据前后文意应作"土"，当为形近致误。
② 底本缺二字，今据《氾胜之书辑释》补"在上"。

《齐民要术·二》。)

种麻，预调和田，二月下旬，三月上旬，傍雨种之。麻生布叶，锄之。率九尺一树，树高一尺，以蚕矢粪之，树三升。无蚕矢，以溷中熟粪粪之亦善，树一升。天旱，以流水浇之，树五升。无流水，曝井水杀其寒气以浇之。雨泽适时勿浇，浇不欲数。养麻如此，美田则亩五十石及百石，薄田①尚三十石。获麻之法，霜下实成，速斫之，其树大者，以锯锯之。(原注：《齐民要术·二》。)

凡田有六道，麦为首种。种麦得时，无不善。夏至后七十日，可种宿麦。早种则虫而有节，晚种则穗小而少实。当种麦，若天旱无雨泽，则薄渍麦种，以酢浆并蚕矢，夜半渍，向晨速投之，令与白露俱下。酢浆令麦耐旱，蚕矢令麦忍寒。麦生黄色，伤于太稠。稠者，锄而稀之。秋锄以棘柴曳之，以壅麦根。故谚曰：子欲富，黄金覆。黄金覆者，谓秋锄麦，曳柴壅麦根也。至春冻解，棘柴曳之，突绝其干叶，须麦生复锄之。到榆荚时，注雨止，候土白背复锄，如此则收必倍。冬雨雪止，以物辄蔺麦上，掩其雪，勿令从风飞去。后雪复如此，则麦耐旱多实。春冻解，耕如土种旋麦。麦生根茂盛，莽锄如宿麦。(原注：《齐民要术·二》《太平御览·八百二十三又八百三十八》。)

区麦种，区大小如中农夫区，禾收，区种。凡种一亩用子二升，覆土厚二寸，以足践之，令种土相亲。麦生根成，锄区间秋草。缘以棘柴律土壅麦根。秋旱，则以桑落晓浇之，秋雨泽适，勿浇之。麦冻，解棘柴律之，突绝去其枯叶。区间草生，锄之。大男大女治十亩，至五月收。区一亩，得百石以上，十亩得千石以上。小麦忌戌，大麦忌子，除日不中种。(原注：《齐民要术·二》。)

种稻，春冻解，耕反其土。种稻区不欲大，大则水深浅不适。冬至后一百一十日可种稻。稻地美者，用种亩四升。始种稻欲湿，湿者缺其塍，令水道相直。夏至后大热，令水道错。(原注：《齐民要术·二》《太平御览·八百二十三又八百三十九》。)

区种瓜，一亩为二十四科。区方圆三尺，深五寸。一科用一石粪，粪与土合和，令相半。以三斗瓦瓮埋著科中央，令瓮口上与地平。盛水

---

① 底本原作"石"，根据前后文意应作"丑"。

瓮中，令满。种瓜瓮四面各一子，以瓦盖瓮口，水或减，辄增，常令水满。种常以冬至后九十日、百日，得戊辰日种之。又种薤十根，令周回瓮，居瓜子外。至五月瓜熟，薤可拔卖之，与瓜相避。又可种小豆于瓜中，亩四五升，其藿可卖。此法宜平地，瓜收亩万钱。（原注：《齐民要术·二》。）

种瓠法，以三月耕良田十亩。作区，方深一尺，以杵筑之，令可居泽。相去一步，区种四实。蚕矢一斗，与土粪合。浇之，水二升。所干处复浇之。著三实，以马棰声殼其心，勿令蔓延。多实，实细。以稿荐其下，无令亲土多疮瘢。度可作瓢。以手摩其实，从蒂至底，去其毛，不复长，且厚。八月微霜下，收取。掘地深一丈，荐以稿，四边各厚一尺，以实置孔中，令底下向。瓠一行，覆上土厚二尺。二十日出，黄色好，破以为瓢。其中白肤以养猪，致肥。其瓣以作烛，致明。一本三实，一区十二实，一亩得二千八百八十实，十亩凡得五万七千六百瓢。瓢直十钱，并直五十七万六千文。用蚕矢二百石，牛耕功力，直二万六千文，余有五十五万。肥猪明烛，利在其外。（原注：《齐民要术·二》。）

区种瓠法，收种子须大者。若先受一斗者，得收一石，受一石者，得收十石。先掘地作坑，方圆深各三尺，用蚕沙与土相和，令中半，若无蚕沙，生牛粪亦得，著坑中。足蹑令坚，以水沃之。候水尽，即下瓠子十颗，复以前粪覆之。既生长二尺余，便总聚十茎一处，以布缠之五寸许，复用泥泥之。不过数日，缠处便合为一茎。留强者，余悉掐去。引蔓结子，子外之条亦掐去之，勿令蔓延。留子法，初生二三子不佳，去之。取第四五六子[①]，留三子即足。旱时须浇之，坑畔周匝小渠子，深四五寸，以水停之，令其遥润。不得坑中下水。（原注：《齐民要术·二》。）

种芋，区方深皆三尺，取豆萁内区中，足践之，厚尺五寸。取区上湿土与粪和之，内区中萁上，令厚尺二寸，以水浇之，足践令保泽。取五芋子置四角及中央。足践之，旱数浇之。萁烂，芋生子，皆长三尺，一区收三石。（原注：《齐民要术·三》。）

种芋法，宜择肥缓土近水处，柔粪之。二月注雨，可种芋。率二尺

———————————

① 底本原作"区"，根据前后文意应作"子"。

下一本，芋生根欲深。劚其旁以缓其土。旱则浇之，有草锄之，不厌数多。治芋如此，其收常倍。（原注：《齐民要术·二》。）

种桑法，五月取椹著水中，即以手渍之，以水灌洗，取子阴干。治肥田十亩，荒田久不耕者尤善，好耕治之。每亩以黍椹子各三升合种之。黍桑当俱生，锄之，桑令稀疏调适。黍熟获之。桑正与黍高平，因以利镰摩地刈之，曝令燥。后有风调，放火烧之，常逆风起火。桑至春生。一亩食三箔蚕。（原注：《齐民要术·三》《艺文类聚·八十八》《事类赋注·二十五》。）

农书·农器图谱（节选）

（元）王祯 撰

（以明嘉靖九年刻本为底本，以文渊阁《四库全书》本为参校本）

杵臼门

昔圣人教民杵臼，而粒食资焉。后乃增广制度，而为碓、为硙、为砻、为辗等具，皆本于此。盖圣人开端，后人蹈袭，得其变也。孔融谓后世机巧胜于圣人，过矣。今特辩之，使知本末云。

杵臼

杵臼，舂也。《易·系辞》曰：黄帝尧舜氏作，断木为杵，掘地为臼。杵、臼之利，万民以济。按古舂之制秅，（原注：常只切。）百二十斤。稻重一秅为粟二十斗，为米十斗曰毇。（原注：许委切。）为米六斗大半斗曰粲，又曰粝。（原注：洛蒂切。）米一石舂为九斗曰糳。（原注：则各切。）糳，米之精者。斯古舂之制，自杵臼始也。诗云：易繁十三卦，皆为万民利。圣人创杵臼，尚象以制器。于义取雷山，上动而下止。人知捣舂法，脱粟从此始。后世相沿袭，更变各任智。制度虽不同，由来资古意。

---

① 该书插图均引自文渊阁《四库全书》本。

碓

碓，舂器。用石杵臼之一变也。《广雅》曰：䃑，（原注：丁力切。）碓也。《方言》云：碓梢谓之碓机①，自关而东谓之㭄。（原注：音延。）桓谭《新论》曰：杵臼之利，后世加巧，因借身重以践碓而利十倍。《耕织图诗》云：娟月过墙头，蔌蔌风吹叶。田家当此时，村舂响相答。竹间炊玉香，会见流匙滑。更须水轮转，地碓劳蹴蹋。

杵臼图、踏碓图

缸碓

缸碓，以缸作碓臼也。《集韵》云：缸，（原注：居郎切。）瓮也，又作瓨。其制先掘埋缸坑，深逾二尺，次下木地钉三茎，置石于上。后将大磁缸，穴透其底，向外侧嵌坑内埋之。复取碎磁，与灰泥和之，以窒底孔，令圆滑如一。候干透，乃用半竹篾，长七寸许，径四寸。如合脊瓦样，但其下稍阔，以熟皮周围护之。（原注：取其滑也。）倚于缸之下

---

① 底本原作"几"，今依四库本作"机"。

唇。箩下两边以石压之，或两竹竿刺定，然后注糙于缸内，用碓木杵，（原注：杵头铁囤束之，囤内置四大牙钉，稍卧之。）捣于箩内。缸既圆滑，米自翻倒，簌于箩内。一捣一簌，既省人搅，米自匀细。然木杵既轻，动防狂迸，须于踏碓时，已起而落。随以左足蹑其碓腰，方得稳顺。一缸可舂米三石，功折常碓累倍。始于浙人，故又名浙碓。今多于津要商旅辏集处所，可作连屋，置百余具者，以供往来稻船，货籴粳糯。及所在上农之家，用米既多，尤宜置之。诗云：杵臼搜奇作碓缸，米翻缸滑恣舂撞。铁笼木末装全杵，皮护箩材倚半腔。频作低昂身与共，惯成踏蹑足须双。近随文轨通南北，不独铿鏰在楚邦。

缸碓图、砻图

砻

砻，（原注：力董切。）礲谷器，所以去谷壳也。淮人谓之砻，（原注：力董切。）江浙之间谓之砻。（原注：卢东切。）编竹作围，内贮泥土，状如小磨。仍以竹木排为密齿，破谷不致损米。就用拐木窍贯砻上，掉轴以绳悬檩上，众力运肘转之，日可破谷四十余斛。北①方谓之木礲。石凿者，谓

---

① 底本缺字，今依四库本补"北"。

之石木䃺。砻䃺字从石。初本用石,今竹木代者亦便。又有废磨,上级已薄,可代谷砻,亦不损米。或人或畜转之,谓之砻磨。复有畜力挽行,大木轮轴以皮弦或大绳,绕轮两周,复交于砻之上级。轮转则绳转,绳转则砻亦随转。计轮转一周,则砻转十五余周。比用人工,既速且省。

碾

碾。(原注:女箭切。)《通俗文》曰:石砣轹谷曰碾。《后魏书》曰:崔亮在雍州,读《杜颖传》,见其为八磨,嘉其有济时用,因教民为碾。今以粝石甃为圆槽,周或数丈,高逾二尺。中央作台,植以簨轴,上穿干木,贯以石砣。有用前后二砣相遂,前备撞木,不致相击。仍随带搅杷。畜力挽行,循槽转碾,日可毂米三十余斛。近有法制碾槽。(原注:法制,用沙石、芹泥与糯粥,同胶和之,以为圆槽。候浥,下以木棰缓筑令实,直至干透可用。)轹米特易,可加前数,此又碾之巧便者。诗云:欲兼杵臼功,制碾中规式。劳勋①畜代人,圆转智胜力。朝夕课量数,公私饶粒食。更令水轮转,后世工巧极。

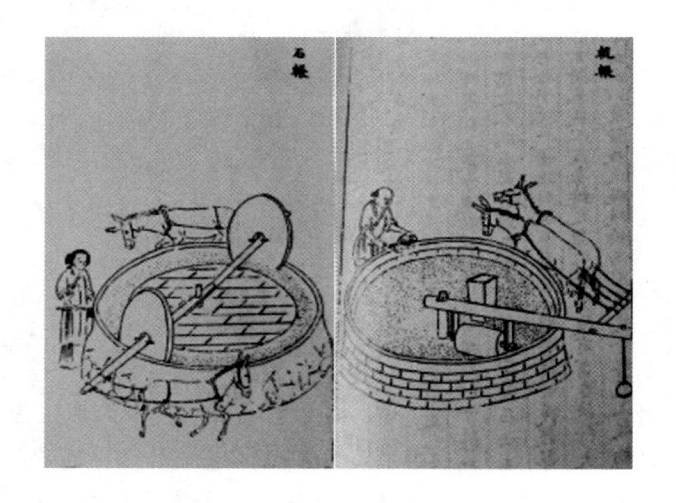

石碾图、辊碾图

---

① 四库本作"勋"。

辊辗

辊（原注：古本切。）辗。世呼曰：海青辗，喻其速也。但比常辗减去圆槽，就砣干栝以石辊。（原注：辊径可三尺，长可五尺。）上置板槛，随辗干圆转，作窍下谷，不计多寡。旋碾旋收，易于得米。较之砣辗，疾过数倍。故比于鸷鸟之尤者，人皆便之。诗云：制辗应嫌杵臼迟，岂知辗制有遗机。顿教粒食从今易，别转礧车疾似飞。

扬扇

扬（原注：与章切。）扇。《集韵》云：扬，风飞也。扬①谷器。其制中置簨轴，列穿四扇或六扇。用薄板或糊竹为之。复有立扇、卧扇之别，各带掉轴。或手转足躔，扇即随转。凡舂辗之际，以糠米贮之高槛，底通作匾缝。下泻均细如帘，即将机轴掉转扇之。糠粞既去，乃得净米。又有异之场圃间用之者，谓之扇车。凡蹂打麦禾等稼，穰秕相杂，亦须用此风扇。比之锨掷箕簸，其功多倍。梅圣俞诗云：扬扇非团扇，每来场圃见。因风吹糠粞，编竹破筠箭。任从高下手，不为寒暄变。去粗而得精，持之莫言倦。

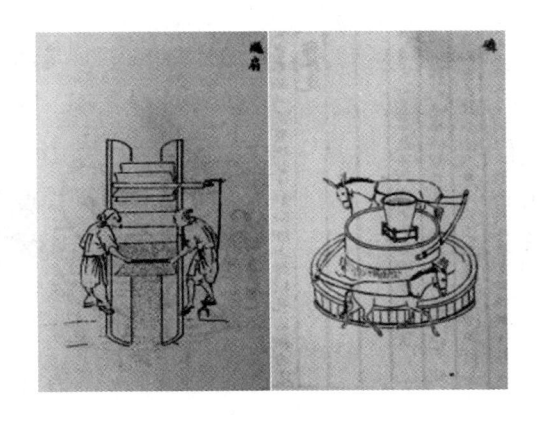

扬扇图、礧图

---

① 底本原作"杨"，当为同音形近致误。

䃺

䃺。(原注：莫卧切。)《唐韵》作磨，硙(原注：五对切。)也。䃺同。《说文》云：䃺，石硙也。《世本》曰：公输班作硙。《方言》或谓之䃳。(原注：错碓切。)《字说》云：䃺，从石从靡。䃺之而靡焉。今皆作磨字，既从石，又从磨，之义特易晓也。《通俗文》曰𥕫。(原注：音镇。) 䃺曰䃀，(原注：大①公切。) 磨床曰摘。(原注：直易切。) 今又谓主磨曰脐，注磨曰眼，转磨曰干，承磨曰𥕫，载磨曰床。多用畜力挽行，或借水轮，或掘地架木，下置镈轴，亦转以畜力，谓之旱水磨，比之常磨，特为省力。凡磨，上皆用漏斗盛麦，下之眼中，则利齿旋转。破麦作麸，然后收之，筛罗乃得成面。世间饼饵自此始矣。诗云：斫圆山骨旧胚胎，动静乾坤有自来。利齿细喷常日雪，旋机深殷(原注：音隐。)不云雷。临流须借水轮转，役畜岂劳人力推。已自世间多饼食，便知元是济民材。

连磨

连磨，连转磨也。其制中置巨轮，轮轴上贯架木，下承镈臼，复于轮之周回，列绕八磨。轮辐适与各磨，木齿相间。一牛拽转，则八磨随轮辐俱转。用力少而见功多。《后魏书》：崔亮在雍州，读《杜颖传》，见其为八磨，嘉其有济时用。刘景宣作磨，奇巧特异，策一牛之任，转八磨之重。窃谓此虽并载前史，然世罕有传者。今乃寻绎搜索，度其可用。述此制度，既图于前，复叙于后。庶来者效之，以广食利。嵇含《八磨赋》云：外兄刘景宣，作磨奇巧，因赋之云：方木矩峙，圆质规旋。下静以坤，上转以乾。巨轮内建，八部外连。

---

① 底本原作"木"，根据前后文意，今依四库本作"大"。

连磨图、油榨图

油榨

　　油榨，取油具也。用坚大四木，各围可五尺，长可丈余。叠作卧枋于地，其上作槽，其下用厚板嵌作底槃。槃上圆凿小沟，下通槽口，以备注油于器。凡欲造油，先用大镬䥽炒芝麻，既熟即用碓舂或辗碾令烂。上甑蒸过，理草为衣，贮之圈内。累积在槽。横用枋桯相拶，复竖插长楔，高处举碓，或椎击。擗之极紧，则油从槽出。此横榨，谓之卧槽。立木为之者，谓之立槽。傍用击楔，或上用压梁，得油甚速。今燕赵间，创有以铁为炕面，就接蒸釜䥽项。乃倾芝麻于上，执枚匀搅，待熟入磨。下之即烂，比镬炒及舂碾省力数倍。南北农家，岁用既多，尤宜则效。诗云：巨材成榨床，细溜刻槃口。麻烂入重圈，机械应心手。取之亦多方，脂膏竟谁有。回顾室中妇，何尝润蓬首。

仓廪门

　　仓廪皆蓄积之所，古有定制，重民食也。次而囷京，下而窖窦。

世所共作，俱谷藏类也。然又各有巧要，以从省便。凡欲储贮，务俭德者，当取为法。至于始终出纳之用，尤不可阙，故以嘉量继之。

仓

仓，谷藏也。《释名》曰：仓，藏也，藏谷物也。《天文集》曰：廪星主仓。《史记·天官书》：胃为天仓。此名著于天象者。《礼·月令》曰：孟冬命有司修囷仓。《周礼》：仓人掌粟，入①之藏。此名著于公府者。《甫田》诗曰：乃求千斯仓。《管子》曰：仓廪实而知礼节。此名著于民家者。推而言之，则知仓之类尚矣。今国家备储蓄之所，上有气楼，谓之敖房。前有檐楹，谓之明厦。仓为总名，盖其制如此。夫农家贮谷之屋，虽规模稍下，其名亦同。皆系累年蓄积所在。内外材木露者，悉宜灰泥涂饰，以避火灾；木又不蠹，可为永法。诗云：实谷藏曰仓，制度一遵古。积不厌斗升，耗或容雀鼠。常平名固佳，相因义仍取。揆诸创始心，荒歉岂无补。

廪

廪，仓别名。《丰年》诗曰：丰年多黍多余，亦有高廪万亿及秭。注云：廪所以藏粢盛之穗。《说文》曰：仓黄亩②而取之，故谓之亩。或从广从禾。今农家构及无壁厦屋，以储禾穗种稑之种，即古之廪也。《唐韵》云：仓有屋曰廪。仓其藏谷之总名。而廪庾，又有屋、无屋之辨也。诗云：廪名天上星，有象常昭垂。在地为定制，广厦庇于斯。上乃奉粢盛，下以被凶饥。黍余及亿秭，重见丰年诗。

---

① 底本原作"人"，根据前后文意应作"入"，当为形近致误。
② 底本原作"面"，今依四库本作"亩"。

仓图、廪图

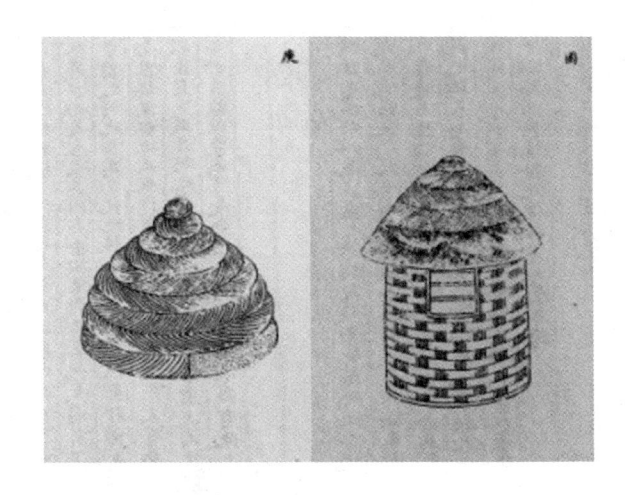

庾图、囷图

庾

庾。郑《诗笺》云：露积谷也。《集韵》：庾或作㢏，仓无屋者。《诗》曰：曾孙之庾，如坻如京。又曰：我庾维亿。盖谓庾积谷多也。诗云：露积以庾称，有象因自成。初无经构功，何同仓廪名。诗人尝比赋，如坻复如京。公私固储蓄，视此知丰盈。

囷

囷，（原注：邱①伦切。）圆仓也。《礼·月令》曰：修囷仓。《说文》：廪之圆者，圆谓之囷，方谓之京。《管子》曰：夷吾过市，有新成囷京者。《吴志》：周瑜谒鲁肃，肃指其囷以与之。《西京杂记》曰：曹元理善算囷之谷数。类而言之，则囷之名旧矣。今贮谷圛笆，泥涂其内，草苫于上，谓之露笆者，即囷也。诗云：富国何如富在民，乡间是处有高囷。只知不负英雄谒，遇歉能倾一济贫。

京

京，仓之方者。《广雅》云：字从广。庚，仓也。又谓四起曰京。今取其方而高大之义，以名仓曰京，则其象也。夫囷京有方圆之别。北方高亢，就地植木编条作笆，故圆，即囷也。南方垫湿，离地嵌板作室，故方，即京也。此囷京又有南北之宜。庶识者辨②之，择而用也。诗云：大云仓廪次囷京，各贮粢粮取象成。可是今人迷古制，方圆未识有他名。

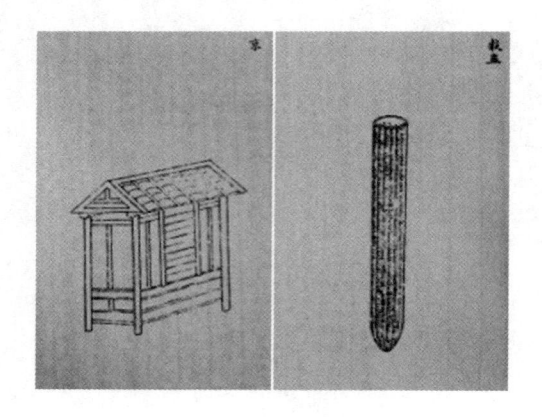

京图、谷盅图

---

① 底本原作"立"，今依四库本作"邱"。
② 底本原作"辦"，根据前后文意，今依四库本作"辨"，当为形近致误。

谷䘐

谷䘐。（原注：敕中切。）《集韵》云：虚器也。又谓之气笼。编竹作围，径可一尺，高或二丈，底足稍大，易于竖立，内置木撑（原注：丑孟切。）数层。乃先列仓中，每间或五或六，亦量积谷多少、高低大小而制之。尝见仓廪囷京等所，贮米谷，蒸湿结厚数尺，谓之礳头，以致压盦变黄，渐成浥①腐。往往耗损元数，公私坐致陷害，诚可甚惜。今置此器，使郁气升通，米得坚燥，免蹈前弊，实济物之良法。凡储蓄之家，不可阙也。诗云：虚中洁外丈余身，厕迹囷仓气可伸。要识有功能积久，陈陈从此更相因。

窖

窖，（原注：古孝切。）藏谷穴也。《史记·货殖》曰：宣曲任氏，秦之败也，豪杰皆争取金玉。任氏，独窖食粟。楚汉相拒荥阳，民不得耕，米石至数万，而豪杰金玉尽归任氏。任氏以是起富。尝谓谷之所在，民命是寄。今藏置地中，必有重遇。且风虫水旱，十年之内，俭居五六，安可不预备凶灾。夫穴地为窖，小可数斛，大至数百斛。先投柴棘，烧令其土焦燥。然后周以糠穏，贮粟于内。五谷之中，唯粟耐陈，可历远年。有于窖上栽树，大至合抱。内若变浥②，树必先验。验谓叶必萎黄，又捣别窖。北地土厚，皆宜作此。江淮高峻土厚处，或宜仿之。既无风雨、雀鼠之耗，又无水火、盗窃之虞，虽箧笥之珍，府藏之富，未可垺也。诗云：作窖良有法，贮谷期不腐。焦崔拟陶炉，穰秸亲壤土。厚瘞防水潦，深藏胜仓庾。却嗟金玉家，无能备饥苦。

---

① 底本原作"炠"，今依四库本作"浥"。
② 底本原作"炠"，今依四库本作"浥"。

窖图、窦图

窦

窦，似窖。《月令》曰：穿窦窖。郑注云：穿窦窖者，入地堕曰窦，方曰窖。疏云：堕者似方非方，似圆非圆。《释文》云：堕（原注：他果切。）谓狭而长。令人下掘，或旁穿出土，转于他处。内实以粟，复以草墩封塞，他人莫辨，即谓窦也。盖小口而大腹。窦小孔穴也，故名窦。诗云：穿窦以贮谷，远谋输老农。小口傍能通，虚腹宽有容。深储虑窃发，迷藏加密封。一朝催租急，肯许防饥凶。

升

升，十合量也。《前汉·志》云：以子谷秬黍中者，千二百实其龠。以井水准其概，二龠为合，十合为升。《说文》云：升从斗，象形。《唐韵》云：升，成也。

斗

斗，十升量也。《前汉·志》云：十升为斗。斗者，聚升之量也。《说文》云：斗象形，有柄。《唐韵》云：俗作斗。《天文集》曰：斗星仰，则天下斗斛不平。覆则岁稔。

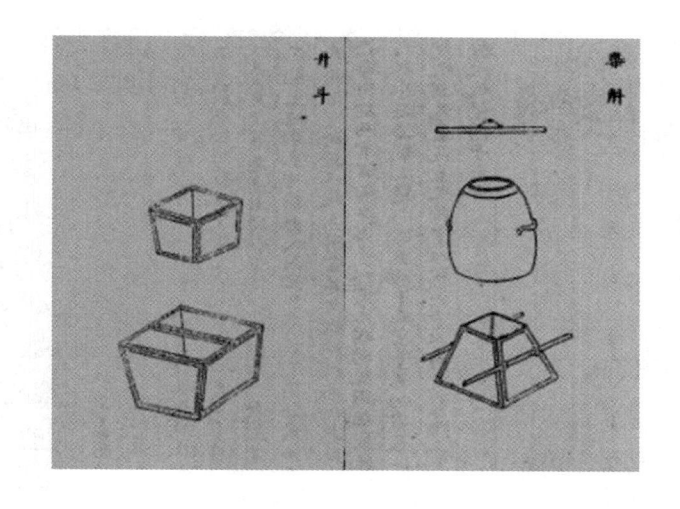

升斗图、概斛图

斛

斛，十斗量也。《前汉·志》云：十斗为斛。斛者，角斗平多少之量也。《广雅》曰：斛谓之鼓，方斛谓之角。《周礼》曰：㮚氏为量，改煎金锡则不耗。不耗然后权之，权之然后准之，准之然后量之。其铭曰：时文思索，允臻其极。嘉量既成，以观四国。永启厥后，兹物维则。（原注：时文思索，言是玄德之君思求索，为民立法而作量。）《汉书》五量之法：用铜方尺，而圆其外，旁有庣①（原注：止雕切。）焉。（原注：师古曰：庣，不满之处也。）上为斛，下为斗。（原注：上谓仰斛，下为

---

① 底本原作"剬"，今依四库本作"庣"。

覆斛之底。受一斗也。）左耳为升，有耳为合龠。夫量者，跃于龠，合于合，登于升，聚于斗，角于斛。职在大仓，大司农长之。今夫农家所得谷数，凡输纳于官，贩鬻于市，积贮于家，多则斛，少则斗，零则升。又必概以平之，贫富皆不可阙者。

概

概，（原注：工代切。）平斛斗器。《说文》云：概杚斗斛，从木，既声。杚，平也。（原注：古没切。）《汉书》云：以井水准其概也。《唐书·列女李畬母传》：畬为监察御史，得米量之，三斛而赢。问于吏曰：御史木不槩。是也。《集韵》：杚亦音槩，亦书作概。古有豆区（原注：乌侯切。）釜钟庾秉乏量。《左传》曰：四升为豆，四豆为区，四区为釜，十①釜为钟。又二釜半为庾，十六斛为秉，皆古量之名也。今②唯以升斗斛为准，最号简要，盖出纳之司，易会计也。敬括《嘉量赋》云：作之嘉量，其义惟深。嘉者以善为节，量者用平其心。穷微于子谷之数，酌宪于黄钟之音。盖取诸象，爰范于金。亦既成止，其仪可亲。坚外可程，虚中受益。功侔于衡镜，实同乎珪锡。以分多少，宁患乎不均。以立信仁，抑行之无斁。然美其方能立矩，卑莫可逾。出入罔吝，包含式孚。徇公灭私，乃为而勿有。纳新吐故，亦用当其无。理将神而共契，疏与道而相符。且器守乎谦，人惟厥操。人非器罔主，器非人奚导。不谨则诈伪生端，无方则羡溢为耗。职是司者，胡须相冒。由此言斿，不其至然。外乎则槩，廓（原注：《前汉·律志》作庨③。）乃旁穿。既因物以进退，亦与时而贸迁。施于政而四方仰则，毗乎理而百代犹传。诚可美而可尚，愿斯焉而取焉。异乎大小区分，高卑奇偶。始增撮而就合，卒聚升而成斗。斜又斗之所积，谷皆盖其所受。随求而或进或退，顺动而何先何后。洎乎职兴都尉，计起弘羊。洽平籴而作典，布均输而有方。

---

① 底本原作"千"，今依四库本作"十"。
② 底本原作"金"，今依四库本作"今"。
③ 底本原作"成"，今依四库本作"庨"。

常平由是以实，大国因之用强。岂比①天有斗，而酒浆不挹。山有谷，而牛马空量。然而当春秋分之期，为昼夜至之时。于以较矣，于以用之。实万人之所欲，敢望闻于有司。

鼎釜门

鼎、釜皆烹饪器。今鼎以取缲，釜以供馌，为农家必用之事。复以老瓦盆、匏樽、土鼓之类，迭相叙次，愈见朴俗天真，不事华玩，如造羲②皇氏之庭。眷而怀之，泊乎其乐之不自知也。兹特图其旧制，赞以新咏，庶形往古之风，以革浇俗之弊。其于政化，不为无补云。

鼎

鼎。《说文》云：鼎三足两耳，烹饪器也。《周礼》：烹人掌共鼎镬，以给水火之济。今农家乃用煮茧缲丝。尝读秦观《蚕书》云：凡缲丝，尝令煮茧之鼎，汤如蟹眼。又云：糸自鼎道，升于锁星。盖缲丝用鼎，就其深大③。煮茧既多，则缲取欲速，不致蛾出。或用甑接，釜口象其深绰，但权务省节，终不若鼎之火候为便。然原夫鼎之为器，大则烹牲而供上祀，小则和羹而备五味。今用之以取茧丝，而衣被斯民，则其功利所及。又岂止为向之食飨而已哉。故嘉其兼用，遂置名田谱之内。赞云：维鼎在昔，祀享多仪。三代以来，铸象剖疑。以定九州，以正四夷。国所系望，农何与知。降及后世，物变风移。取其深绰，蚕缲是宜。汤生蟹眼，绪引茧丝。妇工对向，手箸骈持。喂端自内，軖纸由兹。冷盆莫并，热釜何卑。古今异用，彼此一时。既国而家，既食而衣。器兮不器，备用无遗。着为永法，载播声诗。

---

① 底本原作"此"，今依四库本作"比"。
② 底本原作"義"，今依四库本作"羲"。
③ 底本原作"火"，今依四库本作"大"。

釜

釜，煮器也。《古史考》：黄帝始造釜甑，火食之道成矣。《易·说卦》曰：坤为釜。《广雅》曰：䤬（原注：地典切。）、䥕（原注：音饼。）、鬲（原注：音历。）、鍑（原注：音富。）、鏖（原注：音鹿。）、镘鏊（原注：漫牟①二音。）鋷、（原注：音规。）、锜，釜也。《说文》：釜作鬴，鍑属。《魏略》曰：钟繇为相国，以五熟鼎范，因太子铸之。釜成，太子与繇书曰：昔周之九鼎，咸以一体调一味，岂若斯釜五味时方，盖鼎之烹饪，以享上帝，今之嘉釜，有踰兹义。《异录》曰：南方有以沙土烧之者，烧热以土油之，净逾铁器，尤宜煮乐。一斗者，才直十钱。斯济贫之具，不可无者。赞云：黄帝始造，火食是须。金献欧冶，制厥范模。绰口锐下，古今不逾。中洁其腹，外黔其肤。薪热而沸，井汲而濡。水火既济，饔殕乃餔。掩彼鼎鼐，五味能俱。举世通用，田谱何书。匪农献谷，徒生尔鱼。既曰跨灶，宁不媚乎？

甑

甑，炊器也。《集韵》云：籀，甗也。籀文作鬵，或作瓮鬵。《周礼》：陶人为甑，实二鬴，厚半寸，唇寸。《说文》曰：窒（原注：户圭切。）甑，空也。《尔雅》曰：鬵，谓之鬵，（原注：徐林切。）《方言》或谓之酢馏。《汉书》：项羽渡河破釜甑。又任文公知有王莽之变，悉卖奇物，唯存铜甑。以此知古人用甑。虽军旅及反侧之际，不可废者，或谓釜甑，举世皆用。今作农器，何也？盖民之力田，必资火食，非釜甑不成，以此起农事之始。及谷物既登，爨以釜甑，又为农事之终。所需莫急于此，故附农器之内。赞云：日用炊爨，甑也为先。窒作一空，底或七穿。编箪为隔，甑带周缠。覆盆莫照，跨金能专。中成至味，外示陶埏。饼饵作蒸，馈馏非饘。匪此为饫，民食曷天。

---

① 底本原作"矣"，今依四库本作"牟"。

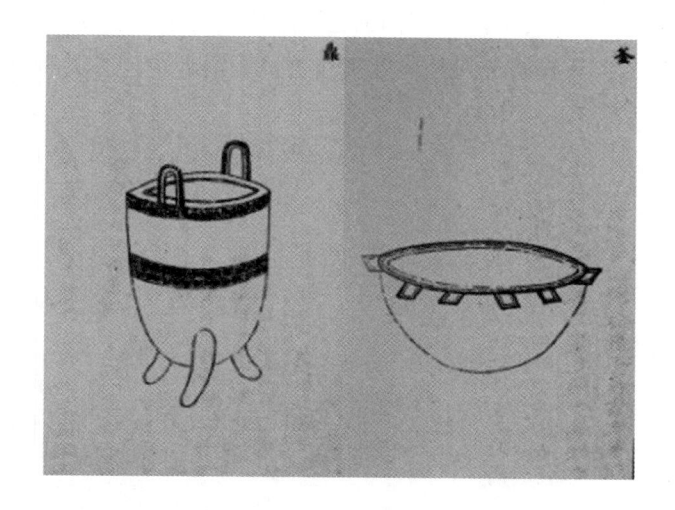

鼎图、釜图

箄

箄，甑箄也。《说文》云：箄，蔽也，所以蔽甑底也。《淮南子》曰：明镜可以鉴形，蒸食不如竹箄。孔融《同岁论》曰：弊箄径尺，不能捄盐池之咸矣。箄①弊可以止咸故也。又曰弊箄甑瓯，在旎茵之上，虽贫者不抟②。此言易得之物也。字从竹，或无竹处，以荆柳代之，用不殊也。诗云：甑或乏七穿，编竹以为箄。有缘取象圆，无底此能蔽。巧偷蛛网功，深为饼饵计。孰谓材有余，止咸犹用弊。

老瓦盆

老瓦盆，田家旧盛酒器也。《周礼》曰：盆实二鬴，厚半寸，唇一寸。甄土为之，所以盛物。《世说》曰：阮仲容至宗人，闻其集，以大盆盛酒。潘岳赋云：倾缥盆以酌酒。盖盆，古亦盛酒器也。《老子》曰：埏埴以为器，当其无，有器之用。窃谓季世习俗，奢僭以金玉为饮器，鲜

---

① 底本原作"算"，今依四库本作"箄"。
② 底本原作"膞"，今依四库本作"抟"。

不败德。今瓦盆盛酒，有复古淳俭之风，其可尚也。杜工部诗云：莫笑田家老瓦盆，自从盛酒长儿孙。倾银注玉惊人眼，一醉终同卧竹根。

甑图、老瓦盆图

匏樽

匏，瓠也。刊以盛酒，故曰匏樽。《周礼》注云：取甘匏，割去柢，为樽而酌之。王昭禹谓门出入所在。瓠，中虚象门，祭之，去其害门者。又《鬯人》禜门用瓢赍。注云：《春秋》鲁庄公二十五年秋，大水。鼓用牲于门，故书作剽。郑司农读剽为瓢。杜子春读赍为粢，瓢为瓠蠡也。郑玄谓赍读为齐，取甘匏割去柢①，以齐为尊也。东坡云：举匏樽以相属，今田家用此，皆其遗制。赋云：咨大块兮孕质，引蔓叶兮高悬。惟中虚兮表圆，实取离兮象乾。絷②生成兮永固，匪雕琢兮自然。惟系之兮不食，爰剖之兮用全。继洼尊兮作古，与鸱夷兮比肩。至若畎亩登秋，粒米呈瑞，民无菜色，家称乐岁。走赤脚兮提携，酤村醪兮遂致。泻瓦盆之真率，竞捧承乎若器。既尔汝兮相属，遂长幼兮同醉。复乃俯扣仰答，途歌里谣。忘一己之所之，迈千载之寂寥。初若笠泽引田舍之觞，又似柴桑倒茅檐之瓢。无

---

① 底本原作"祗"，今依四库本作"柢"。
② 底本原作"紧"，今依四库本作"絷"。

思虑兮适刘伶之动止，浮江湖兮游庄周之逍遥。浩浩乎无怀大庭兮，去此逾几，又奚啻等，山罍于敝屣①兮，侪牺象于苏樵。

瓢杯

判瓠为饮器，与匏樽相配。许由一瓢自随，颜子一瓢自乐。今举匏樽倾瓢杯，何田家之有真趣也。韦肇赋其略曰：当其判饮器，配圆壶。虽人斯造制，而天与规模。柄非假操而直，腹非待剖而刳。黄其色以居贞，圆其首以持重。匪憎乎林下，逸人何事而喧。可惜乎樽中，夫子能拙于用。笙匏同出，讵为乐音以见奇。牢瓷合行，未谕婚姻之所共。于是荐芳席娱密座。动而委命，虽提挈之由君。用或当仁，信斟酌而在我。挹酒浆，则仰唯北而有别。充玩好，则校司南以为可。有以小为贵，有以约为珍。瓠之生莫先于晋壤，杓之类奚取于梓人。昔者沧流，曾变蠡名而愿测。今兹庙礼，请代龙号而唯新。勿谓轻之掌握，无使辱在埃尘。为君酌人心而不倦，庶返朴以还淳。

匏樽图、瓢杯图

---

① 底本原作"尸徙"，今依四库本作"敝屣"。

土鼓

古乐器也。杜子春云：以瓦为匡，以革为两面，可击也。《礼运》[①]曰：蒉桴土鼓。《礼·明堂位》曰：土鼓蒉桴，伊耆[②]氏之乐也。《周礼·春官》：籥章，掌土鼓豳籥。仲春，昼击土鼓，吹《豳诗》，以迎暑气。仲秋，迎寒亦如之。凡国之祈年于[③]田祖，吹《豳诗》，击土鼓，以息老物。（杜子春云：息老物，谓息田夫，养老劳农。）今农家擎敛之后，击鼓以祀田祖，即其遗意也。诗云：粤昔伊耆氏，乐制惟土苴。继自神农氏，作鼓正从瓦。蒉桴一引击，真性足陶写。当时风俗成，往往朴而野。大音能希声，调高和诚寡。迨周因用之，吹合豳颂雅。祈年及祭蜡，齐敬格上下。是虽器质略，名亦不徒假。花腰鸣且急，可以愧来者。

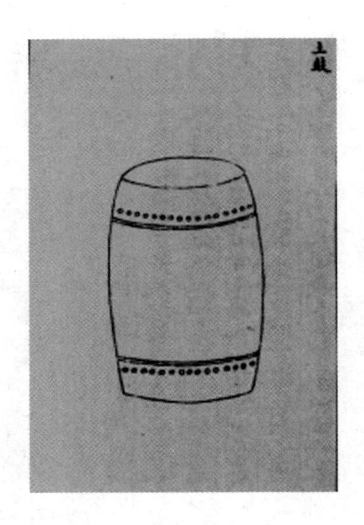

土鼓图

---

① 底本原作"《易·系辞》"，今据四库本改正。
② 底本原作"耆"，今依四库本作"耆"。
③ 底本原作"子"，今依四库本作"于"。

舟车门

舟车之事，任载所先。盖南北道路之不同，故水陆乘行之亦异。然淮汉之间，俱可兼用。凡务农之家，随其所便，至于所居庐室，尤不可无。其动止之用，理存覆载，故共录于此。

农舟

农舟，农家所用舟也。夫水乡种蓺之地，沟港交通，农人往来利用舟楫，故异夫渔钓之名也。赋曰：夫圣人之制舟楫兮，取刳剡之既藏。用济川而利涉，亦辇重而唯强。必先具乎梢柂，乃复揭乎篷樯。恒独乘而多便，或并泛而能方。繄大小制度之不一，故彼此体用之难常。若夫非艇非航、非渔非商，凡农居江海，或野处湖湘，犹陆路之资车，办一耀于耕桑。拟傍通于原隰，可倒载乎仓箱。播种则閟，置乎种稑，收获则积叠乎稻梁。其或出由港口，归下横塘。虽惯作村溪之逆上，须防风雨以遮藏。沙际轻帆，挂新晴于远浦。篱根短缆，泊落日之孤庄。彼有驾乎兰舫，炫以华妆。广陈樽俎，暖沸丝簧。方转乎杨柳之荫，复度乎荷芰之香。徒能穷豪贵一时之侈乐，焉知助民生终岁之丰穰。何张翰思归，独取乎莼羹鲈鲙。又龟蒙投隐，止载乎茶灶笔床。吾将挈家于此而就食，听其所止于鱼稻之乡。

划船

划（原注：户花切。）船。《集韵》：划谓拨进也。其船制短小轻便，易于拨进，故曰划船，别名秧塌。尝见淮上濒水，及湾泊田土，待冬春水涸，耕过，至夏初，遇有浅涨所漫，乃划此船。就载宿浥稻种，遍撒田间水内，候水脉稍退，种苗即出，可收早稻。又见江南，春夏之间，用此钳贮泥粪，及积载秧束，以往所佃之地。若际水则以锹棹拨至，或隔陆地，则引缆挈去。如泥中草上，尤为顺快，水陆互用，便于农事。故备录于此。诗云：水乡远近多歧路，谁作划船新制度。不烦稍柂与帆樯，一櫂翩翩恣来去。农事方殷负载多，水陆无拘随所遇。归来闲舣古方塘，不知江海风涛怒。有时撑出柳边来，还胜断桥人不渡。

农舟图、划船图

野航

野航，（原注：胡郎切。）田家小渡舟也。或谓之舴艋，谓形如蚱蜢，因以名之。（原注：舴，直格切。艋，莫梗切。小舟也。）如村野之间，水陆相间。岂所在桥梁皆能毕备。故造此以便往来。制颇朴陋，广才寻丈，可载人畜一二。不烦人驾，但于渡水两傍，维以竹草之索，各倍其长。过者掣索，即抵彼岸。或略具篙楫，田农便之。杜诗：野航恰受两三人，即此谓也。诗曰：东皋茫茫春雨晴，前溪溶溶春水生。小桥欹仄已中断，野航一叶通人行。长日一鞭春事毕，来去溪迳少人迹。雨打风牵尽日横，白鹭有时来上立。

野航图、下泽车图

下泽车

下泽车，田间任载车也。古谓箱者。《诗》曰：乃求万斯箱。又彼牵牛，不以服箱。箱即此车也。《周礼·车人》：行泽者反輮（原注：女久切。）又行泽者欲短毂，则利转。今俗谓之板毂车。其轮用厚阔板木相嵌，斫成圆样，就留短毂，无有辐也。泥淖（原注：奴教切。）中易于行转，了不沾塞。即《周礼》行泽车也。盖①如车制而略，但独辕着地，如犁托之状，上有望檠，以擐牛挽槃索。上下坡坂，绝无轩轾（原注：陆利切。）之患。汉马援弟少游，尝谓乘下泽车是也。诗云：下泽名车异尔辀，服箱元自有耕牛。双轮不辐还成毂，独木非辕类作辀。免向通逵争轨辙，要登多稼出田畴。有时命驾或他适，常慕平生马少游。

大车

大车。《考工记》曰：大车，牝服二柯。郑元谓：平地任载之车。

---

① 底本原作"盍"，今依四库本作"盖"。

《诗》：无将大车。《论语》：大车无輗。皆此名也。《世本》云：奚仲造车。凡造车之制，先以脚圆径之高为祖，然后可视梯槛长广得所。制虽不等，道路皆同轨也。中原农家例用之。后梁甄玄成《车赋》云：铸金磨玉之利，凝土剡木之奇。体众术而特妙，未若作车而载驰。尔其车也，名称合于星辰，圆方象乎天地。夏言以庸之服，周曰聚马之器。制度不以陋移，规矩不以饰异。古今贵其同轨，华夷获其兼利。

拖车

拖（原注：吐逻切。）车，即拖脚车也，以脚木二茎，长可四尺。前头微昂，上立四簨，以横木栝之，阔约三尺，高及二尺。用载农具，及刍种等物，以往耕所。有就上覆草为舍，取蔽风雨。耕牛挽行，以代轮也。故曰拖车。中土多用之。庶四方陆种者效之，以便农事。诗云：早同农具破烟来，暮带樵薪载月回。不比看花南陌上，雕轮绣毂殷（原注：音隐。）春雷。

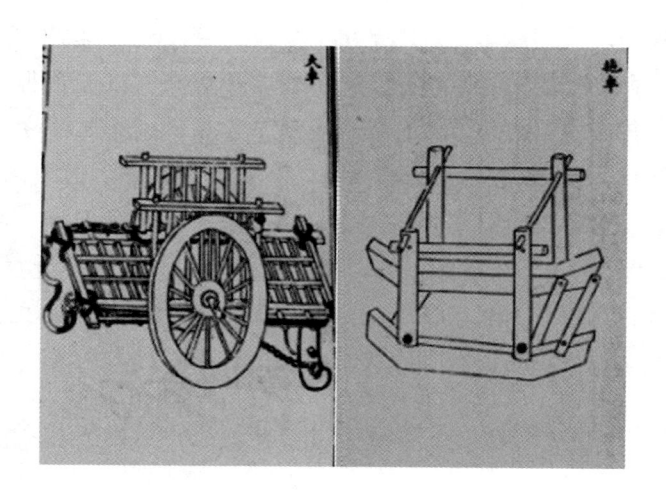

大车图、拖车图

田庐

（《农书》云：古者制五亩之宅，以二亩半在廛，《诗》云入此室处是也；以二亩半在田，《诗》云中田有庐是也。）此盖古制。自井田之变，农人散居，随业所在，其屋庐园圃，遂成久处。四时之内，农事俱便。《管子》所谓居四民，各有攸处，不使庞杂。欲其业专，不为异端，纷更其志。今农家足居田野，即其理也。尝读陆龟蒙《田庐赋》，状其窄陋，非久经其处，不能曲尽若此。使世之崇居华构犹未满志者观之，可无奢泰之悟。赋略曰：江上有田，田中有庐。屋以蒲蒋，扉以篷箊。笆篱楥微，方窦梲疏。檐卑欹而立伛偻，户偪侧而行越趄。蜗涎隆顶，龟拆旁涂。夕吹入面，朝阳曝肤。左有牛栖，右有鸡居。将行瞪遮，未起啼驱。宜从野逸，反若囚拘。

守舍

看禾庐也。架①木苫草，略成构结，两人可舁②。禾稼将熟，寝处其中，备防人畜。或就塍坎，缚草为之。若于山乡及旷野之地，宜高架床木，免有虎狼之患。真西山言农事之叙云：至其禾，迨垂颖而坚栗，惧人畜之伤残，缚草田中，以为守舍。数尺容膝，仅足蔽雨。寒夜无眠，风霜砭骨。此守禾之苦也。诗云：禾穗累累青半黄，边山际③野多熟乡。一粒未得人初尝，不应办作鹿豕粮。老农作计须夜防，结草构木安匡床。高低量置田中央，容身仅足庇雨霜。比于露宿知犹强，所图岁晏实饥肠。世族多少居华堂，安然熟寝无更长。便腹何尝乏稻粱。敢较甘苦均闲忙，不遑宁处禾无伤。

---

① 底本原作"檫"，今依四库本为"架"。
② 底本原作"捊"，今依四库本为"舁"。
③ 底本原作"除"，今依四库本为"际"。

牛室

门朝阳者宜之。夫岁事逼冬,风霜凄凛,兽既氀毛,率多穴处。独牛依人而生①,故宜入养密室。闻之老农云:牛室内外,必事涂塈,以备不测火灾,最为切要。陆龟蒙序云:冬十月耕牛为寒,筑室纳而皂之。建之前日,老农请乞灵于土官,以从乡教。予勉而为之辞云:四牸三牯,中一去乳。天霜②降严,入此室处。老农拘拘,度地不亩。东西几何,七举其武。南北几何,丈二至五。偶楹当间,载尺入土。太岁在亥,余不足数。上缔蓬茅,下远城府。耕耨以时,余食得所。或寝或讹,免风免雨。宜尔子孙,实我仓庾。

田庐图

---

① 底本缺字,今据四库本补"生"。
② 底本原作"箱",今依四库本作"霜"。

守舍图、牛室图

豳风广义（节选）

（清）杨屾 撰

（民国间宋联奎辑《关中丛书》本）

缫丝法（原注：俗呼为打丝）

缫丝法，古今南北甚多，不可尽述。只就余家用过二法言之，冷盆丝为上，火丝次之，二法详列于后。

缫水丝法

水丝者，乃冷盆所缫之丝也，精明光彩，坚韧有色，丝中上品锦绣纱罗之所出也。虽曰冷盆，亦是热釜。提头摘去黄丝乱茸，单留清忽，送入温水盆中，以数忽相合成丝，自然光净匀细，胜于热釜。其法用小锅一口，径一尺余者。（原注：铜锅为上，砂锅次之，铁锅为下。锅小则下茧少，旋下旋缫，则丝性不损。若锅大下茧必多，缫之不及，煮伤丝性，腐烂无力且成疙瘩粗漫。）周围用土墼泥成风灶，（原注：如泥烧锅油锅之法。）火门向上，（原注：如汤碗口大，如不能作风灶者，只照平常泥锅法，但多用一人烧火。）柴往下烧，火焰绕锅底而后出，锅后相去六七寸，再安一小锅。（原注：火从下过锅，水亦热，以备换锅内盆中之水。）后作长烟洞，（原注：用椽二条，长一丈，斜安在锅后，对接烟洞，高四五尺，二椽相去阔一尺，椽上平铺土墼一层，两边侧立砖坯，上复平盖一层，以泥泥之，便成一长卧烟洞。）使烟远出，免致薰逼缫丝之人，锅高与缫人坐而心齐。（原注：坐高一尺）左边安大水盆一口，较之锅高二三寸。(原注：盆口宽二尺余，今饮牛磁顶盆最好，如无，即用大瓦瓮，一个内置温水九分满。)盆上横安丝车一个。(原注：古法以竹筒贯一铁条，或用木辊轴贯铁环内，转动沉滞，响甚聒耳，犹未为善。余制一不响之车，其法用一木桩，削方径寸半，高过缲盆五六寸，插在盆边地上。近顶处安一横桄，亦削方径一寸三分，长与盆齐，其横桄当盆之中，竖安两小柱，高四寸，两柱相去三寸余，在近上横安一细竹条，如簪干壮，贯一轻鲍辊轴。鲍即葫芦皮，其制用鲍二员片，径寸余，两片相去三寸，近边一周，俱插细扫竹干，亦如簪干壮，成一圆笼样，两鲍片当中钻一孔，栖一竹，筒贯于细竹条上，令其滚转活动无滞。轴下木桄当中钻一孔，内栖一小竹筒。孔如豌豆大，桄下露出三四分。此车不用钱眼，缲时将丝头用扫竹芒子从孔中引过，上轴掏交。此丝车概无铜铁，滚转最轻，快利无比，总无响声。)靠盆边又立插一木棍，名为<u>丝老翁</u>，以挂清丝头。缲盆右边安置<u>丝軠</u>，离缲盆三四寸。(原注：軠式最多，有重大繁难者，布交不清，解丝不便。余制一简便丝軠，一周八交，易于寻头，一手搅軠，一手添丝头。迟速由人，较之脚蹈大軠甚便。其制用立木桩一根，径三寸，高五尺，下作木架，立安其中。顶头安一横桄，长三尺五寸，以悬摇丝竿。桩中间安一木轴，径寸半，轴上贯安丝軠，軠如车轮，有头有辐，头径五寸，周围栽辐八行，每行二辐，上安平桄，辐高一尺五寸，桄长八寸。安双辐者七桄，惟一桄只用单辐。将单辐中间，斜锯成两截，如马耳样，用时相合，以麻绳扎紧，待丝满軠，解去扎绳，其桄自脱，丝遂可卸。头后边竖立一圆木橛，高五寸，径三寸，底微尖如锅底样，中间竖安一细柄，高二尺，柄头安三寸长拐，拐头平串连摇丝竿。竿以竹片为之，长三尺五寸，中间锭一铜钩子，以提丝摆交，其横桄近梢处缚一竹圈，贯摇丝竿于内，令其摆摇活动无滞。又于辐条中间安一木撅，长四寸，手握搅之，则木橛自转，摇丝竿自能摆动，其丝根根相为斜压，略无分毫紊乱。后日络车解丝时，头自在交中，不难寻觅，虽夜间办亦可解之。)缲时用一人提丝头，先将锅下燃粗干柴。(原注：柴细则火忽大忽小，水则忽冷忽热。)烧水至大热，(原注：但不可滚，滚则伤丝。)方将茧子一大把投入锅内，用箸轻轻挑拨，令茧滚转荡匀。又以箸左右乱搅数次，挑起自然带出丝头，以手捻住，于汤面上捉掇数度，如有破头坏茧不利者，尽行摘去。(原注：先提掇起粗头，混丝不可轻弃，用一木板宽五六寸，以手缠在上面，他日织粗绸作纬用。）提掇缠搅，清丝已出，将粗头摘断，用漏瓢舀茧，送入温水盆内。（原注：瓢用瓜篱，将底多钻孔眼。）将清丝挂在盆边丝老翁上，此时缫人将丝老翁上清丝约十数根，（原注：丝之粗细由人，细丝不过十一二根，粗丝二十余根，白茧丝细，黄茧丝粗，缫时斟酌上头，不可不知。）总为一处，穿过丝车下竹筒中扯起，从前面搭过辊轴，从轴下面掏来，于辊轴上拴一回，再从拴过中掏缴一回，不可拴成死过，须令扯之滑利活动。（原注：成丝全在此处，丝系散忽，用丝车拴掏成交，如纺车纺绵上劲一般，永不散脱。古书所载缫丝之法，多是耳闻，轩图缫法俱无缫车，岂能成丝。）将丝挂在摇丝竿铜钩中，又将丝头拴在丝轩平桄上，此时搅动轩轮，丝车随之辊转，摇丝竿自然摆动，其丝匀匀绷在轩上。一手搅轩，一手添续丝头，其快如风，自然之妙，甚是美观。轩转丝上，时时下茧提头，继续不绝，常要照看拨掠。丝窠内有茧丝先尽，蛹子沉下者，有丝头断了，茧浮出丝窠外者，其丝窠便减少，即取清丝约量添加，务要丝窠常匀。（原注：眼专看，手频拨频添，添不过三四丝。失添则细了，多添则粗了。如添不及，手搅漫些如添太过，搅紧些，务要丝条通匀。）缫丝贵细圆匀紧，使无匾漫节核、粗恶不匀。添丝要诀务将丝窠分开，以手中食二指，（原注：食指系手二指。）捻取丝老翁上清丝三四条，以手在丝窠，将丝头向丝眼上猛一提，头随丝纶自然夹带上去，丝头便在里边，外自无接头疙瘩。此名全缴，圆紧通匀，是为上等。如将清丝头缠在丝窠外边带上去，便有接头疙瘩，丝便减价，不可不知。

一轩上丝约有四五两便可卸，卸时将单幅扎绳解去，其桄自脱，徐徐取下，挂通风处晾干。每丝一轩，用纸捻四条匀布拴之，不使散乱。轻轻拧成把子，包裹收藏。

茧多者作双头缫之更好，一轩可缫两轩之丝。只将轩桄造，长一尺四五寸，能摆丝两行，摇丝竿上。并锭二铜钩，相去三寸余。丝车亦并造二辊轴，相去三寸余，并上两条头。一人照看拨掠缫如上法，功必倍之。

缫水丝图，歌曰：

煮茧缫丝手弗停，要分粗细用心情。上好细丝增重价，粗丝卖得价钱轻。

缫水丝图

缫火丝法

安丝如上法，亦作卧烟洞，使烟气远出，缫人自得安详。锅上横安丝车一个，其制亦如上法。锅右边安丝軖，亦如上法。缫时将水烧令大热，（原注：不可滚，滚则煮损丝性。）将茧投入锅内，以箸拨搅，提起丝头，用手捻住，穿过钱眼。（原注：缫火丝头不用在竹筒中穿过，只将丝车下桄前面，平安一钱，令稳，将丝头从钱眼穿过。）扯起搭在辊轴上，又从下面掏过，拴在辊轴之上一回。又于拴处再掏绞一回，不可死拴，以致不能滑利辊转。（原注：绞法与缫水丝无异。）将丝挂在摇丝铜钩上，再将丝头拴在横桄上，一手搅动丝车，随丝而转，其丝自然上軖，其快如风。搭头时，频以箸搅拨，将丝窠分开。以箸夹乱丝，从中向钱眼猛提，其头自为众丝带上，自无疙瘩。若从丝窠外边缠绕而带上，其丝便粗恶不匀。欲作粗丝者，多下茧，锅宜热些。欲作细丝者，少下茧，锅宜温些。时看丝弃，频以箸拨上头，斟酌下茧，定住火候。勿使忽粗忽细，以致丝不堪用。（原注：新茧生丝为上，如蒸过日久，恐丝头干燥不利者，不论火丝、冷盆丝，俱于初下茧时，入盐一两、油半两于锅内。须先以枝条一撮，打半晌，令水与油盐为一，然后下茧。如茧多者，斟酌油盐旋入。）

缫火丝图

织纴说

昔黄帝命伯余制帛作布,织纴之功,因之而始,衣冠文物之所出也。传曰:一女不织,天下必有受其寒者。由是观之,织纴之系于民重矣。故王后亲织玄紞,公侯夫人自制纮綖,命妇成祭服,庶士以下各衣其夫。富贵家务之,不唯重本防佚,又使知服被之所自,不敢易也。故农家春秋绩织,必有其具。秦中桑蚕久废,织纴之具尽失,所以衣被不敷,日蹙两艰。予屡事桑蚕,已获实效,若织纴不讲,终属无衣。因而询及纺络经纬之法,梭繀机杼之具,穿丝贯绪,莫不留意,提综蹑交,思之精勤。自制平机、绢机、提花绫机,俱有成式。织为绫、绢、纱、绸等物,不减南工。爰将纺络织诸法,绘其图形,解以尺寸,详述作法,备载于后,庶使资生者一见了然云尔。

脚踏纺车

缫轩纺车,乃织具之先。上缫轩已备,方可以言纺车矣。凡茧子头破者,缫丝不利者,并出蛾之空茧,俱宜制造上纺车成线,然后可授机杼。西安近地亦有纺车,乃纺木棉之车,不可以纺丝绵也。盖木棉芒短易扯,故一手搅轮,一手扯棉筒,(原注:俗名捻子。)便可成线。若茧绵力劲芒长,扯之不利,必须用脚踏车转车,一手执茧,一手扯丝,方能成线。(原

豳风广义(节选) / 167

注：此车若纺木棉更好，上并安二定，以两手并扯棉筒，则成二缕，功加一倍。若纺绩成麻缕，上并安三定，以麻缕夹三指缝中纺之，并上三缕，功加二倍。）其制用木造成地平方架，长二尺五寸，阔一尺五寸。于二尺五寸中间，安一方木桩，高三尺，径二寸半。于近上三寸处，安一横木，长五寸，径一寸五分。（原注：此是安定处，若欲纺棉安二定者，横木宜阔三寸，立桩亦宜阔三寸。若欲安三定，横木当阔六寸，桩亦阔六寸。）梢头留寸许，安一立木牌，高二寸，厚七分，阔与横木齐，上刻一小口，如豆大。（原注：如欲安二定者刻二口。）以容铁定顶，对牌口后，桩上钻一孔，内栖细铁筒，（原注：约深三分。）以容定尾。定长一尺，中间硬安一木毂轳子。（原注：长二寸，径一寸。）周围刻渠子二道，以承转弦。桩下离地八寸，安一铁轴，（原注：长九寸，大如小指。）轴上贯以车轮。（原注：轮制用木版六个，俱长一尺四寸，厚七分，阔一寸二分，以三版正中斜锯扣子，硬安成轮子，以二轮相去四寸，中安木撑桄六个，便相合成一轮，周围用皮弦攀紧，以承转弦。）弦用棉线绳一条，（原注：用蜡墋过，状如贯钱绳。）将轮与定攀住，令其活转。又在前面地平木上，复安一横桄。（原注：长与地平木等，阔二寸半，厚一寸半，两头用立柱，高二寸。）桄中间安一铁橛，大如小指，长六七分，以承脚踏版。（原注：形如鞋底，厚一寸，中间刻一小窠，如指顶大，深二分，活安在铁橛上，令其活动。）版一头中间安一铁搅杖，（原注：壮如细笔，干长六寸。）揎于轮版近轴处孔内，（原注：孔系轮上预先钻下，去轴寸半。）脚踏纺之。

脚踏丝车图

脚踏丝车图

绵茧蒸法纺法（原注：俗呼为蛾空子）

绵茧以出蛾者为最，缫之不利。盆中捞出者次之，薄茧并血蚕茧俱不堪用。其法将好空子扯净蒙戎，称足一斤，温水泡一日，握洗去浊水。盛筛中，以水四升，入蒲碱四两，煎滚泼之数十次，（原注：碱汤仍淋锅内。）以手试扯丝开为度，将筛安锅内蒸之。（原注：如水将干，再添水一升。）约一钟茶时，（原注：如蒸之不及，则生而难纺；如蒸之太过，则丝腐而无筋。）取出翻于箸头上。（原注：每箸可套二十个。）温水中手握洗去黄水，乘湿纺之。其法以苇筒带节安于铁定上令紧，露出定尖二三分。右脚踏转搅版，脚稍向下一踏，轮自转动，又脚跟在版后一踏，自然一上一下，其快如风，习之三五日自熟。左手执茧箸，右手轻轻横扯丝头纺之，指缝夹一箸以上线。如女人脚小，须两脚踏版，右脚在前，左脚在后，亦甚顺便。纺成继子，约重一两可卸。如蒸之太多，纺之不及，或在夏月恐腐坏者，可将空子晒干收藏，临翻然后湿之。如翻在著上太多，纺之不及者，亦可晒干收藏，纺时再以温水泡洗更好。又煮成张绵，亦可干纺。其法将好蛾空温水浸湿，翻在箸头上。（原注：口小难翻者剪破。）厚者二三个一套，稍薄者三四个一套，随翻随卸。浸温水盆中数日，换水数次，揉洗令净。每斤用蒲碱四两，滚水三四升化开，煮之两钟茶时取出，再用清水淋去碱气，悬干收贮。临纺逐个揉扯，令薄如纸，张于绵竿上，左手执之，右手扯纺。凡欲作绵继衣者不必翻，只将茧子入锅内煮如上法，取出用清水淋去碱气，晒干槌过用。（原注：凡血蚕茧及最薄，俱不堪纺，只宜作绵继衣。）欲织绵绸者，如以生丝作经，以所纺者纬之，既省功，且光平亦更耐久。（原注：炼法：每生丝经绵绸一斤，用蒲碱三两，水五大碗化开，入绵绸在内提掇，煮两钟茶时，以绸软色变为度。取出，将猪胰子用稻草裹揉成腻汁，将绸浸入胰汁内一半时，但看绸上发光明亮即取出，再用清水洗数次，上卷轴轻碾卸下，即光平坚韧，远胜他省所织。）

解丝图说

解丝唯络车最便,为理丝先具,南人皆掉籰解之,终不若络车之安且速也。其制用二木桩,径一寸。一长一尺五寸,近顶凿一通楷,长三寸,以容络轴之大头。(原注:络轴俗名络尖。)一长一尺一寸,近顶向里凿一孔勿透,以容络轴之末。二桩下截连安二桄,相去二寸,长一尺二寸,套安板凳一头,以楔逼紧。将络轴穿籰令紧,贯于两柱之间,大头略高于小头。大头桩顶锭一铁钉,系一细皮条,(原注:麻绳亦可,长二尺余。)缠于络轴,从里面自下绞上,以右手牵扯,一纵一扯则轴籰忽上忽下,随手旋转如风,丝自上籰。解时先将轩丝张于四柱。(原注:柱用木竹,长三尺余,各安大砖上,四方分立,将轩丝绷紧。)又另置二柱以分交,最易寻头。(原注:二柱以用竹棍同安于一砖,相去五寸。分交法:二人将丝两边信手中分,自有交出,安于二柱之中,倘头绪断时,只从交中一提自得。)上作悬钩,(原注:以竹竿为之,如遏竿样,下砸以砖块,挂丝时将竿绳一扯,头自下垂,挂毕丢脱,竿自竖立,稍锭一铁丝钩。)以引丝上下,缠于籰上,然后可排籰经缕矣。

解丝络车图

经丝图说

丝已上籰,方可经缕,而经必有其具。先造经牙一副。(原注:用方木桩二根,长八尺,密锭二寸,长木橛一行,相去寸余。每根可锭橛六七十。上下安撑桄二道,阔一丈。左边木桩外侧近顶五寸,锭一木橛,下去地五寸,亦锭一木橛。)用时倚墙斜立,经牙之下,近右桩一尺五六寸地上,置交橄一个。(原注:用木板一块,长一尺二寸,阔五寸,中安竹棍一行五根,俱高一尺。以左三根编大交,以右二根挂小交。)对经牙相去五尺,用绳悬经竿,(原注:长一丈,上锭小铁环五十个。)略与人肩齐,下置丝籰五十个,密摆二行。将籰上丝头提起,贯入经竿环内,总收一处,挽成一结,挂在交橄右边第一竹棍上。一人手牵丝绺,又挂在右边桩下第一木橛上,复牵挂在左边桩下第一橛上。如此往来牵挂,

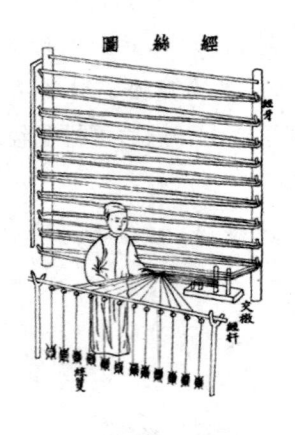

经丝图

层层至顶橛尽处。(原注:如经缕只有二三十又,当间一挂之。)又将丝绺牵在左桩外侧木橛之外边,引至桩下橛上,复牵往右行至中间,以左手提住丝绺,以右手大指食指向上,将丝头在二指虎口内,一左一右拾成交挂在交橄竹竿上。(原注:以左边三竹棍编大交,以右边二棍挂拾下的小交。)复挂在右桩下第一橛上,如前层层经挂,迥迥拾交,周而复始,以足数而止。(原注:丝头或一千五百,或二千、三千,酌量所织之

轻重以为多少。)经毕,在交橝外右边空处剪断,将交用丝绳贯在两边拴紧。(原注:若绳脱交乱,则满架经缕无用矣。)将两头俱挽一结,再用绳拴紧。然后用缠籆一个。(原注:用木四根,各长二尺,造成方架,阔一尺八寸,内锭一钉。)将有交一头,以壮绳子拴系钉上。一人执定缠籆,缓缓将经牙上丝绺,旋卸旋缠,缠讫再上纼床。

纼床图说

纼床之制,用木四根,径三寸。后二根高二尺六寸,前二根高三尺四寸,从二尺六寸处,顺安二大平桄。(原注:径三寸,长三尺五寸。)下用撑桄四道,安成方架。(原注:长三尺五寸,阔二尺五寸。)于前桩平桄以上高出八寸,勒成扁榫,钻一大孔,以套压天籆的架子。二大平桄上中间相去三寸,各安二擒齿,以承天籆。(原注:天籆者,至大之籆也。将缠籆上经缕复缠于此,然后可以纼刷。其制用木一根,长二尺五寸,径六寸。削为八面,每面安辐二条,高八寸,辐上安顺桄一道。其八桄十六辐,凑成轮子,放在擒齿内。又于轴上中间,锭一铁钉子,系麻绳一条,以拴经缕。)将缠籆上收下经缕,无交的一头,拴系天籆钉上。一人搬转天籆,一人两手执住缠籆,旋放旋缠,紧紧又缠在天籆上,至有交处方止。然后将压天籆架子,(原注:制用木二根,长三尺五寸。于一头并安二撑桄,成一方架,阔与纼床齐。一头凿四寸长卯,用时套在勒成扁榫上。)套在前桩扁榫上,横贯一细棍,使不上脱。又以石版压住架尾,方不浮起。交用二竹棍,(原注:长二尺,壮如大指。)从交两边贯过,交夹在二竹棍之中,竹棍两头用绳子系住,不可令脱。一人拨交,(原注:从交棍中,将丝头一上一下,分清白,挂在绳钩之上。)一人执绳贯头。(原注:绳即竹篾缚成,齿眼或八百,或一千,或千五,随绸轻重,酌量多少。)贯法:用薄竹篾刻一钩搭子,从绳齿眼透过,一人将丝头二根,(原注:如丝绺有用四根五根者,缎有用八根者,惟人所便。)挂在绳钩上,扯过齿眼,收住挽一结,齿齿贯毕,用縢梯一个。(原注:其制用木二根,长二尺三寸,一头子六寸处,安撑桄二道,阔二尺六寸,桩顶刻二圆口。)将縢子横担其上。(原注:构秦子用木一根,径四寸,长二尺七寸,两头各安搬橛,四齿长七寸。)令縢梯去纼床三丈，将底桄以绳系住，再将贯过经缕，以数十丝挽一结，用一竹棍贯住，牵纠至縢梯，将竹棍横架縢子上。一人搬转縢子，一人手执拨簪。（原注：用扇子边股，将一头削光如扁簪形。）往来在经缕上拨挑，如有黏绺结丝，俱用拨簪排开。绳齿一过，遂搬转縢子，容将经缕绷紧。如有漫处，下面用纸一垫，务要平紧一样，随拨随卷，尽卷在縢子上，可以言织矣。

纠丝图

织纴图说

经缕卷在縢子上，可授之机杼矣。机制甚多，不能尽述，只就余家用过简便机言之，亦能织提花绫绢绸纱。但其制难以笔罄，故列图于后，就图详解尺寸，业织者自能一见了然。织时将经缕根根穿过综环。（原注：综俗呼为增，综制用木五根，径六分，造成方架。阔长各二尺，中安一梁。二人对坐，以综线二环相套，缚于架上，或一千，或千五，或二千，足数而止。再用细竹竿二根，大如小指，长二尺二寸。将综线两边领起，卸去综架，挂在机顶罗面桄之上。每综一付，下用脚竿棍一根，安在机之中间，以便蹑交。若织无花绢缣，只用综二付。若织提花绫缎，将综线缚于范架之上。用十付，下用脚竿棍十根。又将渠线从花样中穿过，挂于花楼之上。花之式样，随人所便。乃江南织工以丝线盘结而成者，其价上好花样三两有余。其余小花不过一两有余。织时一人坐在花楼之上，手提渠线，一人坐在卷幅之后，以脚次第蹑竿，旋提旋织，自然成花。）又将经缕前后二根，相并穿过绳齿，以数丝拴一结，复贯在小竹棍子上。（原注：长与卷幅齐。）牵引经缕缚在卷辐之上，两边再拴边线十二根。（原注：织不另挂边线，纬束经线窄小，必不能织。须用双丝合成壮线，经挂拾交如上法，收在边夒之上。在后边在桩外侧锭一铁环，将边线从环中穿过，牵引至前籐子。对高梁上再定一环，复穿过引下。将边线停分开，用竹片二个，长六寸，上各钻六孔，将线后穿过孔中，引至综环。分左右各贯六环，复穿过绳边齿三眼内，紧系卷幅上。织时用砖一块，约用斤余，用绳子拴在边夒之上。自然边线绷紧，纬不能束边，易织。）再绸面用撑幅二根。（原注：用竹片二个，阔二指，长与辐等，厚二三分，两头各锭半截钉三根，长二分。）紧撑在幅上。机制经纬，安顿停当，然后推撞抛梭，自然成幅。织具无他奇，唯人自便。智者斟酌损益而为之，自见其妙。若肯亲身经历，未有不能者，事虽琐细，实系资生要务。能耕能织，衣食两有，世不求人，治生者不可忽焉。

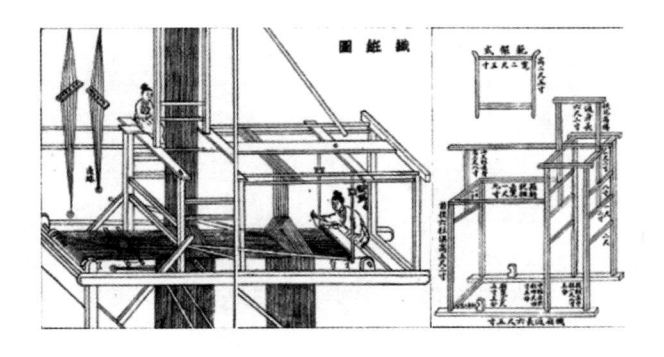

织纴图

纬车图说

织必用纬，其法用细竹筒，壮如箸子，长三寸，贯在纬车铁定之上。用丝篗二个，以水润湿，将二头提起，过竿上铁环。以右手搅轮，左手捻摇丝头，缠在纬筒上。约如大指壮，便可卸下。纬车之制兹不详解，见图自明。但轮径一尺二寸为则。（原注：前图脚踏纺车，亦可用之。）纬筒已就，然后贯在铁梭内，穿经往来，自成锦绣。

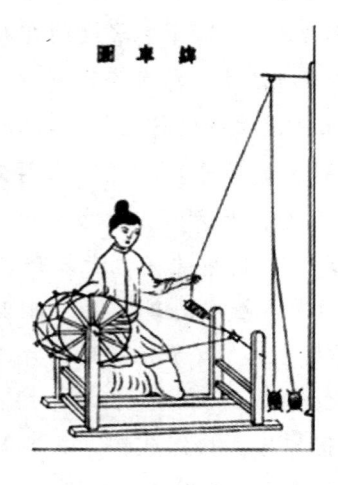

纬车图

齐民要术（节选）

（北魏）贾思勰　撰

（以明万历年间胡震亨、沈士龙刻本为底本，以上海涵芬楼《四部丛刊》影印明抄本为参校本）①

种桑柘第四十五（原注：养蚕附）

《尔雅》曰：桑，辨②有葚，栀。注云：辨，半也。女桑，桋桑。注曰：今俗呼桑树小而条长者，为女桑树也。檿桑，山桑。注云：似桑，材中为弓及车辕。《搜神记》曰：太古时，有人远征。家有一女，并马一匹。女思父，乃戏马云："能为我迎父，吾将嫁于汝。"马绝缰而去，至父所。父疑家中有故，乘之而还。马后见女，辄怒而奋击。父怪之，密问女。女具以告父。父屠③马，晒皮于庭。女至皮所，以足蹙之："尔马，而欲人为妇，自取屠剥，如何？"言未竟，皮蹶然起，卷女而行。后于大树之间，得女及皮，尽化为蚕，绩于树上。世谓蚕为女儿，古之遗言也。因名其树为桑，桑言丧也。今世有荆桑、地桑之名。

桑柘熟时，收黑鲁椹。（原注：黄鲁桑，不耐久。谚曰：鲁桑百，丰锦帛。言其桑好，功省用力。）即日以水淘取子，晒燥，仍畦种。（原注：治畦下水，一如葵法。）常薅令净。明年正月，移而栽之。（原注：仲春、季春亦得。）率五尺一根。（原注：不用耕故。凡栽桑不得者，无他故，

---

① 底本与涵芬楼本有疑处，据《齐民要术译注》（上海古籍出版社）及北宋院刻本参校。
② 底本作"辦"，今据涵芬楼本为"辨"字。
③ 涵芬楼本作"射杀"。

正悉犁拨耳。是以须概，不用稀。稀通耕犁者，心虽①慎，率多死矣。且概则长疾。大都种椹，长迟，不如压②枝之速。无栽者，乃种椹也。）其下常斸掘种绿豆、小豆。（原注：二豆良美润泽③。）栽后二年，慎勿采，沐。（原注：小采者，长倍迟。）大如臂许，正月中移之。（原注：亦不须髡。）率十步一树。（原注：阴相接者，则妨禾豆。）行欲小掎角，不用正相当。（原注：相当者则妨犁。）须取栽者，正月二月中，以钩弋压下枝，令着地，条叶生高数寸，仍以燥土壅之。（原注：土湿则烂。）明年正月中，截取而种之。（原注：住宅上及园畔，固宜即定。其田中种者，亦如种椹法，先概种一二④年，然后更移之。）

凡耕桑田，不用近树。（原注：伤桑、破犁，所谓两失。）其犁不着处，斸断令起，斫去浮根，以蚕矢粪之。（原注：去浮根，不妨耧犁，【⑤令树肥茂也。）又法，（原注：岁常绕树一步，散芜菁子，收获之后，放猪啖之，其地柔软，有胜耕者。）种禾豆，欲得逼树。（原注：不失地利，田又调熟。绕树散芜菁者，不劳逼也。）剥桑，十二月为上时，正月次之，二月为下。（原注：白汁出则损叶。）大率桑多者宜苦斫，桑少者宜省剥。秋斫欲苦，而避日中。（原注：触热树焦枯，苦斫春条茂。）冬春省剥，竟日得作。春采者，必须长梯高机，数人一树，还条复枝，务令净尽。要欲旦暮，而避热时。（原注：梯不长，高枝折。人不多，上下劳。条不还，枝仍曲。采不净，鸠脚多。旦暮采，令润泽。不避热，条叶干。）秋采欲省，裁去妨者。（原注：秋多采则损条。）椹熟时，多收，曝干之，凶年粟少，可以当食。

《魏略》曰：杨沛为新郑长。兴平末，人多饥穷。沛使民益畜熟椹，收䝁豆，阅其有余，以补不足，积椹得千余斛。会太祖西迎⑥，天子所将千人，皆无粮。沛谒见，乃进干椹。太祖甚喜。及太祖辅政，超为邺令，

---

① 涵芬楼本作"必难"。
② 底本作"墨"，今依涵芬楼本改作"压"。
③ 涵芬楼本后有"益桑"二字。
④ 涵芬楼本为"二三年"。
⑤ 底本【】标注的从【"令树肥茂也……"至下文"任为马鞭、胡床。（马鞭）"】段，原文污损缺失，今据涵芬楼本补全。
⑥ 底本缺失段，涵芬楼本作"征"，据北宋院刻板为"迎"。

赐其生口十人，绢百匹，既欲厉之，且以报干椹也。今自河以北，大家收百石，少者尚数十斛。故杜葛乱后，饥馑荐臻，唯仰以全躯命，数州之内，民死而生者，干椹之力也。

种柘法，耕地令熟，耧耩作垄。柘子熟时，多收，以水淘汰令净，曝干。散讫，劳之。草生拔却，勿令荒没。三年，间斸去，堪为浑心扶老杖。（原注：一根三文。）十年，中四破为杖。（原注：一根直二十文。）任为马鞭、胡床。（原注：马鞭，一枚直十文，胡床一具直百文。）十五年，任为弓材。（原注：一张二百①。）亦堪作屦。（原注：一两六十。）裁截碎木，中作锥、刀靶。（原注：② 一个直三文。）二十年，好作犊车材。（原注：一乘直万钱。）欲作鞍桥者，生枝长三尺许，以绳系旁枝，木橛钉着地中，令曲如桥。十年之后，便是浑成柘桥。（原注：一具直绢一匹。）欲作快弓材者，宜于山石之间北阴中种之。其高原山田，土厚水深之处，多摇③掘深坑，于坑中种桑柘者，随坑深浅，或一丈五，直上出坑，乃扶疏四散。此树条直，异于常材。十年之后，无所不任。（原注：一树直绢十匹。）柘叶饲蚕，丝可④作琴瑟等弦，清鸣响彻，胜于凡丝远矣。

《礼记·月令》曰：季春无伐桑柘。（原注：郑玄注曰：爱养蚕食也。具曲植籧⑤筐。注曰：名养蚕之器。躬桑以劝蚕事为败情。⑥）

《周礼》曰：马质，禁原蚕者。注曰：质，平也，主买马平其大小之价直者。原，再也。天文，辰为马。蚕书，蚕为龙精。月直大火则浴其蚕种，是蚕与马同气。物莫能两大，故禁再蚕者，为伤马与？

《孟子》曰：五亩之宅，树之以桑，五十者可以衣帛矣。

《尚书大传》曰：天子诸侯，必有公桑、蚕室，就川而为之。大昕之朝，夫人浴种于川。

---

① 涵芬楼本作"三百"。
② 涵芬楼本此处有"音霸"二字。
③ 涵芬楼本无"摇"字。
④ 涵芬楼本作"好"。
⑤ 涵芬楼本作"筥"。
⑥ 涵芬楼本该句为："注曰：各养蚕之器，曲，箔也，植，槌也。后妃斋戒，亲帅躬桑以劝蚕事，无为懈惰。"

《春秋考异邮》曰：蚕，阳物，大恶水。故蚕食而不饮。阳立于三春，故蚕三变而后消。死于三七二十一日，故二十一日而茧。

《淮南子》曰：原蚕而一岁再登，非不利也，然王者法禁之，为其残桑也。

《氾胜之书》曰：种桑法，五月取椹着水中，即以手渍之，以水灌洗，取子阴干。治肥田十亩，荒田久不耕者尤善，好耕治之。每亩以黍椹子各三升合种之。黍桑当俱生，锄之，桑令稀疏调适。黍熟获之。桑生正与黍高平，因以利镰摩地刈之，曝令燥。后有风调，放火烧之，常逆风起火。桑至春生。一亩食三箔蚕。

俞益期《笺》曰：日南蚕八熟，茧软而薄。椹采少多。

《永嘉记》曰：永嘉有八辈蚕，蚖珍蚕（原注：三月绩。）、柘蚕（原注：四月初绩。）、蚖蚕（原注：四月初绩。）、爱珍（原注：五月绩。）、爱蚕（原注：六月末绩。）、寒珍（原注：七月末绩。）、四出蚕（原注：九月初绩。）、寒蚕（原注：十月绩。）。凡蚕再熟者，前辈皆谓之珍。养珍者，少养之。爱蚕者，故蚖蚕种也。蚖珍三月既绩，出蛾取卵，七八日便剖卵蚕生，多养之，是为蚖蚕。欲作爱者，取蚖珍之卵，藏内罂中，随器大小，亦可十纸盖覆器口，安硎（原注：若耕反。）泉冷水中，使冷气折其出势。得三七日，然后剖生，养之，谓为爱珍，亦呼爱子。绩成茧，出蛾生卵。卵七日，又剖成蚕。多养之，此则爱蚕也。藏卵时，勿令见人。应用二七赤豆，安器底，腊月桑柴二七枝，以麻卵纸，当令水高下与种①相齐。若外水高，则卵死不复出。若外水下，卵则冷气少，不能折其出势。不能折其出势，则不得三七日。不得三七日，虽出不成也。不成者，谓徒绩，成茧、出蛾、生卵，七日不复剖生，至明年方生耳。欲得阴树下。亦有泥器，三七日亦有成者。

《杂五行书》曰：二月上壬，取土泥屋四角，宜蚕，吉。

案：今世有三卧一生蚕，四卧再生蚕。白头蚕、颉石蚕、楚蚕、黑蚕②，有一生、再生之异。灰儿蚕、秋母蚕、秋中蚕、老秋儿蚕、秋末老、獬儿蚕、锦儿蚕、同茧蚕。或二蚕三蚕，共为一茧。凡三卧、四卧，

---

① 涵芬楼本作"重卵"。
② 涵芬楼本后有"儿蚕"二字。

皆有丝、绵之别。凡蚕从小与大者，乃至大入簇，得饲荆鲁。若小食荆桑，中与鲁桑，荆有裂腹之患也。①

杨泉《物理论》曰：使人②之养民，如蚕母之养蚕，其用岂徒丝③而已哉？

《五行书》曰：欲知蚕善恶，常以三月三日，天阴如无日，不见雨，蚕大善。又法。（原注：埋马牙齿于槌下，令宜蚕。）

《龙鱼河图》曰：埋蚕沙于宅亥地，大富，得蚕丝，吉利。以一斛二斗甲子日镇宅，大吉，致财千万。

养蚕法，收取种茧，必取居簇中者。（原注：近上则丝薄，近地则子不生也。）泥屋用福德利上土。屋欲四面开窗，纸糊厚为篱。屋内四角着火。（原注：火若在一处，则冷热不均。）初生以毛扫。（原注：用荻扫则伤蚕。）调火令冷热得所。（原注：热则焦燥，冷则长迟。）比至再眠，常须三箔，中箔上安蚕，上下空置。（原注：下箔障土气，上箔防尘埃。）小时采福德上桑，着怀中令暖，然后切之。（原注：蚕小，不用见露气。得人体，则众恶除。）每饲蚕，卷窗帏，饲讫还下。（原注：蚕见明则食，食多则生长。）老时值雨者，则坏茧，宜于屋里簇之。薄布薪于箔上，散蚕讫，又薄以薪覆之。一槌得安十箔。又法。（原注：以大④蓬蒿为薪，散蚕令遍，悬之于栋梁、椽柱，或垂绳钩弋⑤，鸦爪龙牙，上下数重，所在皆得。悬讫，薪下微生炭以暖之。得暖则作速，伤寒则作迟。数入候看，热则去火⑥。蓬蒿疏凉，无郁浥之忧。死蚕旋坠，无污茧之患。沙叶不作⑦，无瘢痕之疵。郁浥则难缫⑧，茧污则丝散，瘢痕则无用⑨。设令

---

① 涵芬楼本此两句为："凡蚕从小与鲁桑者，乃至大入簇，得饲荆鲁。二桑小食则桑中，与鲁桑则有裂腹之患也。"
② 涵芬楼本作"人主"。
③ 涵芬楼本作"丝茧"。
④ 涵芬楼本后有"科"字。
⑤ 底本、涵芬楼本均作"戈"，今依上海古籍出版社《齐民要术译注》改作"弋"。
⑥ 底本作"数入候者，热则去穴"，今依涵芬楼本作"数入候看，热则去火"。
⑦ 底本作"沙粪不住"，涵芬楼本作"沙荣不住"，今依上海古籍出版社《齐民要术译注》作"沙叶不作"。
⑧ 底本作"练"，今依涵芬楼本作"缫"，后同。
⑨ 涵芬楼本作"绪断"。

无雨①,蓬蒿簇亦良。其在外簇者,脱②遇天寒,则全不作茧。用盐杀茧③易缲而丝韧④。日曝死者,虽白而薄⑤脆,缣⑥练衣着,几将倍矣,甚者,虚实⑦失岁功。坚脆悬绝,资生要理,安可不知之哉?)

崔寔曰:三月清明节,令蚕妾治蚕室,涂隙穴,具槌栲⑧箔笼。

《龙鱼河图》曰:冬以腊月鼠断尾。正月旦,日未出时,家长斩鼠,着屋中。祝云:付敕屋吏,制断鼠虫。三时言功,鼠不敢行。

《杂五行书》曰:取亭部地中土,涂灶,水火盗贼不经。涂屋四角,鼠不食蚕。涂仓箪,鼠不食稻。以塞坎,百日鼠种绝。

《淮南万毕术》曰:狐目狸脑,鼠去其穴。(原注:注曰:取狐两目,狸脑大如狐目三枚,捣之三千杵,涂鼠穴,则鼠去矣。)

种榆、白杨第四十六

《尔雅》曰:榆,白枌。注曰:枌榆,先生叶,却着荚,皮色白。《广志》曰:有姑榆,有朗榆。案今世有刺榆,木甚牢韧,可以为犊车材。梜榆⑨,可以为车毂及器物。山榆,人可以为芜荑。凡种榆者,直⑩种刺梜两种,利者⑪为多。其余软弱,例非佳好之⑫木也。

榆性扇地,其阴下五谷不植。(原注:随其高下广狭,东西北三方所扇各与树等。)种者宜于园地北畔,秋耕令熟。至春榆荚落时收取,漫散,犁细畤⑬劳之。明年正月初,附地芟杀,以草覆上,放火烧之。(原注:一根上必十数条俱生,止留一根强者,余悉掐去之。)一岁之中,长八九尺矣。(原注:不烧则长迟也。)后年正月二月,移栽之。(原注:初

---

① 底本无此句。
② 底本作"晚",今依涵芬楼本作"脱"。
③ 底本作"用杀茧",今依涵芬楼本为"用盐杀茧"。
④ 底本作"朋",今依涵芬楼本为"韧"。
⑤ 底本作"漕",涵芬楼本作"曹",今依上海古籍出版社《齐民要术译注》作"薄"。
⑥ 底本作"臁",今依涵芬楼本作"缣"。
⑦ 涵芬楼本无"实"字。
⑧ 底本、涵芬楼本均作"持",今依上海古籍出版社《齐民要术译注》作"栲"。
⑨ 涵芬楼本作"枌榆"。
⑩ 涵芬楼本作"宜"。
⑪ 涵芬楼本作"益"。
⑫ 涵芬楼本无"之"字。
⑬ 底本作"耕",今依涵芬楼本作"畤"。

生即移者喜曲，故须丛林长之三年，乃移种。）初生三年，不用采叶，尤忌捋①心。（原注：捋心则科茹不②长，更须依法烧之，则依前茂矣。）不用剥沐。（原注：剥者长而细，又多痕疲。不剥虽③短，粗而无病。谚曰：不剥不沐，十年成毂。言易粗也。必欲剥者，宜留二寸。）于堑坑中种者，以陈屋草布堑中，散榆荚于草上，以土覆之，烧亦如法。（原注：陈草还根④，肥良胜粪。无陈草者，用粪粪之亦佳。不粪，虽生而瘦。既栽移者，烧亦如法也。）又种榆法，其于地畔种者，致雀⑤损谷。既非丛林，率多曲戾。不如割地一方种之。其白⑥土薄，地不宜五谷者，唯宜榆及白榆⑦。地须近市。（原注：卖柴荚叶，省功也。）梜榆、刺榆、凡榆三种色，别种之，勿令和杂。（原注：梜榆，荚、叶味苦。凡榆，荚味甘，甘者春时将煮卖，是以⑧须别也。）耕⑨地收荚，一如前法。先耕地作垄，然后散榆荚。（原注：垄者看好，料理又易。五寸一荚，稀概得中。）散讫劳之。榆生，共草俱长，未须料理。明年正月，附地芟杀，放火烧之。亦任生长，勿使长（原注：止两反。）⑩近。又至明年正月，斸去恶者，其一株上有七八根生者，悉皆砍去，唯留一根粗直好者。三年春，可将荚叶卖之。五年之后，便堪作椽。不梜者，即可砍卖。（原注：一根十文。）梜者，镟作独乐及盏。（原注：一个三文。）十年之后，魁碗瓶榼器皿无所不任。（原注：一碗七文，一魁二十，瓶榼器皿⑪一百文也。）十五年后，中为车毂及蒲桃瓮。（原注：瓮一口直二百⑫。车一具直绢三四。）其岁岁科简剥治之功，指柴雇人，十束雇一人，无业之人，争来就作。

---

① 底本作"采"，今依涵芬楼本作"捋"，后同。
② 底本、涵芬楼本均作"太"，今依上海古籍出版社《齐民要术译注》考证作"不"。
③ 底本作"则"，今依涵芬楼本作"虽"。
④ 底本作"似"，今依涵芬楼本作"根"。
⑤ 底本作"摧"，今依涵芬楼本作"雀"。
⑥ 底本作"田"，今依涵芬楼本作"白"。
⑦ 底本无字，今据涵芬楼本补"榆"。
⑧ 底本无字，今据涵芬楼本补"以"。
⑨ 底本作"种"，今依涵芬楼本作"耕"。
⑩ 底本作"长"，涵芬楼本作"掌"。据《齐民要术译注》考证，此处应作"棠（杜康反）"。
⑪ 涵芬楼本作"瓶榼各直"。
⑫ 涵芬楼本作"三百"。

卖柴之利，已自无赀。（原注：岁出万束，一束三文，则三十贯。荚叶在外也。）况诸器物，其利十倍。（原注：于柴十倍，岁收三十万。）砍后复生，不劳更①种，所谓一劳永逸。能种一顷，岁收千匹。唯须一人，守护指挥处分，既无牛耕②、种子、人功之费，不虑水旱风虫之灾，比之谷田，劳逸万倍。男女初生，各与小树二十株，比至嫁娶，悉任车毂。一树三具，一具直绢三匹，成绢一百八十匹。娉财资遣，粗得充事。

《术》曰：北方种榆九根，宜蚕桑，田谷好。

崔寔曰：二月榆荚成，及青收，干以为旨蓄。（原注：旨，美也。蓄，积也。司部收青，小蒸曝之，至冬以酿酒，滑香宜养老。《诗》云：我有旨蓄，亦以御冬也。）色变白，将落，可作䳉䱇。随节早晏，勿失其适。（原注：䳉音牟，䱇音头，榆酱。）

白杨。（原注：一名高飞，一名独摇。）性甚劲直，堪为屋材。折则折矣，终不曲挠。（原注：奴孝切，榆性软，久无不曲，比之白杨，不如远矣。且天性多曲，条直者少，长又迟缓，积年方得。凡屋材，松柏为上，白杨次之，榆为下也。③）

种白杨法，秋耕令熟。至正月、二月中，以犁作垄。一垄之中，以犁逆顺各一到，场中宽狭，正似作葱垄。作讫，又以锹掘底，一坑作小堑。斫④取白杨枝，大如指长三尺者，屈着垄中，以土压上，令两头出土，向上直竖，二尺一株。明年正月中，剥去恶枝。一亩三垄，一垄七百二十株，一株两根，一亩四千三百二十株。三年中为蚕楠。（原注：都格⑤反。）五年任为屋椽。十年堪为栋梁。以蚕楠为率，一根五钱，一亩岁收二万一千六百文。（原注：柴及栋梁、椽柱在外。⑥）岁种三十⑦亩，三年九十亩。一年卖三十亩，得钱六十四万八千文。周而复始，永世无

---

① 底本作"耕"，今依涵芬楼本作"更"。
② 涵芬楼本作"犁"。
③ 底本仅有"直木性多曲，次之捐为下也"，今依涵芬楼本补。
④ 底本作"所"，今依涵芬楼本作"斫"。
⑤ 涵芬楼本作"格"。
⑥ 底本作"柴又作梁，扫住在外"，今依涵芬楼本作"柴及栋梁、椽柱在外"。
⑦ 底本作"岁种三千亩，三年九千亩"，根据前后文意应将"千"改作"十"，即"岁种三十亩，三年九十亩"。

穷。比之农夫，劳逸万倍。去山远者，实宜多种。千根以上，所求必备。

种棠第四十七

《尔雅》曰：杜，甘棠也。郭璞注曰：今之杜梨。《诗》曰：蔽芾甘棠。毛云：甘棠，杜也。《诗义疏》云：今甘棠梨，一名杜梨，如梨而小，甜酢可食也。《唐诗》曰：有杕之杜。毛云：杜赤棠也。与白棠同，但有赤白美恶。子赤白色者为白棠，甘棠也，酢滑而美。赤棠，子涩而酢，无味。俗语云：涩如杜。赤棠，木理赤，可作弓干。案今棠叶有中染绛者，有淮中染土紫者，杜则全不用。其实三种，则其《尔雅》、毛、郭以为同，未详也。

棠熟时，收种之。否则春月移栽。八月初天晴时，摘叶薄布晒令干，可以染绛。（原注：必候天晴时，少摘叶，干之，复更摘①。）慎勿顿收。若遇阴雨则浥，浥不堪染绛也。成树之后，岁收绢一匹。（原注：亦可多种，利乃胜桑也。）

种谷楮第四十八

《说文》曰：谷者，楮也。案今世人乃有名之曰角楮，非也，盖角、谷声相近，因讹耳。其皮可以为纸者也。楮宜涧谷间种之。地欲极良。秋上楮子熟时，多收，净淘，曝令燥。耕地令熟，二月耧耩之，和麻子漫散之即劳。秋冬仍留麻勿刈，为楮作暖。（原注：若不和麻子种，率多冻死。）明年正月初，附地芟杀，放火烧之。一岁即没人。（原注：不烧者瘦，而长亦迟。）三年便中斫。（原注：未满三年者，皮薄不任用。）斫法十二月为上，四月次之。（原注：非此两月而斫者，则多枯死也。）每岁正月，常放火烧。（原注：自有干叶在地，足得火燃。）不烧则不滋茂也。二月中，间斫去恶根。（原注：斸者地熟楮科，亦以留润泽也。）移栽者，二月莳之。亦三年一斫。（原注：三年不斫者，徒失钱无益也。）

---

① 底本作"复眼则摘"，今依涵芬楼本改作"复更摘"。

指地卖者，省功而利少。煮剥卖皮者，虽劳而利①大。（原注：其柴足以供然。）自能造纸，其利又多。种三十亩者，岁斫十亩，三年一遍，岁收绢百匹。

漆第四十九

凡漆器，不问真伪，送客之后，皆须以水净洗，置床薄上。于日中，半日许曝之使干，下晡乃收，则坚牢耐久。若不即洗者，盐醋浸润，气彻则皱，器便坏矣。其朱里者，仰而曝之。朱本和油，性润耐日故。盛夏连雨，土气蒸热，什器之属，虽不经夏用，六七月中，各须一曝使干。世人见漆器，暂在日中，恐其炙坏，合著阴润之地。虽欲爱慎，朽败更速矣。

凡木画服玩箱枕②之属。（原注：入五月，尽七月、九月终，每经雨，以布缠指，揩令热彻，胶不动作光净耐久。若不揩拭者，地气蒸热，遍上生衣，厚润彻胶便皱，动处起发，飒然破矣。）

种槐、柳、楸、梓、梧、柞第五十

《尔雅》曰：守宫槐，叶昼聂宵炕。注曰：槐叶昼日聂合，而夜炕布者，名守宫。《孙炎》曰：炕，张也。

槐子熟时多收，擘取数曝，勿令虫生。五月夏至前十余日，以水浸之。（原注：如浸麻子法也。）六七日，当芽生。好雨种麻时，和麻子撒之。当年之中，即与麻齐。麻熟刈去，独留槐。槐既细长，不能自立，根别竖木，以绳拦之。（原注：冬天多风雨，绳栏宜以茅裹。不则伤皮，成痕瘢也。）明年斸地令熟，还于下种麻。（原注：胁槐令长。）三年正月，移而植之，亭亭条直，千百若一。（原注：所谓蓬生麻中，不扶自直。）若随宜取栽，非直长迟，树亦曲恶。（原注：宜于园中，割地种之。若园好，未移之间，妨废耕垦也。）

种柳，正月、二月中，取弱柳枝大如臂，长一尺半。烧下头二三寸，

---

① 底本无字，今据涵芬楼本补"利"。
② 底本作"椀"，今依涵芬楼本作"枕"，下文同。

埋之令没。常足水以浇之。必数条俱生，留一根茂者。（原注：余皆斫去①。）别竖一柱以为依主，每一尺以长绳柱栏之。（原注：若不栏必为风所摧，不能自立。）一年中，即高一丈余。其旁生枝叶，即掐去，令直耸上。高下人任取足，便掐去正心，即四散下垂，婀娜可爱。（原注：若不掐心，则枝不四散，或斜或曲，生亦不佳也。）六七月中，取春生少枝种，则长倍疾。（原注：少枝叶青无壮，故长疾也。）

杨柳下田停水之处，不得五谷者，可以种柳。八九月中，水尽燥湿得所时，急耕则铸榛之。至明年四月，又耕熟，勿令有块，即作场垄。一亩三垄，一垄之中，逆顺各一到，场中宽狭，正似葱垄。从五月初，尽七月末，每天雨时即触雨折取春生少枝。一尺以上者，插着垄中，二尺一根，数日即生，少枝②长疾，三岁成椽。比于余木，虽微脆，亦足堪事。一亩二千一百六十③根，三十亩六万四千八百根。根直八钱。合收钱五十一万八千四百文。百树得柴一载，合柴六百四十八载，载直钱一百文。柴合收钱六万四千八百文。都合收钱五十八万三千二百文。岁种三十亩，三年种九十亩。岁卖三十亩，终岁无穷。

凭柳可以为楯、车辋、杂材及枕。

《术》曰：正月旦取杨柳枝着户上，百鬼不入家。

种箕柳法，山涧河旁及下田不得五谷之处，水尽干时，熟耕数遍。至春冻释，于山陂河坎之旁，刈取箕柳，三寸绝之，漫散即劳。劳讫，引水停之。至秋，任为簸箕。五条一钱，一亩岁收万钱。（原注：山柳赤而脆，河柳白而韧。）

《陶朱公术》曰：种柳千树则足柴。十年以后，髡一树，得一载。岁髡二百树，五年一周。

楸、梓。（原注：《诗义疏》曰：楸、梓之疏理，色白而生子者为梓。《说文》曰：槚楸也。然则楸、梓二木，相类者也。白色有角者名为梓。似楸有角者名为角楸，或名子楸。黄色无子者为柳楸，世人见其木黄，

---

① 涵芬楼本作"余悉掐去"。
② 底本依涵芬楼本补"一尺以上者……数日即生，少枝"。
③ 底本作"二千六百六十"，根据计算应作"二千一百六十"，今依涵芬楼本改正。

呼为荆黄楸①也。）亦宜割地一方种之。梓、楸各别，无令和杂。

种梓法，秋耕地令熟。秋末冬初，梓角熟时，摘取曝干，打取子。耕地作垄，漫散即再劳之。明年春生。有草拔令去，勿使荒没。后年正月间劚移之，方步两步一树。（原注：此树须大，不得概栽。）楸②即无子，可于大树四面掘坑，取栽移之。亦方两步一根，两亩一行。一行百二十株，五行合六百株。十年后，一树千钱，柴在外。车板、盘合、乐器，所在任用。以为棺材。（原注：胜于柏松。）

《术》曰：西方种楸九根，延年百病除。

《杂五行书》曰：舍西种梓楸各五根。（原注：子孙孝顺，口舌消灭也。）

梧桐。（原注：《尔雅》曰：荣，桐木。注云：即梧桐也。又曰：榇梧。注云：今梧桐皮青者曰梧桐。案今人以其皮青，号曰青桐也。）青桐九月收子。二三月中，作一步圆畦种之。（原注：方大则难裹，所以须圆小。）治畦下水，一如葵法。五寸下一子，少与熟粪和土覆之。生后数浇令润泽。（原注：此木宜湿故也。）当岁即高一丈。至冬，竖草于树间令满，外复以草围之，以葛十道束置。（原注：不然则冻死也。）明年三月中，移植于厅斋之前，华净妍雅，极为可爱。后年冬，不复须裹。成树之后，剥下子一石。（原注：子于叶上生，多者五六，少者二三也。）炒③食甚美。（原注：子似菱芡，多啖亦无妨也。）白桐无子。（原注：冬结似子者，乃是明年之花房。）亦绕大树掘坑，取栽移之。成树之后，任为乐器。（原注：青桐则不中用。）于山石之间生者，乐器则鸣。青、白二材，并堪车板、盘合、木屟等用柞。（原注：《尔雅》云：栩，杼也④。注云：柞树。案俗人呼杼为橡子，以橡壳为杼斗，以剜剜似斗故也。橡子俭岁可食，以为饭。丰年放猪食之，可以致肥也。）宜于山阜之曲，三遍熟耕，漫散橡子，即再劳之。生则薅治，常令净洁。一定不移。十年，中椽可杂用。（原注：一根直十文。）二十岁中屋樽。（原注：一根直百钱。）

---

① 底本作"根"，今依涵芬楼本作"楸"。
② 底本无此字，今依涵芬楼本补"楸"。
③ 底本作"妙"，今依涵芬楼本作"炒"。
④ 底本本段多处涂黑，文字无法辨识，今以涵芬楼本为补正。

柴在外。斫去寻生，料理还复。凡为家具者，前件木，皆所宜种。（原注：十岁之后，无求不给。）

种竹第五十一

中国所生，不过淡、苦二种。其名目奇异者，列之于后条也。宜高平之地。（原注：近山阜，尤是所宜。下田得水即死。）黄白软土为良。正月、二月中，㔉取西南引根并茎，芟去叶，于园内东北角种之，令坑深二尺许，覆土厚五寸。（原注：竹性爱向西南引，故园东北角种之。数岁之后，自当满园。谚云：东家种竹，西家治地。为滋蔓而来生也。其居东北角者，老竹，种不生，亦不能滋茂，故须取其西南引少根也。）稻麦糠粪之。（原注：二糠各自堪粪，不令和杂。）不用水浇。（原注：浇则淹死。）勿令六畜入园。二月，食淡竹笋，四月、五月，食苦竹笋。（原注：蒸、煮、炮、酢，在人所好。）

其欲作器者，经年乃堪杀。（原注：未经年者，软未成也。）

笋。《尔雅》曰：笋，竹萌也。《说文》曰：笋，竹胎也。孙炎曰：初生竹谓之笋。《诗义疏》云：笋皆四月生。唯巴竹笋，八月生，尽九月，成都有之。箁冬夏生，始数寸，可煮，以苦酒漫之，可下酒及食。又可米藏及干，以待冬月也。

《永嘉记》曰：含䈄竹笋，六月生，迄九月，味与箭竹笋相似。凡诸竹笋，十一月掘土取皆得，长八九寸。长泽民家，尽养黄苦竹。永宁南汉，更年上笋，大者一围五六寸。明年应上今年十一月笋，土中已生，但未出，须掘土取。可至明年正月出土讫。五月方过，六月便有含䈄笋。含䈄笋迄七月、八月。九月已有箭竹笋，迄后年四月。竟年常有笋不绝也。

《竹谱》曰：棘竹笋，味淡，落人须发。豆节出笋，无味。鸡头竹笋，肥美。䈽竹笋，冬生者也。

《食经》曰：淡竹笋法，取笋肉五六寸者，按盐中一宿，出盐令尽。煮糜一斗，分五升与一升盐相和。糜热，须令冷，内竹笋咸糜中。一日拭之，内淡糜中，五日可食也。

种红花、兰花、栀子第五十二

（原注：燕支、香泽、面脂、手药、紫粉、白粉附①）

花地欲得良熟，二月末三月初种也。种法欲雨后速下，或漫散种，或楼下，一如种麻法。亦有锄掊而掩种者，子科大而易移理。花出，欲日日乘凉摘取。（原注：不摘则干。）摘必须尽。（原注：余留即合。）五月子熟，拔，曝令干，打取之。（原注：子亦不用郁浥②。）五月种晚花。（原注：春初即留子，入五月便种，若待新花熟后取子，则太晚矣。）七月中摘，深色鲜明，耐久不黦，胜春种者。负郭良田种顷者，岁收绢三百匹。一顷收子二百斛，与麻子同价。既任车脂，亦堪为烛，即是直头成米。（原注：二百石米，已当谷田。三百匹绢，端然在外。）一顷收花，日须百人摘，以一家手力，十不充一。但驾车地头，每旦当有小儿童女百十余群，自来分摘。正须平量，中半分取。是以单夫只妇，亦得多种。

杀花法：摘取即碓捣使熟，以水淘，布袋绞去黄汁。更捣，以粟饭浆清而醋者淘之，又以布袋绞去汁，即收取染红勿弃也。绞讫，着瓮器中，以布盖上，鸡鸣更捣令均，于席上摊而曝干，胜作饼。作饼者，不得干，令花浥郁也。

作燕脂法，预烧落藜、藜藿及蒿作灰。（原注：无者，即草灰亦得。）以汤淋取清汁。（原注：初汁纯厚太酽，即杀花，不中用，唯可洗衣。取第三度汤者，以用揉③花和，使好色也。）揉花。（原注：十许遍，势尽乃止④。）布袋绞取纯汁，着瓮碗中。取醋石榴两三个，擘取子，捣破。少着粟饭，浆水极酸者和之，布绞取瀋，以和花汁。（原注：若无石榴者，以好醋和饭浆亦得用。若复无醋者，清饭浆极酸者，亦得空用之。）下白米粉大如⑤酸枣。（原注：粉多则白。）以净竹着不腻者，良久痛搅。盖冒至夜，泻去上清汁，至淳处止，倾着白练角袋子中悬之。明日干浥，浥

---

① 底本原文顺序不通，今据涵芬楼本更正。
② 底本作"子亦不用"，今依涵芬楼本作"子亦不用郁浥"。
③ 底本作"菜"，今依涵芬楼本作"揉"。
④ 底本作"生"，今依涵芬楼本作"止"。
⑤ 今依涵芬楼本补"下白米粉大如"六字。

时，捻作小瓣，如半麻子，阴干之则成矣。

合香泽法，如清酒以浸香。（原注：夏用冷酒，春秋温酒，令暖，冬则小热。）鸡舌香、（原注：俗人以其似丁子，故为丁子香也。）藿香、苜蓿、泽①兰香凡四种，以新绵裹而浸之。（原注：夏一宿，春秋再宿，冬三宿。）用胡麻油两分，猪脂②一分，内铜铛中，即以浸香酒和之，煎数沸后，便缓火微煎，然后下所浸香煎。缓火至暮，水尽沸定乃熟。（原注：以火头内泽中作声者，水未尽。有烟出；无声者，水尽也。）泽欲熟时，下少许青蒿以发色。以绵幕铛嘴、瓶口泻着瓶中③。

合面脂法，牛髓。（原注：牛髓少者，用牛脂和之。若无髓，空用脂亦得也。）温酒浸丁香、藿香二种。（原注：浸法如煎泽法。）煎法一同合泽，亦着青蒿以发色。绵滤着瓷、漆盏中，令凝。若作唇脂者，以熟朱和之，青油裹之。其冒霜雪远行者，常啮蒜令破，以揩唇。既不劈裂，又令辟恶。（原注：小二面患皴者，夜烧梨令熟，以糠汤洗面讫，以暖梨汁涂之，令不皴。赤连蓬④染布，嚼以涂面，亦不皴也。）

合手药法，取猪胰一具。（原注：摘去其脂。）合蒿叶于好酒中痛挼，使汁甚滑。白桃人二七枚，（原注：去黄皮，研碎酒解，取其汁。）以绵裹丁香、藿香、甘松香、橘核十颗。（原注：打碎。）着胰汁中，仍浸置勿出，瓷贮之。夜煮细糠汤，净洗面，拭干，以药涂之，令手软滑，冬不皴。

作紫粉法，用白米英粉三分，胡粉一分，（原注：不着胡粉，不着人面。）和合均调。取葵子熟蒸，生布绞汁，和粉，日曝令干。若色浅者，更蒸取汁，重染如前法。

作米粉法，粱⑤米第一，粟米第二。（原注：如用一色纯米，勿使有杂白。）使甚细。（原注：简去碎者。）各自纯作，莫杂余种。（原注：其杂米、糯米、小麦、黍米、穄米作者，不得好也。）于槽中下水，脚踏十遍，净淘，水清乃止。大瓮中多着冷水以浸米。（原注：春秋则一月，夏

---

① 今依涵芬楼本补"泽"字。
② 底本作"腹"，今依涵芬楼本作"脂"。
③ 今依涵芬楼本补"着瓶中"三字。
④ 底本作"连"，今依涵芬楼本作"蓬"。
⑤ 底本作"涤"，今依涵芬楼本作"粱"。

则二十日，冬则六十日，唯多日佳。）不须易水，臭烂乃佳。（原注：日若浅者，粉不润美。）日满更汲新水，就瓮中沃之，以手杷搅，淘去醋气，多与遍数，气尽乃止。稍出着一砂盆中熟研，以水沃、搅之。接取白汁，绢袋滤，着别瓮中。粗沉者更研之，水沃，接取如初。研尽，以杷子就瓮中，良久痛抨，然后澄之。接去清水，贮出淳汁，着大盆中，以杖①一向搅，勿左右回转，三百余匝。停置盖瓮，勿令尘污。良久，清澄，以勺徐徐去清。以三重布帖粉上，以粟糠着布上，糠上安灰。灰湿更以干者易之，灰不复湿乃止。然后削去四畔粗白无光润者，别收之，以供粗用。（原注：粗粉，米皮所成，故无光润。）其中心圆如钵形，酷似鸭子白光润者，名曰粉英。（原注：英粉，米心所成，是以光润也。）无风尘好日时，书布于床上，刀削粉英如梳②，曝之，乃至粉干足。（原注：将住反③。）手痛按勿住。（原注：痛按则滑美，不按则涩恶。）拟人客作饼及作香粉，以供妆摩身体。

作香粉法，唯多着丁香于粉合中，自然芬馥。（原注：亦有受香木绢和粉者，亦有水浸香，以香汁溲粉者，皆损色，又卖香，不如全署合中也。）

种蓝第五十三

《尔雅》曰：葴，马蓝。注曰：今大叶冬蓝也。《广志》曰：有木蓝。今世有茇赭蓝也。蓝地欲得良，三遍细耕。三月中浸子，令芽生，乃畦种之。治畦下水，一同葵法。蓝三叶浇之。（原注：晨夜再浇之。）薅治令净。五月中新雨后，即接湿耧耩④拔栽。（原注：《夏小正》曰：五月洛灌蓝蓼。）三茎作一科，相去八寸。（原注：栽时溅湿向背，不急锄坚确也。）五遍为良。七月中作坑，令受百许束，作麦秆泥泥之。令深五寸，以苫蔽四壁。刈蓝倒竖于坑中下水，以木石镇压令没。热时一宿，

---

① 底本作"板"，今依涵芬楼本作"杖"。
② 今依涵芬楼本补"梳"。
③ 涵芬楼本作"将任反"。
④ 底本作"按湿耧构"，今依涵芬楼本作"接湿耧耩"。

冷时再宿，漉去荄，内汁于瓮中。率十石瓮，着石灰一斗五升。急抒（原注：普彭反）之，一食顷止。澄清泻去水，别作小坑，贮蓝淀着坑中。候如强粥，还出瓮中盛之，蓝淀成矣。种蓝十亩，敌谷田一顷。能自染青者，其利又倍矣。

　　崔寔曰：榆荚落时可种蓝。五月可刈蓝。六月种冬蓝。（原注：冬蓝，木蓝也，八月用莋也。）

种紫草第五十四

　　《尔雅》曰：藐，茈草。注：一名紫荗草。《广志》曰：陇西紫草，紫之上者。《本草经》曰：一名紫丹。《博物志》曰：平氏山之阳，紫草特好也。黄白软良之地，青沙地亦善。开荒黍穄下大佳。性不耐水，必须高田。秋耕地，至春又转耕之。三月种之，耧耩地，逐垄手下子。（原注：良田一亩用子二升，薄田用子三升。）下讫劳之。锄如谷法，唯净唯佳，其垄底草则拔之。（原注：垄底用锄，则伤紫草。）九月中子熟刈之。候稃（原注：芳蒲反）燥载聚，打取子。（原注：湿载，子则郁浥。）即深细耕。（原注：不细不深则失草矣。）寻垄以杷耧取整理。（原注：收草宜并手户，速竟为良，遭雨则损草也。）一扼随以茅结之。（原注：擘葛弥善。）四扼为一头，当日则斩齐。颠倒十重许为长行，置坚平之地，以板石镇之，令扁。（原注：湿镇直而长，燥镇则碎折，不镇卖难售也。）两三宿竖头着日中，曝之令浥浥然。（原注：不曝则郁黑，太燥则碎折。）五十头作一洪。（原注：洪，十字，大头向外，以葛缠络。）着敝屋下阴①凉处，棚栈上。其棚下勿使驴马粪及人溺，又忌烟，皆令草失色。其利胜蓝。若欲久停者，入五月，内着屋中，闭户塞向密泥，勿使风入漏气。过立秋，然后开，草出，色不异。若经夏在棚栈上，草便变黑，不复任用。

---

① 底本三字缺损，今据涵芬楼本补"屋下阴"。

伐木第五十五（原注：种地黄法附）

凡伐木，四月、七月则不虫而坚韧。榆荚下桑葚落，亦其时也。然则，凡木有子实者，候其子实将熟，皆其时也。（原注：非时者，虫具且脆也。）凡非时之木，水沤一月，或火煏取干，虫则不生。（原注：水浸之木，皆亦柔韧。）

《周官》曰：仲冬斩阳木，仲夏斩阴木。（原注：郑司农云：阳木，春夏生者。阴木，秋冬生二者，松柏之属。郑玄曰：阳木生山南者，阴木生山北者。冬则斩阳，夏则斩阴，调坚软也。案北①之性，不生虫蠹，四时皆得，无所选焉。山中杂木，自非七月、四月两时杀者，率多生虫，无山南山北之异。郑君之说，又无取。则《周官》伐木，盖以顺天道，调阴阳，未必为坚韧之异虫蠹者也。）

《礼记·月令》：孟春之月，禁止伐木。（原注：郑玄注云：为盛德所在也。）孟夏之月，无伐大树。（原注：逆时气也。）季夏之月，树木方盛，乃命虞人，入山行木为斩伐。（原注：为其未坚韧也。）季秋之月，草木黄落，乃伐薪为炭。仲冬之月，日短至，则伐木取竹箭。（原注：此其坚成之极时也。）

《孟子》曰：斧斤以时入山林，材木不可胜用也。（原注：赵岐注曰：时谓草木零落之时，使材木得茂畅，故有余也。）

《淮南子》曰：草木未落，斤斧不入山林。（原注：九月草木解也。）

崔寔曰：自正月以终季夏，不可伐木，必生蠹虫。或曰：其月无壬子日，以上旬伐之，虽春夏不蠹。犹有剖析间解之害，又犯时令，非急无伐。十一月，伐竹木。

种地黄法，须黑良田，五遍细耕。三月上旬为上时，中旬为中时，下旬为下时。一亩下种五石。其种还用三月中掘取者。逐犁后如禾麦法下之。至四月末五月初生苗。讫至八月尽九月初，根成中染。若须留为种者，即在地中勿掘之。待来年三月，取之为种。计一亩可收根三十石。有草锄不限遍数。锄时别作小刃锄。勿使细土覆心。今秋收取讫，至来

---

① 涵芬楼本作"柏"。

年更不须种，自旅生也。唯锄之。如此，得四年不要种之，皆余根自出矣。

货殖第六十二

范蠡曰：计然云，旱则资车，水则资舟，物之理也。白圭曰：趣时若猛兽鸷鸟之发。故曰：吾治生犹伊尹、吕尚之谋，孙吴用兵，商鞅行法是也。《汉书》曰：秦汉之制，列侯封君食租，岁率户二百，千户之君则二十万。朝觐聘享出其中。庶民农工商贾，率亦岁万息二千，百万之家则二十万。而更徭租赋出其中。故曰：陆地，牧马二百蹄。（原注：孟康曰：五十匹也。蹄，古蹄字。）牛蹄角千。（原注：孟康曰：一百六十七头。牛马贵贱，以此为率。）千足羊。（原注：师古曰：凡言千足者，二百五十头也。）泽中千足彘，水居千石鱼陂。（原注：师古曰：言有大陂养鱼，一岁收鱼千石。鱼以斤两为计。）山居千章之楸。（原注：楸任方章者，千枚也①。师古曰：大材曰章，解在《百官公卿表》。）安邑千树枣，燕秦千树栗，蜀汉江陵千树橘，淮北荣南齐河之间千树楸，陈夏千亩漆，齐鲁千亩桑麻，渭川千亩竹。及名国万家之城，带郭千亩钟之田。（原注：孟康曰：一钟六斛四斗。师古曰：一亩收钟者，凡千亩。）若千亩栀茜。（原注：孟康曰：茜草、栀子，可用染也。）千畦姜韭，此其人皆与千户侯等。谚曰：以贫求富，农不如工，工不如商，刺绣文不如倚市门。此言末业，贫者之资也。（原注：师古曰：言其易以得利也。）通邑大都，酤一岁千酿。（原注：师古曰：千瓮以酿酒。）醯酱千瓨。（原注：胡双反。师古曰：瓨，长头瓮罂②也，受十升。）浆千儋。（原注：孟康曰：儋，石罂也。师古曰：儋，人儋之也，一儋两罂。儋，音丁滥反。）屠牛羊彘千皮，贩谷粜千钟③。（原注：师古曰：谓常籴取而居之。）薪稿千车，船长千丈，木千章。（原注：洪洞方稿草材也。旧将作

---

① 底本此句作"楸木千章者，大枚也"，涵芬楼本作"楸任方章者，千故也"。今据《齐民要术译注》的考证，此句应作"楸任方章者，千枚也"。
② 底本作"是"，今依涵芬楼本作"罂"。
③ 该句涵芬楼本作"谷籴千钟"。

大匠掌材者曰①章曹椽。）竹竿万个，轺车百乘。（原注：师古曰：轺车，轻小车也。）牛车千两，木器漆者千枚，铜器千钧。（原注：钧，三十斤也。）素木、铁器若卮茜千石。（原注：孟康曰：百二十斤为石。素木，素器也。）马蹄躈②千。（原注：师古曰：躈，口也。蹄与口共千，则为马二百也。躈，音江钓反。）牛千足，羊、彘千双，僮手指千。（原注：孟康曰：僮，奴婢也。古者无空手游口，皆有作务，须手指，故曰手指，以别马牛蹄角也。师古曰：手指谓有巧伎者。指千则人百。）筋角丹砂千斤，其帛絮细布千钧，文采千匹。（原注：师古曰：文，文绪也。帛之有色者曰采。）榻布、皮革千石。（原注：孟康曰：榻布，白叠也。师古曰：粗厚之布也。其价贱，故与皮革同其量耳，非叠白也。榻者，重厚貌。）漆千大斗。（原注：师古曰：大斗者，异于量米粟之斗也。今俗犹有大量。）蘖曲盐豉千合。（原注：师古曰：蘖曲以斤石称之，轻重齐则为合。盐豉则斗斛量之，多少等亦为合者，相配耦之言耳。今西楚荆沔之俗，卖盐豉各一斗，则各为众而相随焉。此则合也。说者不晓，乃读为升合之合，又改作占，竟为解说，失之远矣。）鲐鮆千斤。（原注：师古曰：鲐，海鱼也。鮆，刀鱼也，饮而不食者。鲐音胎，又音落。鮆音鞛，又音才尔反。而说者妄读鲐为夷，非惟失于训物，亦不知音矣。）鲰③千石，鲍千钧。（原注：师古曰：鲰，膊鱼也，即今不着盐而干者也。鲍，今之鲍鱼也。鲰音辄，转音普各反。鲍音于业反。而说者乃读鲍为鲍鱼之鲍，音王回④反，失义远矣。郑康成以为，鲍于煏室干之，亦非⑤也。煏室干之即耳，盖今巴荆人所呼鳠鱼者是也，音居偃反。秦始皇载鲍乱臭，则是鲲⑥鱼耳。而煏室干者，本不臭也。煏，音蒲北反。）枣栗千石者三之。（原注：师古曰：三千石。）狐貉裘千皮，羔羊裘千石。（原注：师古曰：狐貉贵，故计其数。羔羊贱，故称其量也。）旃车千具，他果采千种。（原注：师古曰：果采，谓于山野采取果实也。）子贷金钱千贯，节驵侩。

---

① 底本作"旧将作于着日"，今依涵芬楼本改正。
② 底本作"蹳"，今依涵芬楼本作"躈"，下同。
③ 底本作"鲰"，后文注解为"干鱼"，今依涵芬楼本应作"鲰"。
④ 底本作"王曰"，今依涵芬楼本作"王回"。
⑤ 底本作"升"，今依涵芬楼本作"非"。
⑥ 底本作"浥"，今依涵芬楼本作"鲲"。

（原注：孟康曰：节，节物贵贱也，谓除估侩，其余利比于千乘之家也。师古曰：侩者，合会二家交易者也。驵者，其有率也。驵，音子朗反。侩，音工外反。）贪贾三之，廉贾五之。（原注：孟康曰：贪贾，未当卖而卖，未当买而买，故得利少，而十得其三。廉贾，贵乃卖，贱乃买，故十得五也。）亦比千乘之家。此其大率也。卓氏曰：吾闻汶山①之下沃野，下有蹲鸱，至死不饥。（原注：孟康曰：蹲音蹲，水乡多鸱。其山下有沃野灌溉。师古曰：孟说非也。蹲鸱，谓芋也。有根可食以充粮，故无饥年。《华阳国志》曰：汶山郡都安县有大芋如蹲鸱也。谚曰：富②何卒耕水窟，贫何卒亦耕水窟？言下田能贫能富。）曹邴氏家起富至巨万，然自父兄子弟勤约，俯有拾，仰有取。《淮南子》曰：贾多端则贫，工多技则穷，心不一也。（原注：高诱曰：贾多端，非一术。工多伎，非一能，故心不一也。）

涂瓮第六十三

凡瓮，七月坯为上，八月为次，余月为下。凡瓮，无问大小，皆须涂治。瓮津则造百物皆恶，悉不成，所以时宜留意。新出窑及热脂涂者，大良。若市买者，先宜涂治，勿便盛水。（原注：未涂遇雨，亦恶。）涂法，掘地为小圆坑。（原注：旁开两道，以引风火。）生炭火于坑中，合瓮口于坑上而熏之。（原注：火盛喜破，微则难热，务令调适乃佳。）数以手摸之，热灼人手便下。泻热脂于瓮中，回转浊流，极令周匝，脂不复渗（原注：所荫切），乃止。（原注：牛羊脂为第一好，猪脂亦得。俗人用麻子脂者，误人耳。若脂不独流，直一遍拭之，亦不免津。俗人釜上蒸瓮者，水气，亦不佳。）以热汤数斗着瓮中，涤荡疏洗之。泻却，满盛冷水。数日便中用。（原注：用时更洗净，日曝令干。）

---

① 涵芬楼本作"岷山"。
② 底本无字，今依涵芬楼本补"富"。

造神曲并酒第六十四

　　凡作三斛麦曲法，蒸炒生，各一斛。炒麦，黄莫令焦。生麦，择治甚令精好。种各别磨，磨欲细，磨讫合和之。七月取甲寅日，使童子着青衣，日未出时，面向杀地，汲水二十斛。勿令人泼人，长水亦可泻却，莫令人用。其和曲之时，面向杀地和之，令使绝强。团曲之人皆是童子小儿，亦面向杀地。有行秽者不使。不得令人室近团曲。当日使讫，不得隔宿。屋用草屋，勿使瓦屋。地须净扫，不得秽恶，勿令湿。画地为阡陌，周成四巷。作曲人各置巷中，假置曲王，王者五人。曲饼随阡陌比肩相布。讫，使主人家一人为主，莫令奴客为主。与王酒脯之法湿曲王，手中为碗，中盛酒脯汤饼。主人三遍读文，各再拜。其房欲得板户，密泥涂之，勿令风入。至七日开，当处翻之，还令泥户。至二七日聚曲，还令涂户，莫使风入。至三七日出之，盛着瓮中涂头。至四七日穿孔，绳贯，日中曝。欲得使干，然后内之。其饼曲手团二寸半，厚九分。

祝曲文

　　东方青帝土公青帝威神，南方赤帝土公赤帝威神，西方白帝土公白帝威神，北方黑帝土公黑帝威神，中央黄帝土公黄帝威神。某年月，某日辰，朔日敬启五方五土之神。主人某甲，谨以七月上辰造作，麦曲数千百饼，阡陌纵横，以辨疆界，须建立五王，各布封境。酒脯之荐，以相祈请。愿垂神力，勤鉴所愿，使虫[①]类绝踪，穴虫潜影。衣色锦布，或蔚或炳。杀热火焚，以烈以猛。芳越薰椒，味超和鼎。饮利君子，既醉既逞。惠彼小人，亦恭亦静。敬告再三，格言斯整。神之听之，福应自冥。人愿无违，希从毕永。急急如律令。祝三遍各再拜。

　　造酒法，全饼曲，旷经五日许，日三过以炊帚。刷治之，绝令使净。若遇好日，可三日晒。然后细刷，布杷盛高屋厨上，晒经一日。莫使风土秽污。乃平量曲一斗，臼中受令碎。若浸曲一斗与五升水，浸曲三日。

---

① 底本作"出"，今依涵芬楼本作"虫"。

如鱼眼汤沸，酘米，其米绝令精细。淘米可二十遍。酒饭人狗不令唼。淘米及炊釜中水，为酒之具有所洗浣者，悉用此水佳也。

若作秫黍米酒，一斗曲杀米二石一斗。第一酘米三斗，停一宿，酘米五斗。又停再宿，酘米一石。又停三宿，酘米三斗。其酒饭欲得弱炊，炊如食饭法，舒使极冷，然后纳之。

若作糯米酒，一斗曲杀米一石八斗。唯三过酘米毕。其炊饭法，直下馈，不须报蒸。其下馈法，出馈瓮中，取釜下沸汤浇之，仅没饭使止。（原注：此元仆射家法。）又造神曲法，其麦蒸炊生三种齐等与前同。但无复阡陌、酒脯、汤饼、祭曲王及童子手团之事矣。预前事麦三种，合和细磨之。七月上寅日作曲。溲欲刚，捣欲粉细。作熟。饼用圆铁范，令径五寸，厚一寸五分，于平板上，令壮士熟踏之。以杙①刺作孔。净扫②东向开户屋，布曲饼于地。闭塞窗户，密泥缝隙，勿令通风。满七日翻之，二七日聚之。皆还密泥。三七日出外，日中曝令燥，曲成矣。任意举阁，亦不用瓮盛，瓮盛者则曲乌腹，乌腹者绕孔黑烂。若欲多作者，任人耳。但须三麦齐等，不以三石为限。此曲一斗，杀米三石。笨曲一斗，杀米六斗。省费悬绝如此。用七月七日焦麦曲及春酒曲，皆笨曲法。

造神曲黍米酒方。细剉曲燥曝之。曲一斗，水九斗，米三石。须多作者，率以此加之。其瓮大小任人耳。桑欲落时，作可得周年停。初下用米一石，次酘五斗，又四斗，又三斗。以渐待米消既酘，无令势不相及。味足沸定为熟。气味虽正，沸未息者，曲势未尽，宜更酘之；不酘则酒味苦薄矣。得所者，酒味轻香，实胜③凡曲。初酿此酒者，率多伤薄何者？犹以凡曲之意忖度之，盖用米既少，曲势未尽故也，所以伤薄耳。不得令猪狗见。所以专取桑落时作者，黍必令极冷也。

又神曲法，以七月上寅日造。不得令鸡狗见及食者。麦多少分为三分，蒸炒二分正等。其生者一分，一石上加一斗半。各细磨和之。溲时微令刚，足手熟揉为佳。使童男小儿饼之。广三寸，厚二寸。须西厢东向开户屋中，净扫地。地上布曲，十字立巷，令通人行。四角各造曲奴

---

① 底本作"杙"，今依涵芬楼本作"杙"。
② 底本作"揣"，今依涵芬楼本作"扫"。
③ 底本作"赐"，今依涵芬楼本作"胜"。

一枚。讫泥户勿令泄气。七日开户翻曲，还塞户。二七日聚又塞之。三七日出之。作酒时，治曲如常法，细剉为佳。

造酒法，用黍米一斛，神曲二斗，水八斗。米初下米五斗，必令五六十遍淘之。二酘七斗米，三酘八斗米。满二石米已外任意斟裁。然要须米微多，米少酒则不佳。冷暖之法，悉如常酿，要在精细也。

神曲粳米醪法，春月酿之。燥曲一斗，用水七斗，粳米两石四斗。浸曲发如鱼眼汤。净淘米八斗，炊作饭，舒令极冷。以毛袋漉去曲滓，又以绢滤之。曲汁于瓮中，即酘饭。候米消又酘八斗。消尽又酘八斗。凡三酘毕。若犹苦者，更以二斗酘之。此合醋饮之可也。

又作神曲方。以七月中旬已前，作曲为上时。亦不必要须寅日。二十日已后作者，曲渐弱。凡屋皆得作，亦不必要须东向开户草屋也。大率小麦生炒蒸三种，等分，曝蒸者令干，三种合和。碓𥣬[1]净簸择细磨。罗取麸，更重磨。唯细为良，粗则不好。剉胡菜煮三沸汤。待冷接取清者溲曲。以相着为限，大都欲小刚，勿令太泽。捣令可团便止，亦不必满千杵。以手团之，大小厚薄如蒸饼剂，令下微泡泡。刺作孔。丈夫妇人皆团之，不必须童男。其屋预前数日着猫，塞鼠窟，泥壁，令净扫地。布曲饼于地上，作行伍，勿令相逼。当中十字通阡陌，使容人行。作曲王五人，置之于四方及中央。中央者面南，四方者面皆向内。酒脯祭与不祭，亦相似，今从省。布曲讫，闭户密泥之，勿使漏气。七日开户翻曲，还着本处，泥闭如初。二七日聚之，若止三石麦曲者，但作一聚。多则分为两，泥闭如初。三七日以麻绳穿之，聚五十饼为一贯，悬着户内，开户，勿令见日。五日后，出着外，许悬之。昼日晒，夜受露霜，不须覆盖。久停亦尔，但不用被雨。此曲得三年停，陈者弥好。

神曲酒方，净扫刷曲令净。有土处，刀削去，必使极净。及斧背椎破，大小如枣栗。斧刀则杀小。用故纸糊席，曝之。夜乃勿收，令受霜露。风阴则收之。恐土污及雨润故也。若急须者，曲干则得。从容者，经二十日许，受霜露，弥令酒香。曲必须干，润湿则酒恶。春秋二时酿者，皆得过。夏热桑落时作者，及胜于春。桑落时稍冷，初浸曲，与春同。及下酿，则茹瓮止取微暖。勿太厚，太厚则伤热。春则不须，置瓮

---

[1] 底本作"𥥛"，今依涵芬楼本作"𥣬"，下同。

于砖上。秋以九月①九日,或十九日收水。春以正月十五日,或以晦日,及二月二日收水。当日即浸曲。此四日为上时,余日非不得作,恐不耐久。收水法,河水第一好。远河者,取极甘井水,小咸则不佳。

清曲法,春十一日或十五日,秋十五日或二十日。所以尔者,寒暖有早晚故也,但候曲香沫起,便下酿。过久曲生衣,则为失候,失候则酒重钝,不复轻香。米必细𥻨,净淘三十许遍。若淘米不净,则酒色重浊。大率曲一斗,春用水八斗,秋用水七斗。秋杀米三石,春杀米四石。初下酿,用黍米四斗再馏,弱炊,必令均熟,勿使坚刚、生□也。于席上摊黍饭令极冷,贮出曲汁。于盆中调和,以手搦破之,无块,然后内瓮中。春以两重布覆,秋于布上加毯。若值天寒亦可加草。一宿再宿候米消,更酘六斗。第三酘用米或七八斗。第四、第五、第六酘,用米多少,皆候曲势强弱加减之,亦无定法。或再宿一酘,三宿一酘,无定准,唯须消化乃酘之。每酘皆挹取瓮中汁调和之。仅得和黍破块而已,不尽贮出。每酘即以酒杷遍搅令均调和,然后盖瓮。虽言春秋二时,杀米三石四石。然须盖候曲势,曲势未穷,米犹消化者,便加米,唯多为良。世人云:米过酒甜。此乃不解法。候酒冷沸止,米有不消者,便是曲势尽。酒若熟矣,押出清澄。竟夏直以单布覆瓮口,斩席盖布上,慎勿瓮泥,瓮泥封交即酢坏。冬亦得酿,但不及春秋耳。冬酿者,必②须厚茹瓮覆盖。初下酿,则黍小暖下之。一发之后,重酘时,还摊黍使冷。酒发极暖,重酿暖黍,亦酢矣。其大瓮多酿者,依法倍加之。其糠沈杂用,一切无已。

河东神曲方,七月初治麦,七日作曲。七日未得作者,七月二十日前亦得。麦一石者,六斗炒,三斗蒸,一斗生,细磨之。桑叶五分,苍耳一分,艾一分,茱萸一分。若无茱萸,野蓼亦得用。合煮取汁,令如酒色。漉去滓,待冷以和曲,勿令太泽。捣千杵。饼如凡曲,方范作之。

卧曲法,先以麦䴷布地,然后着曲,讫又以麦䴷覆之。多作者,可以用箔槌,如养蚕法。覆讫,闭户。七日翻曲,还以麦䴷覆之。二七日聚曲,亦还覆之。三七日瓮盛。后经七日,然后出曝之。

---

① 底本作"秋以九日",今依涵芬楼本补"九月"。
② 底本作"未",今依涵芬楼本作"必"。

造酒法，用黍米。曲一斗，杀米一石。秫米令酒薄，不任事。治曲必使表里、四畔、孔内悉皆净削，然后细剉，令如枣栗。曝使极干。一斗曲，用水一斗五升。十月桑落初冻，则收水酿者为上时。春酒正月晦日收水为中时。春酒，河南地暖，二月作。河北地寒，三月作。大率用清明节前后耳。初冻后尽年暮，水脉既定，收取则用。其春酒及余月，皆须煮水为五沸汤。待冷浸曲，不然则动。十月初冻尚暖，未须茹瓮。十一月、十二月，须黍穰茹之。浸曲，冬十日，春七日，候曲发，气香沫起便酿。隆冬寒厉，虽日茹瓮，曲汁犹冻，临下酿时，宜漉出冻凌于釜中融之，取液而已，不得令热。凌液尽还泻着瓮中，然后下黍，不尔则伤冷。假令瓮受五石米者，初下酿，止用米一石。淘米须极净，水清乃止①。炊为饙，下着空瓮中，以釜中炊汤及热沃之。令饙上水，水深一寸余便止。以盆合头。良久水尽，饙极熟软，便于席上摊之使冷。贮汁于盆中，搦黍令破，泻着瓮中，复以酒杷搅之。每酘皆然。唯十一月、十二月天寒水冻，黍须人体暖下之。桑落春酒，悉皆冷下。初冷下者，酘亦冷。初暖下者，酘亦暖。不得回易冷热相杂。次酘八斗，次酘七斗，皆须候曲药强弱增减耳，亦无定数。大率中分半米，前作沃饙，半后作再馏黍。纯作沃饙，酒便钝。再馏黍，酒便轻香，是以须中半耳。冬②酿六七酘，春作八九酘。冬欲酒暖，春欲酒冷。酘米太多则伤热，不能久。春以单布覆瓮，冬用荐盖之。冬初下酿时，以炭火掷着瓮中，拔刀横于瓮上。酒熟乃去之。冬酿十五日熟，春酿十日熟。至五月中，瓮别碗盛于日中炙之，好者不动，恶者色变。色变者宜先饮，好者留过夏。但合酷停须臾便押出，还得与桑落时相接。地窖着酒，令酒土气，唯连檐草屋中居之为佳。瓦屋亦熟。作曲、浸曲、炊、酿，一切悉用河水。无手力之家，乃用甘井水耳。

《淮南万毕术》曰：酒薄复厚，渍以莞蒲。（原注：断蒲渍酒中，有顷出之，酒则厚矣。）凡冬月酿酒，中冷不发者，以瓦瓶盛热汤，坚塞口。又于釜汤中煮瓶，令极热，引出着酒瓮中，须臾即发。

---

① 底本作"上"，今依涵芬楼本作"止"。
② 底本作"各"，根据前后文意应作"冬"。

白醪曲第六十五（原注：皇甫吏部家法）

作白醪曲法，取小麦三石，一石熬之，一石蒸之，一石生。三等合和，细磨作屑。煮胡叶汤，经宿使冷，和麦屑，捣令熟。踏作饼，圆铁作范，径五寸，厚一寸余。床上置箔，箔上安蘧蒢。蘧蒢上置桑薪灰，厚二寸。作胡叶汤，令沸。笼子中盛曲五六饼许，着汤中，少时出，卧置灰中，用生胡叶覆上以经宿。勿令露湿。特覆曲薄遍而已。七日翻，二七日聚，三七日收，曝令干。作曲密屋泥户，勿令风入。若以床小不得多着曲者，可四角头竖槌，重置椽箔，如养蚕法。七月作之。

酿白醪法，取糯米一石，令水净淘，漉出着瓮中，作鱼眼沸汤浸之。经一宿，米欲绝酢，炊作一馏饭，摊令绝冷。取鱼眼汤，沃浸米泔二斗，煎取六升，著瓮中，以竹扫冲之，如茗渤。复取水六斗，细罗曲末一斗，合饭一时内瓮中，和搅令饭散。以毡物裹瓮，并口覆之。经宿米消，取生疏布漉出糟。别炊好糯米一斗作饭，热著酒中为汎，以单布覆瓮。经一宿，汎米消散，酒味备矣。若天冷，停三五日弥善。一酿一斛米，一斗曲末，六斗水，六升浸米浆。若欲多酿，依法别瓮中作，不得作在一瓮中。四月、五月、六月、七月，皆得作之。其曲预三日，以水洗令净，曝干用之。

笨曲饼酒第六十六（原注：笨，符本切）

作秦州春酒曲法，七月作之。节气早者，望前作。节气晚者，望后作。用小麦不虫者，于大镬釜中炒之。炒法，钉大橛，以绳缓缚长柄匕匙，着橛上，缓火微炒。其着匙如挽桌上，连疾搅之，不得暂停，停则生熟不均。候麦香黄便出，不用过焦。然后簸择，治令净。磨不求细。细者酒不断粗，刚强难押。预前数日刈艾，择去杂草，曝之令萎，勿使有水露气。溲曲①欲刚，洒水欲均。初溲时，手搦不相着者佳。溲讫，聚置经宿，来晨熟捣。作木范之，令饼方一尺，厚二寸。使壮士熟踏之。

---

① 今依涵芬楼本补"曲"。

饼成，刺作孔。竖槌，布艾橡上，卧曲饼艾上，以艾覆之。大率下艾欲厚，上艾稍薄。密闭窗户。三七日曲成。打破，看饼内干燥，五色衣成，便出曝之。如饼中未燥，五色衣未成，更停三五日，然后出。反覆日晒，令极干，然后高厨上积之。此曲一斗，杀米七斗。

作春酒法，治曲欲净，到曲欲细，曝曲欲干。其法以正月晦日，多收河水。井水若咸，不堪淘米，下馈亦不得。大率一斗曲，杀米七斗，用水四斗，率以此加减之。十七石瓮，惟得酿十石米，多则溢出。作瓮随大小，依法加减。浸曲七、八日始发，便下酿。假令瓮受十石米者，初下以炊米两石为再馏黍。黍熟，以净席薄摊令冷，块大者擘破，然后下之。没水而已，勿更挠劳。待至明旦，以酒杷搅之，自然解散也。初下即搦者，酒喜厚浊。下黍讫，以席盖之。已后，间一日辄更酘，皆如初下法。第二酘用米一石七斗，第三酘用米一石四斗，第四酘用米一石一斗，第五酘用米一石，第六酘、第七酘各用米九斗，计满九石，作三五日停。着尝之，气味足者乃罢。若犹少味者，更酘三四斗。数日复尝，仍未足者，更酘三二斗。数日复尝，曲势壮，酒仍苦者，亦可过十石。然必须看候，勿使米过，过则酒甜。其七酘以前，每欲酘时，酒薄霍霍，是曲势盛也，酘时宜加米，与次前酘等。虽势极盛，亦不得过次前一酘斛斗也。势弱酒厚者，须减米三斗。势盛不加，便为失候。势弱不减，刚强不削。加减之间，必须存意。若多作五瓮已上者，每炊熟，即须均分熟黍，令诸瓮遍得。若遍酘一瓮，令足，则余瓮比候黍熟，已失酘矣。酘当令寒食前，得再酘乃佳，过此便稍晚。若邂逅不得早酿者，春水虽臭，仍自中用。淘米必须极净。常洗手剔甲，勿令手有咸气。则令酒动，不得过夏。

作颐曲法，断理麦艾布置法，悉与春酒曲同。然以九月中作之。大凡作曲，七月最良。然七月多忙，无暇及此，且颐曲。然此曲九月作，亦自无嫌。若不营春酒曲者，自可七月中作之。俗人多以七月初七日作之。

崔寔亦曰：六月六日，七月七日，可作曲。其曲杀米多少，与春酒曲同。但不中为春酒，喜动。以春酒曲作颐酒，弥佳也。

作颐酒法，八月、九月中作者，水定，难调适。宜煎汤三四沸，待冷，然后浸曲，酒无不佳。大率用水多少，酘米之节，略准春酒，而须以意消息之。十月桑落时者,酒气味颇类春酒。

河东颐白酒法,六月、七月作。用笨曲,陈者弥佳,划治细剉。曲一斗,熟水三斗,黍米七斗。曲杀多少,各随门法。常于瓮中酿。无好瓮者,用先酿酒大瓮,净洗曝干,侧瓮着地作之。旦起煮甘水,至日午,令汤色白乃止。量取三斗,着盆中。日西淘米四斗,使净,即浸。夜月炊作再馏饭,令四更中熟,下黍饭席上,薄摊令极冷。于黍饭初熟时浸曲,向晓昧旦日未出时,下酿,以手搦破块,仰置勿盖。日西更淘三斗米浸,炊还令四更中稍熟,摊极冷。日未出前酘之,亦搦块破。明日便熟。押出之。酒气香美,乃胜桑落时作者。六月中,唯得作一石米。酒停得三五日。七月半后,稍稍多作。于北向户大屋中作之第一。如无北向户屋,于清凉处亦得。然要须日未出前,清凉时下黍。日出已后,热即不成。一石米者,前炊五斗半,后炊四斗半。

笨曲桑落酒法,预前净划曲,细剉曝干。作酿池以稿茹瓮,不茹瓮则酒甜,用穰则大热。黍米淘须极净。九月九日日未出前,收水九斗,浸曲九斗。当日即炊米九斗为馈。下馈着空瓮中,以釜内炊汤及热沃之,令馈上者,水深一寸余便止。以盆合头。良久水尽,馈熟极软,泻着席上,摊之令冷。挹取曲汁,于瓮中搦块令破,泻瓮中,复以酒杷搅之。每酘皆然。两重布盖瓮口。七日一酘,每酘皆用米九斗,随瓮大小,以满为限。假令六酘,半前三酘,皆用沃馈。半后三酘,作再馏黍。其七酘者,四炊沃馈,三炊黍饭。瓮满好熟,然后押出。香美势力,倍胜常酒。

笨曲白醪酒法,净削治曲,曝令燥。清曲必须累饼置水中,以水没饼为候。七日许,搦令破,漉出滓。炊糯米为黍,摊令极冷,以意酘之。且饮且酘,乃至尽。秔米亦得作。作时必须寒食前,令得一酘之也。

蜀人作酴酒法。(原注:酴,音涂。)十二月朝,取流水五斗,渍小麦曲二斤,密泥封。至正月、二月冻释,发漉去滓,但取汁三斗,杀米三斗。炊作饭,调强软,合和,复密封。数十日便熟。合滓餐之,甘辛滑如甜酒味,不能醉人。人多啖,温温小暖而面热也。

粱米酒法,凡粱米皆得用。赤粱、白粱者佳。春秋冬夏,四时皆得作。净治曲如上法。笨曲一斗,杀米六斗,神曲弥胜。用神曲,量杀多少,以意消息。春秋桑叶落时,曲皆细剉。冬则捣末,下绢筛。大率一石米，用水三斗。春秋桑落三时，冷水浸曲，曲发，漉去滓。冬即蒸瓮使热，穰茹之。以所量水，煮少许粱米薄粥，摊待温温以浸曲。一宿曲发，便炊下酿，不去滓。看酿多少，皆平分米作三分，一分一炊。净淘，弱炊为再馏，摊令温温暖于人体。便下，以杷搅之。盆合泥封。夏一宿，春秋再宿，冬三宿。看米好消，更炊酘之，还泥封。第三酘亦如之。三酘毕后十日，便好熟。押出，酒色漂漂与银光一体，姜辛、桂辣、蜜甜、胆苦，悉在其中。芬芳酷烈，轻俊遒爽，超然独异，非黍秫之俦也。

稻米酎法。（原注：酎，音宙。）净治曲如上法。笨曲一斗，杀米六斗，神曲弥胜。用神曲者，随曲杀多少，以意消息。曲，捣作末，下绢筛。计六斗米，用水一斗。从酿多少，率以此加之。米必须弥净淘，米清乃止。即经宿浸置。明旦，碓捣作粉，稍稍箕簸，取细者如糕粉法。讫以所量水煮少许稻粉，作薄粥。自余粉悉于甑中干蒸，令气好馏下之，摊令冷。以曲末和之，极令调均。粥温温如人体时，于瓮中和粉，痛抨使均柔，令相着。亦可椎打，如椎曲法。擘破块，内着瓮中。盆合泥封。裂则更泥封，勿令漏气。正月作，至五月大雨后，夜暂开看，有清中饮，还泥封。至七月好熟，接饮不押。三年停之，亦不动。一石米，不过一斗糟，悉着瓮底。酒尽出时，水硬糟脆，欲似石灰。酒色似麻油，甚酿。先能饮好酒一斗者，唯禁得升半。饮三升大醉。三升不浇，大醉必死。凡人大醉，酩酊无知，身体壮热如火者，作热汤，以冷解。名曰生熟汤，汤令均小热，得通人手。以浇醉人。汤淋处即冷，不过数斛汤，回转翻覆，通头面痛淋，须臾起坐。与人此酒，先问饮多少，裁量与之。若不语其法，口美不能自节，无不死矣。一斗酒，醉二十人。得者无不传饷亲知以为乐[①]。

黍米酎法，亦以正月作，七月熟。净治曲，捣末，绢筛，如上法。笨曲一斗，杀米六斗，用神曲弥佳，亦随曲杀多少，以意消息。米细弥净淘，弱炊再馏黍，摊冷。以曲末于瓮中和之，挼令调均，擘破块，着瓮中。盆合泥封。五月暂开，悉同稻酎法。芬香美酿，皆亦相似。酿此二酘，常宜谨慎，多，喜杀人。以饮少，不言醉死，正疑药杀，尤须节量，勿轻饮之。

---

① 底本作"以为恭"，今依涵芬楼本作"以为乐"。

粟米酒法，唯正月得作，余月悉不成。用笨曲，不用神曲。粟米皆得作酒，然青谷米最佳。治曲、淘米，必须细净。以正月一日，日未出前取水。日出，即晒曲。至正月十五日，捣曲作末，即浸之。大率曲末一斗，堆量之。水八斗，杀米一石。米平量之。随瓮大小，率以此加，以向满为度。随米多少，皆平分为四分，从初至熟，四炊而已。预前经宿浸米令液，以正月晦日，向暮炊酿，正作馈耳，不为再馏。饭欲熟时，预前作泥置瓮边，馈熟即举甑，就瓮下之。速以酒杷就瓮中搅作三两遍，即以盆合瓮口，泥密封，勿令漏气。看有裂处，更泥封。七日一酘，皆如初法。四酘毕，四七二十八日酒熟。此酒要须用夜，不得白日。四度酘者，及初押酒时，皆回身映火，勿使烛明及瓮。酒熟便堪饮。未急待，且封置，至四五月押之弥佳。押讫，还泥封，须便择取荫屋贮置，亦得度夏。气味香美，不减黍米酒。贫薄之家，所宜用之，黍米贵而难得故也。

又造粟米酒法，预前细剉曲，曝令干，末之。正月晦日，日未出时，收浸曲。一斗曲，用水七斗。曲发便下酿，不限日数，米足便休[①]为异耳。自余法用，一与前同。

作粟米炉酒法，五月、六月、七月中，作之倍美。受两石以下瓮子，以石子二三升，蔽瓮底。夜炊粟米饭，即摊之令冷，夜得露气，鸡鸣乃和之。大率米一石，杀曲末[②]一斗，春酒糟末一斗，粟米饭五斗。曲杀若少，计须减饭。和法，痛接令相杂，填满瓮为限。以纸盖口，砖押上，勿泥之，泥则恐大伤热。五六日后，以手内瓮中，看令无热气，便熟矣。酒停亦得二十许日。以冷水浇。筒饮之。酹出者，歇而不美。

魏武帝上九酝法，奏曰：臣县故令九酝春酒法，用曲三十斤，流水五石，腊月二日清曲。正月冻解，用好稻米，漉去曲滓便酿。法引曰：譬诸虫，虽久多完。三日一酿，满九石米止。臣得法，酿之常善。其上清，滓亦可饮。若以九酝苦难饮，增为十酿，易饮不病。九酝用米九斛，十酿用米十斛，俱用曲三十斤，但米多少耳。治曲淘米，一如春酒法。

浸药酒法，以此酒浸五茄木皮，及一切药，皆有益，神效。用春酒

---

① 底本作"体"，今依涵芬楼本作"休"。
② 底本作"米"，今依涵芬楼本作"末"。

曲及笨曲，不用神曲。糠①沈埋藏之，勿使六畜食。治曲法，须斫去四缘、四角、上下两面，皆三分去一，孔中亦剜去。然后细剉，燥曝，末之。大率曲末一斗，用水一斗半。多作以此加之。酿用黍，必须细䂥，淘欲极净，水清乃止。用米亦无定方，准量曲势强弱。然其米，要须均分为七分，一日一酘，莫令空阙，阙即折曲势力。七酘毕便止。熟即押出之。春秋冬夏皆得作。茹瓮厚薄之宜，一与春酒同，但黍饭摊使极冷，冬即须物覆瓮。其斫去之曲，犹有力，不废余用耳。

《博物志》：胡椒酒法，以好春酒五升，干姜一两，胡椒七十枚，皆捣末。好美安石榴五枚，押取汁。皆以姜、椒末，及安石榴汁，悉内着酒中，火暖取温。亦可冷饮，亦可热饮之，温②中下气。若病酒，苦觉体中不调，饮之，能者四五升，不能者可二三升，从意。若欲增姜、椒亦可。若嫌多，欲减亦可。欲多作者，当以此为率。若饮不尽，可停数日。此胡人所谓荜拨酒也。

《食经》作白醪酒法，生秫米一石，方曲二斤。细剉，以泉水渍曲，密盖。再宿，曲浮起。炊米三斗酘之，使和调，盖。满五日乃好。酒甘如乳。九月半后可作也③。

作白醪酒法，用方曲五斤，细剉，以流水三斗五升渍之，再宿。炊米四斗，冷酘之。令得七斗汁。凡三酘。济令清。又炊一斗米酘酒中，搅令和解，封。四五日，黍浮，缥色上，便可饮矣。

冬米明酒法，九月，渍精④稻米一斗，捣令细末，沸汤一石浇之。曲一斤，末，搅和。三日极酢，合二斗⑤酿米炊之。气刺人鼻，便为大发，搅成。用方曲十五斤酘之。米三斗，水四斗，合和酿之也。

夏米明酒法，秫米一石，曲三斤，水三斗渍之。炊三斗米酘之。凡三，济出，炊一斗，酘酒中。再宿，黍浮便可饮之。

朗陵何公夏封清酒法，细剉曲如雀头。先布瓮底。以黍一斗，次第用水五升浇之。泥着日中，七日熟。

---

① 底本作"糖"，今依涵芬楼本作"糠"。
② 今依涵芬楼本补"温"。
③ 此句涵芬楼本作"九月半后不作也"。
④ 底本作"清"，今依涵芬楼本作"精"。
⑤ 涵芬楼本作"三斗"。

愈疟酒法，四月八月①作。用米一石②，曲一斤，捣作末，俱酘水中。酒酢煎一石，取七斗。以曲四斤，须浆冷，酘曲。一宿，上生白沫起。炊秫一石，冷酘中。三日酒成。

作酃酒法，（原注：酃，卢丁反。）以九月中，取秫米一石六斗，炊作饭。以水一石，宿渍曲七斤。炊饭令冷，酘曲汁中。覆瓮多用荷、箬，令酒香。燥复易之。

作和酒法，酒一斗，胡椒六十枚，干姜一分，鸡舌香一分，荜拨六枚，下筛绢囊盛内酒中一宿。蜜一升和之。

作夏鸡鸣酒法，秫米二升，煮作糜。曲二斤，捣合米和令调。以水五斗渍之，封头。今日作，明旦鸡鸣便熟。

作㮌酒法，四月取㮌叶，合花采之，还即急抑着瓮中。六七日，悉使乌熟，曝之。煮三四沸，去滓，内瓮中下曲。炊五斗米，日中可燥，手一两抑之。一宿，复炊五斗米酘之便熟。

柯柂酒法。（原注：柂，良知反。）二月二日取水，三月三日煎之，先搅曲中水。一宿乃炊黍米饭。日中曝之，酒成也。

法酒第六十七

酿法皆用春酒曲。其米、糠、瀋汁、饙、饭，皆不用人及狗鼠食之。

黍米法酒，预剉曲，曝之令极燥。三月三日，秤曲三斤三两，取水三斗三升浸曲。经七日，曲发，细泡起，然后取黍米三斗三升，净淘。凡酒米，皆欲极净，水清乃止。法酒尤宜存意，淘米不得净，则酒黑。炊作再馏饭。摊使冷，着曲汁中，搦黍令散。两重布盖瓮口。候米消尽，更炊四斗半米酘之。每酘皆搦令散。第三酘炊米六斗。自此以后，每酘以渐加③米。瓮无大小，以满为限。酒味醇美，宜合醅饮食之。饮半，更炊米重酘如初。不着水曲，唯以渐加米，还得满瓮。竟夏饮之，不能穷尽，所谓神异矣。

---

① 涵芬楼本作"四月八日"。
② 两本均作"用水一石"，今据《齐民要术译注》的考证，应作"用米一石"。
③ 底本作"和"，今依涵芬楼本作"加"。

作当梁酒法，当梁下置瓮，故曰当梁。以三月三日，日未出时，取水三斗三升，干曲末三斗三升，炊黍米三斗三升，为再馏黍，摊使极冷，水曲黍俱时下之。三月六日，炊米六斗酘之。三月九日，炊米九斗酘之。自此以后，米之多少，无复斗数，任意酘之，满瓮便止。若欲取者，但言偷酒，勿云取酒。假令出一石，还炊一石米酘之，瓮还复满，亦为神异。其糠、潘悉泻坑中，勿令狗鼠食之。

秔米法酒，糯米大佳。三月三日，取井花水三斗三升，绢簁曲末三斗三升，秔米三斗三升。稻米佳，无者早稻米亦得充事。再馏弱炊，摊令小冷，先下水曲，然后酘之。七日更酘，用米六斗六升。二七①日更酘，用米一石三斗二升。三七日更酘，用米二石六斗四升乃止。量酒备足便止。合醅饮者，不复封泥。令清者以盆密盖泥封之。经七日，便极清澄。接取清者，然后押之。

《食经》七月七日作法酒方，一石曲作燠饼，编竹瓮下，罗饼竹上，密泥瓮头。二七日出饼，曝令燥，还内瓮中。一石米，合得三石酒也。

又法酒方，焦麦曲末一石，曝令干。煎汤一石，黍一石，合糅令甚熟。以二月二日收水，即预煎汤，停之令冷。初酘之时，十日一酘，不得使狗鼠近之。于后无苦，或八日、六日一酘，会以偶日酘之，不得只日。二月中即节酘令足。常预煎汤，停之酘毕，以五升洗手，荡瓮②。其米多少，依焦曲杀之。

三九酒法，以三月三日，收水九斗，米九斗，焦曲末九斗。先曝干之，一时和之，揉和令极熟。九日一酘，后五日一酘，后三日一酘。勿令狗鼠近之。会以只日酘，不得以偶日也。使三月中，即令酘足。常预作汤，瓮中停之，酘毕，辄使五升洗手，荡瓮，倾于酒瓮中也。

治酒酢法，若十石米酒，炒三升小麦，令甚黑，以绛帛再重为袋，用盛之。周筑令硬如石，安在瓮底。经二七日后饮之，即回。

大州白堕曲方饼法，谷三石，蒸两石，生一石，别磑之令细，然后合和之也。桑、胡葈叶、艾叶，各二尺围，长二尺许，合煮之使

---

① 底本此句为"一七日……二七日"，今依涵芬楼本作"二七日……三七日"。
② 今依涵芬楼本补"瓮"字。

烂。去滓取汁，以冷水和之，如酒色，和曲，燥湿以意酌量。日中捣三千六百杵，讫饼之。安置暖屋床上，先布麦䴬厚二寸，然后置曲，上亦与䴬二寸覆之。闭户勿使露见风日。一七日，冷水湿手拭之令遍，即翻之。至二七日，一例侧之。三七日笼之。四七日，出置日中曝令干。作酒之法，净削刮去垢，打碎末，令干燥。十斤曲，杀米一石五斗。

作桑落酒法，曲末一斗，熟米二斗。其米令精细净淘，水清为度。用熟水一斗。限三酘便止。渍①曲，候向发便酘，不得矣失时。勿令小儿人狗食黍。

作春酒，以冷水渍曲，余同冬酒。

---

① 底本为"清"，今依涵芬楼本作"渍"。

熬波图

（元）陈椿　撰

(文渊阁《四库全书》本)

序

浙之西华亭东百里，实为下砂。滨大海，枕黄浦，距大塘，襟带吴松、杨子二江，直走东南，皆斥卤之地，煮海作盐，其来尚矣。宋建炎中始立盐监，地有瞿氏、唐氏之祖为监场、为提干者。至元丙子，又为土著相副管勾官，皆无其任者也。提干讳守仁，号乐山，弟守义，号鹤山。诗礼传家，襟怀慷慨。二公行义，表表可仪，而鹤山尤为温克，端有古人风度。辅圣朝开海道，策上勋，膺宣命，授忠显校尉、海道运粮千户，深知煮海渊源，风土异同，法度终始。命工绘为长卷，名曰"熬波图"，将使后人知煎盐之法，工役之劳，而垂于无穷也。惜乎辞世之急。仆曩吏下砂场盐司，暇日访其子讳天禧号敬斋于众绿园堂。出示其父所图草卷，披览之余，了然在目，如示诸掌。呜呼！信知仁民之心如是其大乎！抑尝观淮甸陈晔《通州鬻海录》，恨其未详，仅载西亭、丰利、金沙、余庆、石堰五场，安置处所，捎灰、刺溜、澳卤、试莲、煎盐、采薪之大略耳。今观斯图真可谓得其情备而详矣。然而浙东竹盘之殊，改法立仓之异，犹未及焉。敬齐慨然属椿而言曰：成先君之功者子也，子其为我全其帙而成其美云。椿辞不获已，敬为略者详之，阙者补之，图几成而敬斋不世。至顺庚午始得大备，行锓诸梓，垂于不朽，上以美鹤山存心之仁，用功之勤，下以表敬斋继志之勇，托付之得人也。有意于爱民者将有感于斯图，必能出长策以苏民力，于国家之治政，未必无小补云。时元统甲戌三月上巳，天台后学陈椿志。

卷上

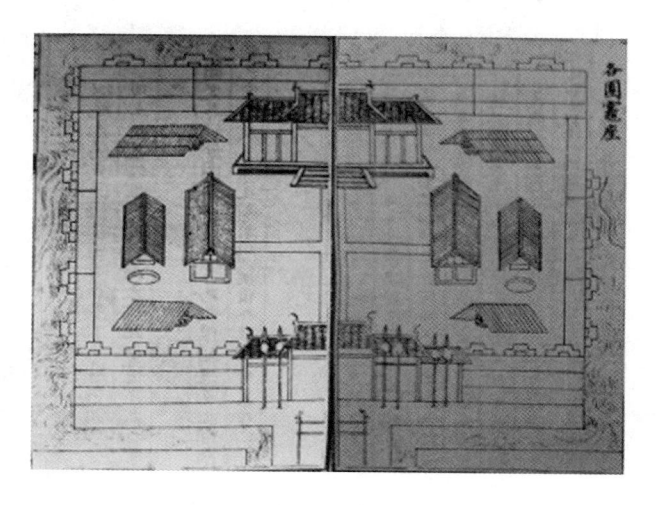

各团灶座

归并灶座，建团立盘，或三灶合一团，或两灶为一团，四向筑叠围墙，外向远匝濠堑，团内筑凿池井，盛贮卤水，盖造盐仓、栿屋，置关立锁，复拨官军守把巡警。

东海有大利，斯民不敢争。
并海立官舍，兵卫森军营。
私鬻官有禁，私鬻官有刑。
团听严且肃，立法无弊生。

212 / 农业篇

筑垒围墙

团围四向墙堵，上置乳头，仿佛城池，以绝奸伪。或遇坍摧，随时筑垒。其土皆用荡内生田土堑，盖傍海不时风潮大作，非坚实不足以御之。

> 立团定界址，分团围短墙。
> 垒土为之限，开沟为之防。
> 版筑已完固，厥土燥且刚。
> 团门慎出入，北军守其旁。

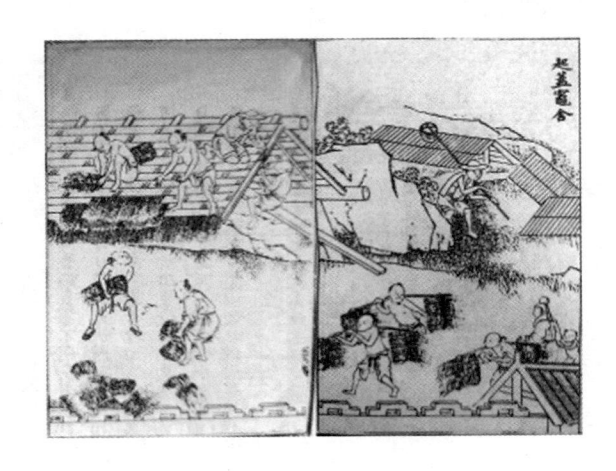

起盖灶舍

既立团列灶，自春至冬，照依三则火伏煎烧，晨夕不住，必须于桦上盖造舍屋，以庇风雨。雇募人夫工匠，填筑基址令高，收买木植、铁丁等物料。屋在壮而不在丽，故檐楹垂地，梁柱椽桷，俱用巨木，缚芦为稃铺其上，以茅苫盖，后筑短墙围裹，内设出生灰之处，前向容着灶丁执爨煎盐。夏月多起东南风，故其屋俱朝东南，风顺可烧火，灶丁则免烟薰火炙之患。

筑团未脱手，桦舍又兴工。
运茆上高屋，畚泥矮墙东。
所喜手脚健，敢言腰背慵。
何以门东南，盖以朝其风。

团内便仓

各团所办盐额多寡不同，多者万引，少者不下五七千引。每日煎到火伏盐数，为因相离总仓近则往回八七十里，远者往回二百余里。或河道缺水，或值聚雨所阻，岂能继即起运。各灶户自备木植、砖瓦、铁丁、石灰、工食等项物料，就团内起盖仓房，或五间或七间，以便收贮，公私皆便，故以便仓名之。

便仓以便民，规模在经始。
地土既高燥，水港亦通济。
砖壁连屋山，瓦沟建瓴水。
众灶各设仓，公利私亦利。

裹筑灰淋

　　灰淋一名灰垯，其法于摊场边近高阜处，掘四方土窟一个，深二尺许，广五、六尺。先用牛于湿草地内踏炼筋韧熟泥，用铁铧锹掘成四方土块，名曰生田。人夫搬担，逐块排砌，淋底筑踏平实。四围亦垒筑如墙，用木槌草索鞭打无纵，务要绕围及底下坚实，以防泄漏。仍于灰淋侧掘一卤井，深广可六尺，亦用土块筑垒如灰淋法，埋一小竹管于灰淋底下，与井相通，使流卤入井内。

百炼无生泥，万杵皆实地。
池井既坚牢，裹筑又完备。
作劳口舌干，咸水觉有味。
早知作农夫，岂不太容易！

筑叠池井

灰场上及团内筑叠成卤池井。方长者为池，如茧朴，掘深八九尺，阔六七尺，长丈余。井则圆，井之名有二，大者为井，小者为缸头，大可广六尺，小广三尺，深若池之数。天晴则用水浇湿草地，将牛踏炼筋韧熟泥，用铁锹掘成四方土块，方厚尺许，逐块搬担排砌筑垒池底，并四向墙壁，将木槌草索鞭打，绕围上下泥缝坚实，不致渗漏。井亦如之。池与缸头下底埋竹管相通，用卤则缸头内浇舀上样。

凿井以潴卤，井欲实且坚。
又恐风雨至，炼泥包四边。
小块少者抱，大块壮者肩。
临归鞭又鞭，恐为蝼蛄穿。

盖池井屋 （原注：原图缺）

池井筑叠既完，又忌雨损，故于上造房屋以覆之。收买竹为桷椽，木为梁柱，织芦为芭，束茆为苫，工食之费，时时修葺，以防雨漏。若入生水浸淡，又须再别淋过，然后可以煎盐。

穿凿池井完，上盖数椽屋。
老妇挽茅柴，壮丁担竹木。
檐楹苫着地，难用擎天柱。
固非人所居，但防天雨雨。

开河通海

晒灰煎盐，灌泼摊场，通船运卤，全赖海水。每团各灶须开通海河道，港口作坝。令开月河，候取远汛，以接海潮。每为沙泥壅涨淤塞，每岁亦须频频捞洗以深之。

平地海可通，要非一日劳。
成云举万锸，落地连千锹。
水性元润下，满沟来滔滔。
海水无尽时，要在人煎熬。

埧堰蓄水（原注：原图缺）

办盐全赖海潮，虽是各灶开挑通海河港，必于港口筑捺埧堰，置办工具，雇募人夫看守。每遇大汛，人夫俱于海边港口，风雨不移，彻夜守候。潮来则开月河通放，候河满仍旧运土坚捺，蓄水以备朝暮灌泼晒灰。潮涌则漳没滩场，水少则妨误滩晒。

> 今晨海多风，潮水来浩瀚。
> 未作西头埧，先捺东头堰。
> 蓄水不患多，将以备烹炼。
> 复防有泛溢，适中乃为善。

就海引潮（原注：原图缺）

滩场周围虽有蓄水河沟，每日浇泼灰淋卤，渐见浅涸。六七月久晴，分外用水浩，大海潮虽遇大汛，亦不入港，必须雇夫将带工具，就海开河，引潮入港，用车戽接。

> 人言只手河可塞，我见众力海可通。
> 东南财赋大渊薮，货财所殖源无穷。
> 海波万顷取无禁，千夫奔锸来如风。
> 须臾引海出平地，非人之力天之功。

筑护海岸

每岁七八月间，多起大东北风，海潮甚大，虑恐涌涨，潭没灰场时，急不能干，有妨摊晒，才被潭浸，纵晴亦不下六七日，不能施功。每每多雇人夫，高筑堤岸，以防不测。潮汛长落，又恐海涛冲积损坏，时常巡视，有损即补叠以护之。

去海无十里，水可狎而玩。
曾闻十年前，沸腾无畔岸。
所以预堤防，不独为水患。
煮海且富国，民力惜有限。

车接海潮

五、六、七、八月间，天道久晴，正当酷热之时，虽大汛，潮不抵岸，沟港干涸，缺水晒灰，只得雇请人夫，将带工具，就海三五里开河，多用水车，逐级接高车戽咸潮入港，所以备灶丁掉水灌泼摊场，淋灰取卤。

　　　　翻翻联联，荦荦确确，东海巨蛇才脱壳。
　　　　滔滔车腹水逆行，辊辊车声雷大作。
　　　　能消几部旱龙骨，翻得阳侯波欲涸。
　　　　谁家少妇急工程，径上车头泥两脚。

疏浚潮沟（原注：原图缺）

团灶通潮河港，因浑潮上落，沙泥淤塞，不时雇工开浚。

　　　　潮来沟水满，潮落三寸泥。
　　　　十日泥三尺，沟与两岸无高低。
　　　　长柄枕楒短柄锹，开深八尺过人头。

但得朝朝水满沟，一生甘作泥中！

开辟摊场

办盐各随风土。浙东削土，浙西下砂等场止是晒灰取卤，摊场最为急务。择傍海附团碱地，先行雇募人夫牛犁翻耕数次，四围开挑蓄水围沟，每淋须广二十四步，长八十步，分作三片或四片。但此等法度甚为艰辛，故逐一图之于后。

盐事有先后，首当开摊场。
深犁辟两岸，坚堑壅四傍。
细草不留根，咸波无清光。
但恐人力疲，牛疲亦何伤。

车水耕平（原注：原图缺）

初辟灰场，自数次翻耕之后，雇募人夫、水车、牛力于上耕垦，将高就低，丁工亦各用铁搭锄匀，务要平正。车海内咸潮灌浸，如此数次，令咸味入骨，水干然后敲泥拾草。

场面有凸凹，水力均浸灌。
车声接海声，鸦尾衔欲断。
将来晒灰时，恐有不平患。
但愿天公平，无水亦无旱。

敲泥拾草

  车水灌浸之后，候干。雇募人夫须用铁锄将草根起，拾去杂草根荄干净。如有土块，仍用木槌一一敲碎如粉，渐葺平正。

拾草草叶空，敲泥泥粉碎。
虽如镜面平，犹恐蚁穴坏。
十指尽皲瘃，那复问肩背。
抛却犁与锄，平地且拾芥。

海潮浸灌

敲泥拾草之后，渐已平净，又须于摊场四畔添做围岸，车戽海潮，满满淳浸。须伺日久，地土吊咸，水干则扒削开渠取平。

浙东把土刮，浙西将灰淋。
开得摊场成，车引海潮浸。
土润咸花生，地瘠咸波渗。
煎盐工力繁，惟此艰难甚。

削土取平

潮浸既久，又须日晒土干。工丁不问老幼，各用扒鋯、锄头划去细草，分为片段。以一淋为率，或三片、四片，于中及四围通开浅浅小渠，引水而已。却就港边做潢头，每日棹水自港头放入小渠，分流四围，以供早晚浇泼。其场地宛如镜面光净，四下坦平，方可摊灰晒之。如有凹凸，遇雨则凹处迟干，泼水则凸处不积。

　　　　潮泥不厌捣，细草不厌划。
　　　　四方贵匀净，一孔防漏绽。
　　　　牛闲卧碌碡，鹿过绝町疃。
　　　　不日即兴煎，盐事不可缓。

棹水泼水

摊场四围浅开通水小渠，灶插不分男女，每日午后收灰入淋之后，场地已空。晚下用绳索扎缚了水桶，名曰棹桶。两人将棹桶相对，于港边棹水上岸，自潢头内流入灰场四围渠内，随以锨蒲泼水灌湿摊场。浥露一夜，次日绝早摊灰。

　　　　灰场欲润不欲干，长绳㞷海海水翻。

分沟通流护场面，平铺灰了摊复摊。
就场桿水仍泼水，却恐风来一扫间。
健妇肩灰何火急，不顾饥儿扳担泣。

担灰摊晒

灰乃垯内淋过卤水残灰，及桦内半灭不过带性生灰，每垯日添生灰两担，收担入淋之时，一担铺底，一担盖面。灶丁每日侵晨看天色晴霁，逐担挑开。于摊场上用阔木锹，一名锹蒲，逐一锹开摊遍。男子妇人若老若幼，夏日苦热，赤日行天，则汗血淋漓，严冬朔风，则履霜蹑冰，手足皴裂，悉登场灶，无敢闲惰。

海天无风云色开，相呼上场早晒灰。
满场大堆仍小堆。前担未了后担催。
少妇勤作亦可哀，草间终日眠婴孩。
正苦饥腹鸣如雷，转头馌妇从西来。

筱灰取匀

筱竿以竹为之，大竹一竿为柄长六尺，上缚小竹三根或两根。凡晒灰先用阔木锹摊之，后各用筱竿分头于所摊灰处筱开均匀，不致厚薄，易于结咸。若筱不匀，则厚薄不能成咸。

筑场才罢随上灰，灰如细尘地如席。
更持长筱轻拂拂，灰中莫有块与核。
一片灰场几经手，壮者尪羸肥者瘠。
飞扬最怕海边风，不怕天边日头赤。

卷下

筛水晒灰

摊灰筿匀之后，遇有风起，必致吹刮。灶丁用长柄浇料舀水于上风，飐水筛泼周遍，令灰沾地，庶免风吹失散。

风日太燥灰欲飞，灰底太湿生地衣。
老丁调停视干湿，或晒或洒随其宜。
长撩取水信手泼，灰不至死长含湿。
水匀不燥亦不湿，明朝卤成咸到骨。

扒扫聚灰

灶丁晒灰才至午后，灰已成咸，丁工老幼男女分布场上，用扫帚木扒扫闭推聚成堆。夏月一日成咸，冬月二三日方得成功。

扫开扫闭秃千帚，推去扒来穿两肘。
百堆千堆乱人行，一尝再尝咸人口。
千夫上场争晒灰，晒灰亦有高低手。
尔曹慎勿叹苦辛，明日成盐此其母。

担灰入淋

灰已扫聚成堆，累累满场。每淋约三十担，以灰场阔狭淋垯大小为则，各各挑担入淋。先用生灰一担铺底，却着所晒咸灰倾入满了，又用生灰一担盖面，用脚蹅踏坚实，实则卤易流，虚则卤不下。却束草一把于上，然后以浇料舀咸水自束草上浇淋，使灰不为水冲动。用水之多少，酌量灰之咸淡为准。

     一淋灰半湿，再淋灰欲泣。
     三淋四淋灰底透，竹笕通池如雨集。
     闲投石莲就卤试，三莲四莲直沉入。
     丁夫闲少辛苦多，却恐无灰可相接。

淋灰取卤

所收咸灰入淋浇水足，则下卤流入淋边井内。要知卤之咸淡必用莲管秤试，如四莲俱起，其卤为上淋，过淡灰次日再晒。管莲之法，采石莲先于淤泥内浸过。用四等卤分浸四处，最咸麵卤浸一处。（原注：第一等。）三分卤浸一分水浸一处。（原注：第二等。）一半水一半卤浸一处。（原注：第三等。）一分卤浸二分水浸一处。（原注：第四等。）后用一竹管，盛此四等所浸莲子四，放于竹管内。上用竹丝隔定竹管口，不令莲子漾出，以莲管汲卤试之，视四管莲子之浮沉，以别卤咸淡之等。

扴灰上担去复还，倾灰满淋高如山。
小池蓄水待浇泼，外面虽湿中央干。
灰如命脉卤如血，血与命脉相流连。
便须载卤入团去，官司明日催装样。

卤船盐船

卤船运卤入团，盐船载盐上仓。卤船其身浅，易于牵运。盐船上有摧槽橄板，锁封关防，船舽（原注：舽同榜，并船也。）官为印烙。

大船（原注：舩音貂，吴船也。）小船名虽共，盐船卤船各适用。
卤船浅浅构作舱，盐船实实装舠。（原注：舠音洞，博雅舟名。）
灰卤附团便且轻，盐鹾到仓远而重。
也无桡桨与风帆，篾缆牛牵运防送。

打卤入船

　　牵运卤船至灰场边河内泊住，工丁用浇料将井内淋到卤水，用竹管引流放入船。用牛牵运至团。

　　　　大池小池无着处，相呼上卤入团去。
　　　　舭船满载百余石，艞船塞港百余只。
　　　　看船人丁暂得闲，牵牛从此无余力。
　　　　最喜长年老怕事，满船不敢偷涓滴。

担载运卤

摊场有远有近，有高有低，不通船只则桶担挑负河港，便当则用牛船搬载。

  担夫负担赪两肩，两牛拽船行且鞭。
  人力不甘牛有力，岸傍水底争相先。
  牛肥且健不惜力，担夫惟愁桶底穿。
  日西比及到团前，牛却长叹人无言。

打卤入团

牛船载卤至团边港内泊住，工丁将绺料就船舀起卤水，倾于墙脚下元置竹管内，引放入团中，从各支分小渠内流入各池中停顿。

  团前运卤船衔尾，上卤分沟入团里。
  长笕短笕断复连，行地滔滔如注水。
  今年天道好晒灰，那更淋灰清彻底。
  试来入口十分咸，守煎欢赏管煎喜。

樵斫柴薪

办盐柴为本，向者额轻荡多，今则额重荡少，为因盐额愈增而荡如旧故也。春首柴苗方出，渐次长茂，雇人看守，不得人牛践踏，谓之看青。及过五月小暑梅雨后，方可樵斫，间有缺柴之家，未待四月柴方长尺许已斫之矣。雇募人夫入荡砍斫，人夫手将铁横，（原注：横音横，《广韵》镰也。）脚着木屐，为荡内柴根刺足，难于行立也。上则月分卤咸，每盐一引用柴百束，下则时月卤淡，用柴倍其数，至如四五月乏柴，则买大小麦杆柴接济煎烧。浙西为有官荡，每引工本比浙东减五两。

> 黄茆白苇地，一望百余里。
> 长横莹如雪，动手即披靡。
> 纵横卧荒野，海风吹不起。
> 虽有营与蒯，亦毋弃憔悴。

束缚柴薪

雇募夫丁砍斫柴薪，用草义翻晒三两日。候干用木杴（原注：杴与舣同。《说文》徐锴曰：三棱为杴。）儿聚方，用茅捻束缚成个。每个六尺围圆，逐个搬担，堆沓在荡，别雇人夫牛车搬运。遇雨则柴腐烂，不敖火力。用茅捻以软细茅柴，搅为单股绳索，长七尺余。

平明加束缚，委地何纷纷。
一亩当几束，一束当几斤。
一际万余束，际际（原注：俗呼一堆为一际。）连青云。
余草任狼藉，待与樵者分。

砍斫柴生

亡宋年间，官拨草荡，此时盐数少。近年累蒙官司增添盐额，别无添拨草荡。以是每岁煎盐不敷，才至起火，便行缺柴。三、四月间，柴苗方长尺许，已是开荡樵斫，至八、九月内已无接济，不免多募人丁工具，将荡内茅根生，（原注："生"字，字书、韵书俱不载，未详。）柴再行刮削砍斫，用茅捻三务缚束，名曰横包柴。搬担堆垛，陆续搬运入团。

黄茅斫尽盐未足，官司熬熬催火伏。
有钱可买邻场柴，无钱之家守盐哭。
茅根得雨力未衰，昨日犹短今日齐。
乱包急束少作堆，三寸五寸寻柴生。

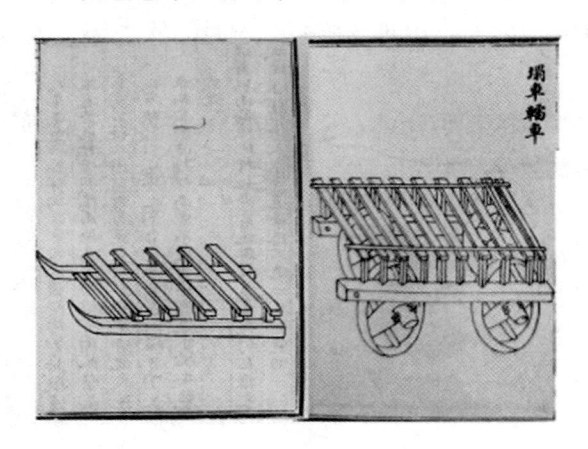

塌车辖①车

运柴必用辖（原注："辖"字，字书、韵书俱不载，未详。）车、塌车。二车大小各随其制，皆用樟、榆等硬木做造，方可耐久。管车轮轴头处，每辆用生铁铸成铁管四个，穿套在车机内，笼轴其中，庶耐转轴，名曰团穿。有力之家则造辖车，无力之家用塌车，盖辖②车用费、牛力倍于塌车数倍故也。

---

① 根据图中文字可知，此处缺字为"辖"。
② 根据图中文字可知，此处缺字为"辖"。

千牛密攒蹄，车声雷长堤。
担夫欲争道，长驱与之齐。
束草如山高，牧子犹嫌低。
陆地行尚可，可怜行深泥。

人车运柴

各垱为日责火伏盐，所拘柴薪搬运不迭，若无积柴则阴雨缺为烧用，纵有团外柴薪，卒急不得入团。团内若还多积，各垱举皆起火，地段窄狭，恐引延燎之患。自早至暮，夜以继日，丁工车辆交驰运赶，垱尚虑不敷，自非广募丁工，安能成效！

塌车无两轮，陆地行如飞。
肩拖与背负，右挽仍左推。
家家牛正忙，不念人力疲。
运柴恐不迭，一日知几回。

辘车运柴

附团涂荡值雨则远近浸泞，或深荡隔涉沟港。塌车、人担难于搬夯，（原注：夯，呼讲切，近銎上声，人用力以坚举物也。一曰北音读如抗。）辘车轮轴团转，易于牵运。每辆可运柴五十束，塌车止载十五束。

平明驱群牛，驾以大小车。
车上何所有？束束黄茅柴。
行行亦良苦，牧竖不停挝。
空车晚归去，牛背载寒鸦。

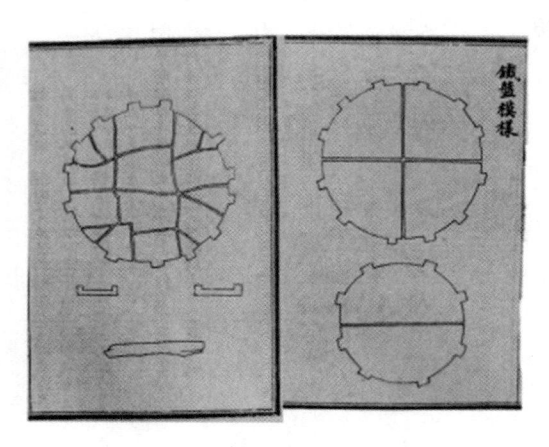

铁盘模样

盘有大小阔狭，薄则易裂，厚则耐久。浙东以竹编，浙西以铁铸，或篾或铁，各随其宜。样大块数则多，少者盘缝却省边际，龟脚靠阁样墙。以篾为者，止可用三二日。焚毁继成弃物，则应酬官事而已，终不如铁铸者可熬烈火烹炼也。

> 方盘虽薄容易裂，圆镬虽深又难热。
> 不方不圆合而分，样自两淮行两浙。
> 洪炉一鼓焰掀天，收尽九州无寸铁。
> 明朝火冷合而观，疑是沅江九肋鳖。

铸造铁样

镕铸样各随所铸大小用工铸造，以旧破锅镬铁为上。先筑炉，用瓶砂、白礓、炭屑、小麦穗和泥实筑为炉。其铁样沉重，难秤斤两，只以秤铁入炉为则。每铁一斤用炭一斤，总计其数，鼓鞴煽镕成汁。候铁镕尽为度，用柳木棒钻炉脐为一小窍，炼熟泥为溜，放汁入样模内，逐一块依所欲模样泻铸。如要汁止，用小麦穗和泥一块，于杖头上抹塞之即止。样一面亦用生铁一二万斤合用，铸冶工食所费不多。

大桦大小十余片，中盘四片小盘二。
谁将红炉生铁汁，泻入模中随巨细。
神槌击后皆有用，良冶收功在零碎。
闲看炉鞴弃荒郊，当时闹热今如水。

砌柱承桦

装桦之时，每一桦先用大砖一千余片，向灶肚中间砌砖柱二行。昔者铁铸为柱，灶口前后各砌二砖柱为门。桦外周围用土墼叠为墙壁，从地高二尺余，坚固筑打，阁桦于上。三五日一次别换砌装。

灰泥炼得如蒸土，巨砖为驼石为虎。
四垠打就围火城，中间屹立承桦柱。
此时筑打不加工，他日难禁大火聚。
满盘白雪积如山，不比金茎但承露。

排凑盘面

  盘有大小不等，或如木梳片，或三角，或四方，或长条，或小碎。工丁数十人用扛索秒木奋力举铁块，排揍成盘，周围阁所筑土墙上。其中各砖柱上或有短小铁块，阁不及砖柱者，先用铁打成块臂模样，名曰桦驼，以曲头搭两旁大铁块上，以凹身阁小片，凑补成圆，堵敊（原注："堵"字，疑"揩"字之讹。敊，《广韵》私盍切，音傝，攱起也。）平正。

形模本浑沦，何乃散而聚。
世无乌获力，万钧未易举。
片段合凑成，冶工费镕锢。
虽曰小铁驼，能补空缺处。

炼打草灰

如遇装样，先用茆柴绞成大索，却寸寸剁碎，和生灰，略入少卤润灰，不令飞动。却教灶丁远围群坐，各将木棒于草灰上不住手鞭打三二日。临用时再和石灰三斛，加以咸卤，打和稠黏，以涂样缝。

草灰将何用？鞭打不停手。
明朝装样时，泥篾护样口。
壮夫打鞭千百折，炼得白灰成黑雪。
谁知只是炉与篾，泥向盘边坚似铁。

装泥样缝

铁桦既凑完备，缝阔者四五寸，狭者一二寸，先束小柴把塞满缝内，以小竹扦穿定。次上卤和所打熟灰，逐缝涂满周遭，乃用芦篾高五六寸围转，亦用草灰裹涂。其内以大牛骨馆砑掠光实，略以十余束柴焚火，使灰略坚却。拔去竹扦，又用骨馆蘸卤再砑竹川孔无缝，频以草帚蘸卤刷缝，使骨馆频砑。一面烧火，候缝稍坚即上卤矣。必三五日再装一次。

    三长四短铸盘片，五合六聚凑盘面。
    老丁自有生焊药，灰日千舂泥百炼。
    深深抹缝工补插，五六乌金小驼健。
    补虚架满苟目前，安得天地为炉阴阳炭？

上卤煎盐

桦面装泥已完。卤丁轮定桦次上卤，用上竹管相接于池边缸头内，将浇料舀卤，自竹管内流放上桦。卤池稍远者，愈添竹管引之。桦缝设或渗漏，用牛粪和石灰掩捺即止。

    竹筒泻卤初上盘，今日起火齐著团。
    日煎月炼不得闲，却愁火急桦易干。

炎炎火窖去地三尺许，海波顷刻熬出素。
烹煎不顾寒与暑，半是灶丁流汗雨。

捞洒撩盐

煎盐旺月，卤多味咸则易成就。先安四方矮木架一二个，（原注：名撩床。）广五六尺，上铺竹篾，看柈上卤滚后，将扫帚于滚柈内频扫。木扒推闭，用铁划捞洒欲成未结糊涂湿盐，逐一划挑起撩床竹篾之上，沥去卤水，乃成干盐。又挼生卤，频捞盐，频添卤，如此则昼夜出盐不息，比同逐一柈烧干出盐倍省工力。若卤太咸则洒水浇，否则柈上生蘗如饭锅中生煿焦，通寸许厚，须用大铁槌（原注：一名柈槌。）逐星敲打划去了，否则为蘗所隔，非但卤难成盐，又且火紧，致损盘铁。

火伏上则盐易结，日烈风高胜他月。
欲成未成干又湿，撩上撩床便成雪。
盘中卤干时时添，要使柈中常不绝。
人面如灰汗如血，终朝彻夜不得歇。

干桦起盐

下中则月卤水淡薄，结盐稍迟，难施撩盐之法，直须待桦上卤干已结成盐，用铁划起。其桦厚重，卒未可冷，丁工着木屐于热桦上行走，以扫帚聚而收之。

      大桦未冷火初歇，轻轻划桦休划铁。
      有如昨夜未完月，妖蟆食破圆还缺。
      又如水晶三角片，又如蒸饼十字裂。
      正愁天上多苦雾，却喜海滨有咸雪。

出扒生灰

摊灰所晒咸灰，须日增添生灰刺和为母，当烧火时扒，（原注：扒，《集韵》布拔切，音八。《史记》：掊视得鼎。《索隐》曰：掊，扒也。）出桦肚。生灰半灭未过者，以水浇泼存性。工丁不分男妇，逐担挑出，摊场头堆积，以多为贵，准备每日消用。

　　　　　　　死灰不复燃，生灰犹未死。
　　　　　　　昨朝火窖中，今日冷如水。
　　　　　　　莫嫌灰担重，积灰那忍弃。
　　　　　　　晒干再下淋，又作还魂鬼。

日收散盐

灶丁接桦煎盐，轮当桦次，周而复始。且如一户煎盐了毕，主户则斛收见数，入团内仓房收顿，依验多寡，俵付工本口粮，以励勤惰。

　　　　　　　一日煎几何，一日收几多。
　　　　　　　但忧办不上，不独遭讥诃。
　　　　　　　日课有工程，官事无蹉跎。
　　　　　　　月月无虚申，不敢连司醝。

起运散盐

　　各团日煎散盐数，多桦灶内及仓厫盈满，必随时起运赴总仓，以备支装。每日丁工担挑下船，各家用印关防。官设军人轮流沿途防送，到仓交收。

　　　　　　　　散盐如积雪，地上数百堆。
　　　　　　　　关防少不密，团门或夜开。
　　　　　　　　多备牛与船，加以人力推。
　　　　　　　　总仓有统摄，不招还自来。

糖霜谱

(宋) 王灼 撰

(清嘉庆十年张氏照旷阁刻本)

糖霜，一名糖冰。福唐、四明、番禺、广汉、遂宁有之，独遂宁为冠。四郡所产，甚微而碎，色浅味薄，才比遂之最下者。凡物以希有难致见珍。故查梨、橙柑、荔枝、杨梅，四方不尽出，乃贵重于世。若甘蔗所在皆植，所植皆善，非异物也。至结蔗为霜，则中国之大，止此五郡，又遂宁专美焉。外之夷狄戎蛮皆有佳蔗，而糖霜无闻，此物理之不可诘也。

先是，唐大历间有僧号邹和尚，不知所从来。跨白驴，登伞山，结茅以居。须盐、米、薪、菜之属，即书付纸，系钱遣驴负至市区。人知为邹也，取平直挂物于鞍，纵驴归。一日，驴犯山下黄氏者蔗苗。黄请偿于邹。邹曰："汝未知窨蔗糖为霜，利当十倍。吾语女，塞责可乎？"试之，果信。自是就传其法。糖霜户近山或望伞山者皆如意，不然，万方终无成。邹末年弃而北走通泉县灵鹫山龛中，其徒追蹑及之，但见一文殊石像。众始知大士化身。而白驴者狮子也。邹结茅处今为楞严院。糖霜户犹画邹像事之，拟文殊云。

敷文阁待制苏公仲虎尝守遂宁，谓蜀士指眉阳水秀、普慈石秀，乃不知此邦平衍清丽之为土秀也。土爱稼穑，稼穑作甘。糖霜之甘擅天下，非土之特秀也欤？

自古食蔗者，始为蔗浆。宋玉作《招魂》，所谓胹鳖炮羔，有柘浆是也。（原注：王逸注：柘，薯蔗也。又云，柘，一作蔗。）其后为蔗饧。孙亮使黄门就中藏吏，取交州所献甘蔗饧是也。其后又为石蜜。《广志》

云：蔗饧为石蜜。《南中八郡志》：笮甘蔗汁曝成饧，谓之石蜜。《本草》亦云：炼糖和乳为石蜜是也。《唐史》载：太宗遣使至摩揭陀国，取熬糖法，即诏扬州上诸蔗，柞瀋如其剂，色味愈西域远甚。按《集韵》：酢、笮、醡、醋通用，而《玉篇》：柞，侧板切，疑字误。熬糖瀋作剂，似是今之沙糖也。蔗之技尽于此，不言作霜。然则糖霜非古也。战国后论吴蜀方物，如左太冲《三都赋》论旨味，如宋玉《招魂》、景差《大招》、枚乘《七发》、傅毅《七激》、崔骃《七依》、李尤《七疑》、元鳞《七说》、张衡《七辨》、曹植《七启》、徐干《七喻》、刘邵《七华》、张协《七命》、陆机《七征》、湛方生《七欢》、萧子范《七诱》，水陆动植之产搜罗殆尽，未有及此者。历世诗人摸奇写异，不可胜数，亦无一章一句。至本朝元祐间，大苏公过润州金山寺，作诗送遂宁僧圆宝有云：浯江与中泠，共此一味水。冰盘荐琥珀，何似糖霜美。元符间，黄鲁直在戎州作《颂答梓州雍熙光长老寄糖霜》有云：远寄蔗霜知有味，胜于崔浩水晶盐。正宗扫地从谁说，我舌犹能及鼻尖。遂宁糖霜见于文字，实于二公。然则糖霜果非古也，吾意四郡所产，亦起近世耳。

　　伞山在小溪县涪江东二十里，孤秀可喜。山前后为蔗田者十之四，糖霜户十之三。蔗有四色：曰杜蔗、曰西蔗、曰芳蔗——《本草》所谓荻蔗也、曰红蔗——《本草》所谓昆仑蔗也。红蔗止堪生啖，芳蔗可作沙糖。西蔗可作霜，色浅，土人不甚贵。杜蔗紫嫩，味极厚，专用作霜藏。种法：择取短者，（原注：芽生节间，短则节密而多芽。）掘坑深二尺，阔狭从便，断去尾，倒立坑中，土盖之。（原注：不倒则雨水入夹叶，久必坏。）凡蔗田十一月后深耕杷搂，燥土纵横，摩劳令熟。如开渠阔尺余，深尺五余①，傍立土垄。上元后二月初，区种行布，相儳灰薄盖之，又盖土不过二寸。清明及端午，前后两次以猪牛粪细和灰薄盖之，盖土常使露芽。六月半再使溷粪，余用前法。草不压数耘，土不厌数添，但常使露芽。候高成丛，用大锄翻垄，上土尽盖。十月收刈。凡蔗最困地力，不可杂他种。而今年为蔗田者，明年改种五谷，以休地力。田有余者，至为改种三年。糖霜成处，山下曰礼佛坝，五里曰干滩坝，十里曰石溪坝。江西与山对望，曰凤台镇。大率近三百余家，每家多者数十

---

① 底本原作"雨"，根据前后文意应作"余"。

瓮，少者一二瓮。山左曰张村，曰巷口。山后曰濡池，曰吴村。江西与山对望，曰法宝院，曰马鞍山，亦近百家。然霜成，皆中下品。（原注：张村属蓬溪县，凤台镇属长江县。）并山一带曰白水镇，曰土桥，虽多蔗田，不能成霜，岁压糖水，卖山前诸家。

糖霜户器用：曰蔗削，如破竹刀而稍轻；曰蔗镰，以削蔗，阔四寸，长尺许，势微弯；曰蔗凳，如小机子，一角凿孔，立木叉，束蔗三五挺，阁叉上，斜跨凳剉之；曰蔗碾，驾牛以碾所剉之蔗，大硬石为之，高六七尺，重千余斤，下以硬石作槽底，循环丈余；曰榨斗，又名竹袋，以压蔗，高四尺，编当年慈竹为之；曰枣杵，以筑蔗入榨斗；曰榨盘，以安斗，类今酒槽底；曰榨床，以安盘，床上架巨木，下转轴引索压之；曰漆瓮，表里漆以收糖水，防津漏。凡治蔗，用十月至十一月。先削去皮，次剉如钱。上户削剉至一二十人，两人削，供一人剉。次入碾，碾阙则舂。碾讫，号曰泊。次蒸泊，蒸透，出甑入榨，取尽糖水，投釜煎，仍上蒸生泊。约糖水七分熟，权入瓮，则所蒸泊亦堪榨。如是煎蒸相接。事竟，歇三日，（原注：过期则酿。）再取所寄收糖水煎。又候九分熟，稠如饧，（原注：十分太稠则成沙脚，沙音嗄。）插竹徧瓮中，始正入瓮，簸箕覆之。此造糖霜法也。已榨之后，别入生水重榨，作醋极酸。

糖水入瓮两日后，瓮面如粥文，染指视之如细沙。上元后结小块，或缀竹梢如粟穗。渐次增大如豆，至如指节，甚者成座如假山，俗谓随果子结实。至五月，春生夏长之气已备，不复增大，乃沥瓮。（原注：过初伏不沥则化为水，下户急欲前四月沥。）霜虽结，糖水犹在，沥瓮者庎出糖水，取霜沥干。其竹梢上团枝，随长短剪出就沥。沥定曝烈日中，极干收瓮。四周循环、连缀生者曰瓮鉴，颗块层出，如崖洞间钟乳，但侧生耳，不可遽沥。沥须就瓮曝数日令干硬，徐以铁铲分作数片出之。凡霜一瓮中品色亦自不同。堆叠如假山者为上，团枝次之，瓮鉴次之，小颗块次之，沙脚为下。紫为上，深琥珀次之，浅黄色又次之，浅白为下。不以大小，尤贵墙壁密排，俗号马齿霜面，带沙脚者刷去之。亦有大块或十斤，或二十斤，最异者三十斤，然中藏沙脚，号曰含沙。凡霜性易销化，畏阴湿及风，遇曝时，风吹无伤也。收藏法：干大小麦铺瓮底，麦上安竹笩，密排笋皮盛贮，绵絮覆笩，簸箕覆瓮。寄远，即瓶底着石灰数小块，隔纸盛贮，厚封瓶口。

糖霜户治良田，种佳蔗，利器用，谨土作一也，而收功每异。自耕田至沥瓮，殆一年半。开瓮之日或无铢两之获，或数十斤，或近百斤，有暴富者。村俗以卜家道盛衰。霜全不结，卖糖水与自熬砂糖，犹取善价，于本柄亦未甚损也。其得糖者，水或余半，亦以卖，或自熬砂糖。唯全瓮沙脚者，水耗十之九。春中先沥瓮曝干，少缓则化为水。宣和初，宰相王黼创应奉司。遂宁常贡外，岁进糖霜数千斤。是时所产益奇，墙壁或方寸，应奉司罢，不再见。岂天出珍异，不为凡庶设乎？然当时州县，因之大扰，败本业者居半，至今未复。又有巧营利者，破荻竹编狻猊、灯球状投糖水瓮中，霜或就结，比常霜益数倍之直。第不能必其成，又惧州县强索，无以应矣，近岁不作。

《本草》称：甘蔗消痰止渴，除心烦热。今糖霜亦如之。然砂糖招痰饮，殊不可晓也。有作汤者、作饼者，并附其法。对金汤：糖霜、干山药等，分细研。凤髓汤：糖霜、干莲子、干山药等，分细研，内莲子去赤皮。妙香汤：糖霜一斤细研，别研吴氏龙涎香、七分饼和之。糖霜饼：不以斤两，细研劈松子或胡桃肉，研和匀如酥蜜，食模脱成。模方圆雕花各随意，不过寸。研糖霜必择颗块者，沙脚即胶黏，不堪用。

范蔚宗作《香谱》，蔡君谟作《荔支》《茶》两谱，皆极尽物理，举世皆以为当。晦叔作《糖霜谱》，余闻之且久。偶获七篇，尽读于大慈之方丈院，将见与范、蔡之文并驰而争先矣。

绍兴二十四年[①]甲戌季春初六，卧云庵守元书

---

① 底本原作"绍兴三十四年"，绍兴乃宋高宗赵构使用过的年号，底本"绍兴三十四年甲戌季春初六"，绍兴元年为公元1131年，为辛亥年，甲戌年当为"绍兴二十四年"，"三十四"应当为作者笔误或刊刻之误。

手工业篇

周礼·考工记

佚名　撰

（清乾隆河间纪氏阅微草堂刻本）

卷上

国有六职，百工与居一焉。或坐而论道，或坐而行之，或审曲面执，以饬五材，以辨民器，或通四方之珍异以资之，或饬力以长地财，或治丝麻以成之。坐而论道谓之王公，作而行之谓之士大夫。审曲面执，以饬五材，以辨民器，谓之百工。通四方之珍异以资之，谓之商旅。饬力以长地财，谓之农夫。治丝麻以成之，谓之妇功。

粤无镈，燕无函，秦无庐，胡无弓车。粤之无镈也，非无镈也，夫人而能为镈也。燕之无函也，非无函也，夫人而能为函也。秦之无庐也，非无庐也，夫人而能为庐也。胡之无弓车也，非无弓车也，夫人而能为弓车也。

知者创物，巧者述之守之，世谓之工。百工之事，皆圣人之作也。烁金以为刃，凝土以为器，作车以行陆，作舟以行水，此皆圣人之所作也。天有时，地有气，材有美，工有巧，合此四者，然后可以为良。材美工巧，然而不良，则不时，不得地气也。

橘逾淮而北为枳，鹳鹆不逾济，貉逾汶则死，此地气然也。郑之刃，宋之斤，鲁之削，吴粤之剑，迁乎其地而弗能为良，地气然也。燕之角，荆之干，妢胡之笴，吴粤之金锡，此材之美者也。

天有时以生，有时以杀。草木有时以生，有时以死。石有时以泐。

水有时以凝，有时以泽。此天时也。

凡攻木之工七，攻金之工六，攻皮之工五，设色之工五，刮摩之工五，搏埴之工二。攻木之工：轮、舆、弓、庐、匠、车、梓。攻金之工：筑、冶、凫、桌、段、桃。攻皮之工：函、鲍、韗、袈。设色之工：画、缋、钟、筐、巾荒。刮摩之工：玉、楖、雕、矢、磬。搏埴之工：陶、旊。

有虞氏上陶，夏后氏上匠，殷人上梓，周人上舆，故一器而工聚焉者，车为多。车有六等之数：车轸四尺谓之一等；戈柲六尺有六寸，即建而迤，崇于轸四尺，谓之二等；人长八尺，崇于戈四尺，谓之三等；殳长寻有四尺，崇于人四尺，谓之四等；车戟常，崇于殳四尺，谓之五等；酋矛常有四尺，崇于戟四尺，谓之六等。车谓之六等之数。凡察车之道，必自载于地者始也。是故察车自轮始。凡察车之道，欲其朴属而微至。不朴属，无以为完久也。不微至，无以为戚速也。轮已崇，则人不能登也；轮已痺，则于马终古登阤也。故兵车之轮六尺有六寸，田车之轮六尺有三寸，乘车之轮六尺有六寸。六尺有六寸之轮，轵崇三尺有三寸也，加轸与轐焉，四尺也。人长八尺，登下以为节。

轮人为轮。斩三材必以其时。三材既具，巧者和之。毂也者，以为利转也。辐也者，以为直指也。牙也者，以为固抱也。轮敝，三材不失职，谓之完。望而眂其轮，欲其幎尔而下迤也。进而眂之，欲其微至也。无所取之，取诸圜也。望其辐，欲其挚尔而纤也。进而眂之，欲其肉称也。无所取之，取诸易直也。望其毂，欲其眼也，进而眂之，欲帱之廉也。无所取之，取诸急也。眂其绠，欲其蚤之正也，察其菑蚤不龋，则轮虽敝不匡。

凡斩毂之道，必矩其阴阳。阳也者，积理而坚；阴也者，疏理而柔。是故以火养其阴，而齐诸其阳，则毂虽敝不蔽。毂小而长则柞，大而短则挚。是故六分其轮崇，以其一为之牙围，叁分其牙围而漆其而。椁其漆内而中诎之，以为之毂长，以其长为之围。以其围之阞捎其薮：五分其毂之长，去一以为贤，去三以为轵。容毂必直，陈篆必正，施胶必厚，施筋必数，帱必负干。既摩，革色青白，谓之毂之善。叁分其毂长，二在外，一在内，以置其辐。凡辐，量其凿深以为辐广。辐广而凿浅，则是以大扤，虽有良工，莫之能固。凿深而辐小，则是固有余而强不足也。

故竑其辐广，以为之弱，则虽有深泥，亦弗之廉也。叁分其股围，去一以为骹围。揉辐必齐，平沈必均。直以指牙，牙得，则无槷而固；不得，则有槷必足见也。六尺有六寸之轮，绠叁分寸之二，谓之轮之固。

凡为轮，行泽者欲杼，行山者欲侔。杼以行泽，则是刀以割涂也，是故涂不附。侔以行山，则是抟以行石也，是故轮虽敝不甋于凿。凡揉牙，外不廉而内不挫，旁不肿，谓之用火之善。是故规之，以眡其圜也；萭之，以眡其匡也；县之，以眡其辐之直也；水之，以眡其平沈之均也；量其薮以黍，以眡其同也；权之，以眡其轻重之侔也。故可规、可萭、可水、可县、可量、可权也，谓之国工。

轮人为盖。达常围三寸。桯围倍之，六寸。信其桯围以为部广，部广六寸。部长二尺。桯长倍之，四尺者二。十分寸之一，谓之枚。部尊一枚，弓凿广四枚，凿上二枚，凿下四枚。凿深二寸有半，下直二枚，凿端一枚。弓长六尺谓之庇轵，五尺谓之庇轮，四尺谓之庇轸。叁分弓长而揉其一。叁分其股围，去一以为蚤围。叁分弓长，以其一为之尊。上欲尊而宇欲卑。上尊而宇卑，则吐水疾而霤远。盖已崇，则难为门也；盖已卑，是蔽目也。是故盖崇十尺。良盖弗冒弗纮，殷亩而驰，不队，谓之国工。

舆人为车。轮崇、车广、衡长，叁如一，谓之叁称。叁分车广，去一以为隧。叁分其隧，一在前，二在后，以揉其式。以其广之半，为之式崇；以其隧之半，为之较崇。六分其广，以一为之轸围；叁分轸围，去一以为式围；叁分式围，去一以为较围；叁分较围，去一以为轵围；叁分轵围，去一以为轛围。圜者中规，方者中矩，立者中县，衡者中水，直者如生焉，继者如附焉。凡居材，大与小无并，大倚小则摧，引之则绝。栈车欲弇，饰车欲侈。

辀人为辀。辀有三度，轴有三理。国马之辀，深四尺有七寸；田马之辀，深四尺；驽马之辀，深三尺有三寸。轴有三理：一者，以为媺也；二者，以为久也；三者，以为利也。軓前十尺，而策半之。凡任木，任正者，十分其辀之长，以其一为之围。衡任者，五分其长，以其一为之围。小于度，谓之无任。五分其轸间，以其一为之轴围。十分其辀之长，以其一为之当兔之围。叁分其兔围，去一以为颈围。五分其颈围，去一以为踵围。

凡揉辀，欲其孙而无弧深。今夫大车之辕挚，其登又难。即克其登，其覆车也必易。此无故，唯辕直且无桡也。是故大车平地既节轩挚之任，及其登阤，不伏其辕，必缢其牛。此无故，惟辕直且无桡也。故登阤者，倍任者也，犹能以登。及其下阤也，不援其邸，必缩其牛后。此无故，惟辕直且无桡也，是故辀欲颀典。辀深则折，浅则负。辀注则利，准（利准）则久，和则安。辀欲弧而无折，经而无绝，进则于马谋，退则与人谋。终日驰骋，左不楗；行数千里，马不契需；终岁御，衣衽不敝，此唯辀之和也。劝登马力，马力既竭，辀犹能一取焉。良辀环灂，自伏兔不至轵七寸，轵中有灂，谓之国辀。

轸之方也，以象地也；盖之圜也，以象天也。轮辐三十，以象日月也；盖弓二十有八，以象星也。龙旂九斿，以象大火也；鸟旟七斿；以象鹑火也；熊旗六斿，以象伐也；龟蛇四斿，以象营室也；弧旌枉矢，以象弧也。

攻金之工，筑氏执下齐，冶氏执上齐，凫氏为声，栗氏为量，段氏为镈器，桃氏为刃。金有六齐：六分其金而锡居一，谓之钟鼎之齐；五分其金而锡居一，谓之斧斤之齐；四分其金而锡居一，谓之戈戟之齐；叁分其金而锡居一，谓之大刃之齐；五分其金而锡居二，谓之削杀矢之齐；金、锡半，谓之鉴燧之齐。

筑氏为削。长尺博寸，合六而成规。欲新而无穷，敝尽而无恶。

冶氏为杀矢。刃长寸，围寸，铤十之，重三垸。戈广二寸，内倍之，胡三之，援四之。已倨则不入，已句则不决。长内则折前，短内则不疾。是故倨句外博。重三锊。戟广寸有半寸，内三之，胡四之，援五之。倨句中矩。与刺重三锊。

桃氏为剑，腊广二寸有半寸，两从半之。以其腊广为之茎围，长倍之，中其茎，设其后。叁分其腊广，去一以为首广而围之。身长五其茎长，重九锊，谓之上制，上士服之。身长四其茎长，重七锊，谓之中制，中士服之。身长三其茎长，重五锊，谓之下制，下士服之。

凫氏为钟。两栾谓之铣，铣间谓之于，于上谓之鼓，鼓上谓之钲，钲上谓之舞，舞上谓之甬，甬上谓之衡，钟县谓之旋，旋虫谓之斡，钟带谓之篆，篆间谓之枚，枚谓之景，于上之攠谓之隧。十分其铣，去二以为钲。以其钲为之铣间，去二分以为之鼓间。以其鼓间为之舞修，去二分以为舞广。以其钲之长为之甬长，以其甬长为之围。叁分其围，去一以为衡围。叁分其甬长，二在上，一在下，以设其旋。薄厚之所震动，清浊之所由出，侈弇之所由兴，有说。钟已厚则石，已薄则播，侈则柞，弇则郁，长甬则震。是故大钟十分其鼓间，以其一为之厚；小钟十分其钲间，以其一为之厚。钟大而短，则其声疾而短闻；钟小而长，则其声舒而远闻。为遂，六分其厚，以其一为之深而圜之。

栗氏为量。改煎金、锡则不耗，不耗然后权之，权之然后准之，准之然后量之，量之以为鬴。深尺，内方尺而圜其外，其实一鬴。其臀一寸，其实一豆。其耳三寸，其实一升。重一钧。其声中黄钟之宫。槩而不税。其铭曰：时文思索，允臻其极，嘉量既成，以观四国，永启厥后，兹器维则。凡铸金之状，金与锡，黑浊之气竭，黄白次之；黄白之气竭，青白次之；青白之气竭，青气次之，然后可铸也。

段氏（阙）

函人为甲。犀甲七属，兕甲六属，合甲五属。犀甲寿百年，兕甲寿二百年，合甲寿三百年。凡为甲，必先为容，然后制革。权其上旅与其下旅，而重若一。以其长为之围。凡甲，锻不挚则不坚，已敝则桡。凡察革之道：眡其钻空，欲其惌也；眡其里，欲其易也；眡其朕，欲其直也；橐之，欲其约也；举而眡之，欲其丰也；衣之，欲其无齘也。眡其钻空而惌，则革坚也；眡其里而易，则材更也；眡其朕而直，则制善也。橐之而约，则周也；举之而丰，则明也；衣之无齘，则变也。

鲍人之事。望而眡之，欲其荼白也；进而握之，欲其柔而滑也；卷而抟之，欲其无迆也；眡其著，欲其浅也；察其线，欲其藏也。革欲其荼白而疾，澣之则坚；欲其柔滑而腥，脂之则需，引而信之，欲其直也。信之而直，则取材正也；信之而枉，则是一方缓、一方急也。若苟一方缓、一方急，则及其用之也，必自其急者先裂。若苟自急者先裂，则是以博为帴也。卷而抟之而不迆，则厚薄序也；眡其著而浅，则革信也；察其线而藏，则虽敝不甐。

韗人为皋陶。长六尺有六寸，左、右端广六寸，中尺，厚三寸，穹者三之一，上三正。鼓长八尺，鼓四尺，中围加三之一，谓之鼖鼓。为皋鼓，长寻有四尺，鼓四尺，倨句磬折。凡冒鼓，必以启蛰之日。良鼓瑕如积环。鼓大而短，则其声疾而短闻；鼓小而长，则其声舒而远闻。

韦氏（阙）

裘氏（阙）

画缋之事。杂五色。东方谓之青，南方谓之赤，西方谓之白，北方谓之黑，天谓之玄，地谓之黄。青与白相次也，赤与黑相次也，玄与黄相次也。青与赤谓之文，赤与白谓之章，白与黑谓之黼，黑与青谓之黻，五采备谓之绣。土以黄，其象方，天时变，火以圜，山以章，水以龙，鸟兽蛇。杂四时五色之为以章之，谓之巧。凡画缋之事，后素功。

钟氏染羽。以朱湛丹秫，三月而炽之，淳而渍之。三入为纁，五入为緅，七入为缁。

筐人（阙）

幌氏湅丝。以涚水沤其丝，七日。去地尺暴之。昼暴诸日，夜宿诸井，七日七夜，是谓水湅。湅帛。以栏为灰，渥淳其帛。实诸泽器，淫之以蜃，清其灰而盝之，而挥之，而沃之，而盝之，而涂之，而宿之，明日沃而盝之。昼暴诸日，夜宿诸井，七日七夜，是谓水湅。

卷下

玉人之事，镇圭尺有二寸，天子守之。命圭九寸，谓之桓圭，公守之。命圭七寸，谓之信圭，侯守之。命圭七寸，谓之躬圭，伯守之。天子执冒四寸，以朝诸侯。天子用全，上公用龙，侯用瓒，伯用将，继子男执皮帛。天子圭中必。四圭尺有二寸，以祀天。大圭长三尺，杼上，终葵首，天子服之。土圭尺有五寸，以致日，以土地。裸圭尺有二寸，有瓒，以祀庙。琬圭九寸而缫，以象德。琰圭九寸，判规，以除慝，以易行。璧羡度尺，好三寸，以为度。圭璧五寸，以祀日月星辰。璧琮九寸，诸侯以飨天子。谷圭七寸，天子以聘女。

大璋、中璋九寸，边璋七寸，射四寸，厚寸。黄金勺，青金外，朱中，鼻寸，衡四寸，有缫。天子以巡守，宗祝以前马。大璋亦如之，诸侯以聘女。瑑圭璋八寸，璧琮八寸，以眺聘。牙璋、中璋七寸，射二寸，厚寸，以起军旅，以治兵守。驵琮五寸，宗后以为权。大琮十有二寸，射四寸，厚寸，是谓内镇，宗后守之。驵琮七寸，鼻寸有半寸，天子以为权。两圭五寸有邸，以祀地，以旅四望。瑑琮八寸，诸侯以享夫人。案十有二寸，枣、栗十有二列，诸侯纯九，大夫纯五，夫人以劳诸侯。璋邸射素功，以祀山川，以致稍饩。

榔人（阙）

雕人（阙）

磬氏为磬。倨句一矩有半，其博为一，股为二，鼓为三。叁分其股博，去一以为鼓博。叁分其鼓博，以其一为之厚。已上，则摩其旁；已下，则摩其耑。

矢人为矢。鍭矢，叁分。茀矢，叁分，一在前，二在后。兵矢、田矢，五分，二在前，三在后。杀矢，七分，三在前，四在后。叁分其长，而杀其一。五分其长，而羽其一。以其笥厚为之羽深。水之，以辨其阴阳。夹其阴阳，以设其比；夹其比，以设其羽；叁分其羽，以设其刃。则虽有疾风，亦弗之能惮矣。刃长寸，围寸，铤十之，重三垸。前弱则俯，后弱则翔，中弱则纡，中强则扬。羽丰则迟，羽杀则趮。是故夹而摇之，以眡其丰杀之节也；桡之，以眡其鸿杀之称也。凡相笥，欲生而抟。同抟，欲重；同重，节欲疏；同疏，欲栗。

陶人为甗，实二鬴，厚半寸，唇寸。盆实而鬴，厚半寸，唇寸。甑实二鬴，厚半寸，唇寸，七穿。鬲实五觳，厚半寸，唇寸。

瓬人为簋，实一觳，崇尺，厚半寸，唇寸。豆实三而成觳，崇尺。凡陶瓬之事，髺垦薛暴不入市。器中膊，豆中县，膊崇四尺，方四寸。

梓人为笋虡。天下之大兽五：脂者、膏者、臝者、羽者、鳞者。宗庙之事，指者、膏者以为牲。臝者、羽者、鳞者以为笋虡。外骨，内骨，却行，仄行，连行，纡行，以脰鸣者，以注鸣者，以旁鸣者，以翼鸣者，以股鸣者，以胸鸣者，谓之小虫之属，以为雕琢。厚唇弇口，出目短耳，大胸燿后，大体短脰，若是者谓之臝属。恒有力而不能走，其声大而宏。有力而不能走，则于任重宜；大声而宏，则于钟宜。若是者以为钟虡，是故击其所县而由其虡鸣。锐喙决吻，数目顾脰，小体骞腹，若是者谓之羽属。恒无力而轻，其声清阳而远闻。无力而轻，则于任轻宜；其声清阳而远闻，则于磬宜。若是者以为磬虡，故击其所县而由其虡鸣。小首而长，抟身而鸿，若是者谓之鳞属，以为笋。凡攫閷援簭之类，必深其爪，出其目，作其鳞之而。深其爪，出其目，作其鳞之而，则于眂必拔尔而怒。苟拔尔而怒，则于任重宜，且必颀尔如委矣。苟颀尔如委，则加任焉，则必如将废措，其匪色必似不鸣矣。

梓人为饮器，勺一升，爵一升，觚三升。献以爵而酬以觚，一献而三酬，则一豆矣。食一豆肉，饮一豆酒，中人之食也。凡试梓饮器，乡衡而实不尽，梓师罪之。

梓人为侯，广与崇方；参分其广，而鹄居一焉。上两个，与其身三；下两个，半之。上纲与下纲出舌寻，缒寸焉。张皮侯而栖鹄，则春以功；张五采之侯，则远国属；张兽侯，则王以息燕。祭侯之礼，以酒、脯、醢。其辞曰：惟若宁侯，毋或若女不宁侯，不属于王所，故抗而射女。强饮强食，诒女曾孙诸侯百福。

庐人为庐器。戈柲六尺有六寸，殳长寻有四尺，车戟常，酋矛常有四尺，夷矛三寻。凡兵无过三其身。过三其身，弗能用也，而无已，又以害人。故攻国之兵欲短，守国之兵欲长。攻国之人众，行地远，食饮饥，且涉山林之阻，是故兵欲短。守国人之寡，食饮饱，行地不远，且不涉山林之阻，是故兵欲长。凡兵，句兵欲无弹，刺兵欲无蜎，是故句兵椑，刺兵抟。殳兵同强，举围欲细，细则校。刺兵同强，举围欲重，重欲傅人，傅人则密，是故侵之。凡为殳，五分其长，以其一为之被，而围之。叁分其围，去一以为晋围。五分其晋围，去一以为首围。凡为酋矛，叁分其长，二在前，一在后，而围之。五分其围，去一以为晋围。叁分其晋围，去一以为刺围。凡试庐事，置而摇之，以眂其蜎也；炙诸墙，以眡其梡之均也；横而摇之，以眡其劲也。六建既备，车不反覆，谓之国工。

匠人建国。水地以县，置槷以县，眡以景。为规，识日出之景与日入之景。昼参诸日中之景，夜考之极星，以正朝夕。

匠人营国。方九里，旁三门。国中九经九纬，经涂九轨。左祖右社，面朝后市，市朝一夫。夏后氏世室，堂修二七，广四修一。五室，三四步，四三尺。九阶。四旁、两夹，窗，白盛。门，堂三之二，室三之一。殷人重屋，堂修七寻，堂崇三尺，四阿重屋。周人明堂，度九尺之筵，东西九筵，南北七筵，堂崇一筵。五室，凡室二筵。室中度以几，堂上度以筵，宫中度以寻，野度以步，涂度以轨。

庙门容大扃七个，闱门容小扃三个，路门不容乘车之五个，应门二彻三个。内有九室，九嫔居之；外有九室，九卿朝焉。九分其国，以为九分，九卿治之。王宫门阿之制五雉，宫隅之制七雉，城隅之制九雉。经涂九轨，环涂七轨，野涂五轨。门阿之制，以为都城之制；宫隅之制，以为诸侯之城制。环涂以为诸侯经涂，野涂以为都经涂。

匠人为沟洫。耜广五寸，二耜为耦。一耦之伐，广尺、深尺，谓之畎。田首倍之，广二尺，深二尺，谓之遂。九夫为井，井间广四尺、深四尺，谓之沟。方十里为成，成间广八尺、深八尺，谓之洫。方百里为同，同间广二寻、深二仞，谓之浍。专达于川，各载其名。凡天下之地埶，两山之间，必有川焉。大川之上，必有涂焉。凡沟逆地阞，谓之不行。水属不理孙，谓之不行。梢沟三十里而广倍。凡行奠水，磬折以参伍。欲为渊，则句于矩。凡沟必因水埶，防必因地埶。善沟者，水漱之；善防者，水淫之。

凡为防，广与崇方，其閷叁分去一，大防外閷。凡沟防，必一日先深之以为式，里为式，然后可以傅众力。凡任，索约，大汲其版，谓之无任。葺屋三份，瓦屋四分，囷、窌、仓、城，逆墙六分。堂涂十有二分。窦，其崇三尺。城厚三尺，崇三之。

车人之事。半矩谓之宣，一宣有半谓之欘，一欘有半谓之柯，一柯有半谓之磬折。

车人为耒。庛长尺有一寸，中直者三尺有三寸，上句者二尺有二寸。自其庛，缘其外，以至于首，以弦其内，六尺有六寸，与步相中也。坚地欲直庛，柔地欲句庛，直庛则利推，句庛则利发。倨句磬折，谓之中地。

车人为车。柯长三尺，博三寸，厚一寸有半。五分其长，以其一为之首。毂长半柯，其围一柯有半。辐长一柯有半，其博三寸，厚三之一。渠三柯者三。行泽者欲短毂，行山者欲长毂。短毂则利，长毂则安。行泽者反輮，行山者仄輮；反輮则易，仄輮则完。六分其轮崇，以其一为之牙围。柏车毂长一柯，其围二柯，其辐一柯，其渠二柯者三。五分其轮崇，以其一为之牙围。大车崇三柯，绠寸，牝服二柯有叁分柯之二，羊车二柯有叁分柯之一，柏车二柯。凡为辕，三其轮崇。参分其长，二在前，一在后，以凿其钩。彻广六尺，鬲长六尺。

弓人为弓。取六材必以其时，六材既聚，巧者和之。干也者，以为远也；角也者，以为疾也；筋也者，以为深也；胶也者，以为和也；丝也者，以为固也；漆也者，以为受霜露也。凡取干之道七：柘为上，檍次之，檿桑次之，橘次之，木瓜次之，荆次之，竹次之。凡相干，欲赤黑而阳声，赤黑则乡心，阳声则远根。凡析干，射远者用埶，射深者用直。居干之道，菑栗不迆，则弓不发。凡相角，秋杀者厚，春杀者薄。稚牛之角直而泽，老牛之角紾而昔，疢疾险中，瘠牛之角无泽。角欲青白而丰末。夫角之本，蹙于脑而休于气，是故柔。柔故欲其埶也，白也者，埶之征也。夫角之中，恒当弓之畏，畏也者必桡。桡故欲其坚也，青也者，坚之征也。夫角之末，远于脑而不休于气，是故脆。脆故欲其柔也，丰末也者，柔之征也。角长二尺有五寸，三色不失理，谓之牛戴牛。凡相胶，欲朱色而昔。昔也者，深瑕而泽，紾而抟廉。鹿胶青白，马胶赤白，牛胶火赤，鼠胶黑，鱼胶饵，犀胶黄。凡昵之类不能方。凡相筋，欲小简而长，大结而泽。小简而长，大结而泽，则其为兽必剽，以为弓，则岂异于其兽。筋欲敝之敝，漆欲测，丝欲沈。得此六材之全，然后可以为良。

凡为弓，冬析干而春液角，夏治筋，秋合三材，寒奠体，冰析灂。冬析干则易，春液角则合，夏治筋则不烦，秋合三材则合，寒奠体则张不流，冰析灂则审环，春被弦则一年之事。析干必伦，析角无邪，斲目必荼。斲目不荼，则及其大修也，筋代之受病。夫目也者必强，强者在内而摩其筋，夫筋之所由幨，恒由此作，故角三液而干再液。厚其帤则木坚，薄其帤则需，是故厚其液而节其帤。约之，不皆约，疏数必侔。斫挚必中，胶之必均。斫挚不中，胶之不均，则及其大修也，角代之受病。夫怀胶于内而摩其角，夫角之所由挫，恒由此作。凡居角，长者以次需。恒角而短，是谓逆桡，引之则纵，释之则不校。恒角而达，辟如终绁，非弓之利也。今夫茭解中有变焉，故校；于挺臂中有柎焉，故剽。恒角而达，引如终绁，非弓之利。挢干欲孰于火而无赢，挢角欲孰于火而无燂，引筋欲尽而无伤其力，鬻胶欲孰而水火相得，然则居旱亦不动，居湿亦不动。苟有贱工，必因角干之湿以为之柔，善者在外，动者在内。虽善于外，必动于内，虽善亦弗可以为良矣。

凡为弓，方其峻而高其柎，长其畏而薄其敝，宛之无已应。下柎之弓，末应将兴。为柎而发，必动于䪕，弓而羽䪕，末应将发。弓有六材焉，维干强之，张如流水。维体防之，引之中参。维角撑之，欲宛而无负弦；引之如环，释之无失体，如环。材美，工巧，为之时，谓之叁均。角不胜干，干不胜筋，谓之叁均。量其力，有三均。均者三，谓之九和。九和之弓，角与干权，筋三侔，胶三锊，丝三邸，漆三斞。上工以有余，下工以不足。为天子之弓，合九而成规；为诸侯之弓，合七而成规；大夫之弓，合五而成规；士之弓，合三而成规。弓长六尺有六寸，谓之上制，上士服之。弓长六尺有三寸，谓之中制，中士服之。弓长六尺，谓之下制，下士服之。

凡为弓，各因其君之躬志虑血气。丰肉而短，宽缓以荼，若是者为之危弓，危弓为之安矢。骨直以立，忿埶以奔，若是者为之安弓，安弓为之危矢。其人安，其弓安，其矢安，则莫能以速中，且不深。其人危，其弓危，其矢危，则莫能以愿中。往体多，来体寡，谓之夹臾之属，利射侯与弋。往体寡，来体多，谓之王弓之属，利射革与质。往体、来体若一，谓之唐弓之属，利射深。大和无灂，其次筋角皆有灂而深，其次有灂而疏，其次角无灂。合灂若背手文。角环灂，牛筋蕡灂，麋筋斥蠖灂。和弓毄摩。覆之而角至，谓之句弓。覆之而干至，谓之侯弓。覆之而筋至，谓之深弓。

阳羡茗壶系

（明）周高起　撰

（以清康熙刻《檀几丛书》本为底本，以光绪刻
《粟香室丛书》本为参校本）

壶于茶具，用处一耳，而瑞草名泉，性情攸寄，实仙子之洞天福地，梵王之香海莲邦。审厥尚焉，非曰好事已也。故茶至明代，不复碾屑和香药制团饼，此已远过古人。近百年中，壶黜银锡及闽豫瓷，而尚宜兴陶，又近人远过前人处也。陶曷取诸？取诸其制。以本山土砂，能发真茶之色香味。不但杜工部云"倾金注玉惊人眼"，高流务以免俗也。至名手所作，一壶重不数两，价重每一二十金，能使土与黄金争价。世日趋华，抑足感矣。因考陶工、陶土而为之系。

创始

金沙寺僧，久而逸其名矣。闻之陶家云，僧闲静有致，习与陶缸、瓮者处，抟其细土，加以澄炼，捏筑为胎，规而圆之，刳使中空，踵傅口、柄、盖、的，附陶穴烧成，人遂传用。

正始

　　供春，学宪①吴颐山公②青衣也。颐山读书金沙寺中，供春于给役之暇，窃仿老僧心匠，亦淘细土抟胚，茶匙穴中，指掠内外，指螺文隐起可按，胎必累按，故腹半尚现节腠，视以辨真。今传世者，栗色暗暗，如古金铁，敦庞周正，允称神明垂则矣。世以其孙龚姓，亦书为龚春。（原注：人皆证为"龚"。予于吴同卿家见时大彬所仿，则刻"供春"二字，足折聚讼云。）

　　董翰，号后溪，始造菱花式，已殚工巧。

　　赵梁，多提梁式，亦有传为名良者。

　　玄锡③。

　　时朋，即大彬父。是为四名家，万历间人，皆供春之后劲也。董文巧，而三家多古拙。

　　李茂林，行四，名养心。制小圆式，妍在朴致中，允属名玩。

　　自此以往，壶乃另作瓦缶，囊闭入陶穴，故前此名壶，不免沾缸坛油泪。

大家

　　时大彬，号少山，或淘土，或杂碙砂土，诸款具足，诸土色亦具足，不务妍媚，而朴雅坚栗，妙不可思。初自仿供春得手，喜作大壶。后游娄东，闻陈眉公与琅琊、太原诸公品茶施茶之论，乃作小壶。几案有一具，生人闲远之思，前后诸名家并不能及，遂于陶人标大雅之遗、擅空群之目矣。

---

① 粟香室本作"使"。
② 粟香室本作"家"。
③ 粟香室本作"袁锡"。

名家

李仲芳，行大，茂林子。及时大彬门，为高足第一。制度渐趋文巧，其父督以敦古。仲芳尝手一壶，视其父曰："老兄，这个何如?"俗因呼其所作为"老兄壶"。后入金坛，卒以文巧相竞。今世所传大彬壶，亦有仲芳作之，大彬见赏而自署款识者。时人语曰："李大瓶，时大名。"

徐友泉，名士衡，故非陶人也。其父好时大彬壶，延致家塾。一日，强大彬作泥牛为戏，不即从，友泉夺其壶土出门去，适见树下眠牛将起，尚屈一足，注视捏塑，曲尽厥状。携以视大彬，一见惊叹曰："如子智能，异日必出吾上。"因学为壶，变化式土①，仿古尊、罍诸器，配合土色所宜，毕智穷工，移人心目。予尝博考厥制，有汉方、扁觯、小云雷、提梁卣、蕉叶、莲方、菱花、鹅蛋、分档索耳、美人垂莲、大顶莲、一回角、六子诸款。泥色有海棠红、朱砂紫、定窑白、冷金黄、淡墨、沉香、水碧、榴皮、葵黄、闪色、梨皮诸名。种种变异，妙出心裁。然晚年恒自叹曰："吾之精，终不及时之粗。"

雅流

欧正春，多规花卉果物，式度精妍。

邵文金，仿时大汉方独绝，今尚寿。

邵文银。

蒋伯䓘，名时英。

四人并大彬弟子。蒋后客于吴，陈眉公为改其字之"敷"为"䓘"，因附高流，讳言本业，然其所作，坚致不俗也。

陈用卿，与时同工，而年伎②俱后。负力尚气，尝挂吏议在缧绁中，俗名"陈三呆子"。式尚工致，如莲子、汤婆、钵盂、圆珠诸制，不规而

---

① 粟香室本作"其式"。

② 粟香室本作"技"。

圆，已极妍饬。款仿钟太傅帖意，落墨拙，落刀工。

陈信卿，仿时、李诸传器，具有优孟叔敖处，故非用卿族。品其所作，虽丰美逊之，而坚瘦工整，雅自不群。貌寝意率，自夸洪饮，逐贵游间，不务壹志尽技，间多伺弟子造成，修削署款而已。所谓心计转粗，不复唱《渭城》时也。

闵鲁生，名贤，制仿诸家，渐入佳境。人颇醇谨，见传器则虚心企拟，不惮改为，伎也进乎道矣。

陈光甫，仿供春、时大，为入室。天夺其能，蚤眚一目。相视口、的，不极端致，然经其手摹，亦具体而微矣。

神品

陈仲美，婺源人，初造瓷于景德镇，以业之者多，不足成其名，弃之而来。好配壶土，意造诸玩，如香盒、花杯、狻猊炉、辟邪镇纸，重镂叠刻，细极鬼工。壶象花果，缀以草虫，或龙戏海涛，伸爪出目。至塑大士像，庄严慈悯，神采欲生，璎珞花鬘，不可思议。智兼龙眠、道子，心思殚竭，以夭天年。

沈君用，名士良，踵仲美之智而妍巧悉敌，壶式上接欧正春一派。至尚象诸物，制为器用，不尚正方圆，而笋缝不苟丝发。配土之妙，色象天错，金石同坚。自幼知名，人呼之曰"沈多梳"。（原注：宜兴垂髫之称。）巧殚厥心，亦以甲申四月夭。

别派

诸人见汪大心《叶语附记》中。（原注：休宁人，字体兹，号古灵。）

邵盖、周后谿、邵二孙，并万历间人。

陈俊卿，亦时大彬弟子。

周季山、陈和之、陈挺生、承云从、沈君盛，善仿友泉、君用，并天启、崇祯间人。

沈子澈，崇祯时人，所制壶古雅浑朴。尝为人制菱花壶，铭之曰：

"石根泉,蒙顶叶;漱齿鲜,涤尘热。"①

陈辰,字共之,工镌壶款,近人多假手焉,亦陶家之中书君也。

镌壶款识,即时大彬初倩能书者落墨,用竹刀画之,或以印记。后竟运刀成字,书法娴雅,在《黄庭》《乐毅》帖间,人不能仿,赏鉴家用以为别。次则李仲芳,亦合书法。若李茂林,朱书号记而已。仲芳亦时代大彬刻款,手法自逊。

规仿名壶曰"临",比于书画家入门时。

陶肆谣曰"壶家妙手称三大",谓时大彬、李大仲芳、徐大友泉也。予为转一语曰"明代良陶让一时",独尊大彬,固自匪佞。

传壶土初出用时,先有异僧经行村落,日呼曰:"卖富贵土。"人群嗤之。僧曰:"贵不要买,买富何如?"因引村叟,指山中产土之穴去。及发之,果备五色,烂若披锦。

嫩泥,出赵庄山,以和一切色土,乃黏脂可筑,盖陶壶之丞弼也。

石黄泥,出赵庄山,即未触风日之石骨也,陶之乃变朱砂色。

天青泥,出蠡墅,陶之变黯肝色。又其夹支,有梨皮泥,陶现梨冻色;淡红泥,陶现松花色;浅黄泥,陶现豆碧色;蜜□泥,陶现轻赭色;梨皮和白砂,陶现淡墨色。山灵腠络,陶冶变化,尚露种种光怪云。

老泥,出团山,陶则白砂星星,按若珠琲,以天青、石黄和之,成浅深古色。

白泥,出大潮山,陶瓶、盎、缸、缶用之,此山未经发用,载自吾乡白石山。(原注:江阴秦望山之东北支峰。)

出土诸山,其穴往往善徙,有素产于此,忽又他穴得之者,实山灵有以司之,然皆深入数十丈乃得。

造壶之家,各穴门外一方地,取色土筛捣,部署讫,弇窖其中,名曰"养土"。取用配合,各有心法,秘不相授。壶成幽之,以候极燥。乃以陶瓷皮五六器,封闭不隙,始鲜欠裂射油之患。过火则老,老,不美观;欠火则稚,稚,沙土气。若窑有变相,匪夷所思,倾汤贮茶,云霞绮闪,直是神之所为,亿千或一见耳。

陶穴环蜀山,山原名"独",东坡先生乞居阳羡时,以似蜀中风景改名

---

① 此段文字据粟香室本补入。

此山也。祠祀先生于山椒，陶烟飞染，祠宇尽墨。按《尔雅·释山》云："独者，蜀。"则先生之锐改厥名，不徒桑梓殷怀，抑亦考古自喜云尔。

壶供真茶，正在新泉活火，旋瀹旋啜，以尽色、声、香、味之蕴。故壶宜小不宜大，宜浅不宜深，壶盖宜盎不宜砥。汤力茗香，俾得团结氤氲。宜倾渴即涤，去厥渟淬，乃俗夫强作解事。谓时壶质地坚洁，注茶越宿，暑月不馊。不知越数刻而茶败矣，安俟越宿哉？况真茶如纯脂，采即宜羹，如笋味，触风随劣。悠悠之论，俗不可医。

壶入用久，涤拭日加，自发暗然之光，入手可鉴，此为书房雅供。若腻滓斓斑，油光烁烁，是曰"和尚光"，最为贱相。每见好事家藏列颇多名制，而爱护垢染，舒袖摩挲，唯恐拭去，曰："吾以宝其旧色尔。"不知西子蒙不洁，堪充下陈否耶？以注真茶，是貌姑射山之神人，安置烟瘴地面矣，岂不舛哉？

壶之土色，自供春而下，及时大初年，皆细土淡墨色，上有银沙闪点。迨碙砂和制，穀绉周身，珠粒隐隐，更自夺目。

或问予以声论茶，是有说乎？予曰："竹炉幽讨，松火怒飞，蟹眼徐窥，鲸波乍起，耳根圆通，为不远矣。然炉头风雨声，铜瓶易作，不免汤腥，砂铫亦嫌土气。惟纯锡为五金之母，以制茶铫，能益水德，沸亦声清。白金尤妙，第非山林所办尔。"

壶宿杂气，满贮沸汤，倾即没冷水中，亦急出水写之，元气复矣。

品茶用瓯，白瓷为良，所谓"素瓷传静夜，芳气满闲轩"也。制宜弇口邃肠，色浮浮而香味不散。

茶洗，式如扁壶，中加一盎鬲，而细窍其底，便过水漉沙。茶藏，以闭洗过茶者，仲美、君用各有奇制，皆壶史之从事也。水杓、汤铫，亦有制之尽美者，要以椰匏锡器为用之恒。

附　录

过吴迪美朱萼堂看壶歌兼呈贰公

新夏新晴新绿焕，茶式初开花信乱。羁愁共语赖吴郎，曲巷通人每相唤。伊予真气合奇怀，闲中今古资评断。荆南土俗雅尚陶，茗壶奔走天下半。吴郎鉴器有渊心，曾听壶工能事判。源流裁别字字矜，收贮将同彝鼎玩。再三请出豁双眸，今朝乃许花前看。高盘捧列朱尊堂，匣未开时先置赞。捲袖摩挲笑向人，次第标题陈几案。每壶署以古茶星，科使前贤参静观。指摇盖作金石声，款识称堪法书按。某为壶祖某云孙，形制敦庞古光灿。长桥陶肆纷新奇，心眼欹歔多暗换。寂寞无言意共深，人知俗手真风散。始信黄金瓦价高，作□展也天工窜。技道曾何彼此分，空堂日晚滋三叹。

供春、大彬诸名壶，价高不易办，予但别其真，而旁搜残缺于好事家，用自怡悦，诗以解嘲

阳羡名壶集，周郎不弃瑕。尚陶延古意，排闷仰真茶。燕市会酬骏，齐师亦载车。也知无用用，携对欲残花。（原注：吴迪美曰用涓人买骏骨、孙膑刖足事，以喻残壶之好。伯高乃真赏鉴家，风雅又不必言矣。）

林茂之陶宝肖像歌（原注：为冯本卿金吾作。）

昔贤制器巧含朴，规仿樽壶从古博。我明龚春时大彬，量齐水火抟埴作。作者已往嗟滥觞，不循月令仲冬良。荆溪陶正司陶复，泥沙贵重如珩璜。世间茶具称为首，玩赏揩摩在人手。粉锡型模莫与争，素磁斟酌长相偶。义取炎凉无变更，能使茶汤气永清。动则禁持慎捧执，久且色泽生光明。近闻复有友泉子，雅式精工仍继美。尝教春茗注山泉，不比瓶罍罄时耻。以兹珍赏向东吴，胜却方平众玉壶。癖好收藏阮光禄，割爱举赠冯金吾。金吾得之喜绝倒，写图锡名曰陶宝。一时咏赞如勒铭，直似千年鼎彝好。

俞仲茅赠冯本卿都护陶宝肖像歌

何人霾向陶家侧，千年化作土糈色。捄来捣治水火齐，义兴好手夸埏埴。春涛沸后春旗濡，彭亨豕腹正所须。吴儿宝若金服匿，夤缘先入

步兵厨。于今东海小冯君,清赏风流天下闻。主人会意邵投赠,媵以长句票缃文。陈君雅欲酣茗战,得此摩挲日千遍。尺幅鹅溪缀剡藤,更教摩诘开生面。(原注:图为王宏卿一时所写。)一时佳话倾璠璵,堪备他年斑管书。月笋ˇ(原注:冯园名。)即今书画舫,砚山同伴玉蟾蜍。

陶冶图说

（清）唐英　撰

（以清乾隆八年戴临写本为底本）

　　粤稽虞代肇兴，陶正之官载诸考工，详列陶旟之职。是知埏埴为器，日用必资，故应阐发精微，用以昭垂永久。盖制瓷所需在泥土，而泥土之细在淘澄。泥土细而坯胎成，灰泥合而釉色备。泥釉是当首蓄，淘炼尤合居先。至于储其材，更当利其器，欲期烟焰无玷于晶荧，务令光彩有需于遮护，斯匣钵之备用，宜继土釉而次及者也。若夫程材制器，既当左宜右有之时；仿古酌今，必循方矩圆规之则。唯兹模范，关乎坯胎。曰造曰修，而赋物始有其象；为雕为镂，而受质各别其形。于是施后素之功，成受采之益，圆琢异制，渲染同工。釉分吹蘸，而巧拙立呈；足详款识，而功能始毕。泥形土质，都成金石之声；锦地花纹，并带云霞之色。装束籍夫茅草，利用遍乎寰区。默相唯神，虔奉陶家之享献；上供有职，仰邀天府之品题。图列后先，序分节次。

　　采石制泥　淘练泥土　炼灰配釉　制造匣钵　圆器修模
　　圆器拉坯　琢器造坯　采取青料　拣选青料　印坯乳料
　　圆器青花　制画琢器　蘸釉吹釉　旋坯挖足　成坯入窑
　　烧坯开窑　圆琢洋采　明炉暗炉　束草装桶　祀神酬愿
　　管理九江钞关、内务府员外郎臣唐英恭编。

　　一、采石制泥。唯陶利用范土作胎，其土须采石炼制。石产江南徽郡祁门县，距窑厂二百里，山名坪里、谷口，二处皆产白石。开窑采取，剖有黑花如鹿角菜形。土人藉溪流设轮作碓，舂细淘净，制如砖式，名为白不。（原注：敦上声。凡造瓷之泥土，皆以此为名，盖景德镇人土音也。）色纯质细，制造脱胎、填白、青花、圆琢等器。别有高岭、玉红、箭滩数种，各就产地为名，皆出江西饶州府属各境。采制法同白不，止可供搀合制造之用，于粗厚器皿为宜。幅中为开采，为舂碓，为畚练。采石制泥之法不越于是云。

二、淘练泥土。造瓷首需泥土，淘练尤在精纯。土星石子定带瑕疵，土杂泥松必至坼裂。淘练之法：多以水缸浸泥，木钯翻搅，标起渣沉，过以马尾细筹，再澄双层绢袋，始分注过泥匣钵，俾水渗浆稠。用无底木匣，下铺新砖数层，内以细布大单，将稠浆倾入，紧包砖压吸水，水渗成泥，移贮大石片上，用铁锹翻扑结实，以便制器。凡各种坯胎，不外此泥，唯分类按方加配材料，以别其用。幅中所载器具、人工、描摹、淘练，情形悉备。

三、炼灰配釉。陶制各器，唯釉是需，而一切釉水，无灰不成。其釉灰出乐平县，在景德镇南百四十里，以青白石与凤尾草迭垒烧炼，用水淘细，即成釉灰。配以白不细泥，与釉灰调和成浆，稀稠相等，各按瓷之种类，以成方加减。盛之缸内，用曲木横贯铁锅之耳，以为舀注之具，其名曰"盆"。如泥十盆，灰一盆，为上品瓷器之釉；泥七八，而灰二三，为中品之釉；若泥灰平对，或灰多于泥，则成粗釉。图中缸内所浮之锅即盆是也。

四、制造匣钵。瓷坯入窑，最宜洁净。一沾土点泥渣，便成斑驳，且窑风火气冲突，易于伤坯，此坯胎之所以必用匣钵套装也。匣钵之泥土，产于景德镇东北里淳村，有黑、红、白三色之异。另有宝石山，出黑黄沙一种，配合成泥，取其入火禁炼。造法：用轮车，与拉坯之车相似。泥不用过细，俟匣坯微干略旋，入窑空烧一次，方堪应用，名曰"镀匣"。而造匣钵之匠亦常用粗泥拉造砂碗，为本地乡村坯房人匠等家常之用。

五、圆器修模。圆器之造，每一式款，动经千百，不有模范式款，断难画一。其模子须与原样相似，但尺寸不能计算，放大则成器必较原样收小，盖生坯泥松性浮，一经窑火，松者紧，浮者实，一尺之坯止得七八寸之器，其抽缩之理然也。欲求生坯之准，必先模子是修，故模匠不曰"造"，而曰"修"。凡一器之模，非修数次，其尺寸、式款烧出时定不能吻合。此行工匠务熟谙窑火、泥性，方能计算加减，以成模范。

景德一镇，名手不过三两人。

六、圆器拉坯。圆器之制不一。其方瓣棱角者，则有镶雕印削之作；而浑圆之器，又用轮车拉坯。就器之大小，分为二作，其大者拉造一尺至二三尺之盘、碗、盅、碟等，小者拉造一尺以内之盘、碗、盅、碟等。车如木盘，下设机局，俾旋转无滞，则所拉之坯方免厚薄偏侧，故用木匠随时修治。另有泥匠抟泥融结置于车盘，拉坯者坐于车架，以竹杖拨车使之轮转，双手按泥，随手法之屈伸收放，以定圆器款式，其大小不失毫黍。

七、琢器造坯。瓶、罍、樽、彝皆名琢器，其浑圆者亦如造圆器之法。用轮车拉坯，俟其晒干，仍就轮车刀旋定样之后，以大羊毛笔蘸水洗磨，俾光滑洁净，然后吹釉入窑，即成白器。如于坯上画料罩釉，即为青花。其镶方棱角之坯，则用布包泥，以平板拍练成片，裁成块段，即用本泥调糊黏合。另有印坯一种，系从模中印出，制法亦如镶方、镶印二种，洗补磨擦与圆琢器无异。凡此坯胎有应锥拱、雕镂者，俟干透定稿，付专门工匠为之。

八、采取青料。瓷器无分圆琢，其青花者有宣、成、嘉、万之别，悉藉青料为绘画之需，而霁青大釉亦赖青料配合。料出浙江绍兴、金华两郡所属诸山，采者赴山挖取，于溪流洗去浮土。其色黑黄，大而圆者为顶选，统名为"顶圆子"，俱以产地分别名目。贩者携至烧瓷之所，埋入窑地煅炼三日，取出淘洗，始售卖备用。其江西、广东诸山，间有产者，色泽淡薄，不耐煅炼，止可画染，市卖粗器。图中所绘特详采取，其于制炼则未及焉。

九、拣选青料。青料炼出后尤须拣选，有料户一行专司其事。料之黑绿润泽、光色俱全者为上选，于仿古霁青、青花细瓷用之。色虽黑绿而鲜润泽者，为市卖粗瓷之用。至光色全无者，性薄炼枯，悉应选弃。至用料之法，画于生坯，罩以釉水，过窑烧出，俱成青翠；若不罩釉，仍是黑色；如窑火稍过，则所画青花多致散漫。唯青料中有韭菜边一种，独为清楚，入窑不改，故细描必用之。图内筐盛匣钵乃属点缀，非选料正意。

十、印坯乳料。大小圆器拉成水坯，俟其潮干，用修就模子套坯其上，以手拍按，务使泥坯周正匀结，始褪下阴干，以备旋削。其湿坯不宜日晒，晒即坏裂。至画瓷所需之料，研乳宜细，粗则起刺不鲜。每料十两为一钵，专工乳研，经月之后，始堪应用。乳用研钵，贮于矮凳，凳头装有直木，上横一板，镂孔以装乳槌之柄，人坐于凳，握槌乳之。工价每月三钱，亦有两手乳两钵、夜至二鼓者，工值倍之。老幼残疾多借此资生焉。

　　十一、圆器青花。青花绘于圆器，一号动累百千，若非画款相同，必致参差互异，故画者止学画不学染，染者止学染不学画，所以一其手而不分其心。画者、染者各分类聚处一室，以成画一之功。其余拱锥、雕镂，业似同而各习一家；釉红、宝烧，技实异而类近于画。至如器上之边线青箍，原出旋坯之手；底心之识铭书记，独归落款之工。花、鸟、禽、鱼，写生以肖物为上；宣、成、嘉、万，仿古以多见方精。此青花之异于五采也。

　　十二、制画琢器。琢器之式，有方圆棱角之殊；制画之方，别采绘镂雕之异。仿旧须宗其典雅，肇新务审其渊源。器自陶成，矩规悉遵古制；花同锦簇，采色胜上春台。观、哥、汝、定、均，抔污之仪则非远；水、火、木、金、土，洪钧之调剂维神。或相物以赋形，亦范质而施采。功必藉夫埏埴，出自林泉；制不越夫樽罍，重均彝鼎。炉烟焕色，虽瓦缶亦参橐龠之权；彩笔生花，即窑瓷可验文明之象。

　　十三、蘸釉吹釉。圆琢各器，凡青花与官、哥、汝等，均须上釉入窑。上釉之法：古制将琢器之方长棱角者，用毛笔揾釉，弊每失于不匀。至大小圆器及浑圆之琢器，俱在缸内蘸釉，其弊又失于体重多破，故全器倍为难得。今圆器之小者，仍于缸内蘸釉；其琢器与圆器大件，俱用吹釉法。以径寸竹筒截长七寸，头蒙细纱，蘸釉以吹，俱视坯之大小与釉之等类，别其吹之，遍数有自三四遍至十七八遍者，此吹、蘸所由分也。

　　十四、旋坯挖足。圆器尺寸既定于模，而光平必需于旋，故复有旋坯之作。作内设有旋坯之车，形与拉坯车相等，唯中心立一木桩，桩视坯为粗细，其顶浑圆，包以丝绵，恐损坯里也。将坯扣合桩上，拨轮转旋，用刀削旋，则器之里外皆得光平。其式款粗细，关乎旋手之高下，故旋匠为紧要之工。至挖足一行，因拉坯之时下足留一泥靶，长二三寸，便于把握，以画坯、吹釉。俟吹画工竣，始旋去其柄，挖足写款。图中工匠、旋挖并列。

十五、成坯入窑。窑制长圆，形如覆瓮。高宽皆丈许，深长倍之，上罩大瓦屋，名为窑棚。其烟突围圆，高二丈余，在后窑棚之外。瓷坯既成，装以匣钵，送至窑户家。入窑时，以匣钵叠累罩套，分行排列，中间疏散，以通火路。其窑火有前、中、后之分，前火烈，中火缓，后火微。凡安放坯胎者，量釉之软硬，以配合窑位。俟坯器满足，始为发火，随将窑门砖砌，止留一方孔，将松柴投入，片刻不停。俟窑内匣钵作银红色时止火，窨一昼夜始开。

十六、烧坯开窑。瓷器之成，窑火是赖。计入窑至出窑，类以三日为率，至第四日清晨开窑。其窑中套装瓷器之匣钵尚带紫红色，人不能近。唯开窑之匠用布十数层制成手套，蘸以冷水护手，复用湿布包裹头、面、肩、背，方能入窑搬取瓷器。瓷器既出，乘热窑以安放新坯，因新坯潮湿，就热窑烘焙，可免火后坼裂穿漏之病。图内据案包扎者为出窑瓷器，肩运柴片者为现在烧窑。其搬运出窑情形未详绘也。

十七、圆琢洋采。圆琢白器，五采绘画，模仿西洋，故曰"洋采"。须选素习绘事高手，将各种颜料研细调合，以白瓷片画染烧试，必熟谙颜料、火候之性，始可由粗及细，熟中生巧，总以眼明、心细、手准为佳。所用颜料与法琅色同。其调色之法有三，一用芸香油，一用胶水，一用清水。盖油色便于渲染，胶水所调便于拓抹，而清水之色便于堆填也。画时有就案者，有手持者，亦有眠侧于低处者，各因器之大小，以就运笔之便。

十八、明炉暗炉。白胎瓷器于窑内烧成，始施采画。采画后复须烧炼，以固颜色，爰有明、暗炉之设。小件则用明炉，炉类法琅所用，口门向外，周围炭火，器置铁轮，其下托以铁义，将瓷器送入炉中，傍以铁钩拨轮，令其转旋，以匀火气，以画料光亮为度。大件则用暗炉，炉高三尺，径二尺六七寸，周围夹层以贮炭火，下留风眼，将瓷器贮于炉膛。人执圆板，以避火气。炉顶盖版，黄泥封固，烧一昼夜为度。凡烧浇黄、绿、紫等器，法亦相同。

十九、束草装桶。瓷器出窑，每分类拣选，以别上色、二色、三色、脚货等名次，定价值高下。所有三色、脚货即在本地货卖。其上色之圆器与上色、二色之琢器，俱用纸包装桶，有装桶匠以专其事。至二色之圆器，每十件为一筒，用草包扎装桶，以便远载。其各省行用之粗瓷，则不用纸包装桶，止用茭草包扎，或三四十件为一仔，（原注：字书云：仔，任也。一仔犹俗云一驮。）或五六十件为一仔。茭草直缚于内，竹篾横缠于外，水陆搬移，便易结实。其匠众多，以茭草为名目。

二十、祀神酬愿。景德一镇，僻处浮梁邑境，周袤十余里，山环水绕，中央一洲。缘瓷产其地，商贩毕集。民窑二三百区，终岁烟火相望，工匠人夫不下数十余万，靡不借瓷资生。窑火得失，皆尚祷祀。有神童姓，为本地窑民。前明制造龙缸，连岁弗成，中使严督，窑民苦累，神跃身窑突中，捐生而缸成。司事者怜而奇之，于厂署内建祠祀焉，号曰"风火仙"。迄今屡著灵异，窑民奉祀维谨，酬献无虚日，甚至俳优奏技，数部簇于一场。

南窑笔记

（清）张九钺　撰

（以清乾隆稿本为底本，以民国《美术丛书》
本为参校本）

　　新平之景德镇，在昌江之南，其治陶始于季汉。埏埴朴素，即古之土脱碗也。陈至德元年，相传有贡陶础者，不堪用。而至隋大业中，诏（美术本作"始"）作狮、象大兽二座，奉于显仁宫，令太原陶工制造，入火而裂。迨李唐继起，陶日以工，始有素瓷上釉之法。而景德陶之著名，则在于宋，盖因陶工制"景德"年号于器底，故天下咸知有景德之窑。至景德之上，相去二十余里，旧有湘湖、莹田、湖田等窑，由五代及宋、元、明出映花素瓷，其边口无釉者为是，盖覆口而烧也。今之旧瓷有涩胎口镶以铜边者，即湘湖、莹田、湖田三窑所出之器。继以三窑处于山僻，挽运维艰，故不久传。惟景德舟车物力通便，为两江都会，而业陶者多于是居焉。有明以来，始命官监督，立厂珠山，兴作供御诸器，历成、宣、嘉、万，制作渐佳。大概宣窑始有青花，成窑加以彩色。碗、碟、尊、罍之外，复有龙缸、栏板、带盒等项。巨器兴作，费繁而成，官民受累，遂使童姓火师殉窑死焉。迨我朝定鼎之后，即于镇厂仿作，诸窑毕备，更得洋色一种，诚一代巨观。陶制之精，于斯为盛云。其离镇五里，有官庄作窑者，但出粗瓷而已。

柴窑

　　周武德年间，宝库火，玻璃、玛瑙诸金石烧结一处，因令作釉。其釉色青如天，明如镜，薄如纸，响如磬，其妙四如。造于汝州，瓷值千金。

汝窑

北宋出汝州，有深、淡月白色二种。有有纹片者，有无纹片者。紫泥骨子，釉水肥厚莹润，骨肉泛红色，间有橘皮棕孔。今景德仿做，用里乐釉入青料少许，以不泥为骨，多鱼子纹者，略得遗意矣。（原注：不泥者，不子素泥也。）

观窑

出杭州凤凰山下，宋大观年间，命阉官专督，故名"修内司"。紫骨青釉出于汝窑，有月白色、粉青色，纹片有名金丝铁线、蟹爪诸纹者。多瓶、尊玩器，独少碗、碟之属。釉泽肥厚，内泛红色为佳。今仿观窑，咸用磋子、玛瑙等料配之。里乐釉为之，亦可混真，但纹片久，则零断碎烂不堪，气味与古远甚。骨子则用白石、红土为上。

哥窑

即名章窑，出杭州大观之后。章姓兄弟，处州人也，业陶，窃做于修内司，故釉色仿佛观窑。纹片粗硬，隐以墨漆，独成一宗。釉色亦肥厚，有粉青、月白色、淡牙色数种。又有深米色者，为弟窑，不堪珍贵。间有溪南窑、商山窑，仿佛花边，俱露本骨，亦好。今之做哥窑者，用女儿岭釉加椹子石末，间有可观。铁骨则加以粗料，配其黑色。

定窑

出北宋定州造者，白泥素釉，有涕泪痕者佳。有印花、拱花、堆花三种，名"定州花磁"是也。尊、爵、盘、碟、佛象及各种玩器，雕琢精巧，靡不全具。间有花纹内填采绿色者。又有土定一种，霍窑一种，建窑似乎定制。又有欧窑，多碎纹者，不堪赏鉴。今南昌仿者，滑石合泥作骨子，纯用碁①子釉，不减古釉，花样精致过之。

龙泉窑

出宋处州，即名处州青，传钱王时造者，名越窑秘色，王甚宝之，用以为贵。其土质坚白，釉色葱翠，所谓"粉骨龙泉"是也。盖龙泉由来久矣，唐陆龟蒙诗有"九秋风露越窑开，夺得千峰翠色来"，此咏龙泉窑诗也。龙泉釉色有梅子青、冬青色者，可与观窑争艳，间有纹片者，俱堪珍赏。又有吉州窑一种。今南昌仿龙泉，深得其法，用麻油釉入紫金釉，用乐平绿石少许，肥润翠艳，亚于古窑。

均窑

北宋均州所造，多盆奁、水底、花盆器皿，颜色大红、玫瑰紫、驴肝、马肺、月白、红霞等色。骨子粗黄泥色，底釉如淡牙色，有一、二数目字样于底足之间，盖配合一副之记号也。釉水葱蒨肥厚，光彩夺目。明有宁青窑仿均一种，颜色薄黯②，五色杂沓。广窑亦有一种，青白相间麻点纹者，皆瓶、钵之类，胎骨轻脆，不堪赏鉴。宜兴挂釉一种，与广窑相似。今所造法，用白釉为底，外加釉里红、元子少许，罩以玻璃、红宝石、晶料为釉，涂于胎外，入火借其流淌，颜色变幻，听其自然，而非有意预定为某色也。其覆火数次成者，其色愈佳，较之古窑，何多让焉？

永乐窑

有永乐甜白脱胎撇碗，此最轻者。有最厚者，有青花压手杯，底内俱有篆书"永乐年制"四字，多涩足。今仿造者，多青花为上，脱胎脆

---

① 美术本作"碁"。
② 美术本作"暗"。

薄，造作维艰，且不适用。

宣窑

青窑虽出于永乐，而宣德为盛，故青花有三种，龙凤、人物、诗句，俱成宣窑一种，极其精雅古朴。用料有浓淡，墨势浑然而庄重。青花有渗青铁皮锈者，盘足内涩胎无釉。又有霁红、霁青、甜白三种，尤为上品。今仿宣间，亦有可观。霁红釉用白釉、麻仓釉为主，入红铜米、紫英石配合，加乐平绿石、火青少许，宜烧于秋冬风霜窑，百不得一，故一切釉水，以霁红为难。旧红名"鲜红"，又名"宝烧"，盖珍重之也。霁青用元子料配釉，甜白以麻仓为主，俱为难得者。

成弘窑

弘治多素白，素花者少。成窑淡描五采，精雅绝伦，有鸡缸杯、高士杯、锦卉堆各种，是①内用澹青镶方款。今仿造者，增入洋色，尤为鲜艳。

正德窑

多黄地绿龙、青花龙凤，不如宣、成远矣。今仿造，有黄绿数种。

嘉万窑

嘉窑料用回青，故浓翠红艳，多龙凤、梵书、鱼鸟花样，但画工精重，不能比于宣、成窑。万历窑又次于嘉窑。今仿造，只能依其款范、花样，虽有青料，不逮于回青远矣。

---

① 美术本作"其"。

厂官窑

其色有鳝鱼黄、油绿、紫金诸色，出直隶厂窑所烧，故名"厂官"。多缸、钵之类，釉泽苍古，配合诸窑，另成一家。今仿造者，用紫金杂釉，白土配合，胜于旧窑。

釉炉

其制用桶匣为炉，腹间匣五六寸许，环砌窑砖以卫匣。砖之内为纳炭藏火之路，大概形如太极，足开八门，即八卦炉也，有中、小数种。入彩瓷匣中，泥封其顶，开一火眼，视瓷色之生熟，周围燃炭炙之，火遍于匣，而内瓷渐红，则彩色变动，斯为炉熟之候。烧法必须溜火缓烧，渐次上顶，更无惊裂泛红之病。炉忌潮气冲著，色即剥落矣。计烧一日乃成。有满炉工、烧炉工。近有明炉一种，出自西洋。其制用匣横卧，围砖炙炭，先烧匣红，而后用车盘置瓷盘上，旋转渐次进入匣中，俟瓷色变即出炉，用他匣覆之，俟瓷冷透，揭匣出焉。此法止可用烧脱胎小件，且资人力费事，尤多坼裂之患。

彩色

成、正、嘉、万，俱有斗彩、五彩、填采三种。先于坯上用青料画花鸟半体，复入彩料，凑其全体，名曰"斗彩"。填者，青料双钩花鸟、人物之类于坯胎，成后复入彩炉，填入五色，名曰"填彩"。其五采，则素瓷纯用彩料画填出者是也。彩色有矾红，用皂矾炼者，以陈为佳。黄色用石末、铅粉，入矾红少许配成。用铅石、粉末①入铜花为绿色。铅粉、石末入青料则成紫色。翠色则以京翠为上，广翠次之。以上颜色，皆诸朝名。今之洋色，则有胭脂红、羌水红，皆用赤金与水晶料配成，价甚贵。其洋绿、洋黄、洋白、翡翠等色，俱人言硝粉、石末、硼砂各

---

① 美术本作"铅粉、石末"。

项炼就，其鲜明娇艳，迥异常色，使名手仿绘古人，可供洗染、点缀之妙。又有水墨一种，尤为逸品也。匠工有描红工、填色工、吹色工、烧炉工、满炉工、乳料工。

黄绿

宣德有青花填黄地者，正德则纯用黄、绿二色，如堆花云龙等样，多绿龙黄地者，名曰"浇黄绿"。今仿者多虎皮粗瓷。匠有浇工、烧黄绿炉工、填扫工。

金银

描金始于宋湖田窑，有素瓷描金一种，世不多见。成窑有炙金一种，随用即落，每于五彩酒器上见之。今描金最为得法。复有掀金一种，又有抹金一种，抹银诸器。其配金银法，每金一钱，铅粉一分。

法蓝

法蓝、法翠二色，旧唯成窑有，翡翠最佳。本朝有陶司马驻昌南，传此二色，云出自山东琉璃窑也。其制用涩胎上色，复入窑烧成者。用石末、铜花、牙硝为法翠，加入青料为法蓝。今仿者甚夥。

官窑[1]

柴、汝、观、哥、定、龙泉、宣、成、嘉、万为宋明十大窑。盖以诸器毕制，命官专督者，俱名"官窑"。其均窑、厂官，不在大窑之内。

大观窑：紫骨，粉青釉，纹有金丝、银丝、铁线、蟹爪纹。

定窑：滑石骨，白釉，有印花、拱花、堆花，素者以鼻涕釉为上。

龙泉窑：以骨纹龙泉官为上，冬青、梅子为次，香色最下者，暗花

---

[1] 该篇目据美术本补入。

与定同。

永乐窑：甜白脱胎、青花二种。

宣窑：青花渗青为上。

霁红、霁青、甜白，俱宣窑。

宝窑：宣窑内有霁红龙鱼一种，白釉红鱼红龙者。

成窑五彩，圆、琢俱多。

吹青、吹红二种，本朝所出。

月白釉、蓝色釉、淡米色釉、米色釉、淡龙泉釉、紫金釉六种，宣、成以下俱有。

以上各种，俱系窑内所出釉之正色，仍有浅深变色，种类甚多。

吹洋红、吹矾红、吹月白、吹松色、吹黄、吹绿、吹青、吹翡翠、吹粉青、吹紫、吹宫粉、吹洋青、吹油绿、吹古铜等色，皆系炉内颜色，非窑内釉比也。

其均窑及法蓝、法翠，乃先于窑中烧成无釉涩胎，然后上釉，再入窑中复烧乃成。唯蓝翠一火即就，均釉则数火乃得，流淌各种天然颜色。

炉均一种，乃炉中所烧，颜色流淌，中有红点者为佳，青点次之。

不子

取山中深坑石骨，舂碎淘澄为素泥，做成方块晒干，即名"不子"，上、中、下三品。诸凡瓷器胚胎，用不子泥骨，其性软。其石出祁门县。有祁山、容口、高沙、东埠、平里为佳，次则郭口。婺源之开化，浮梁县之茶塘、牛坑皆出，名作不子。此时镇中所用者，多平里，平里有柏叶纹、青色者为佳，在石者择焉。又有箭滩不子一种，用作粗瓷，品之最下者。

高岭

出浮梁县东乡之高岭山，挖取深坑之土，质如蚌粉，其色素白，有银星，入水带青色者佳。淘澄做方块晒干，即名"高岭"。其性硬，以轻松不压手者为上。近有新坑，色白坚重，如不子状。

合泥

不子性软，高岭性硬，用二种配合成泥，或不子七分、高岭三分，或四六分，各种配搭不同。入水淘澄极细，其粗渣取漂赋者，和匀如湿面相似。凡一切瓷器坯胎骨子，俱用合泥做造。又有踹泥一种，用做顶大器皿，如缸、盆之类，不用澄淘，存其粗渣，以造大器，取其有骨也。造观、哥骨子，另有红泥一种，出镇之鸡脚岭、白石林者佳，以滑石代高岭配合，名"铁骨泥"。

釉

选平里石舂者佳，镇之小港水舂者为上。色泽光润如明镜，易显料色，宜描青花。祁邑之昌水舂者为次，唯甜白宜之，因其肥而耐火，仿古釉色多用之，取其无浮滑之色，殊有旧意。盖釉之本质，取之于石，色泽则发以水也。如溶口、祁山、开化、里乐、女岭、银坑、东埠、郭口各种石，俱可舂釉，在配者取合不同，各有专秘之妙。别有紫金釉一种，色黄紫，性耐火坚实，出景镇山土舂成。宋明碗、碟用以镶口，适用不菊边，深则为紫金，淡则成米色。凡配龙泉、冬青、宋釉、厂官及观、哥等釉，俱入紫金少许。盖他釉纯白，以紫金稍变其色耳。有麻仓釉一种，多用于仿古釉，宣釉为最，甜白亦用此种，釉肥润，有橘皮纹，出浮梁麻仓窑。凡釉多陈，贮久愈妙。

灰

出浮梁之长山，取山之坚石，火炼成灰，复用蕨炼之三昼夜，舂至细，以水澄之，用入釉内，以发瓷之光气。盖釉无灰则枯槁无色泽矣。凡一切釉，俱入灰为本，如销银不离于硝也。

配釉

其法：将釉与灰陶洗极细，各注一缸，或合甜白釉，用釉十五盆，入灰一盆；如合成窑釉，用釉八盆，入灰一盆。灰多则釉色青，灰少则釉白。青者入火易熟，白者入火难熟。盖釉之青白不同者，在灰之添减多寡。凡配各种釉，约数十种，俱以灰为主，如调百味，必须盐也。夫釉水配法，非有书传，亦无定则，法多配试，自有独得之妙。五金八石，皆可配入，色之诡怪奇异，不一而足，千变万化，俱成文章，神而明之，存乎其人。

坯胎

坯有圆、琢、雕削、镶、印五种。在精选土料，抡择匠工，宜于夏秋，勤于购制，此陶业之本也。至于雀口、窑拦、拆底、裂足、欹斜、惊破诸病，出于坯胎不齐之故，第不能枚举耳。若调度得人，能匠充斥，斯为佳器之基矣。土型泥范，未经入火者，皆名曰"坯胎"。

圆器

一切碗、盘、酒杯、碟，俱名"圆器"。工匠则有拉坯工、印坯工、镟坯工、剐坯工、煞合坯工、淘泥工、擦坯工、吹坯工、打杂工、吹青工、写款工、削环工。

琢器

一切大小花瓶、缸、盆圆式者，俱名"琢器"。工匠有拉坯工、煞合坯工、吹釉工、淘泥工、打杂工、写款工、镟坯工。

雕削

凡人物、鸟兽各种玲珑之类，俱名"雕削"。工匠有淘泥、雕削、上釉等工。

印器

凡腰匾式样及小件瓶、爵之类，俱名"印器"。工匠有淘泥工、印坯工、补洗、上釉工。

镶器

凡六方、八方花瓶之类，为镶器。工有淘泥、打饼、镶方、吹釉等工。

画作

匠工有人物工、花鸟工、印版工、宣花工、捷花工、湿水工、锥花工、拱花工、堆花工。瓷器成，细者工计七十二道，粗者六十四道。

匣钵

用以装护坯胎入火之具。匣土出景镇左右十里之内，有白土、黑土、沙土数种，配合作匣。凡匣极宜选土做造，务令坚厚为上。瓷内渣滓、硫黄点等疵，皆匣不选土做之故。最忌油土太多，以致松脆，不能耐火，多有脱底漏笼之害。每一厂土，掺入镟坯泥百余斤，其匣自然坚固，亦一法也。匣厂开于景德镇之里村、官庄二处。有钢匣、镇坛匣、皮坛匣、桶匣、碗盘匣、鼓儿匣二十余种。做匣有配土工、拉匣工、踹底工。

窑

窑形似卧地葫芦，前大后小，如育婴儿鼎器也。其制用砖周围结砌，转篷如桥洞。其顶有火门、火窗、库口、对口、引火处、牛角抄、平风起、末墙、火眼、过桥处、鹰嘴、余堂、靠背，以至烟冲。深一丈五尺，腹阔一丈五尺。架屋以蔽风雨，烟冲居屋之外，以腾火焰。凡坯入窑，俱盛以匣，上下四围俱满粗瓷卫火，中央十路位次俱满细瓷。火用文武，经一昼夜，瓷将熟时，凡有火眼处，极力益柴，助火之猛烈十余刻，名曰"上熁"。用铁锹从火眼出坯片，验其生熟，然后歇火，缓去门砖，俟冷透开之，便无风裂惊破之患矣。每窑计柴三百余担，盖坯胎精巧，成于各工，物料人力可致。而釉水色泽，全资窑火，或风雨阴霾，地气蒸湿，则釉色黯黄惊裂，种种诸疵，皆窑病也。必使火候、釉水恰好，则完美之器，十有七八矣。又有窑变一种，盖因窑火精华凝结，偶然独钟，天然奇色，光怪可爱，是为窑宝，邈不可得。抑窑有位次，釉有盆口，试准得宜，方得全器，其责在满窑工人。再窑之倾倒爽毒，疏密失宜，其任乃把桩之匠。故窑以把桩、火候、位次为主，次则装坯工、驼坯工、掇坯工、进火工，俱能妥协，器皿必有可观者矣。景镇结窑系魏姓，世代专业，他姓不传。窑经数火，必须重结。再窑变乃白釉变色者，次颜色釉变者为希有。

料

料有数种，产于浙江、江西、两广，以出于白土者为上品，红土次之，沙土最下。其制法：选择好者，洗净入窑，燥一昼夜，乳极细，去其土锈，即今画碗之青花料也。其浙料有元子、紫料、天青各种。而江西有筠州、丰城，至本朝则广东、广西俱出料，亦属可用，但不耐火，绘彩入炉，则黑矣。故总以浙料为上，重则浓红，轻则淡翠，入炉不辨老少。头出者稀少难满，新山出者次之。若江西料，差次于浙料，而广料又次于江西矣。配料之法，浙料为主，佐以紫料，然不若元子独用为全耳。嘉窑有回青料石，胭脂胎、铁胎二种，俱出西洋，今不能得。

景德镇陶录

（清）蓝浦 著 （清）郑廷桂 补辑

（以清嘉庆二十年翼经堂刻本为底本，以同治九年张氏校刻本为参校本）

景德镇陶录序

自海盐朱桐川著《陶说》，于是陶器有专书，用补前贤所不逮。而《说古》自唐虞以来，《说器》详官、哥、定、汝，博考群书，足无挂漏；独《说今》景德镇陶，惜犹多所未备。盖其制器之委曲精详，诚有非采访纪录可得而尽也。余承乏浮梁，镇隶于籍。案籍，镇广袤数十里，业陶数千户，其人五方错杂，贤不肖并处，编审固有司之责。又公事偶闲，辄微行入陶肆，以察良莠，以稽勤怠，而其制器之委曲精详，亦遂熟于耳目，欲为镇陶成专书而未暇。郑生廷桂，余始至邑观风所得士也。招馆东轩，课余次儿学。一日，以其师蓝滨南文学《陶录》遗稿来质于余，其所记载则又多余耳目所未逮。盖生乎其地，自少而长，习知其事，随时而笔之于书，良非采访纪录、偶焉旁涉者可同日语也。虽其稿本文辞草创，卷帙有未竟，然譬诸梓材，既勤朴斫，唯其涂丹臒矣。遂亟属郑生因仍而增损之，成书十卷，中亦博考群书，旁及诸陶，而以其专为镇陶而有事也，总题曰《景德镇陶录》。夫古圣人制器尚象，以利生民，其切于饮食日用者，固非必智巧具而功能备也。自我国家惠工给值，供役无扰，民安而物阜，工勤而器良，镇人日以盛，镇陶日以精，莫不奋兴鼓舞，用副时会之隆，有不知其所由然矣。是录之成，其不又补桐川所不逮，而为有心时务者所亟赏乎？为之序。时嘉庆二十年小春月朔，知浮梁县事广德刘丙。

重刻景德镇陶录序[①]

　　夫象形制器，赖利用于前民；鸿宝成篇，资饷遗于后载。然而秦灰易烬，鲁壁仅存，几同三箧之亡，犹借一编之守。虽晏楹其可纳，恐唐肆以难求。非仗茂先《博物》之搜，畴为高密遗书之订，此《景德镇陶录》之所为重刻也。昌江有陶，肇于陈代；景德名镇，著于宋时。兑矢和弓，熟则生巧；宋斤鲁削，迁弗为良。世历千余年，莫之改也；利通十数省，无以加焉。毂击肩摩，四方云集，巷连鳞接，万户星稠，诚江右一大都会也。文学蓝滨南先生向有《陶录》一书，辑成于郑问谷副车，鉴定于刘克斋明府。绘其状于图，而复申以说；纪其原于卷，而又析以条。远稽古制，以证夫群书；旁引邻封，以通夫外译。杂记皆笔针墨炙，余编亦书隽言鲭。事可实征，悉属耳濡目染；辞殊夸尚，均关土俗民风。作《贡》尚沿夏后之规，《考工》足补《周官》之阙。曾经剞劂，久奉臬圭，逮造寇扰枌榆，遂致灾延梨枣。蓝仙已嗟夫长逝，郑志祇述夫小同。幸一裔以堪尝，虑双鸥之莫借。《兰亭》真本，空思萧翼赚来；荐福残碑，谁代率更摹出？则有丹徒张少嵒司马，读书读律，亦吏亦仙。燕公擅著作之才，白傅得江山之趣。留心时务，广搜有用之书；廑念民依，永垂不朽之业。爰捐鹤俸，复事校雠；俾播鸡林，益腾声价。洽闻殚见，博涉曹仓；胫走翼飞，贵增洛纸。应识殳虫戈鸟，咸登甲库之编；从教月斧星盘，胥列《酉阳》之俎。悯艰难于兆姓，如陈座右《豳风》；借鼓铸于群伦，几炼炉中丹火。网罗散佚，还合浦之珠光；拂拭重新，吐丰城之剑气。廷鉴识荆有幸，慕蔺维殷，思利器于仁贤，夙怀攻错；承旧传于弓冶，敢懈钻研。钵托元沙，壶倾宝液。爰春风之橐籥，乐夏喝之骈蠓。景提絜于前徽，仰扶轮于大雅。感君高谊，广收枯竹焦桐；索我弁言，聊效匏宣瓦奏。是为序。时大清同治九年岁次庚午小春月朔，赐进士出身，诰授奉政大夫，钦加同知衔，直隶即用知县，古番愚弟王廷鉴拜撰。

[①] 该重刻序据同治本补入。

卷一

图说

景德镇图

　　景德镇属浮梁之兴西乡，去城二十五里，在昌江之南，故称"昌南镇"。其自观音阁江南雄镇坊至小港嘴，前后街计十三里，故又有"陶阳十三里"之称。水土宜陶，陈以来土人多业此。至宋景德年始置镇，奉御董造，因改名"景德镇"。元置本路总管监镇陶。明洪武二年，（原注：《江西大志》作三十五年。）就镇之珠山设御窑厂，置官监督，烧造解京。国朝因之，沿旧名。

　　厂跨珠山，周围三里许。中为大堂，堂后为轩，为寝。寝北有小阜，即珠山所由名，旧建亭其上。堂两旁为东西序，又东迤南各有门，又东为官署，为东西大库房，为仪门，为鼓亭，为督工亭，为狱房，今废。为陶务作二十有三，曰大器作，曰小器作，曰仿古作，曰雕镶作，曰印作，曰画作，曰创新作，曰锥龙作，曰写字作，曰色彩作，曰漆作，曰匣作，曰染作，曰泥水作，曰大木作，曰小木作，曰船作，曰铁作，曰竹作，曰索作，曰桶作，曰东碓作，曰西碓作。为窑式六，曰青窑，曰龙缸窑，曰风火窑，曰色窑，（原注：烧炼颜色者。）曰爁熿窑，（原注：

窑制大小不一，厂坯上泑，用火燂烘。有漏泑者，再上泑入窑烧。）曰匣窑。（原注：厂匣皆先空烧，再装坯烧。）又前后甃井二，柴房二，窑役歇房二。厂内神司三，曰佑陶灵祠，曰真武殿，曰关帝庙；厂外神祠一，曰师主庙。厂之西为公馆，东为饶九南巡道行署。（原注：今饶州府同知署。）头门外树屏墙一，有东西二甬道，通市街。

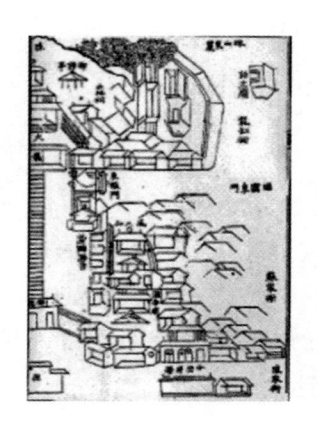

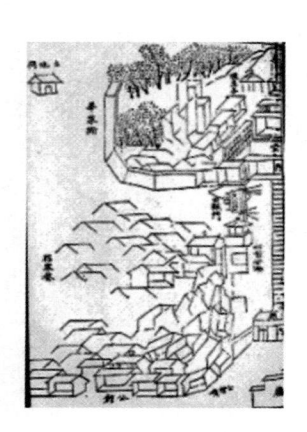

御窑厂图

桂案《邑志》：厂大堂旧题曰"秉成"，仪门外为厂场。左右四门：东曰熙春，旋改为迎曦；南曰阜安；西曰澄川；北曰待诏。又阜安门外有秉节制度坊。珠山上有朝天阁，有冰立堂，有环翠亭，今并改替，唯厂署规制如旧，环翠亭犹存。

厂供应，《旧志》拨浮梁县十三里、鄱阳县三十五里，附厂供应正派。后鄱阳县知县徐俊以厂役合派七县，申请还县。唯在镇十三里中供役，其七邑惟听事人答应。

管厂总事一名，副管事一名，档子房听事一名，听事吏一名，书手二名，机兵十六名，门役二名，库役二名，上班众匠役。（原注：以水、火、金、木、土五行别役，报开民族轮供。）

桂案：此皆旧制。国朝沿革，谨详二卷。

陶成图

　　陶用泥土，皆须采石制炼。土人设厂采取，借溪流为水碓舂之，澄细淘净，制如砖式，曰"白不"，以徽州祁门为上，出坪里、葛口二山。开窑采取，剖有黑花如鹿角菜形者佳。此土色纯质细，可制细器。别有高岭、玉红、箭滩数种，皆以所产之地名。若黄不、泑果，尤作粗瓷者所必需，其采制法同。幅中为开采，为碓舂，大略如是。

　　造瓷首需炼泥，必以精纯为上。其法：以缸浸泥，用木钯搅翻，摽渣沉，过以马尾细箩，再澄夹层细绢袋，过泥匣内，俾水渗浆稠，复以无底木匣，下铺砖，细布紧包，更以砖压之。水干成泥，用铁锹翻扑结实。若沥水，必炼灰配合，灰出邑南乡。幅中以曲木贯小铁锅耳者，调沥者也；以锹翻扑者，炼泥者也。

瓷坯入窑，必装匣烧，方不黏裂，且能免风火冲突、坯有黄黑之患。匣钵亦土作，土出景德镇马鞍山、里村、官庄等处，有黑、红、白三色，更以宝石地所产砂土配合，则入火经烧。其造法用轮车，与拉坯同。土不必过细，匣成阴干，略旋平正，先入窑空烧一次，再装坯烧，名曰"镀匣"。若造作，则有厂居，幅中从略。

圆器之造，每一器必有一模，大小款式方能画一。其模子必须与原样相似，但尺寸不能计算，大抵一尺之坯，经烧后得七八寸，亦收缩之理然也。故模子必须先修，模不曰"造"而曰"修"者。一模必修数次，然后无大小参差之异。镇修模匠另有店居，名手有数，盖必熟谙土性、窑火者，乃推能事。幅中情形颇肖。

青料为画瓷之用，而霁青、东青各釉色亦需料配合，以浙江出者为上，云南、广东及本省各处亦产此。商贩采买，来镇投行发卖，必先自拣选其大而圆者，色以黑黄明亮为最，再以小黄土匣装，入窑炼熟，方可用。其用料之法：研乳极细，调水画坯，罩以白泑，经烧则现青翠。若不罩泑，则见火飞散，亦大奇也。幅中拣洗之事特详。

圆器之制，其方棱者，则有镶、雕、印、削之作；而浑圆之器，必用轮车拉成，大者拉一尺以上坯，小者拉一尺以内坯。车如圆木盘，下设机局，旋转甚便。拉者坐于车上，以小竹竿拨车使疾转，双手按泥随拉之，千百不差毫黍。若琢器，其浑圆者，亦如造圆器法；其方棱者，则用布包泥，以平板拍练成片，裁方黏合，各有机巧。幅中两拟其状。

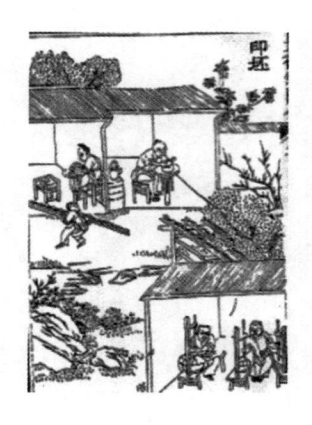

圆器拉成坯，必俟阴干，不可令见日色，恐日晒则有拆裂之患，故有印坯一行。坯稍干，则用修就模子，以手拍按，使泥坯周正匀结。其法：以小轮车旋转印拍，褪下模子阴干，以备旋削。幅中略具其状。又有乳料之工，用矮凳贮料钵，上装直木，安瓷槌乳之。有双手乳者，有左右乳者。疾瞽老幼多资生焉。

坯之尺寸定于模，而光平必需旋削。旋工亦用轮车，惟中心立一木桩，桩视坯之大小，其顶浑圆，名曰"顶钟"，裹以丝绵，恐损坯也。将坯扣合桩上，拨轮使转，用刀旋削，则器之里外皆光平矣。拉坯之时，坯足必留一靶，长二三寸，便于把握，以画坯蘸泑。工毕，始旋去其柄，挖足写款。幅中旋挖并列。

青花画坯，圆、琢器皆有之。一器动累什百，画者则画而不染，染者则染而不画，所以一其手而不分其心也。其余拱锥、雕镂，业似同而各习一家；釉红、宝烧，技实异而类近于画。至如器上之边线青箍，原出旋坯之手；底心之识铭书记，独归落款之工。花、鸟、虫、鱼，写生以肖物为上；宣、成、嘉、万，仿古以多见为精。幅中画染分处，以为画一。

凡青花与观、汝等器，均需上泑。旧法：长方棱角者，用毛笔拓泑，弊每失于不匀。浑圆之器，俱在缸内蘸泑，弊又失于体重多破，故全器难得。今圆器之小者，仍于缸内蘸泑；其圆、琢大件，俱用吹泑法。以竹筒蒙细纱吹之，俱视器之大小与泑之厚薄，别其吹之，遍数有三四遍至十七八遍者。幅中备著其制。

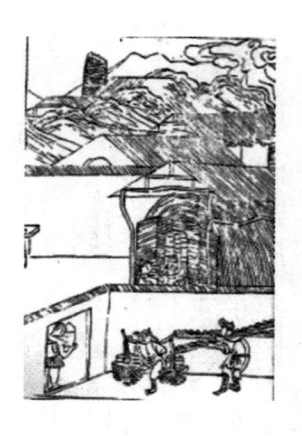

窑制长圆，形如覆瓮。高、宽皆丈余，深长倍之，上罩窑棚。其烟突围圆，高二丈余，在窑棚之外。瓷坯既成，装匣入窑，分行排列，中间疏散，以通火路。其窑火有前、中、后之分，安放坯匣，皆量泑之软硬，以定窑位。发火时，随将窑门砖封，留一方孔入柴，片刻不停。有试照者，熟则止火，窨一昼夜始开。幅中满烧备具。

瓷器之成，窑火是赖。开窑类以三日，其窑中瓷匣尚带紫红色。唯开窑工匠用布数十层制成手套，蘸以冷水护手，复用湿布裹头面肩背，入窑搬匣。瓷器既出窑，热窑安放新坯，因新坯潮湿，就热窑烘焙，可免入火坼漏之病。幅中搬运收理者为出窑瓷器，肩柴者、收筹者为现在烧窑。

圆琢白器，五彩绘画，模仿洋彩，须将各种颜料研细调合，必熟谙颜色、火候之性，以眼明、心细、手准为佳。其用颜料法有三，一用芸香油，二用胶水，三用清水。盖油便于渲染，胶便于拓抹，而清水调色则便于堆填。幅中有就棹者，有手持者，有眠侧于低处者，各因器之大小，以就运笔之便。

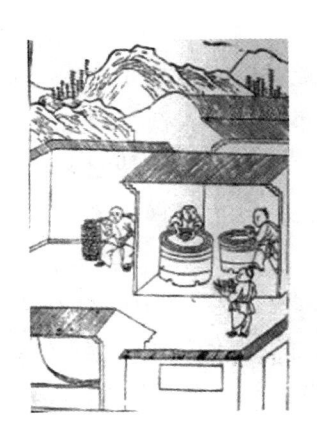

白瓷加彩后，复须烧炼，以固颜色，爰有明、暗炉之制。小器则用明炉，口门向外，周围炭火，置铁轮其下，托以铁叉，以钩拨轮使转，

以匀火气。大件则用暗炉，高三尺，径二尺余，周围夹层贮炭火，下留风眼，将瓷器贮于炉。人执圆板，以避火气。炉顶泥封，烧一昼夜为度。幅中形情备悉。

以上诸说，多采唐隽公《陶冶图说》。

郑琇蕴山绘。

卷二

国朝御窑厂恭纪

国朝建厂造陶，始于顺治十一年奉造龙缸，面径三尺五寸，墙厚三寸，底厚五寸，高二尺五寸，经饶守道董显忠、王天眷、王锳等督造，未成。十六年，奉造栏板，阔二尺五寸，高三尺，厚五寸，经守道张思明、工部理事官噶巴、工部郎中王日藻等督造，亦未成。十七年，巡抚张朝璘疏请停止。康熙十年，奉造祭器等项陶成，始分限解京。十九年九月，始奉烧造御器，差广储司郎中徐廷弼、主事李廷禧来镇，驻厂监督，悉罢向派饶属夫役额征，凡工匠物料、动支正项、销算公帑，俱按工给值。陶成之器，每岁照限解京。二十二年二月，差工部虞衡司郎中臧应选、笔帖式车尔德来厂代督，器日完善，其后渐罢。雍正六年，复奉烧造，遣内务府官驻厂协理，以榷淮关使遥管厂事，政善工勤，陶器盛备。乾隆初，协理仍内务人员。八年，改属九江关使总管，其内务协理如故。五十一年，裁去驻厂协理官，命榷九江关使总理，岁巡视，以驻镇饶州同知、景德巡检司共监造督运。今上御极以来，诏崇节俭，每年陶器需用无多，而陶工益裕矣。

厂器解运数例附　《陶成纪事》载：厂器陶成，每岁秋、冬二季，佣觅船只夫役解送圆、琢器皿六百余桶。岁例：盘、碗、盅、碟等上色圆器，由一二寸口面以至二三尺口面者，一万六七千件；其选落之次色，尚有六七千件，一并装桶解京，以备赏用；其瓶、罍、樽、彝等上色琢器，由三四寸高，以至三四尺高大者，亦岁例二千余件；尚有选落次色二三千件不等，一并装桶解京，以备赏用。

厂给工食人役附　九江关总管事一名，（原注：九江关幕。）内档房书办二名，选瓷房总头目一名，副总头一名，（原注：在关办事。）头目七名，（原注：一名长住，其余十日一轮上宿。）玉作二名，帖写一名，画样一名，圆器头一名，雕削头一名，青花头一名，满窑一名，守坯房一名，挑夫一名，听差一名，买办一名，把门一名。

以上二十八名，计工给食，其余工作头目雇请，俱给工价，于九江关道款内开报。

镇器原起

景德器　仿于元，即北宋时镇窑。

宋器　仿于明，即景德后之镇窑，曾经内府发器样，故又呼"发宋器"。

湘湖器　仿于唐窑，本宋之湘湖市窑。

湖田器　仿于明，即元之近镇窑。

洪器　仿于唐窑，本明之洪武厂器。

永乐器　仿于唐窑。

宣德器　仿于年窑。

成化器　仿于年窑。

正德器　仿于唐窑。

嘉靖器　仿于唐窑。

隆、万器　仿于唐窑。以上皆明厂器。

欧器　亦仿于唐窑，即明宜兴欧氏窑。

广器　仿于唐窑，即广之江阳瓷。

均器　仿于宋末，即宋初之禹州窑。

碎器　仿于元，即宋之吉州分窑。

紫金泑器　仿于明厂窑。

官古器　此镇窑之最精者，统曰"官古"，式样不一，始于明。选诸质料，精美细润，一如厂官器，可充官用，故亦称"官"。今之官古，有混水青者，有淡描青者，有兼仿古名窑泑者。若疑为宋之汴、杭官窑，则误。

假官古器　始于明，亦非仿汴、杭官窑，乃镇瓷之貌为精细而假充官式者。质料不及官古器，花式则同。有专造此种户，所谓充官古也。

上古器　始于明，镇窑之次精者，统称"上古"。质料、工作颇佳。其曰"古"者，以时尚古器，非仿宋代器式。或曰，精细似过于景德窑。

中古器　明以来镇窑统曰"中古"，精而又次之器也。质料不及上古，故云"中"。其称"古"，意则同前。

泑古器　此假中古器，近今所造。花式、泑色不异中古，而质胎不美。自有泑古器，而真中古遂贵。

常古器　镇窑稍粗器也，统曰"常古"。质料、工作无可品，但供日用之常。其以"古"称，别乎饭、冒等器耳。泑古器户、常古器户皆互兼造。

小古器　此镇窑专造小圆器者，如盏、杯、碗、碟等类。质料、工作如中古；较之常器，又高一筹，俗亦"古"之云尔。

饭器　镇器最粗下者，厚实其质，拙略其工，统呼"饭货"，人以"渣""冒"等字目之。

子法器　有专作此器户。大小毕有，精粗各具，内兼梨式。所谓子式，上宽直，下而锐平；法式，口微撇，宽折而下直。子式势稍长，法式势稍扁。

子梨器　今镇子法器，有改子梨器者，大小精粗皆造。子即子式。所谓梨式，口平而势圆，样微似梨，又或兼磬式。

脱胎器　镇窑专造此者。有半脱胎，极薄；有真脱胎，更如纸薄，为最精美器。所谓脱胎，脱去胎质，纯以泑成也。

填白器　此种器与脱胎，皆昉于明厂。工作亦分精粗。所谓填白，盖纯白器可填画彩者。古作"甜白"，殆甜净之意。

洋器　洋器专售外洋者。商多粤东人，贩去与洋鬼子载市。式多奇巧，岁无定样。

东青器　镇窑专仿东青户，亦分精粗，有大小式，唯官古户兼造者尤佳。或讹"冬青"，或讹"冻青"，要其所仿泑色则一。

霁红器　陶户能造霁红者少，无专家，惟好官古户仿之。

霁青器　亦官古户兼仿造，镇陶无专作霁青器者。得其精美，可推上品，俗与好霁红并重。今讹作"济青"。

龙泉器　镇初有专造龙泉器户，今唯官古中仿之，碎器户亦仿龙泉泑。然无论专造、兼仿，皆具精粗、大小、浅深色。

白定器　陶户专仿白定者，盏、碗、杯、碟等具外，又多小件玩器，精粗各在造户为之，亦有青花。

汝器　镇陶官古、大器等户，多仿汝窑泑色。其佳者，俗亦以"雨过天青"呼之。

官窑器　自来有专仿户，今惟兼仿，碎器户亦造。若厂仿者，尤佳。

哥器　镇无专仿者，惟碎器户兼造，遂充称哥窑户。以前户能辨本原，今仿哥者只照式仿造，究不知"哥"何由称矣。

卷三

陶务条目

陶有窑：（原注：俗呼曰"烧窑"，统名"风火窑"。）

烧柴窑。（原注：或囵烧，或搭烧。）

烧槎窑。（原注：有囵烧，亦有搭烧。）

包青窑。（原注：惟烧柴窑，厂器尽搭此等窑烧。民户亦有搭烧者，抑或自造烧。）

大器窑。（原注：有自造烧者，有搭他户坯烧者。）

小器窑。（原注：有自造烧者，亦搭他户坯烧。）

窑有户：（原注：俗统呼曰"窑户"。）

烧窑户。（原注：有烧柴窑，有烧槎窑，又号"叫坯窑户"。）

搭坯窑户。（原注：或搭柴窑，或搭槎窑。）

烧囵窑户。（原注：有烧自造户，或自造烧，亦搭一二他户坯烧。）

柴窑户。（原注：有烧户、搭户、囵窑户。）

槎窑户。（原注：亦有烧户、搭户、囵窑户。）

户有工：（原注：列纪各工，人数不一，外有挑货工及管债人，皆不列入。）

淘泥工。（原注：兼练泥工。）

拉坯工。（原注：俗呼"做坯"。）

印坯工。（原注：俗呼"拍模"。）

旋坯工。（原注：俗呼"利坯""挖坯"。）

画坯工。

舂灰工。（原注：或兼合灰。）

合油工。（原注：有配灰者，有合色者。）

上油工。（原注：有蘸上者，有吹上者。）

挑槎工。（原注：柴窑不用，惟槎窑有之。）

抬坯工。（原注：又呼"挑坯"。）

装坯工。（原注：装坯入匣，重叠待满。）

满掇工。（原注：有满窑工，满窑则召之，不在常佣内。开窑又有出窑工。）

烧窑工。（原注：俗呼"把庄"，然分三手，有事溜火者、事紧火者、事沟火者。）

开窑工。（原注：有外伴专业此务，开窑则召来者，有管债人兼作此务者。）

乳料工。

舂料工。

砂土工。

彩之工附：

乳颜料工。

画样工。

绘事工。

配色工。

填彩工。

烧炉工。

工有作：（原注："作"者，一户所作器也，各户或有兼作，统名曰"作"。）

官古器作。

上古器作。

中古器作。

泑古器作。

小古器作。

常古器作。

粗器作。

冒器作。

子法器作。

脱胎器作。

大琢器作。

洋器作。

雕镶作。

定单器作。

仿古作。

填白器作。

碎器作。

紫金器作。

作有家：（原注：凡精粗分画，各有家数，曰"家"。）

青花家。

淡描家。

各彩家。

陶所资各户：

柴户。

槎户。

匣户。

砖户。

白土户。

青料户。

篾户。

木匠户。

桶匠户。

铁匠户。

修模户。

盘车户。

乳钵荡口户。

打篮户。

炼灰户。

旋刀户。（原注：其刀如"彐"字、"巳"字形。）

陶余资用：（原注：陶中所余物，有可资于用者。）

窑砖。

窑槎。

窑煤。

镇瓷花式：

官古式。

上古式。

中古式。

泖古式。

小古式。

常古式。

子式。

法式。

梨式。

炉式。

撇式。

宫式。

冒式。

锅式。

宋式。

兰竹式。

白器式。

盌式。

盖式。

湖窑式。

古式。

三级式。

折边式。

花桶式。

大琢式。

宣德民（器）式。

匙托式。

正德民器式。

套器式。

雕镶小器式。

以上各器式，又分多式。其为某式，则有某式之花样，未另列。

仿古各泑色：

铁骨大观泑。（原注：有粉青、月白、大绿三种。）

铜骨无纹汝泑。（原注：有人面洗色泽。）

铁骨哥泑。（原注：有米色、粉青二种。）

铜骨鱼子纹汝泑。

白定泑。（原注：有粉定、土定，厂止仿其粉定一种。）

均泑。（原注：有玫瑰紫、海棠红、茄花紫、梅子青、骡肝、马肺、新紫、米色、天蓝、窑变十种。）

宣窑霁红泑。（原注：有鲜红、宝石红二种。）

宣窑霁青泑、浓红泑。（原注：有橘皮棕眼。）

厂官窑泑。（原注：有鳝鱼黄、蛇皮绿、黄斑点三种。）

龙泉泑。（原注：有浅、深二种。）

东青泑。（原注：有浅、深二种。）

湘窑宋泑。（原注：有米色、粉青二种。）

油绿泑。（原注：色如窑变，如碧玉，光彩中斑驳古雅。）

炉均泑。（原注：色如东窑、宜兴挂泑之间，而花纹流淌，变化过之。）

欧窑泑。（原注：有红纹、蓝纹二种。）

广窑泑。（原注：青点一种。）

月白无纹泑。（原注：有浅、深二种，微类大观泑，系白泥胎器。）

宣窑宝烧泑。（原注：有三鱼、三果、三芝、五福四种。）

龙泉泑宝烧。（原注：新制，有三鱼、三果、三芝、五福四样。）

翡翠泑。（原注：有素翠、青点、金点三种。）

吹红泑、吹青泑。

永窑脱胎、素白、锥拱等器皿。

万、正窑五彩器皿。

成窑五彩器皿。

宣花黄地器皿。

法青泑。（原注：系新试得，较霁青、浓红、深翠等泑，无橘皮棕眼。）

西洋雕铸像生器皿。（原注：画法渲染，悉仿西洋笔意。）

浇黄、浇绿锥花器皿。

浇紫器皿。（原注：有素花、锥花二种。）

锥花器皿。（原注：有各种泑色。）

抹红、彩红等器皿。

西洋黄色器皿、紫色器皿。

抹银、抹金器皿。

彩水墨器。（原注：系新制。）

新制山水、人物、花卉、翎毛，仿笔墨浓淡意。

宣窑填白器。（原注：有厚薄、大小不等。）

嘉窑青花、成窑淡描青花。

米色泑。（原注：有浅、深二种，与宋米色不同。）

泑里红器皿。（原注：有通红泑绘画者、有青叶红花者。）

紫金泑。（原注：有红、黄二种。）

浇黄五彩器皿。（原注：系新试得。）

浇绿器皿。（原注：有素地、锥花二种。）

洋彩器皿。（原注：新仿西洋法琅画法，山水、人物、花卉、翎毛，无不精细入神。）

拱花器皿。（原注：各种泑色俱有。）

西洋红色、绿色器皿。

乌金泑。（原注：有黑地白花、黑地描金二种，系新制。）

西洋乌金器皿。（原注：系新制。）

东洋抹金、抹银器皿。

配合釉料：

紫金釉。（原注：用罐水、炼灰、紫金石水合成。）

翠色釉。（原注：用炼成古铜水、硝石合成。）

金黄釉。（原注：用黑铅末、碾赭石合成。）

矾红釉。（原注：用青矾炼红，加铅粉、广胶合成。）

紫色釉。（原注：黑铅末加石子青、石末合成。）

浇青釉。（原注：用釉水、炼灰、石子青合成。）

浇绿釉。（原注：用炼过黑铅末加古铜末、石末合成。）

豆油釉。（原注：用豆青油水、炼灰、黄土合成。）

纯白釉。（原注：用釉水、炼灰合成，即纯白器。）

浇黄釉。（原注：用牙硝、赭石合成。）

霁红釉。（原注：用红铜条、紫石英合成，兼配碎器丕、宝石、玛瑙。）

霁青釉。（原注：用青料配㳒合成。）

东青釉。（原注：用紫金釉、水合成。）

龙泉釉。（原注：用紫金釉微掺青料合成。）

炉均釉。（原注：用牙硝、晶料配釉合成。）

碎器釉。（原注：用碎器丕，出三宝棚者，细淘则成碎器，粗淘则成大纹片。）

陶彩需用色料：

铅粉。

焰硝。

青矾。

黑铅。

松香。

黛。

白炭。

金箔。

古铜。

赭石。

乳金银。

石子青。

紫金石。

五色石英。

卷四

陶务方略

景德镇陶业俗呼"货料"，操土音登写器物花式，字多俗省。其不见于字书字，如砷（原注：音又，俗当"泑"字。）、坉（原注：音笃，俗指坯足。）之类；其见于字书而俗借用者，如靶（原注：《字典》：音霸，辔革也。俗借为柄靶用。）、琢（原注：《字典》：音捉，治玉也。俗借为瓶、罍器名。）、不（原注：《字典》：岸入声。《说文》：㯻同櫱，木曲头不出也。俗借釉不，音近敦字，上声。）之类。他如饭作反、撇作丿、同作冂、凿作才、壶作乎、圾作件之类，虽土著犹参问乃得也。

镇陶字样又有通用者，如缸或作堈、钢等字，窑或作窑、堮等字，泑或作釉、砷、油等字。群书杂记，亦多互见。

在镇陶作，器质粗细不一。有用官古不者，有用上古不者，有用中古不者，有用滑石者，有用釉果配高岭者，有用滑石配白石者，有用余干不配高岭者，有用黄泥不者，有用捡渣者，各视所造器采用。

瓷土自来以麻仓为著，俗呼"麻村"。窑里，又呼"洞里"，属邑东乡，明末土竭，后复出。造成泑果，则大坞岭为上，性硬，白而微汗，造瓷不挫，古器中多用作骨胎。他处亦有硬白土，或不免有油，又或白而性软耳。

釉果，凡佳器全用作质，次品亦半用之，粗器则止和水合灰，以当水泑。嘉庆三年，邻邑乐平亦出此，为婺人起厂春造，块式大于窑里所造，陶户试用颇不低。先是造户装至南港口，贿邑东人驾东港船接装入镇埠，货充窑里釉果，今则明货于陶家矣。

高岭，本邑东山名，其处取土作不。初止土著汪、何、冯、方四姓业此，今则婺邑多充户，然必假四姓名号，刻印高岭块上，如曰"何山玉"、曰"汪某""方某"者。近邑西李家田大州上亦出土可用，不大下于东土，但造佳瓷者必求东埠出者耳。

高岭，上者麻布口，次者糖口，最下磁器口。何谓磁器口？试照擘验土块，口如破磁片，滑平无纹而不糙，若刀切然。此土必无健性，造坯经烧必软挫。旧有红高岭，出邑东方家山，块色粉红，经烧则仍白色。后其姓以土竭近祖莹，遂请禁绝。

高岭不用碓舂，取土起棚，不过淘炼成泥，印块而已。若砸不土，虽亦名土，实则取石。必先洗去石上浮土，再用锥碎成小块，然后杵臼一昼夜成土，始淘练印造。大约上春水大，每棚碓可全舂；下年水小力微，必减几支碓舂。水急力匀，舂土稠细；水缓力轻，舂土稍粗。故所出不砸，上春者佳，作坯亦比下年者胜。

同一不也，而有红、黄、白之分。红、白不皆器之细者用，黄不则惟粗器用之。然有一种淡黄带白色者颇佳，又不止粗器用也。

黄不土块大而坚，舂之杵舂亦必坚大；白不土稍松细，碓式亦次于舂黄不者。邑东王港以上有二十八滩，每滩皆有水碓，舂土作不。昔舂黄不户半于白不，今则舂造黄不者只五六处，余俱改舂白不。

不之绝佳者，惟寿溪坞所产。他处载来镇市，必曰"我寿溪不"，亦多可用。

瓷土，洪家坳旧出者与金家山所产同妙。后因与祁邑连界，属一势宦祖莹来脉，兴讼永禁。

坪里土、葛口土，皆祁门县所产。自余干土出，而坪里、葛口之土用者少矣。近邑南有小里土，亦可用。舂户多合用之，然不及余干土也。

不之名类不一，而玉红、提红二种为上。然二种不性软，必多合高岭方可用。余干不性颇健，少以高岭配合便可用。近日高岭所出，已不如前，陶户遂多用余干不。

水沩号为百家货，陶户用罩坯外，惟兰、宋、白、饭、砂、宫等坯不用。惟研合沩果，和水罩外。大抵槎窑粗器，多以釉果当水沩。

滑石作器胎，唯质佳耳。所衬出釉色，反不如不泥上釉，尤莹泽耐看，故官古不多用，洋器半用，唯雕镶小琢器肯用。然滑石瓷器画作，亦不及好官古。

捡渣作质，顶粗之器，如冒宫、冒饭、冒盂、冒令、莲子大碗、大草撇、砂古大砂炉二及小雕削禽鱼人物之类。捡渣者何？盖大窑户所淘泥不，倾去粗沉之土渣也。凡用捡渣户，佣工收捡于外，复加淘汰，练成泥，方可用。

青料以黑绿而润泽有光色者为上品，仿霁青器必用之。若青花淡描用青之法：先定花样画坯上，然后罩上泑，水干入窑烧，陶成遂现青翠色。若不用泑罩，其色仍黑；或先上泑，再画泑外，则料多烧飞。

镇有彩器，昔不大尚。自乾隆初，官民竞市，由是日渐著盛。俗呼"红店"，自称曰"炉户"，皆不用古法明、暗炉之制，但以砖就地围砌如井样，高三尺余，径围三两尺，下留穴，中置彩器，上封火而已，谓之"烧炉"，亦有期候。若问以明炉、暗炉，多不知为何。

凡器之高大件，最难烧造。如二尺四大盘、顶皮大碗、千垅五百垅大地瓶、五百垅大缸、三百垅花桶等器，口面既大，垅数又高，造时必倍其坯，式较劣，取优者送窑，经烧难保不有蹻、扁、损、挫之患。

脱胎器薄，起于永窑。永窑尚厚，今俗呼"半脱胎"。另有如竹纸薄者一式，俗以"真脱胎"别之。此种真脱胎起自成窑，暨隆、万时之民窑。但隆、万尚蛋皮式，止一色纯白者，不似今多画青花，其净白尤浇美过之也。

上古、中古器，昔无琢类，不造小圆器，止有大碗、宫碗、七寸、五寸、四大器之称，今则小圆式亦造矣。

洋器有滑洋器、泥洋器之分。一用滑石制作器骨，工值重，是为滑洋器；二用不泥作器质，工值稍次，是为粗洋器。

小琢器户，亦呼"雕削"，如造汤匙、挂瓶、茶托等具，画青花、淡描等花，或兼仿东青器。近闻仿造东青，新试得一法，用泑果作质，陶成则泑色益衬出，而美过于前仿东青器。

满窑一行，另有店居。凡窑户值满窑日，则召之至，满毕归店。主顾有定，不得乱召。俗传，先是乐平人业此，后挈鄱阳人为徒，此康熙初事。其后鄱邑人又挈都昌人为徒，而都邑工渐盛，鄱邑工所满者反逊之。今则镇分二帮，共计满窑店三十二间，各有首领，俗呼为"满窑头"。凡都、鄱二帮，满柴、槎窑，皆分地界。

窑内各有把庄头，亦为烧夫。烧夫中又分紧火工、溜火工、沟火工。

火不紧洪，则不能一气成熟；火不小溜，则水气不由渐干，成熟色不漂亮；火不沟疏，则中、后、左、右不能烧透，而生甋所不免矣。烧夫有泼水一法，要火路周通，使烧不到处能回焰向彼，全恃泼火手段。凡窑皆有火眼，照来焰泼去，颇为工巧。

柴窑多烧细器，槎窑多烧粗器。前代厂制，一窑兼用柴、槎，四六配烧。今悉搭民窑，分柴、槎为二帮，故有柴窑、槎窑之称，其中又分大器窑、小器窑、包青窑诸号。

五曹，满器五行之名，都邑人呼为"五乎"。几曹几乎，皆行路之数。又传"五乎"实四担，坯匣共计三十二擎，亦有论柱数烧者。

烧窑户搭烧坯瓷，其满烧之规：当窑门前一二行，皆以粗器障搪怒火，三行后始有细器。其左右火眼处，则用填白器拥燎搪焰。正中几行，则满官古、东青等器。尾后三四行，又用粗器拥焰。若窑冲，唯排砖靠砌而已。

自烧自造者，谓之烧囵窑。或不搭他户烧，或亦搭一二户烧。窑门前用空匣满排以障火，如昔厂官满法者。三行后始用坯器，尾后亦满粗器，以搪火焰。

厂昔有大匣窑，专满空匣，今悉入民窑先烧，唯包青窑乃可搭烧。何谓包青？盖凡搭坯入其窑，必陶成皆青品，有苦窳不青器，则另偿包烧者。不独厂官器搭如此，即诸户搭烧亦然也。

瓷器固须精造，陶成则全赖火候。大都窑干、坯干、柴干，则少折裂、色晦之患；土细、料细、工夫细，则无粗糙、滓斑之虞。

结砌窑巢，昔不可考。自元明以来，镇土著魏姓世其业。若窑小损坏，只需补修。今都邑人得其法，遂分业补窑一行。然魏族实有师法薪传。余尝见其排砌砖也，一手挨排黏砌，每黏一砖，只试三下，即紧黏不动；其排泥也，双手合舀一拱泥，向排砌一层砖中间两分之，则泥自靠结砖两路流至脚，砌砖者又一一执砖排粘；其制泥，稠如糖浆，亦不同泥水工所用者。

渣饼有平正细白者，是白不造成；有粗样者，是泥土打成。大小视坯足为度。凡坯装匣内，必用渣饼垫足，经烧后，其堁乃不黏匣底。又有用黄沙渣垫堁，亦不黏匣者。五代周烧柴窑器，所谓"足多粗黄土"，盖此。

陶户收买泑、不，先于船中提少许捏成块，上划各土客字号，烧窑日置之火眼内，待烧熟，用铁钩探出，验辨货色，谓之"试照"。

本烧户亦有自试火照之法。盖坯器入窑，火候生熟，究不可定。因取破坯一大片，中挖一圆孔，置窑眼内，用钩探验生熟。若坯片孔内皆熟，则窑渐陶成，然后可歇火。

陶户坯作人众，必用首领辖之，谓之"坯房头"，以便稽查口类出入佣人。其有众坯工多事，则令坯房头处平；有惰工坯作，亦唯彼是让。

坯房发给人工：其为地下印、利、做坯等工，则皆四月内给值，十月找满，年终再给少许；其为画作上工，则按五月端节、七月半、十月半及年竣分给。至供饭一例，则阖镇皆三月朔起，有发市钱。

窑砖，旸阜滩沿河所造。其法：挻埴泥土，用方木匣印成，长七八寸，阔三四寸，先贮窑烧熟方可用。初烧者为新砖，烧数次者为老砖。老砖结窑佳。

俗有"估堆"之说。凡陶户提同口，有剩下零瓷或稍茅惊色杂者，则另堆聚一处，新旧大小不等，有此路行家觅户估买。昔多有估堆致富者，今则有外佳内窳弄巧者矣，俗谓"做堆"。

商行买瓷，牙侩引之，议价批单，交易成，定期挑货，必有票计器数为凭。其挑去瓷器有色杂茅损者，亦计其数载票，交陶户换补佳者，谓之"换票"。其瓷票、换票，皆素纸为之，或印行号、户号，加写器数，字或全用墨写。

商雇茭草工扎瓷，值有常规，照议如一。其稻草、篾片，皆各行长雇之茭草头已办。稻草出吾邑者好用，而邑北尤佳；篾则婺界所析，今里村、镇市亦有。

把庄一行，凡诸路客至，必雇定把庄头，挑收窑户瓷器，发驳则把庄头雇夫给力送下河。又有类色头，汇清同口，包纸装桶，茭草跟橃，皆有定例，俗又呼"油灰行"。

磨补瓷器，镇有勤手之徒，挨陶户零估收聚，茅糙者磨之，缺损者补之，俗呼为"磨茅堎店"。

过光瓷器，皆暗损未坏者，此诈伪之流贱市而涂固之。然沾热汤即破，只可盛干冷物，俗呼为"过江器"。

黄家洲苏湖会馆近河洲地，为小本商摆瓷摊所一大聚场也。面河距市中，方广约二里许，遍地皆瓷器摊，任来往乡俗零买，不拘同口个数。

瓷器街颇宽广，二三百武，距黄家洲地半里余。街两旁皆瓷店张列，无器不有，悉零收贩户整治摆售，亦有精粗、上中下之分。

潘家疃在镇之中秀渡对岸，疃内多潘姓。自国初已陶，然只坯坊陶窑多处，陶户仍居镇中，时至疃内省视烧造。其窑则皆烧槎，其坯亦有由镇载入疃窑烧者，亦有疃坯载送镇窑烧者，故中渡口一带河中，多有陶户装坯船、装瓷器船。

镇又有小本旅伴，手提大篮，采贩陶户诸瓷器，走黄家洲上及觅趁各瓷行零卖。其器稍有茅疵，抑或时得佳器，俗呼为"提洲篮者"。

卷五

景德镇历代窑考

陈

至德元年，诏镇以陶础贡建康。

唐

陶窑　唐初器也，土惟白壤，体稍薄，色素润，镇钟秀里人陶氏所烧造。《邑志》云：唐武德中，镇民陶玉者载瓷入关中，称为"假玉器"，且贡于朝，于是昌南镇瓷名天下。

霍窑　窑瓷色亦素，土墡腻，质薄，佳者莹缜如玉，为东山里人霍仲初所作，当时呼为"霍器"。《邑志》载：唐武德四年，诏新平民霍仲初等制器进御。

宋

　　景德窑　宋景德年间烧造，土白壤而埴，质薄腻，色滋润。真宗命进御瓷器，底书"景德年制"四字。其器尤光致茂美，当时则效，著行海内，于是天下咸称景德镇瓷器，而昌南之名遂微。

　　湘湖窑附　镇东南二十里外有湘湖市，宋时亦陶。土墥埴，其体亦薄，有米色、粉青二色。蒋《记》云：器雅而泽，在当时不足珍。然唐公《陶成纪事》则曰：厂仿米色、粉青宋釉二种，得于湘湖故窑款色。盖其地村市尚寥落，有存窑址，自明已圮。

元

　　改宋监镇官为提领，至泰定后，又以本路总管监陶，皆有命则供，否则止，税课而已。故惟民窑著盛，然亦无多传名者。蒋《记》云：景德镇埏埴之器，洁白不疵。据此，则元瓷尚白可知。又云：江、湖、川、广器用青白，出于镇之窑者也。据此，则元瓷俱有青白色。又云：印花、画花、雕花之有其技。据此，则元瓷已工巧画镂矣。又云：窑有尺籍，私之者刑。据此，又非税课之一证乎？蒋公，名祈，元人也。

　　枢府窑　元之进御器，民所供造者，有命则陶。土必细白埴腻，质尚薄，式多小足、印花，亦有戗金、五色花者，其大足器则莹素。又有高足碗、蒲唇、弄弦等碟，马蹄盘，耍角盂各名式，器内皆作"枢府"字号。当时民亦仿造，然所贡者俱千中选十，百中选一，终非民器可逮。

　　湖田窑附　镇河南岸口有湖田市，元初亦陶。土墥垆，质粗，多黄黑色，即浇白者亦微带黄黑。当时浙东西行之，器颇古雅。蒋《记》云：浙东西之器尚黄黑，则出于昌水南之湖田窑者也。今窑市已墟，湖田邨落尚在，其窑器犹有见者。

明

　　洪窑　洪武二年，设厂于镇之珠山麓，制陶供上方，称官瓷，以别民窑。除大龙缸窑外，有青窑、色窑、风火窑、匣窑、爁熿窑，共二十座。至宣德中，将龙缸窑之半改作青窑，厂官窑遂增至五十八座，多散建厂外民间。迨正德始称御器厂。洪器土骨细腻，体薄，有青、黑二色，以纯素为佳。其制器，必坯干经年，重用车碾薄，上釉候干入火。釉漏者，碾去再上釉，更烧之。故汁水莹如堆脂，不易茅篾，此民窑所不得同者。若颜色器中，惟青黑戗金壶、盏甚好。

永窑　永乐年厂器也。土埴细，质尚厚，然有甚薄者如脱胎，素白器彩锥拱样始此。唐氏《肆考》云：永器有压手杯，中心画双狮滚球为上品，鸳鸯心者次之，花心又次之。杯外青花深翠，式样精妙。若后来仿制者，殊差。永器鲜红最贵。

宣窑　宣德间厂窑所烧。土赤埴壤，质骨如朱砂，诸料悉精，青花最贵，色尚淡，彩尚深厚，以甜白樱眼为常，以鲜红为宝。器皆腻实，不易茅篾。唐氏《肆考》云：宣厂造祭红红鱼靶杯，以西红宝石为末入泑，鱼形自骨内烧出，凸起宝光，汁水莹厚。有竹节靶罩盖卤壶、小壶甚佳，宝烧霁翠尤妙。又白茶盏光莹如玉，内有绝细龙凤暗花，花底有暗款"大明宣德年制"，隐隐鸡橘皮纹。又有冰裂鳝血纹者，几与官、汝窑敌。他如蟋蟀澄泥盆，最为精绝。按：宣窑器无物不佳，小巧尤妙，此明窑极盛时也。祭红有两种，一为鲜红，一宝石红。唐氏所记乃宝石红，概以祭红言之，似误。宣青是苏泥勃青，故佳，成化时已绝。皆见闽温处叔《陶纪》，今宣窑瓷尚有存者。

成窑　成化厂窑烧造者。土腻埴，质尚薄，以五彩为上。青用平等青料，不及宣器，唯画彩高轶前后，以画手高、彩料精也。郭子章《豫章陶志》云：成窑有鸡缸杯，为酒器之最，上绘牡丹，下画子母鸡，跃跃欲动。五彩葡萄撇口扁肚靶杯，式较宣杯妙甚。次若人物莲子酒盏、草虫小盏、青花纸薄酒盏，名式不一，色深浅莹洁而质坚。五采齐著小碟、香盒、小罐，皆精妙可人。唐氏《肆考》云：神宗尚食，御前有成杯一双，直钱十万。明末已贵重如此。按：昔论明瓷者，首宣，次成，次永，次嘉。然宣彩未若成彩，其点染生动，有非丹青家所能及也。

正窑　正德中厂器。土埴细，质厚薄不一，色亦分青、彩，唯霁红尤佳。嗣有大珰镇云南，得外国回青，价倍黄金，知其可烧窑器，命用之。其色古菁，故正窑青花多有佳品。按：回青以重色为贵，当日厂工恣为奸利，出售民陶。迨嘉靖间，邑令朱景贤设法调剂，其弊稍息。霁红即鲜红、宝石红两种。

嘉窑　嘉靖中厂器。土墡埴，质腻薄。时鲜红土绝，烧法亦不如前，仅可造矾红色。唯回青盛作，幽菁可爱，故嘉器青花亦著，五彩略备，然体制较之宣、成器则远甚。郭《记》云：世宗经箓醮坛用器，有小白瓯，名曰"坛盏"，正白如玉，绝佳。唐氏《肆考》亦载：嘉窑青尚浓，其厂器如坛盏、鱼扁盏、红铅小花盒子，足为世玩。

隆、万窑　穆宗、神宗年间厂器也。土埴坟，质有厚薄，色兼青、彩，制作益巧，无物不有。汁水莹厚如堆脂，有粟起若鸡皮者，有发棕眼若橘纹者，亦可玩。唐氏《肆考》云：明瓷至隆、万时，回青已绝，不及嘉窑青花；麻仓土亦告竭，饶土渐恶，器质较前多逊。又以淫巧为务，其秘戏器一种，殊非雅品，镇陶作俑自此。唯祭红器尚有佳者，然亦非鲜红、宝石红之祭红矣。

龙缸窑　明厂有龙缸窑，称大龙缸窑，亦曰"缸窑"。窑制：前宽六尺，后如前饶五寸，入身六尺，顶圆。鱼缸大样、二样者，止烧一口；瓷缸三样者，一窑给砌二台，则烧二口。缸多画云龙或青花，故统以龙缸窑名之。烧时，溜火七日夜。溜，缓小也，如小滴流，缓缓起火，使水气渐干渐熟，然后紧火二日夜。缸匣既红，而复白色，前后通明亮，方止火封门。又十日，窑冷方开。每窑约用柴百三十捆，遇阴雨或有所加。有烧过青双云龙宝相花缸、青双云龙缸、青双云龙莲瓣大缸、青花白瓷缸、青龙四环戏潮水大缸、青花鱼缸、豆青色瓷缸等式。

崔公窑　嘉、隆间人，善治陶，多仿宣、成窑遗法制器，当时以为胜，号其器曰"崔公窑瓷"，四方争售。诸器中唯盏式较宣、成两窑差大，精好则一。余青、彩花色悉同，为民陶之冠。

周窑　隆、万中人，名丹泉，本吴门籍，来昌南造器，为当时名手，尤精仿古器。每一名品出，四方竞重购之，周亦居奇自喜。恒携之苏、松、常、镇间，售于博古家，虽善鉴别者亦为所惑。有手仿定鼎及定器文王鼎炉与兽面戟耳彝，皆逼真无双，千金争市，迄今犹传述云。

壶公窑　神庙时烧造者，号壶隐道人。其色料精美，诸器皆佳。有流霞盏、卵幕杯两种最著。盏色明如朱砂，杯极莹白可爱，一枚才重半铢，四方不惜重价求之。亦雅制壶类，色淡青，如官、哥器，无冰纹。

其紫金壶带朱色，皆仿宜兴时、陈样壶，底款为"壶隐老人"四字。相传为昊十九，而借不可知矣。李日华赠诗云："为觅丹砂斗市廛，松声云影自壶天。凭君点出流霞盏，去泛兰亭九曲泉。"

　　小南窑附　镇有小南街，明末烧造。窑独小，制如蛙伏，当时呼"虾蟇窑"。器粗整，土埴黄，体颇薄而坚。唯小碗一式，色白带青，有青花，花止兰朵、竹叶二种。其不画花，唯碗口周描一二青圈者，称"白饭器"。又有撇，坦而浅，全白者，仿宋碗，皆盛行一时，国初犹然。

国朝

　　陶至今日，器则美备，工则良巧，色泽精全，仿古法先，花样品式，咸月异岁不同矣！而御窑监造，尤为超越前古，谨录其特著者。

　　康熙年臧窑　厂器也，为督理官臧应选所造。土埴腻，质莹薄，诸色兼备，有蛇皮绿、鳝鱼黄、吉翠、黄斑点四种尤佳，其浇黄、浇紫、浇绿、吹红、吹青者亦美。迨后有唐窑，犹仿其釉色。唐公《风火神传》载：臧公督陶，每见神指画呵护于窑火中，则其器宜精矣。

　　雍正年年窑　厂器也，督理淮安板闸关年希尧管镇厂窑务，选料奉造，极其精雅。驻厂协理官每月于初二、十六两期解送色样至关，呈请岁领关帑。琢器多卵色，圆类莹素如银，皆兼青、彩，或描锥、暗花、玲珑诸巧样，仿古创新，实基于此。《文房肆考》云：雍正初，楚抚严公希尧烧造厂器。以"年"为"严"，又称"楚抚"，殆误。《邑志》载年公《重修风火神庙碑记》，碑尚存。

　　乾隆年唐窑　厂器也，内务府员外郎唐英督造者。唐公以雍正戊申来驻厂协理，佐年著美。迄乾隆初榷淮，八年移理九江钞关，皆仍管陶务。公深谙土脉火性，慎选诸料，所造俱精莹纯全。又仿肖古名窑诸器，无不媲美；仿各种名釉，无不巧合。萃工呈能，无不盛备。又新制洋紫、法青、抹银、彩水墨、洋乌金、珐琅画法、洋彩乌金、黑地白花、黑地描金、天蓝、窑变等釉色器皿。土则白壤而埴，体则厚薄惟腻，厂窑至此，集大成矣！既复奉旨恭编《陶冶图》二十页，次第作《图说》进呈。临川李巨来先生序公集云："独斟酌华实间，有得于心。而龙缸、均窑，追绝业，复古制；翡翠、玫瑰，更出新奇。是公之陶，即公之心为之也。"

卷六

镇仿古窑考

定窑　宋时所烧，出直隶定州，有南定器、北定器。土脉细腻，质薄，有光素、凸花、划花、印花、绣花诸种，多牡丹、萱草、飞凤花式。以白色而滋润为正，白骨而加以泑水，有如泪痕者佳，俗呼"粉定"，又称"白定"。其质粗而微黄者低，俗呼"土定"。东坡《试院煎茶》诗云："定州花瓷琢红玉。"蒋《记》云：景德镇陶器有"饶玉"之称，视真定红瓷足相竞。则定器又有红者。间造紫定、黑定，然唯红、白二种，当时尚之。唐氏《肆考》云：古定器以政和、宣和间窑为最好，色有竹丝刷纹。其出南渡后者为南定，北贵于南，划花最佳，光素亦好。昌南窑仿定器，用青田石粉为骨，质粗理松，亦曰"粉定"。其紫定色紫，黑定色若漆，无足重也。

汝窑　汝亦汴京所辖。宋以定州白器有芒不堪用，遂命汝州建青器窑。土细润如铜，体有厚薄，色近雨过天青，汁水莹厚若堆脂，有铜骨无纹、铜骨鱼子纹二种。《格古要论》云：汁中棥眼隐若蟹爪者尤佳。《辍耕录》云：河北唐、邓、耀州悉效之，而汝窑为魁。底有芝麻花细小挣钉，当时珍尚。唐氏《肆考》云：汝器土脉质制，较官窑尤滋润，薄者为贵。屑玛瑙为油，如哥而深，微似卵白，真所谓淡青色也，然无纹者尤好。

官窑　宋大观、政和间，汴京自置窑烧造，命曰"官窑"。土脉细润，体薄，色青带粉红，浓淡不一，有蟹爪纹，紫口铁足。大观中，釉尚月白、粉青、大绿三种，政和以后唯青分浓淡耳。案：南渡时，有邵成章提举后苑，袭旧京遗制，置窑于修内司烧造，曰"内窑"，亦名"官窑"。澄泥为范，极其精制，釉色亦莹澈，为当时所珍。后郊坛下别立新窑，亦曰"官窑"，式制不殊，比之旧窑、内窑，大不侔矣！唐氏《肆考》云：古官器，其妙处当在体质、油色。色带白而薄如纸者，颇亚于汝。伪者皆龙泉所造，无纹路。南宋余姚秘色瓷，今人率以官窑目之，不能别白，间见乱真。

东窑　北宋东京民窑也，即今开封府陈留等处。土脉黎细，质颇粗厚，淡青色，亦有浅深，多紫口铁足，无纹，比官窑器少红润。唐氏《肆考》误以为"董窑"，又云：核之董窑似官，其不同者，质粗欠滋润。盖"东""董"声相近，唐氏半采《格古要论》，乃传闻之讹也。案：古东器虽有紫口铁足，无蟹爪纹，不逮官窑多矣，唐氏何得云似？《陶成纪事》亦称"东窑"，载东青有浅、深二种。唐氏于东青色则书"冬青"，何不自知"东"之讹"董"也？且今所仿东青器，并无紫口铁足，或更加彩矣。

龙泉窑　宋初处州府龙泉县琉田市所烧。土细墡，质颇粗厚，色甚葱翠，亦分浅深，无纹片。有一等盆，底有双鱼，盆外有铜掇环。器质厚实者，耐摩弄，不易茅篾，第工匠稍拙，制法不甚古雅耳。景德镇唐窑有仿龙泉宝烧一种，尤佳。《格古要论》以为亦有薄式。唐氏《肆考》云：古龙泉器，色甚葱翠，妙者可与官、哥争艳，但少纹片，紫骨铁足耳。

哥窑　宋代所烧，本龙泉琉田窑，处州人章姓兄弟分造。兄名生一，当时别其所陶，曰"哥窑"。土脉细紫，质颇薄，色青，浓淡不一。有紫口铁足，多断纹，隐裂如鱼子。釉唯米色、粉青二种，汁纯粹者贵。唐氏《肆考》云：古哥窑器质之隐纹如鱼子，古官窑质之隐纹如蟹爪，碎器纹则大小块碎。古哥器色好者类官，亦号"百圾碎"，今但辨隐纹耳。又云：汁油究不如官窑。案：哥窑在元末新烧，土脉粗燥，色亦不好，见《格古要论》。旧呼"哥哥窑"，亦取土于杭。

章龙泉窑　即生一之弟章生二所陶者，仍龙泉之旧，又号"章窑"，或曰"处器""青器"。土脉细腻，质薄，亦有粉青色、翠青色，深浅不一。足亦铁色，但少纹片。较古龙泉制度，更觉细巧精致，至今温处人犹称为"章窑"。唐氏《肆考》云：兄弟二窑，其色皆青，有浓淡，皆铁足。旧闻有紫足，少见。惟哥窑有纹、弟章窑无纹为别。《春风堂随笔》云：章窑所陶青器，纯粹如美玉，为世所贵，即官窑之类。案：白壤所造，外涂油水，翠浅露白痕者真。明初，窑移处州，青器土垩、火候，渐不及前矣。

均窑　亦宋初所烧，出钧台。钧台，宋亦称钧州，即今河南之禹州也。土脉细，釉具五色，有兔丝纹。红若胭脂朱砂为最，青若葱翠、紫若墨者次之。三者色纯无少变杂者为上，底有一二数目字号为记者佳。若青黑错杂，如垂涎，皆三色之烧不足者，非别有此样。俗取梅子青、茄皮紫、海棠红、猪肝、骡肺、鼻涕、天蓝等名。蒋《记》云：近年新烧，皆砂土为骨，釉水微似，制有佳者，俱不耐久。唐氏《肆考》云：均窑始禹州，禹州昔号钧台，均合书钧，今通作均，沿写已久。此窑唯种菖蒲盆底佳甚。他如坐墩、炉、合、方瓶、罐子，多黄沙泥坯，则器质不佳。案：唐说特就古均器言之耳，若今镇陶所仿均器，土质既佳，瓶、炉尤多美者。

碎器窑　南宋时所烧造者，本吉安之庐邑永和镇另一种窑。土粗坚，体厚质重，亦具米色、粉青样。用滑石配釉，走纹如块碎，以低墨土赭搽熏既成之器，然后揩净，遂隐含红黑纹痕，冰碎可观，亦有碎纹素地加青花者。唐氏《肆考》云：吉州宋末有碎器，亦佳。今世俗讹呼"哥窑"，其实"假哥窑"，虽有碎纹，不同鱼子，且不能得铁足。若铁足，则不能有声，唯仍呼"碎器"为称。案：所谓紫口铁足，今镇陶多可伪设，即鱼子纹亦不必定属汝、哥类。凡圆、琢小件，皆有精仿者矣。

卷七

古窑考

东瓯陶　瓯越也，昔属闽地，今为浙之温州府。自晋已陶，其瓷青，当时著尚，杜毓《荈赋》所谓"器泽陶拣，出自东瓯"者是也。陆羽《茶经》云：瓯越器青，上口唇不卷，底卷而浅，受半斤已下。

关中窑　元魏时所烧，出关中，即今西安府咸阳等处。陶以供御。

洛京陶　亦元魏烧造，即今河南洛阳县也。初都云中，后迁都此，故亦曰洛京。所陶皆供御物。

寿窑　唐代所烧，江南之寿州也。瓷色黄，《茶经》以寿瓷为最下，云黄则茶色紫，不相宜。

洪州窑　洪州烧造者，亦见唐代。洪州，今南昌府。《格古要论》

云：江右洪州器，黄黑色。《茶经》云：洪州瓷褐，令茶色黑，品更次寿州。陆佃曰：褐，色黄黑。

越窑　越州所烧，始唐代，即今浙江绍兴府，在隋唐曰越州。瓷色青，著美一时。《茶经》云：碗，越州为上。其瓷类玉类冰，青而益茶，茶色绿，邢瓷不如也。陆龟蒙诗云："九秋风露越窑开，夺得千峰翠色来。"孟郊诗云："越瓯荷叶空。"顾况《茶赋》云："越泥如玉之瓯。"观此，则越窑亦唐时韵物矣。唐氏《肆考》云：越窑实为钱氏秘色窑之所自始。

鼎窑　唐代鼎州烧造，即今西安府之泾阳县也。陆羽《茶经》推鼎州瓷碗，次于越器，胜于寿、洪所陶。

婺窑　亦唐时婺州所烧者，今之金华府是。《茶经》又以为婺器次于鼎瓷，非寿、洪器所能及。

岳窑　湖南岳州府，唐代亦陶。瓷皆青。《茶经》谓又次于婺瓷，然青固宜茶，茶作白红之色，悉胜于寿州、洪州者。

蜀窑　唐时四川邛州之大邑所烧。体薄而坚致，色白声清，为当时珍重。《杜少陵集·韦处乞大邑瓷碗》诗云："大邑烧瓷轻且坚，扣如哀玉锦城传。君家白碗胜霜雪（原本误作'雪碗'，据原诗文字改），急送茅斋也可怜。"首句美其质，次句美其声，三句美其色，蜀窑之佳，已可想见。案：《辍耕录》引《笔衡》载有续窑，疑"续"即"蜀"误。唐氏又以大邑瓷隶越窑下，说尤误矣。

秘色窑　吴越烧造者。钱氏有国时，命于越州烧进，为供奉之物，臣庶不得用，故云"秘色"。其式似越窑器，而清亮过之。唐氏《肆考》云：蜀王建报朱梁信物有金棱椀，致语云"金棱含宝椀之光，秘色抱青瓷之响"。则秘色乃是当时瓷器之名，不然吴越专以此烧进，何蜀王反取之以报梁耶？案：《坦斋笔衡》谓秘色唐世已有，非始于钱氏，大抵至钱氏始以专供进耳，岂王蜀遂无唐之旧器哉？又徐寅有《贡余秘色茶盏》七律诗，可见唐有之辨非谬。特《辍耕录》疑为即越窑，亦误。南宋时秘色窑已移余姚，迄明初遂绝。

秦窑　唐代烧造，今甘肃之秦州也。相传器皆碗、杯之属，多纯素，亦有凸鱼水纹者。

柴窑　五代周显德初所烧，出北地河南之郑州。其地本宜于陶，以世宗姓柴，故名。然当时亦称御窑，入宋始以柴窑别之。其瓷青如天，明如镜，薄如纸，声如磬，滋润细媚，有细纹。制精色异，为古来诸窑之冠，但足多粗黄土耳。唐氏《肆考》云：柴窑起于汴，相传当日请器式，世宗批其状曰："雨过天青云破处，者般颜色作将来。"今论窑器者，必曰柴、汝、官、哥、定，而柴久不可得矣。得残器碎片，制为冠饰、绦环、玩具，亦足珍贵。世传柴瓷片宝莹射目，光可却矢。宝莹则有之，却矢未必然，盖难得而重言之也。

　　唐邑窑　宋时烧造，即今南阳府唐县。昔称青瓷，质泐不及汝器。

　　邓州窑　亦宋所烧，即南阳府之邓州。皆青瓷，未若汝器滋润。

　　耀州窑　耀州，今属西安府，亦宋烧。青器色质，俱不逮汝窑。后烧白器，颇胜。然陶成皆不坚致，易茅损，所谓黄浦镇窑也。

　　乌泥窑　建宁府建安所烧，始于宋。厥土黑圿，质粗不润，泐水燥暴，色面亦青。《瓶花谱》以乌泥与龙泉、均、章诸窑并重。《博古要览》则谓当差肩象、东。《拾青日札》云建安乌泥窑器，品最下，未可传信。抑今昔之不同耶？

　　余杭窑　亦宋时烧造，乃杭州府之余杭县也。色同官瓷，无纹，不莹润。叶垣斋《笔衡》云：郊坛下新窑，已比旧官内窑大不侔。他如乌泥窑、余杭窑，更非官窑比矣。

　　丽水窑　亦宋所烧，即处州丽水县，亦曰处窑。质粗厚，色如龙泉，有浓淡，工式尤拙。

　　萧窑　出徐州府萧县之白土镇，一曰白土窑，亦宋代烧造。厥土白壤，质颇薄泽，皆白器，制式规范颇佳。《夷坚志》云：萧县白土镇造白器，几三十余窑。窑户多邹姓，有总首，其陶匠约数百人，制作颇佳。

　　吉州窑　宋时吉州永和市窑，即今之吉安府庐陵县。昔有五窑，具白色、紫色。紫有与紫定相类者。五窑中，唯舒姓烧者颇佳。舒翁工为玩具，翁之女名舒娇，尤善陶。其罏、瓮诸色，几与哥窑等价，花瓶大者值数金，小者有花。《格古要论》云：体厚质粗，不甚足品。唐氏《肆考》云：吉窑颇似定器，出今吉安之永和镇。相传陶工作器入窑，宋文丞相过时，尽变成玉，工惧事闻于上，遂封穴不烧，逃之饶，故景德镇初多永和陶工。按：此亦元初事，若明陶以后，则皆昌南土著。

　　建窑　古建州窑也。出宋代，为今之建宁府建阳县。始于建安，后迁建阳，入元犹盛。碗、盏多是撇口，体稍薄，色浅黑而滋润，有黄兔斑、滴珠大者真。宋时茶尚撇碗，以建安兔毫盏为上。唐氏《肆考》云：旧建瓷有薄者，绝类宋器。

象窑　宋南渡后所烧，出处未详。有蟹爪纹，以色白滋润为贵，其黄而质粗者品低。唐氏《肆考》云：或言象器出今宁波府象山县。核之象窑，似定，但多质粗。其滋润者亦终逊定器，且次于霍州镇之彭窑。

榆次窑　此西窑也，即太原府榆次县。自唐已陶，土粗质厚，厥器古朴。

平阳窑　亦西窑也，平阳府所烧。唐宋皆陶，有砖窑，大而容器多；有土窑，小而容器少。土壤白，汁水欠纯，故器色无可传者。

宿州窑　宋代烧造，为今凤阳府之宿州也。器仿定色，当时行尚颇广。自定窑器减后，而北地且多市充定器，然固不及真定瓷也。

泗州窑　江南之泗州，宋代亦陶。悉仿定窑器色，但不著于时。贪其值贱者，多市充定器。或云，泗器实与宿窑相埒。

彭窑　元时彭均宝于霍州烧造。土脉细白，埴腻体薄，尚素。仿古定器制，折腰样甚整齐，当时以彭窑称焉。其佳者与定相埒，因亦呼"新定器"。《格古要论》云：元彭均宝效古定窑制器，创折腰样。其土脉细白，绝类真定，往往为牙行指作定器。以烧于霍州，又名"霍窑"。唐氏《肆考》云：元之戗金匠户彭均宝烧仿定器，与白定相似，但比青口欠滋润，极脆，难以传久。市肆卖古瓷，多充为定器，非真赏家莫辨。

宣州窑　元明烧造，出宣州。土埴，质颇薄，色白。

临川窑　元初烧造，即今抚州府之临川县。土埴细，质薄，色多白，微黄，有粗花者。

南丰窑　出盱江之南丰县，元代烧造。土埴细，质稍厚。器多青花，有如土定等色。蒋《记》云：夫何昔之课斯陶者日举，今则州家多挂欠？原其故有五，临川、建阳、南丰产有所夺，三也。按此是说镇陶之利为三邑陶所夺，可见临窑、南窑在元时亦盛。

陇上窑　陇东所陶，始于明，即平凉府华亭县等处。或称白器，或曰类西窑。大抵质粗工拙，不足贵，蔡九霞《志》云：平凉华亭之间，明产瓷器，古陇东地也。

欧窑　明代烧造，为江南常州府宜兴人，以其姓欧，皆呼为"欧窑"。有仿哥窑纹片者，有仿官、均窑色者，彩色甚多，俱花盘、奁架诸器。其红、蓝纹釉二种尤佳，昌南唐窑曾仿之。唐氏《肆考》云：宜兴窑又有专造紫砂壶一式。《阳羡茗壶系》云：壶品，著名大家有时大宾、李仲芳、徐友泉、陈仲美、陈俊卿等。按：宜兴壶窑虽属陶成，然不类瓷器。此编只纪瓷，陶故不列入。

横峰窑　横峰，今广信府兴安，昔属弋阳县之大平乡。明处州人瞿志高来创造窑器。嘉靖间，因民饥乱，乃即横峰窑镇地改立兴安县，移窑于戈之湖西马坑，俗犹呼横峰窑，亦曰弋器。所造瓶、罐、缸、瓮、盘、碗之类，甚粗。

以上古陶，惟自晋纪起。东瓯、关、洛诸作，在当时原祇泛称陶器，故仍以陶纪之，余悉称窑。盖陶至唐而盛，始有窑名也。

各郡县窑考附

邢窑　出直隶之顺德府邢台县，自唐已烧造。土细质腻，色尚素，昔称白瓷，今亦有描青杂式者。《茶经》云：世以邢州瓷处越器上，然邢瓷类银类雪，邢瓷白而茶色丹，似不如越。按：《茶经》第就品茶言瓷耳，邢器亦足观。

磁州窑　始磁州，昔属河南彰德府，今属北直隶广平府。称"磁器"者，盖此。又本磁石制泥为坯陶成，所以名也。器之佳者，与定相似，但无泪痕，亦有划花、绣花。其素者，价高于定，在宋代固著。今人讹以陶窑瓷品概呼为磁器，不知另有是种窑。

德化窑　自明烧造，本泉州府德化县。德化，今改属永春州。碗、盏亦多撇口，称白瓷，颇滋润，但体极厚，间有薄者，唯佛像殊佳。今之建窑在此，盖不类旧建瓷矣。

处窑　浙之处州府，自明初移章龙泉窑于此烧造，至今遂呼"处器"。土粗垩，火候、汁水皆不得法，或犹有以龙泉称者，要非古章窑比也。

许州窑　明河南许州烧造。制磁石为之，亦瓷器也。色样皆有花、素，较磁州新近者为优。或曰，窑始于宋。

河北窑　烧造由宋始，青瓷也，即今河南卫辉府，昔称河北地。器同汝制，而色质不及，只可与唐、邓、耀等窑为伍。

怀庆窑　出河南怀庆府，自明迄今，尚烧造。

宜阳窑　明陶，即河南宜阳县，今尚烧造。

登封窑　亦自明始，即河南府登封县，今尚陶。

陕州窑　河南之陕州也，烧造始于明，今尚陶。

兖州窑　明以来烧造者，即兖州府邹、峄等处，今尚陶。

平定窑　今之西窑也，自宋已陶。土黎质粗，而色白微黑。器皆厚大，盆、碗殊无可观，人呼之曰"侗器"，即平定州烧者。

霍州窑　亦今之西窑，始于唐宋。土细壤，质腻，体薄，色多白，比平阳所造为佳，当时别之曰"霍器"。

广窑　始于广东肇庆府阳江县所造，盖仿洋磁烧者，故《志》云广之阳江县产磁器。尝见炉、瓶、盏、碟、碗、盘、壶、盒之属，甚绚彩华丽。唯精细雅润不及瓷器，未免有刻眉露骨相，可厌。然景德镇唐窑曾仿之，雅润足观，胜于广窑。此与磁州、许州等器，皆非瓷土所成者也。《陶成纪事》云：一仿广窑釉色及青点釉一种。按：此亦唐厂所仿。

外译窑考附

高丽窑　即高丽国所烧造者，不知起于何代。质颇细薄，釉色与景德镇微类。有粉青者，似龙泉器。有细花者，髣髴北定器。若上有白花朵儿者，彼国不甚值钱，大约与越窑、秘色窑、汝窑诸式相类，唯瓜尊、狻猊炉颇著异。

大食窑　大食国所造，以铜作骨，用药烧成，五色华绚。有见其碗、盏、壶、盒者，谓与佛郎嵌器颇相似，不知著始何代。

佛郎嵌窑　亦呼鬼国窑，即今所谓"发蓝"也，又讹"法琅"。其窑甚狭小，制如炉器。亦以铜作胎，用色药嵌烧，颇绚采可玩。唐氏《肆考》云：今云南人在京多作酒盏，仿佛郎嵌，俗谓之"鬼国嵌"。

洋磁窑　西洋古里国造，始者著代莫考。亦以铜为器骨，甚薄，嵌磁粉烧成。有五色，缋彩可观，推之作铜声，世称"洋磁"。泽雅鲜美，实不及瓷器也。今广中多仿造。唐氏《肆考》曰：洋磁等器，虽甚绚采华丽，而欠雅润精细，仅可供闺阁之用，非士大夫文房清玩也。

卷八

陶说杂编上

浮于饶称望邑，景德一镇，屹然东南一雄观。业陶者于斯，贸陶者聚于斯。天下之大，受陶之利而举以景德名。（王泽洪《记》）

浮处万山之中，而景德一镇，则固邑南一大都会也。殖陶之利，五方杂居，百货具陈，熙熙乎称盛观矣！（陈淯《集》）

昌南镇陶器，行于九域，施及外洋，事陶之人，动以数万计。海樽山俎，咸萃于斯。盖以山国之险，兼都会之雄也。（沈怀清《记》）

景德，江右一巨镇也，隶于浮。业制陶器，利济天下。四方远近，挟其技能以食力者，莫不趋之如鹜。（谢旻《外纪》）

昌江之南，有镇曰陶阳，距城二十里，而俗与邑乡异。列市受廛，延袤十三里许，烟火逾十万家，陶户与市肆当十之七八，土著居民十之二三。凡食货之所需求，无不便五方，借陶以利者甚众。（《黄墨舫杂志》）

浮梁提封仅百里，土宜于陶，以致陶之业、陶之人及陶中所有之事，几皆半于浮。则景德一镇，洵浮之要区矣。（杨竹亭《集》）

唐褚绥，字玉衡，晋州人。景隆（当为"景龙"之误）初，为新平司务。会洪州督府奉诏，需献陵祭器甚迫，绥驰戟门，力陈岁歉，户力凋残，竟获止。（《襄陵名宦志》）

窑之长短，率有楦数籍税，而火堂、火栈、火尾、火眼之属，则不入于籍。烧时，窑牌火照迭相出试，谓之"报火"。（蒋祈《陶略》）

凡窑家作辍，与时年丰凶相为表里。闻镇之巨户，今不如意者十八九。（同上）

进坑石制泥精细，湖坑、岭背、界田之所产，已为次矣。比壬坑、高砂、马鞍山，厥土赤石，仅可作匣。攸山石垩烧灰，杂以槎叶、木柿，火而加炼之，必剂以釉泥而后用。（同上）

彭器资尚书文集有《送许屯田》诗，序云："浮梁父老言，自来作知

县不买瓷器者一人，君是也；作饶州不买瓷器者一人，今程少卿嗣宗是也。"惜乎，不载许君之名。(《容斋随笔》)

吾闻陶之为道也，捣金石之屑，拔草木之精，埏之，坯之，轹之，绘之，泑之，煅之，别土脉火色，寻蟹爪鱼子。自霍、景、柴、汝、定、官、哥、均以来，至今日而其器益精。(谢济世《叙》)

宣窑冰裂鳝血纹者，与官、哥同，隐纹如橘皮。红花、青花者，俱鲜彩夺目，堆垛可爱。永窑细款青花杯、成窑五采葡萄杯及纯白薄如琉璃者，今皆极贵。又有元代"枢府"字号窑者，亦可取。(文震亨《长物记》)

宣窑有鱼藻洗、葵瓣洗、磬口洗、鼓样洗，五采桃注、石榴注、双瓜注、双鸳注，暗花白香橼盘、苏麻泥青香橼盘、朱砂红香橼盘诸件。又香合之小者，有饶窑蔗段、串铃二式。(同上)

宣庙有尖足茶盏，料精式雅，质厚难冷，洁白如玉，可试茶色，盏中第一。世庙有坛盏，中有"茶""汤""果""酒"，后有金篆"大醮坛用"等字者，亦佳。又一种名崔公窑，差大，可置果实。(同上)

玩好之物，以古为贵，唯今代则不然。永乐之剔红，宣德之铜，成化之窑器，其价遂与古敌。先是宣窑品最贵，近日又重成窑，盖两朝天纵，留意曲艺，宜其精工如此。花样皆作八吉祥、五供养、一串金、西番莲，以至斗鸡、百鸟及人物故事。至嘉靖窑，则又仿宣、成二种，而稍胜之。唯崔公窑加贵，然其值亦第宣、成之什一耳。(明沈氏《敝帚斋余谈》)

幼曾于二三中贵家见隆庆窑酒杯、茗碗，俱绘男女私亵之状。盖穆宗好内，以故奉造此种。然春画之起，始于汉广川王画屋。又书载，汉时发冢，则凿砖、画壁俱有此种。杯、碗正不足怪也。(同上)

宣德时，最娴蟋蟀戏，因命造蟋蟀盆。今宣窑蟋蟀盆犹甚珍重，其价不减宋宣和盆也。(同上)

吴门周丹泉，巧思过人，交于唐太常。每诣江西之景德镇，仿古式制器，以眩耳食者。纹款色泽，咄咄逼真，非精于鉴别，鲜不为鱼目所混。一日，从金阊买舟往江右，道经毗陵，晋谒太常，请阅古定鼎。以手度其分寸，仍将片楮摹鼎纹，袖之遂别。之镇，半载而旋，仍谒唐，袖出一鼎，云："君家白定炉鼎，我又得其一矣。"唐大骇，以所藏古鼎较之，无纤毫疑。又盛以旧炉，底盖宛如辑瑞之合也。询何所自来，周云："余畴昔借观，以手度者再，盖审其大小轻重耳。实仿为之，不相欺也。"太常叹服，售以四十金，蓄为副本，并藏于家。神庙末年，淮安杜九如浮慕唐之古定鼎，形诸梦寐，从太常孙君俞，强纳千金，得周之仿鼎以去。（《韵石斋笔谈》）

陶辨器足。永乐窑压手杯，滑底沙足。宣窑坛盏，釜底线足。嘉靖窑鱼扁盏，馒心圆足。凡陶器出窑，底足可验火法。（《拾青日札》）

饶州景德镇，陶器所自出。大观间有窑变，色红如朱砂，金谓荧惑缠度，临照而然。物反常为妖，窑户亟碎之。时有玉牒防御使仲戬，年八十余，居于饶，得数种，出以相视，云比之定州红瓷，色尤鲜明。（《清波杂志》）

髹漆螺蚼嵌器垢旧，若洗拭，法用无糨软绢包香蛤粉满扑过，另将软绢细细揩抹。其黑处自光如镜，而所嵌物则明显。（《云谷卧余》）

成化间朱元佐监陶，《登朝天阁冰立堂观陶火》诗云："来典陶工简命膺，火林环视一栏凭。朱门近与千峰接，丹阙遥从万里登。霞起赤城春锦列，日生紫海瑞光腾。四封富焰连朝夕，谁识朝臣独立冰？"（《爱日堂抄》）

明有昊十九者，浮梁人，能吟，工书画，隐于陶轮间。所制精瓷雅壶，俱妙绝人巧，自号壶隐老人。（《紫桃轩杂缀》）

镇瓷无色不备，唯明厂有鲜红。其纯白器，或画青花，或加五彩。永窑亦足贵多厚，成窑薄，宣窑青淡，嘉窑青浓，前后规制殊异。永在宣、成之下，嘉之上。南村谓"宣青成彩"，以宣窑五彩深厚堆垛，不若成彩用色浅深，殊有画意也。唯宣花是苏泥勃青，至成化其青已尽，只用平等青料，则论青花，宣为胜。然正、嘉用回青，亦足品。但宣窑选料、制样、绘画、题款，无一不佳耳。总之，明瓷无能过宣、成者。（《明瓷合评》）

凡用佳瓷，不先制之，遇热汤水，无有不损裂。必须先以米泔水温温渐煮，出，再以生姜汁及酱涂器底下，入火稍煨顿，可保。（《墨娥小录》）

粘碗盏法：用未蒸熟面筋，入筛净细石灰少许，杵数百下，忽化开如水，以之粘定，缚牢，阴干，自不脱，胜于钉钳，但不可水内久浸。

又，凡瓷器破损，或用糯米粥和鸡子青，研极胶黏，入粉少许再研，以黏瓷损处，亦固。（同上）

陶器贡自京师，岁从部降式造特多，以龙凤为辨。（王宗沐《陶书论》）

江阴周高起曰：明有陈仲美，婺源人，初造瓷于景德镇，尤善诸玩，类鬼工。以业之者多，不足成其名，弃之而来阳羡。好配壶土，心思殚竭，可列神器。（《阳羡茗壶系》）

水盏子者，乐器也，古犹瓦缶为之。明姑苏乐工谋易以铁，不成，乃购食器之能声者。得内府监制成化瓷器若干，则水浅深，分下上、清浊，叩以犀匙。凡器八而音周，绝胜古之击缶者，因强名曰"水盏子"。（毛奇龄《水盏子记》）

陶器以青为贵，彩品次之。瓷之青花、霁青、粉青，悉借青料。其仿汝窑、官窑、哥窑、龙泉窑，其色青者，亦资青料。（唐氏《肆考》）

宣窑青花，一名苏麻离青，成化时已少。正德间得回青，嘉窑御器遂用之。搥碎，有朱砂斑者为上，银星次也。纯用回青，则色散不收，必用石青和之，或十之一，或四之六。设色则笔路分明，混水则颜色明亮。（同上）

窑变，一说火之幻化所成，非徒釉色改变，实有器异成奇者。《东坡集》载《瓶笙诗引》云：刘仲几饮饯，闻笙箫声，察之，出于炉上双瓶。明诏景德镇烧屏风，变其二为床、船。余家有镇瓷宋碗一，暑天盛腥物，不臭腐。若官、均、哥窑，于本色釉外，变而为淡黄，或灰紫错杂。类诸物态，此不足异，时亦有之。（同上）

磁、瓷字不可通。瓷，乃陶之坚致者，其土埴壤。磁，实石名，出古邯郸地，今磁州。州有陶，以磁石制泥为坯烧成，故曰"磁器"，非是处陶瓷皆称磁也。闻景德镇俗，概从磁字书称。余所见商侣，亦多以瓷为磁，真可一噱。磁州今尚烧造。（同上）

自镇有陶，而凡戗金、镂银、琢石、髹漆、螺甸、竹木、匏蠡诸作，今无不以陶为之。或字或书，仿嵌维肖。（同上）

洪熙间，少监张善始祀佑陶之神，建庙厂内。曰师主者，姓赵名慨，字叔朋，尝仕晋朝。道通仙秘，法济生灵，故秩封万硕，爵视侯王，以其神异，足以显赫今古也。成化中，太监邓贤而知书，谓镇民多陶，悉

资神佑，乃徙庙于厂东门外之通衢，东北百武许，即今所也。（詹珊《记》）

唐光启中，有灵官华光者，神明赫著，民居横田社者奉之。嘉靖辛酉，部使者以验器至，改庙为公署。越岁，兵宪涂任斋公莅镇，宿公署，夜寐，若有牖其衷者。明日，进太府观海顾公、节推城山饶公，议更创之。于是议以厂东旷地建署，而庙地仍归民，听复建奉如旧。隆庆五年，陶务日急，祷于神，得宽牒，民乃请于明府，协更新之。工竣，耆老来告余，余曰："豫范型于土，人力可为。既入冶中，烟燎变幻，不可陶测，造化甄陶，有默司焉，匪神之为灵至是耶？"厥功亦与有力，宜永祀志。（曹天佑《记》）

唐公英《中秋后三日》诗云："惭愧甄陶汉使槎，几番佳节在天涯。西风一夜吹乡梦，寒雨连朝湿桂花。"又《留别陶署》诗云："半野半官栖八载，谁宾谁主寄孤情。梁间燕垒分辛苦，槛外花枝负约盟。"又云："西江八载赋皇华，淮海乘春又放槎。"又云："古亭翠撷心裁句，珠阜香留手植花。"（《陶人心语》）

佑陶灵祠堂西侧有青龙缸一，径三尺，高二尺强，环以青龙，四下作潮水纹，墙口俱全，唯底脱，明万历造。先是累造弗成，督者益力，神童公悯同役之苦，独舍生殉火，缸乃成。此则成中落选之损器也，久弃寺隅，余见之，遣两舆夫舁至神祠之堂侧，饰高台以荐焉。此器之成，沾溢者，神膏血也；团结者，神骨肉也；清白翠璨者，神精忱猛气也。（唐英《龙缸记》）

年公希尧云：予自雍正丁未之岁，曾按行至镇。越明年，而员外郎唐侯来偕董其事，工益举而制日精，予仍长其任。一岁之成，选择包匦，由江达淮，咸萃予之使院，转而贡诸内廷焉。（《风火神庙碑记》）

从镇东南去二十里余，地名湘湖，有故宋窑址。尝觅得瓷砾旧器不完者，质颇薄，却是米色、粉青二式。（《陶成示谕稿》）

陶固细事，而物料、火候与五行丹永同其功，兼之摹古酌今，侈拿崇庳之式，抽添变通之理，今可出其意旨，唯诸夫工匠矣！（《示谕稿序》）

釉水谓之垩泽。昔出新正都长岭者，作青黄釉；出义坑者，作浇白釉。二处皆有柏叶斑。又出桃花坞者，青花白器通用之。（《陶成纪事》）

神庙时，诏景德镇烧造屏风，不成。变而为床，长六尺，高一尺。又变为船一只，长三尺，舟中什物，无一不具。郡县官皆见之，乃椎碎，不敢以进也。（《豫章大事记》）

瓷器以宣窑为佳，中有窑变者极奇，非人力所可致，人多毁藏不传。（同上）

琢器之式，有方圆、棱角之殊；制画之方，别采绘、镂雕之异。仿旧须宗其典雅，肇新务审其渊源。器自陶成，规矩实遵古制；花同锦簇，采色胜上春台。观、哥、汝、定、均，抟污之仪则非远；水、火、金、木、土，洪钧之调剂维神。或相物以赋形，亦范质而施采。功必借夫埏埴，出自林泉；制不越夫樽罍，重均彝鼎。炉烟焕色，虽瓦缶亦参橐钥之权；彩笔生花，即窑瓷可验交明之象。（唐隽公《陶冶图说》）

陶土，出浮梁新正都麻仓山，以千户坑、龙坑坞、高路坡、低路坡四处为上。其土埴炉匀，有青黑缝、糖点、白玉、金星色。石末，出湖田一二图。釉土出新正都，最上为长岭，为义坑。长岭作青黄釉，义坑作浇白釉，俱有柏叶斑。（《江西大志》）

明神宗十一年，管厂同知张化美报，麻仓老坑土膏渐竭。（《邑志》）

嘉靖二十六年，上取鲜红器，造难成，御史徐绅奏以矾红代。隆庆五年，诏造里外鲜红器，都御史徐栻疏请转查，改矾红例。（同上）

明神宗十一年，给事王敬民奏罢烧造烛台、屏风、棋盘、笔管等件。（同上）

康熙十六年，邑令张齐仲，阳城人，禁镇户瓷器书年号及圣贤字迹，以免破残。（同上）

沈怀清《窑民行》诗云："景德产佳瓷，产器不产手。工匠来八方，器成天下走。陶业活多人，产不与时偶。"又云："食指万家烟，中外贾客薮。坯房蚁垤多，陶火触牛斗。都会可比雄，浮邑抵一拇。"（同上）

镇南有马鞍山，旧取土作烧瓷匣，后以景镇来脉，禁止。山之西麓，唐有云门教院。（同上）

颜鲁公建中时守郡，行部新平。陆士修与公友善，来游新平，同止云门教院数日。中宵茗饮联咏，有"素瓷传静夜，芳气满闲轩"之句，载云门断碑。（《昌南记》）

厂内珠山，独起一峯峦，俯视四境。相传秦时番君登此，谓立马山。

至唐，因地绕五龙脉，目为珠山。元末，于光据之，为行台，号蟠龙山。明称蠹山，后以为御器厂镇山。（同上）

唐有监务厅，宋设司务厅。宋元皆置湘湖务。元有湖田市。（同上）

以上皆镇陶旧说，概未编次书名前后。

卷九

陶说杂编下

虞阏父为周初陶正，武王赖其利器用，与其神明之后，妻而封于陈。（《左传》）

文彩纂组者，燔功之窑也。（《管子》）

宁封子为黄帝陶正，有一人过之，请为之掌火，能出五色烟。久则以教封子，封子积火自烧，遂能随烟气上下。（《列仙传》）

《何稠传》：稠博览古图，多识旧物。时中国久绝琉璃之作，匠人无敢措意，稠以绿瓷为之，与真无异。（《隋书》）

李洪山人博知，尝谓成式："瓷器璺者，可以弃。昔遇道流，言雷蛊鬼魅多遁其中。"（《酉阳杂俎》）

天宝内库有青瓷酒杯，纹如乱丝，其薄如纸。以酒注之，温温然有气，相次如沸汤，乃名"自暖杯"。（《云仙杂记》）

徐寅《贡余秘色茶盏》诗云："巧剜明月染春水，轻旋薄冰盛绿云。古镜破苔当席上，嫩荷涵露别江濆。"（《唐咏物诗选》）

秦观诗："月团新碾瀹花瓷。"陈师道诗："价重十冰瓷。"孙抃诗："花瓷旌封裹。"王世贞诗："泻向宣州雪白瓷。"（《诗选》）

巴东下岩院僧，偶于水际得一青瓷碗，式若斗磬，折花及米其中，皆满。以金银与钱试之，亦然。僧宝之。后年老，乃掷此碗江中，不欲以累法众。（《韵府群玉》）

南人习鼻饮。有陶器如杯碗，旁植一小管若瓶嘴，以鼻就管吸酒浆，暑月以饮水，谓之"鼻饮杯"。云水自鼻入咽，快不可言。邕州人已如此，记之以发一胡卢。（《桂海虞衡志》）

花腔腰鼓，陶鼓也，出临桂职田乡。其土特宜鼓腔，村人专作窑烧之，腔上油画红花纹以为饰。（同上）

袁宏道曰：尝见江南人家所藏旧瓠，青翠入骨，砂斑垤起，可谓之"金屋"。其次官、哥、象、定等窑佳瓶，皆细媚滋润，尤花神之精舍也。（《瓶史》）

《史考》："尧饭于土簋，饮于土硎。"《汉书》："南山有汉武旧甸。"潘岳《赋》："倾缥瓷以酌酽醨。"《齐职仪》曰："左右甄官署，掌瓦缶之作。"（《正字通》）

会昌元年，渤海贡紫瓷盆，容量半斛。内外通莹，其色纯紫。厚可寸许，举之又甚轻，如拈鸿毛然。（《杜阳杂编》）

马祖常诗："贡篚银貂金作藉，官窑瓷盏玉为泥。"苏轼诗："刘生望都门，病羸寄空窑。"王令诗："大匠陶百窑，不问履下泥。"张耒诗："碧玉琢成器，知是东窑瓷。"吴澄诗："登阁望芙蓉，麻烟起蒸窑。"（《韵藻》）

孟铣小敏悟，见刘祎之金椀，惊曰："此药金烧，其上有五色气。"（《朝野佥载》）

高丽陶器色青者，国人谓之翡色。近年已来，制作之巧，色泽尤佳。酒尊之状如瓜，上有小盖，而为荷花伏鸭之形。复能作碗、碟、梧、瓯、花瓶、汤盏，皆窃仿定器制度，故略而不图，惟酒尊著异耳。（《宣和奉使高丽图经》）

高丽燕饮器皿，多涂金或银，而以青陶器为贵。有狻猊香炉，亦翡色也，上蹲兽，下为仰莲以承之，诸器惟此物最精绝。其余则越州古秘色、汝州新窑器，大概相类。（徐兢《高丽图经》）

丽人陶器，又有大水瓮，广腹敛颈，其口差小敞，高约六尺，阔四尺五寸，容三石二升。凡山岛海道来，舟中水或缺，则用此载水售之。（同上）

元载饮食，冷物用瑠黄碗，凡热物则用泛水瓷器。器有三千事，皆邢雪、越冰之类。（《枢要录》）

张德谦云：凡插花，先须择瓶。若夏秋用瓷瓶，堂厦宜大，书屋宜小。忌其环，忌其对。贵瓷，贱金银，尚清雅也。口欲小而足欲厚，取其安稳而不泄气也。（《瓶花谱》）

东坡诗云："病贪赐茗浮铜叶。"案今御前赐茶,皆不用建窑盏,用火汤氅,其样似铜叶汤氅耳。铜叶色,黄褐色也。(《演繁露》)

诸名窑古瓷,如炉欠耳足,瓶损口棱,有以旧补旧,加以釉药,一火烧成,与旧制无二,但补处色浑然,得此更胜新者。若用吹釉之法补旧,补处更可无迹。如有茅者,闻苏州虎邱有能修者,名之曰"紧"。(《拾青日扎》)

定窑釉滋润,汝窑釉厚如堆脂,官窑釉色莹澈,旧器釉厚故也。(同上)

王械曰:余友刘君幕游颍州,闻邑绅刘吏部家藏古瓷碗四,内绘彩蝶。贮以水,蝶即浮水面,栩栩欲活。索观者众,遂秘不示。(《凝斋丛话》)

品茶用瓯,白瓷为良,所谓"素瓷传静夜,芳气满闲轩"也。《茶经》重青瓷,云:碗,越州上,鼎州次,婺州次,岳州次,寿州、洪州又次,邢亦不如越。抑何所尚不同耶?(《阳羡茗壶系》)

凡窑皆有变相,匪夷所思,若宜兴砂壶亦然。如倾汤贮茶,则云霞绮闪,直是神之所为,此亿千或一见耳。(同上)

柴窑器最贵,世不一见。闻其制,青如天,明如镜,薄如纸,声如磬。官、哥、汝等窑以粉青色为上,淡白次之,油灰则下。纹取冰裂、鳝血为上,梅花片、墨纹次之,细碎纹最下。均窑色如胭脂为上,青若葱翠、紫若墨者次之,杂色不贵。又,官窑隐纹如蟹爪,哥窑隐纹如鱼子,龙泉窑器甚厚,工稍拙。(文震亨《长物志》)

花瓶须用官、哥、定等窑古胆瓶、一枝瓶、小蓍草瓶、纸槌瓶,余如阇花、青花、茄袋、葫芦、细口、扁肚、瘦足、药坛及新建窑等瓶,俱不入清供。其鹅颈壁瓶,尤不雅。(《长物志》)

龙泉窑、均州窑之瓶,有极大二三尺者,以插古梅最相称。凡花瓶用锡胆,皆可免冬月冻裂之患。(同上)

白定笔格,有三山、五山及卧花娃等式。笔筒之制,古白定窑竹节者最贵,然难得。大者,东青细花式亦可用。若鼓样,中有孔插笔及墨者,虽旧物,不雅。官、哥窑笔洗,有葵花洗、磬口洗、四卷荷叶洗、卷口蔗段洗诸式。定窑笔洗,有三箍洗、梅花洗、方池洗诸式。龙泉窑笔洗,有双鱼洗、菊花洗、百折洗诸式。官、哥、白定等窑水注,有方、圆、立瓜、卧瓜、双桃、莲房、蒂叶、茄壶诸式。印池，以官窑、哥窑方式为贵，定窑及八角、委角者次之，青花白地有盖、长样者，俱不雅。（同上）

水中丞用铜。铜性猛，贮水则有毒，易脆笔，故以陶瓷为佳。陶瓷水中丞，有官窑、哥窑之瓮肚、小口、钵盂诸式。笔砚，定窑、龙泉窑之小浅碟俱佳。糊斗，定窑有蒜蒲长罐式，哥窑有方斗如斛，中置一梁者。（同上）

国初有发瘣器墓者，官觉而追之，得陶器数十。见一酒盏于京师，色如龙泉窑之淡黄者，外皆自然蕉纹，内有团花，砂底，丰上敛下，口径三寸许。（刘体仁《识小录》）

柴窑无完器，近复稍稍出。马布庵见示一洗，圆而椭，面径七寸，黝然深沈，光色不定。雨后青天，尚未足形容。布庵曰：余目之为绛霄，盖实罕觏云。（《七颂堂识小录》）

官窑螭耳洗，宋修内司窑杯，直如筒，色如猪肝，皆北海物。浮月杯，陶杯也，口微缺，以金锢之。酒满，则一月晶晶浮酒面。先朝中州王邸物，后不知所归。（同上）

越窑矮足爵，栗壳浮青，转侧皆翡翠。吴越王钱氏取供后，当时民间禁，不敢用，故今存者极少。（同上）

李凤鸣，字时可，家富，事侈靡。杨廉夫闻其名，访之，时可为设荷花宴。有水晶几十二，上列器皆官窑瓷，一时豪丽，罕有其比。（《都公谭纂》）

辉出疆时，见燕中所用定器，色莹净可爱。近年所用乃宿、泗近处所出，非真定也。越上秘色器，始钱氏有国日，供奉之物，不得臣下用，故曰"秘色"。（《清波杂志》）

尝见北客言，耀州黄浦镇烧瓷，名耀器，白者为上，河朔用以分茶。出窑一有破碎，即弃于河，一夕化为泥。（同上）

汝窑，宫禁中烧者，内有玛瑙末为油。惟供御拣退，方许出卖，近尤艰得。（同上）

哥窑，宋时旧物，留传虽久，真赝相杂。人间颇多，求其真宋而精美者绝少。秀之嘉善巨族曹琼获一香炉，高可二寸余，阔称是，以美玉镂海东青捉天鹅为盖，真绝美者也。渐闻于镇守麦太监，麦囚琼索之，其子不得已遂献焉，后为司礼监之有力者夺去。正德间，盗窃，而货于吴下，上海淀山张信夫以二百金易之归，复重货于好事者，而内府竟亦不追。此真古哥器矣！（《北窗琐语》）

巩县有瓷偶人，号"陆鸿渐"，买十茶器，必得一"鸿渐"。市人沽茗不利，辄灌注之。鸿渐昔嗜茶，而此遭困辱。（《梁溪漫志》）

先子主长葛簿时，与李屏山、张仲杰会饮，座中有定瓷酒瓯，因为联句。先子首唱云："定州花瓷瓯，颜色天下白。"屏山则曰："轻浮妾玻璃，顽钝奴琥珀。"张乃曰："器质至坚脆，肤理还悦泽。"云云。（《归潜志》）

官窑，烧于宋修内司中，为官家所造也。窑在杭之凤皇山下。其土紫，故足色若铁，时云"紫口铁足"。其哥窑，烧于私家，取土亦俱在此地。官质隐纹如蟹爪，哥质隐纹如鱼子，但汁料不如官器佳耳。（《文房清玩》）

定窑器，北宋定州始也。其色白，间有黑、紫，然俱白骨质胎，加之釉水，有如泪痕者为上。又有南渡定器。（同上）

汝窑器，其色卵白，汁水莹厚若堆脂，底有芝麻细小挣钉。（同上）

汝窑，出汝州。宋时烧者，淡青色，有蟹爪纹者真，无纹者尤好。土脉细润，薄甚难得。柴窑，出北地郑州，周世宗姓柴，故名。天青色，细纹，器滋润细腻，唯是粗黄土足。古龙泉窑，土脉细且薄者贵，今曰处器、青器。（《格古要论》）

成弘间，吾邑河庄孙氏曲水山房藏定窑鼎一，乃宋器之最精者。体圆而足三，有耳，有李西涯篆铭镌于炉座。嘉靖倭变，兹鼎为京口靳尚宝所得，毗陵唐太常凝庵从靳购之，遂归唐。唐虽奇窑器多，此鼎一至，诸品避席。自是海内评窑器者，必首推唐之白定窑鼎云。唐不轻示人。（《韵石斋笔谈》）

万延之赴铨都下，以十钱市一瓷缶沃盥，既倾，有余水留缶。时寒凝冰，视之则桃花一枝也，明日成双头牡丹，次日又成水村，断鸿翘鹭满缶，宛如寒林图画。因什袭珍藏，遇寒则约客赏观。此窑之至幻者乎？（《春渚纪闻》）

宋叶寘《垣斋笔衡》云：陶器自舜时便有，三代迄于秦汉，所谓甓器是也。此必叶公仅依《周礼·考工记》"有虞氏上陶"，《礼记·明堂位》"泰，有虞氏之尊也"，《韩非子》"虞舜作食器"，《史记·五帝本纪》"舜陶河滨，作什器于寿邱"诸书等句而云然耳。予尝阅《汲冢周书》有云"神农作瓦器"，《路史》有云"燧人为釜"，《物原》有云"神农作瓮，轩辕作碗、碟"，《绀珠》有云"瓶、瓶同，神农制"，《吕氏春秋》有云"黄帝有陶正，昆吾作陶"，《说文》"昆吾作陶"，《春秋正义》"少暤有五工正，砖埴之工曰鹪雉"之文，则陶窑上古已有，不自舜始也。意《考工》《礼记》《韩非》《史记》皆称有虞氏者，盖以上古太朴，陶器只如今黄沙土之质，至舜而制度略备，精粗有别，故有泰尊食器之作尔。其称"上陶"者，"上"与"尚"通，谓舜至质，贵陶器也，当训好尚之尚，不作上下之上解。（唐氏《肆考》）

稽唐虞三代以迄秦汉魏晋六朝，著于经史子集者，唯曰缶，曰土甃，曰土刑，曰泰尊，曰甂大、瓦棺、曰甑、盆、曰瓦旊之类，名凡数十，而窑无所考，至唐始著窑名。（同上）

宋时，宫中所有定、汝器，率铜铃其口，以是损价。而今之求定、汝者，即以铜铃口为真。骨董家论古，往往如此。（同上）

唐秉钧曰：古瓷，柴、汝最重。柴周之外，次及官、定，盖定、汝、官、哥，皆宋器也。然柴、汝之器，传世绝少，而官、定犹有者。非官、定易得也，以定有北定、南定，而霍州镇彭窑亦曰新定；官有旧京、修内司之别，而郊坛下新窑亦曰官窑。新定不如南定，南定不如北定。旧京官窑，著时未久，当以修内司所造为上，新窑为下，其时已有差等。后有新仿定器，有不减定人制法者，有制作极工不入清赏者。好事者指某器曰定，某器曰官，安知其不为赝鼎所惑耶？今流传者，唯哥窑稍易得，盖缘质厚耐藏。定、汝体薄，难于完留故也。（《古瓷合评》）

关、洛间有人耕地，常掘出古瓷器杯棬、锭梱之属，千形万变，并是彩绘秘戏之状。耆老相传，是五胡乱华时，元魏惧其地有王气，瘗此为厌胜之具，皆供御物也。（《狯园》）

宋臬使荔裳康熙中分巡秦州时，城北寺基忽裂丈余，得古瓷一窑，同人索取殆尽。癸卯入都，仅余碗二、杯一。一碗阔五寸，内外纯素；一碗差小，波纹动荡，似吴道子画。杯贮水可一合许，有鱼四头，亦凸起，游泳宛然。商邱宋中丞牧仲见之，叹为异物，载入《说部》。此真古器，足贵者矣。（《凝斋丛话》）

黏官窑器皿法：用鸡子清匀掺石灰，捉清另放，以青竹烧取竹沥，将鸡子清与竹沥对停，熬和成膏，黏官瓷破处，用绳缚紧，放汤内煮一二沸，置阴处三五日，去绳索，其牢固异常，且无损痕。（《墨娥小录》）

金溪邮路亭胡姓，有甲乙入山，见白兔，追而射之，兔不见，乃志其处，发之则古冢也。旁有大缸，中贮素瓷瓶二、古砚一。甲碎其一瓶，乙止之，取以为养花器。砚乃澄泥砚。瓶置几上，数日觉有气自内浮出，氤氲若云气之蒸，不测其故。试折花木贮其中，无水而花卉不萎，且抽芽结实，若附土盘根者然，始讶瓶盖窑变类也。一日，风雨大作，忽霹雳一声，瓶竟震碎，乙甚惋惜。（《耳食录》）

定窑器皿有破损者，可用楮树汁浓涂破处，扎缚十分紧，俟阴干，永不解。（《云谷卧余》）

高从诲时，荆南尚使磁器，皆高其足，而公私竞置用之，谓之"高足碗"。（《三楚新录》）

耀州陶匠创造一等平底深椀，状简古，号曰"小海鸥"。（《清异录》）

破碗上下作两截，断而齐者，名无底碗，大吉。往往以上截书古语于其中，悬东壁，谓祥瑞也。（《田家杂占》）

印色池，官、哥窑方者，尚有八角、委角者，最难得。定窑方池，外有印花纹甚佳，此亦少者。诸玩器，玉当较胜于磁，唯印色池以磁为佳，而玉亦未能胜也，故今官、哥、定窑者贵甚。近日新烧有盖白定长方印池，并青花白地、纯白者，此古未有，当多蓄之。且有长六七寸者，甚佳。（《考盘余事》）

印章，有哥窑、官窑、东青窑者。其制作之巧，纽式之妙，不可尽述。（同上）

吴门周丹泉，能烧陶印文，或辟邪、龟、象、连环、瓦纽，皆由火范而成，色如白定，而文亦古。（《妮古录》）

窑器，方为难，今制方窑器为盛。（《事物绀珠》）

余秀州买得白定瓶，口有四纽，斜烧成"仁和馆"三字，字如米氏父子所书。（《妮古录》）

余于项元度家见哥窑一枝瓶、哥窑八角把杯、哥窑乳炉。项希宪言，司马公哥窑合卺双桃杯，一合一开，即有哥窑盘承之，盘中一坎，正相

容，亦奇物也。后入刘锦衣家。（同上）

官、哥二窑，时有窑变，状类蝴碟、禽鸟、麟豹等像。于本色泑外，变色或黄或红紫，肖形可爱，乃火之幻化，理不可晓。（《博物要览》）

古人吃茶多用擎，取其易干、不留滓。饮酒用盏，故无劝盘。今所见定器劝盘，乃古之洗也。古人用汤瓶、酒注，不用壶瓶及有嘴折盂。台盘用始元朝，古定、官窑俱无此器。（《格古要论》）

金花定碗，用大蒜汁调金描画，然后再入窑烧，永不复脱。（同上）

卖花顾媪持一旧瓷器求售，似笔洗而略浅，四周内外及底皆有泑色，似哥窑而无纹，中平如砚，独露瓷骨。边线界画甚明，不出入毫发，殊非剥落。不知何器，以无用还之。后见《广异记》《逸史》等所载，乃悟。唐以前无朱砚，凡点勘文籍，则研朱于杯盏，大笔濡染，贮朱于钵。杯盏略小而口哆，以便捺笔。钵稍大而口敛，以便多注浓渖也。顾媪所持，盖即朱盏，向来赏鉴家未及见耳。急呼之来，问此瓷器何往，曰本以三十钱买得，云出自井中，今以无用，二十钱卖诸杂物摊上，久，不能复问所在矣。余深为惋惜。世多以高价市赝器，而真古瓷反往往见摈如此。（《槐西杂志》）

平阳，陶唐氏之故都也。其俗勤俭，旧多窑居，新安赵给谏吉士《竹枝词》咏之云："三月山田长麦苗，村庄生计日萧条。羡他豪富城中户，住得砖窑胜土窑。"其镇署三堂后，尚有砖窑五圈。（《霁园夜谭录》）

自古陶重青品，晋曰"缥瓷"，唐曰"千峰翠色"，柴周曰"雨过天青"，吴越曰"秘色"。其后宋器虽具诸色，而汝瓷在宋烧者，淡青色；官窑、哥窑，以粉青为上；东窑、龙泉，其色皆青。至明，而秘色始绝。（《爱日堂抄》）

有客携柴窑片瓷，索数百金，云嵌于胄，临阵可以辟火器，然无由知确否。余曰："何不绳悬此物，以铳发铅丸击之？如果辟火不碎，价数百金不为多。如碎，则辟火之说不确，理不能索价也。"客不肯，曰："公于赏鉴非当行，殊煞风景。"急怀之去。后闻鬻于贵家，竟得百金。夫君子可欺以其方，难罔以非其道。炮火横冲，如雷霆下击，岂区区瓷片所能御？且"雨过天青"，不过泑色精妙耳，究由人造，非出神功，何破裂之余片尚有灵如是耶？（《如是我闻》）

以上皆陶事旧说，或全篇，或一二语，悉撮录，以资闻见。

卷十

陶录余论

陶有遥、逃二音，烧造抟埴，皆可称也。《正字通》："陶与匋同。"又，陶即窑字，通作窑、堖、匋等字。《说文》："匋，瓦器，从缶，包省声。"盖古字双音并义，后始陶、窑分称。

"舜陶河滨"，《类书纂要》注："河滨，即今定陶县西北。"《舆图直指》则谓在馆陶、陶邱之间。考陶邱即定陶，然定陶与馆陶相去甚远。又，"作什器于寿邱"，《舆图直指》言寿邱在兖州府东，则馆陶、定陶皆于兖甚远，未知河滨所在。近考《括地志》云：陶城在蒲州河东县北三十里，为舜所都，南去历山不远。按：此或即其地。

闽温处叔《陶制序》深得陶事三昧，其略云："淘先濯之，使定沦矣，尤必澄也。扰之欲调，而掣之欲坚，不然，恐其宛也。"此数句盖言淘练泥泑之工。又云："作之力须均，扶欲啬，弗均则侧，弗啬则泑也。"此是言拉坯之难。又云："入范而抟之，疏数须得其平也。力欲转而滑，滞则裂，按之而实斯痕也。"此是言印模不易。又云："瀚之，括之，拭之，必详悉求其类，不则疵也。"此是言旋坯过泑之艰。又云："里坚白而表凝素者，上也。虽加之以绘，佳也。"此言陶成器质贵精洁。又云："表容青，虽绘事弗及，次也。"此言器品质亏非所贵。又云："笔纹期如丝，纹丰而渗，亦次也。"此言画描之工。又云："一品为之功数易，一弗善，不能良也。"此总言陶作之难。盖观于温《序》所言，从可知陶事曲折矣。

镇瓷在唐宋不闻有彩器，元明来则多青花，或仿他处青瓷矣，然非今之所谓青也。今俗又以器之上品者为青，如呼头青、提青、三色青之类，昔只以上色、次色、三色分之。

在镇官窑瓷器有三：一厂官器，一仿宋代汴、杭官窑器，其一则居俗所称官古器也。厂官器非民间所有，官古器则盛行于今，宋官器仿制不多矣。

陶瓷有所谓口者，即器上围。员口，俗呼盘口、碗口、盘堰、碗堰是也。所谓足者，即器底圈边，俗呼椀堤、杯堤是也。所谓骨子，即器具土质，俗呼泥胎儿是也。

陶瓷有以"圾"称者，（原注：俗作件。）自五圾起，以至百圾、五百圾、千圾，如尊、罍、盆、缸之类。按字书：圾与岌通，危也。则以圾称，谓其危而成难也，故圾数愈增，则愈难陶成。

陶瓷有茶托、酒托，疑即古礼器之舟也。《周礼》：裸用乌彝、黄彝，皆有舟。郑注：舟，樽下台，若今承盘子。由是考之，舟、托非一物乎？

均红器古作者，土质粗疏，微黄，泑色虽肖，究非佳品。今镇陶选用净细白埴土，范胎为之，再上均红泑，故红色衬出，愈滋润，所谓玫瑰、海棠、骡肝、马肺等样，皆胜于往古所造。

一霁红也，《肆考》纪明厂窑作祭红，沈阳唐公记今厂器作霁红，而陶俗皆作济红，其实祭红为是。盖宣窑造此，初为祭郊日坛用也。唐窑纪霁红，由宣窑霁青推写耳。

龙缸大窑，明厂原系三十二座，后因青窑数少，龙缸窑空闲，将大龙缸窑改砌青窑十六座，仍存龙缸大窑十六座。自国初烧造龙缸未成，至唐窑始复其制，搭民窑烧。厂东街有龙缸衖，相传为旧搭烧龙缸处。按：隆、万时厂器，除厂内自烧官窑若干座外，余者已散搭民窑烧。《邑志》载有赏给银两定烧、赔造等语，然今则厂器尽搭烧民窑，照数给值，无役派赔累也。

镇在唐代瓷陶之外，又有琉璃窑，为市埠桥盛姓所业。有盛鸿者，登乾元第，为利州司马，擢行人。其族人以敕造不称获罪，鸿疏辨免，不欲族裔承匠籍，遂废其业。见《昌南记》。

《责备余谈》云：汪、黄为相，宦官邵成章劾其误国，被斥。钦宗思其忠直，召赴行在，或复沮之，乃命止于洪州。及洪州陷，金人授以职，坚不从。金曰："忠臣也，不可杀之。"按：钦宗时，汪、黄未为相，当是高宗之伪。然邵成章当南渡时，实尝提举修内司官窑，足为陶中生色矣。

《正字通》载：景德镇瓷器，用苎麻灰淋汁涂之。黄色者，赤土汁涂坯烧之。用芝麻秸淋汁染色，则成紫。此言非也。按：今配青白泑，止用炼灰。黄色、紫色，本有是种配泑，亦不用芝麻秸汁。若赤土所配，乃紫金泑。稍黄一种，非黄色者。

《正字通》又载：婺源县界麻仓窑有土可泑。按：麻仓为邑东村名，或讹麻村，或呼梅村。窑出官土，只可作不，非釉也。

《正字通》又载：庐陵、新建产黑赭石，磨水画瓷坯，初无色，烧之成天蓝，盖今青料也。按：赭乃赤色，云黑，又云赭，则不得名青料，且新建从未闻产料。

《正字通》又载：景德镇取婺源所产料，名画烧青，一曰无名子。按：镇所用乃浙料、广料或云南料。昔则苏泥勃青、回青、乐平陂塘青、瑞州石青，从未闻取用婺邑料。凡料之佳者，名老圆子、韭菜边，亦无画烧青、无名子之称，廖公盖以传闻误注耳。

景德镇自明设御器厂，因有厂官窑，今仍其旧称。《格古要论》载：古饶器，出今饶州浮梁之御土窑，体润而薄。讹御器厂为御土窑。且景德镇所产，而必曰饶器，即云饶州所辖，岂饶器尽为御土窑烧造者？是又不知有民窑、官窑之分也。

刘言史《咏茶》诗云：“湘瓷浮轻花。”此湘瓷不知即岳州器欤？抑为本镇附纪之湘湖窑器欤？当俟考定。

陶庵老人《梦忆》云：嘉兴王二之漆竹，洪漆之漆，张铜之铜，徽州吴明官之窑，皆以一工与器而名家、起家，其人且与缙绅先生列坐抗礼。按：徽州距景德镇甚近，吴明官或亦尝陶吾镇，著名当时者欤？不然。徽地无窑也，然莫可详确，亦俟考。

《长物志》载：旧窑枕有长二尺五寸、阔六寸者，可用。是昔尚瓷枕，暑月用之必佳。今镇只有孩儿枕。

《邑乘》载缪宗周《兀然亭》诗云：“陶舍重重倚岸开，舟帆日日蔽江来。工人莫惜天机巧，此器能输郡国材。”《志》：兀然亭在鞍山，为祖无择所题云。亭近河滨。然鞍山附近无陶，实去河甚远。按：兀然亭有二，当是题肇建之兀然亭耳。肇地滨河，建中昔多世陶，有峰曰"肇山"。旧传有兀然亭，其址犹存，缪诗殆非泛指也。

明末又有陈仲美、周丹泉，俱工仿古窑器，携售远方，镇人罕获。周窑甚传，若陈来去无定，仿造亦不多，今罕有知之者矣。

真古窑器，得之无价。尝记少时，见有人持湖田窑大方炉一，色素而古雅可爱。云家世珍藏，可验晴雨，请鬻于里淳富宅。富家不辨，数争价往反，忽失手堕碎，深为可惜。

古瓷尚青，宜品茗酒耳。若肴馔，则素瓷、青花白质瓷为佳。邹阳赋："醪酿既成，绿瓷是启。"陆羽《经》："越瓷青，而茶色绿。"《七启》："盛以翠樽。"季南金诗："听得松风并涧水，急呼缥色绿瓷杯。"东坡诗："青浮卵碗香。"观数公句，可知尚青止杯盏之类，亦非如柴、汝之青色也。

同一青瓷也，而柴窑、汝窑云青，其青则近浅蓝色；官窑、内窑、哥窑、东窑、湘窑等云青，其青则近淡碧色；龙泉、章窑云青，其青则近翠色；越窑、岳窑云青，则近缥色。古人说陶，但通称青色耳。

景德镇诸窑，称青亦不同。有云青者，乃白地青花也，淡描青亦然，其青皆近蓝色，分浓淡。有仿古窑称青者，则亦如古窑之青，若霁青之青，亦近深蓝色。

汝窑瓷色，镇厂所仿者，色青而淡，带蓝光，非近碧之粉青也。《肆考》谓汝窑瓷色，如哥而深，则误认青为近碧解矣。不知汝瓷所谓淡青色，实今之好月蓝色。镇厂盖内发真汝器所仿，俗亦呼为"雨过天青"。又仿粉定有甚佳者，亦不闻是青田石。

《肆考》又以大邑瓷注于越窑下，未考大邑为邛州属县，竟以为越瓷，是不知有蜀窑也。又以东瓯为越窑，未考东瓯地属温州，是不知别有东瓯陶也。《广舆记》载温州城外尚有东瓯王墓。

旧越窑自宋末已不复见。《辍耕录》载叶垣斋引陆诗，疑为秘色。而《肆考》越窑实另见，谓第为秘色之所自始，殆其然乎？

秘色，古作祕色，《肆考》疑为瓷名，《辍耕录》以为即越窑，引叶寘"唐已有此"语。不思叶据陆诗，并无祕色字也。按：祕色，特指当时瓷色而言耳，另是一窑，固不始于钱氏，而特贡或始于钱氏，以禁臣庶用，故唐氏又谓蜀王不当有。不知祕字，亦不必因贡御而言。若以钱贡为祕，则徐寅《祕盏》诗亦标贡字，是唐亦尝贡，何不指唐所进御云秘？岂以唐虽贡，不禁臣庶用，而吴越有禁，故称祕耶？《肆考》又载祕色至明始绝，可见以瓷色言为是。

《高斋漫录》亦载：祕色瓷器，世言钱氏有国日，越州烧造，为供奉物，臣庶不得用。似祕色窑又实起于吴越矣。

雨后天青，止柴窑器色如是，汝窑所仿已不类。宋长白误以为祕色窑器，且称雨后晴天色，讹"青"为"晴"。又注《茶经》所云越州为上，是指龙泉窑器。皆载其《柳亭诗话》中。按：秘色窑青色近缥碧，与越窑同。即越窑亦非龙泉窑，一是绍兴，一属处州，地亦相殊也。宋又云：秘色、晴天，柴皇氏重之。是并不知世传五窑之自来矣。

《格古要论》谓旧哥哥窑色青，浓淡不一，好者类董窑，今亦少有。成群队者，是元末新烧，欠佳。按：东窑色淡青，亦有紫口铁足，未闻董窑何昉。殆"东""董"音相近，各操土音，遂以"东"讹"董"，而《肆考》亦误沿"董"字也。

鱼子纹，《格古要论》以为哥器纹，而《陶成记》载汝泑亦有鱼子纹。合之无纹汝釉、蟹爪纹汝釉，可知汝器古有三种泑式。

《陶成记》：仿宋器有铜骨无纹汝泑猫食盘，系人面洗色泽。今镇所仿汝器，并未闻此名式，即铜骨泥绝少，不见有人面洗色泽者。此种真汝式，想尤佳妙。

大观，北宋年号，即有官窑时也。宋本称"官"字，唐隽公不书"官"，纪观称"大观釉"。盖以镇陶有厂官器，民俗有官古器，故用"观"字以别之。其实大观即宋官釉，或疑官、观为二，皆伪。

霍器有三，一为宋霍州本来窑，二为元彭君宝仿造窑，其一则唐昌南镇霍仲初窑也。彭为上，仲品次之，霍州本来者又次之。

窑变之器有三，二为天工，一为人巧。其由天工者，火性幻化，天然而成。如昔传屏风变为床、舟，冰缸冻为花卉、村景，宋碗经暑不腐腥物，乃世不多觏者也。又如均、哥本色泑，经烧忽退变他色，及成诸物状，是所时有者也。其由人巧者，则工故以泑作幻色物态，直名之曰"窑变"，殊数见不鲜耳。

陶处多者，自来莫过于汴，其次为浙。然汴自柴、东、汝、官、均而外，著名者少。越窑、秘色、官、内、龙泉、哥、章及东瓯，今亦莫继其美。

江西窑器，昔亦多处，惟景德镇著久。《肆考》"饶州窑"亦注浮梁镇器，而不列景德镇名，何耶？又云：江西窑器，唐在洪州，宋时出吉州，明见弋阳。何以既注镇器，尚言江西窑器某代止在某处乎？

磁石制泥为器，非吸铁引针之磁石，亦非烧料为磁粉之类，乃别一种石。其色光滑而白，其性埴而松，其器美而不致，实与瓷土异，唯磁州、许州有之。

楚之长沙属，有醴陵土椀。器质甚粗，体甚厚，釉色淡黄而糙，或微黑，椀中心及底足皆无釉，盖其入窑时，必数椀迭装一匣烧故也。此乃乡土窑，所在多有，正如吾昌南在汉时只供迩俗粗用也。

"素磁传静夜"，本王修诗，《昌南记》以为颜、陆二公联句，殊误。《阳羡茗壶系》引之，谓品茶尚素瓷，然亦不载谁句，而尚素又与《茶经》相反。

《广舆记》止载登封、宜阳产瓷器，而不知洛阳已陶于元魏时；止载平凉、华亭产瓷器，而不知秦州已陶于唐代。《肆考》载秘戏器作俑于隆、万，而不知元魏之关、洛窑已有此种。

蘸泑之法，欲其莹匀，大抵贵手法轻快。《肆考》谓不急能匀，重复蘸之则莹厚，谬矣。按：当蘸湿时，若不急起，纵使泑周，不几酥破乎？莹厚亦不必重复，如重蘸，色反不匀。今唯大琢器、大圆器用吹釉法，有重复多遍者，余小器及常粗器蘸泑则不然。

《肆考》说定器出定州，即真定。按：定州系直隶州，在真定之西南，非真定也。真定为常山，定州为中山。宋苏东坡知定州，其时即为边郡，真定固属辽，不属宋也。

《肆考》谓古人以足载器，器足多取沉重，柴窑足每粗黄土，官、哥、龙泉皆铁足，此非也。按：周之柴窑，其时鲜佳木，故胎质用黄土，足亦黄土，非另造续成者。即铁足，亦因铁骨泥作质，故坯足露铁色，非另造铁足安上。唐氏不知坯装匣烧，匣内尚有渣饼、砂渣垫足，只疑另有器足承载器烧，故有古取沉重之说。

《通志》曰：造坯彩画，始条理也。入窑火候，终条理也。即以火候言之，火有前、中、后之分，有紧、溜之候，或对日，或一昼夜。大器或溜七日夜，紧二日夜。火弱则窳瓢，俗呼"糟坯"；火猛则偾暴。溜者，欲习于火而无赢；紧者，如燎于原而无缩。若倦睡不应机，神昏莫辨色，火有破墨走焰之失，所烧器必多鲜垦、阴罍、黑黄之患矣。则所谓条理者，正须缕析也。

金溪王仁圃先生成《江西考古录》，无一言及陶务，岂谓陶器不足录？良由人地远隔，知有不逮也。陶器自古资利用，景德镇陶，历代名天下，实江西土产之最，非唯好古之士在所必详，即有心国计民生者，亦未可略也。桂幸生长于斯，耳目所习，虽犹不尽，谨就所知者考辨之，或亦可为博雅君子之一助。

从来纪陶无专书。其见于载籍者，或因一事而引及一器，或因一器而引及一事，或因吟赋而载一二名。唯蒋祈《陶略》及沈阳唐公《陶成记》《示谕稿》说景德镇陶事颇详。其他如练水唐氏《窑器肆考》，详天下古窑颇悉，而于镇陶多本传闻，往往出蒋、唐诸集之外，其实不无谬误，谨遵师说考辨之。

《龙威秘书》有朱桐川先生《陶说》。说分三则，唯说镇器多简略。《录》中所引用，皆注原书名，非不采其说也。

是编陶务土宜，多得于访问，若都昌江大光、程镇安、曹惠浦、胡思策、刘文炳、刘伯和、鄱阳金大礼、刘启祥，皆习知其事而能言其制作之详者。而检阅书籍，相与商考，则古黟余有庠稷畯、鄱阳金正仪梦桥、乐平石钟理羹堂、同邑黄达良澹庵、李玑有政、邓世畴寿田，成美功咸为不少。书成，例得书名，遂以识之。

书后

镇陶自陈以来名天下，历代著录家多称述。吾师耕余先生惜其无专书也，博考众家之说，实而验诸当时之制，辑为是《录》，卷帙未终而逝，盖湮废败箧中，垂二十年矣。廷桂受业门墙最久，恸吾师敦行力学，赍志以殁，又遗腹子殇殒无嗣。师母氏汪，孑然孀居，抱遗书而无所与谋。欲请以校勘而续成之，藉为吾师存一日，而廷桂又落拓，无力蒇事，其若吾师何哉？嘉庆十有六年辛未，广德刘克斋先生来莅邑事，招廷桂馆署中。风政之暇，时及文辞，亦往往以镇陶无专书为憾。廷桂出此奉质，则跃然而起，命亟续之，与付剞劂。噫！此固廷桂日夜祷祠之而不得者，今庶几为吾师慰也。虽至愚鲁，不敢不勉。《录》旧六卷，今订为十，惟卷首《图说》、卷尾《陶录余论》为吾师所未逮。其中八卷，则皆仍吾师之书，分门而附益之，谨阙其所不知，不敢妄有增损。盖于镇陶之原流，工作之勤劳，器用之美利，虽不备悉，然已可得其大略矣！吾师其又谓廷桂何哉？嘉庆二十年岁在乙亥秋八月朔，门人同里郑廷桂谨识。

管子·地数篇

（周）管仲　撰

（明天启五年花斋刻本）

　　桓公曰："地数可得闻乎？"
　　管子对曰："地之东西二万八千里，南北二万六千里。其出水者八千里，受水者八千里；出铜之山，四百六十七山；出铁之山，三千六百九山。此之所以分壤树谷也，戈予之所发，刀币之所起也。能者有余，拙者不足。封于泰山，禅于梁父，封禅之王七十二家，得失之数，皆在此内，是谓国用。"
　　桓公曰："何谓得失之数皆在此？"
　　管子对曰："昔者桀霸有天下而用不足，汤有七十里之薄而用有余。天非独为汤雨菽粟，而地非独为汤出财物也。伊尹善通移，轻重，开阖，决塞，通于高下徐疾之策，坐起之费时也。黄帝问于伯高曰：'吾欲陶天下而以为一家，为之有道乎？'伯高对曰：'请刈其莞而树之，吾谨逃其蚤牙，则天下可陶而为一家。'黄帝曰：'此若言可得闻乎？'伯高对曰：'上有丹沙者下有黄金，上有慈石者下有铜金，上有陵石者下有铅、锡、赤铜，上有赭者下有铁。此由之见荣者也。苟山之见其荣者，君谨对而祭之。距封十里而为一坛，是则使乘者下行，行者趋。若犯令者，罪死不赦。然则与折取之远矣。'修教十年，而葛卢之山发而出水，金从之。蚩尤受而制之，以为剑、铠、矛、戟，是岁相兼者诸侯九。雍狐之山发而出水，金从之。蚩尤受而制之，以为雍狐之戟，芮戈，是岁相兼者诸侯十二。故天下之君顿戟一怒，伏尸满野，此见戈之本也。"
　　桓公问于管子曰："请问天财所出，地利所在？"

管子对曰："山上有赭者见其下有铁，上有铅者其下有银。一曰：'上有铅者其下有鉒银，上有丹沙者其下有鉒金，上有慈石者其下有铜金。'此山之见荣者也。苟山之见荣者，谨封而为禁，有动封山者，罪死而不赦。有犯令者，左足入左足断，右足入右足断。然则其与犯之远矣。此天财地利之所在也。"

桓公问于管子曰："以天财地利立功成名于天下者，谁子也？"

管子对曰："文武是也。"

桓公曰："此若言何谓也？"

管子对曰："夫玉起于牛氏边山，金起于汝汉之右洿，珠起于赤野之末光，此皆距周七千八百里，其涂远而至难。故先王各用于其重，珠玉为上币，黄金为中币，刀布为下币。令疾则黄金重，令徐则黄金轻。先王权度其号令之徐疾高下，其中币而制下上之用，则文武是也。"

桓公问于管子曰："吾欲守国财而毋税于天下，而外因天下，可乎？"

管子对曰："可。夫水激而流渠，令疾而物重。先王理其号令之徐疾，内守国财而外因天下矣。"

桓公问于管子曰："其行事奈何？"

管子对曰："夫昔者武王有巨桥之粟贵籴之数。"

桓公曰："为之奈何？"

管子对曰："武王立重泉之戍，令曰：'民自有百鼓之粟者不行。'民举所最粟以避重泉之戍，而国谷二什倍，巨桥之粟亦二什倍。武王以巨桥之粟二什倍而市缯帛，军五岁毋籍衣于民。以巨桥之粟二什倍而衡黄金百万，终身无籍于民，准衡之数也。"

桓公问于管子曰："今亦可以行此乎？"

管子对曰："可。夫楚有汝汉之金，齐有渠展之盐，燕有辽东之煮。此三者亦可以当武王之数。十口之家十人咶盐，百口之家百人咶盐。凡食盐之数，一月丈夫五升少半，妇人三升少半，婴儿二升少半。盐之重，升加分耗而釜五十，升加一耗而釜百，升加十耗而釜千。君伐菹薪，煮沸水为盐，正而积之三万钟，至阳春请籍于时。"

桓公曰："何谓籍于时？"

管子曰："阳春农事方作，令民毋得筑垣墙，毋得缮冢墓。丈夫毋得治宫室，毋得立台榭。北海之众，毋得聚庸而煮盐。然盐之贾必四什倍。

君以四什之贾,修河、济之流,南输梁、赵宋、卫、濮阳。恶食无盐则肿,守圉之本,其用盐独重。君伐菹薪,煮沸水以籍于天下,然则天下不减矣。"

桓公问于管子曰:"吾欲富本而丰五谷,可乎?"

管子对曰:"不可。夫本富而财物众,不能守,则税于天下。五谷兴丰,巨钱而天下贵,则税于天下,然则吾民常为天下虏矣。夫善用本者,若以身济于大海,观风之所起,天下高则高,天下下则下,天高我下,则财利税于天下矣。"

桓公问于管子曰:"事尽于此乎?"

管子对曰:"未也。夫齐衢处之本,通达所出也,游子胜商之所道。人求本者,食吾本粟。因吾本币,骐骥黄金然后出。令有徐疾物有轻重,然后天下之宝一为我用。善者用非有使非人。"

梦溪笔谈（节选）

（宋）沈括　撰

（元大德年间刻本）

辩证一

钩石之石，五权之名，石重百二十斤。后人以一斛为一石，自汉已如此，"饮酒一石不乱"是也。挽蹶弓弩，古人以钩石率之；今人乃以粳米一斛之重为一石。凡石者，以九十二斤半为法，乃汉秤三百四十一斤也。今之武卒蹶弩，有及九石者，计其力，乃古之三十四钧，比颜高之弓，人当五人有余。此皆近岁教养所成。以至击刺驰射，皆尽夷夏之术，器仗铠胄，极今古之工巧。武备之盛，前世未有其比。

《楚词·招魂》尾句皆曰"些"，（原注：苏个反。）今夔、峡、湖、湘及南北江獠人，凡禁咒句尾皆称"些"。此乃楚人旧俗，即梵语"萨嚩诃"也。（原注：萨，音桑葛反。嚩，无可反。诃，从去声。）三字合言之，即"些"字也。

阳燧照物皆倒，中间有碍故也。算家谓之"格术"，如人摇橹，臬为之碍故也。若鸢飞空中，其影随鸢而移，或中间为窗隙所束，则影与鸢遂相违：鸢东则影西，鸢西则影东。又如窗隙中楼塔之影，中间为窗所束，亦皆倒垂，与阳燧一也。阳燧面洼，以一指迫而照之则正；渐远则无所见；过此遂倒。其无所见处，正如窗隙、橹臬、腰鼓碍之，本末相格，遂成摇橹之势。故举手则影愈下，下手则影愈上，此其可见。（原注：阳燧面洼，向日照之，光皆聚向内。离镜一二寸，光聚为一点，大如麻菽，著物则火发，此则腰鼓最细处也。）岂特物为然？人亦如是，中间不为物碍者鲜矣。小则利害相易，是非相反；大则以己为物，以物为己。不求去碍而欲见不颠倒，难矣哉！（原注：《酉阳杂俎》谓"海翻则塔影倒"，此妄说也。影入窗隙则倒，乃其常理。）

先儒以日食正阳之月止谓四月，不然也。正、阳乃两事，正谓四月，阳谓十月，"日月阳止"是也。《诗》有"正月繁霜"，"十月之交，朔月辛卯。日有食之，亦孔之丑"二者，此先王所恶也。盖四月纯阳，不欲为阴所侵；十月纯阴，不欲过而干阳也。

余为《丧服后传》，书成，熙宁中欲重定五服敕，而余预讨论。雷、郑之学，阙谬固多，其间高祖、远孙一事，尤为无义。《丧服》但有曾祖齐衰六月，远曾缌麻三月，而无高祖、远孙服。先儒皆以谓"服同曾祖、曾孙，故不言可推而知"，或曰"经之所不言则不服"，皆不然也。曾，重也。由祖而上者皆曾祖也，由孙而下者皆曾孙也，虽百世可也。苟有相逮者，则必为服丧三月，故虽成王之于后稷亦称曾孙。而祭礼祝文无远近皆曰曾孙。《礼》所谓"以五为九"者，谓傍亲之杀也。上杀、下杀至于九，傍杀至于四，而皆谓之族，（原注：族昆弟父母、族祖父母、族曾祖父母。）过此则非其族也，非其族则为之无服。唯正统不以族名，则是无绝道也。

旧传黄陵二女，尧子舜妃。以二帝化道之盛始于闺房，则二女当具任、姒之德。考其年岁，帝舜陟方之时，二妃之齿已百岁矣。后人诗骚所赋，皆以女子待之，语多渎慢，皆礼义之罪人也。

历代宫室中有谽门，盖取张衡《东京赋》"谽门曲榭"也。说者谓"冰室门"。按《字训》："谽，别也。"《东京赋》但言别门耳，故以对曲榭，非有定处也。

水以"漳"名、"洛"名者最多，今略举数处：赵、晋之间有清漳、浊漳，当阳有漳水，瀼上有漳水，鄡郡有漳江，漳州有漳浦，亳州有漳水，安州有漳水。洛中有洛水，北地郡有洛水，沙县有洛水。此概举一二耳，其详不能具载。余考其义，乃清浊相蹂者为漳。章者，文也、别也。漳谓两物相合有文章且可别也。清漳、浊漳，合于上党。当阳即沮、漳合流，赣上即漳、渍合流，云梦即漳、郧合流。此数处皆清浊合流，色理如螮蝀，数十里方混。如璋亦从章、瑲，王之左右之臣所执，《诗》云："济济辟王，左右趣之。济济辟王，左右奉璋。"璋，圭之半体也，合之则成圭。王左右之臣，合体一心，趣乎王者也。又诸侯以聘女，取其判合也。有事于山川，以其杀宗庙礼之半也。又牙璋以起军旅，先儒谓"有鉏牙之饰于剡侧"，不然也。牙璋，判合之器也，当于合处为牙，如今之合契。牙璋，牡契也，以起军旅，则其牝宜在军中，即虎符之法也。洛与落同义，谓水自上而下，有投流处。今洺水、沱水，天下亦多，先儒皆自有解。

解州盐泽，方百二十里。久雨，四山之水悉注其中，未尝溢，大旱未尝涸。卤色正赤，在版泉之下，俚俗谓之"蚩尤血"。唯中间有一泉，乃是甘泉，得此水然后可以聚人。其北有尧梢（原注：音消。）水，一谓之巫咸河。大卤之水，不得甘泉和之，不能成盐。唯巫咸水入则盐不复结，故人谓之"无咸河"，为盐泽之患，筑大堤以防之，甚于备寇盗。原其理，盖巫咸乃浊水，入卤中，则淤淀卤脉，盐遂不成，非有他异也。

《庄子》云："程生马。"尝观《文字注》："秦人谓豹曰程。"余至延州，人至今谓虎豹为"程"，盖言"虫"也。方言如此，抑亦旧俗也。

《唐六典》述五行，有"禄""命""驿马""涩河"之目，人多不晓"涩河"之义。余在鄜延，见安南行营诸将阅兵马籍，有称"过范河损失"。问其何谓"范河"？乃越人谓"淖沙"为"范河"，北人谓之"活沙"。余尝过无定河，度活沙，人马履之，百步之外皆动，颣颣然如人行幕上。其下足处虽甚坚，若遇其一陷无子遗者。或谓此即"流沙"也，又谓沙随风流，谓之"流沙"。涩。字书亦作"渻"。（原注：蒲滥反。）按古文，渻，深泥也。术书有"涩河"者，盖谓陷运，如今之"空亡"也。

古人藏书辟蠹用芸。芸，香草也，今人谓之七里香者是也。叶类豌豆，作小丛生，其叶极芬香，秋后叶间微白如粉污，辟蠹殊验。南人采置席下，能去蚤虱。余判昭文馆时，曾得数株于潞公家，移植秘阁后，今不复有存者。香草之类，大率多异名，所谓兰荪，荪，即今菖蒲是也；蕙，今零陵香是也；茝，今白芷是也。

祭礼有腥、燖、熟三献。旧说以谓腥、燖备大古、中古之礼，余以为不然。先王之于死者，以之为无知则不仁，以之为有知则不智。荐可食之熟，所以为仁；不可食之腥、燖，所以为智。又一说：腥、燖以鬼道接之，馈食以人道接之，致疑也。或谓鬼神嗜腥、燖。此虽出于异说，圣人知鬼神之情状，或有此理，未可致诘。

世以玄为浅黑色，纁为赭玉，皆不然也。玄乃赤黑色，燕羽是也，故谓之玄鸟。熙宁中，京师贵人戚里多衣深紫色，谓之黑紫，与皂相乱，几不可分，乃所谓玄也。纁，赭色也，氊衣如纁。（原注：音门。）稷之纁色者谓之虋。（原注：虋字音门，以其色命之也。《诗》："有虋有芑。"今秦人音虋，声之讹也。）虋色在朱黄之间，似乎赭，极光莹，掬之粲泽，熠熠如赤珠。此自是一色，似赭非赭。盖所谓"纁"，色名也，而从玉，以其赭而泽，故以谕之也。犹"鹑"以色名而从鸟，以鸟色谕之也。

世间锻铁所谓"钢铁"者，用"柔铁"屈盘之，乃以"生铁"陷其间，泥封炼之，锻令相入，谓之"团钢"，亦谓之"灌钢"。此乃伪钢耳，暂假生铁以为坚，二三炼则生铁自熟，仍是柔铁，然而天下莫以为非者，盖未识真钢耳。余出使至磁州锻坊，观炼铁，方识真钢。凡铁之有钢者，如面中有筋，濯尽柔面，则面筋乃见。炼钢亦然，但取精铁锻之百余火，每锻称之，一锻一轻，至累锻而斤两不减，则纯钢也，虽百炼不耗矣。此乃铁之精纯者，其色清明，磨莹之，则黯黯然青且黑，与常铁迥异。亦有炼之至尽而全无钢者，皆系地之所产。

《诗》："芄兰之支，童子佩觿。"觿，解结锥也。芄兰生荚支，出于叶间，垂之正如解结锥。所谓"佩觿"者，疑古人为觿之制，亦当与芄兰之叶相似，但今不复见耳。

江南有小栗，谓之"茅栗"。（原注：茅音草茅之茅。）以余观之，此正所谓茅也。则《庄子》所谓"狙公赋芧"者，（原注：芧音序。）此文相近之误也。

余家有阎博陵画唐秦府十八学士，各有真赞，亦唐人书，多与旧史不同。姚柬字思廉，旧史姚思廉字简之。苏台、陆元明、薛庄，《唐书》皆以字为名。李玄道、盖文达、于志宁、许敬宗、刘孝孙、蔡允恭，《唐书》皆不书字。房玄龄字乔年，《唐书》乃房乔字玄龄。孔颖达字颖达，《唐书》字仲达。苏典签名从日从九，《唐书》乃从日从助。许敬宗、薛庄官皆直记室，《唐书》乃摄记室。盖《唐书》成于后人之手，所传容有讹谬，此乃当时所记也。以旧史考之，魏郑公对太宗云："目如悬铃者佳。"则玄龄果名，非字也。然苏世长，太宗召对真武门，问云："卿何名长意短？"后乃为学士，似为学士时，方更名耳。

唐贞观中，敕下度支求杜若，省郎以谢朓诗云"芳洲采杜若"，乃责坊州贡之，当时以为嗤笑。至如唐故事，中书省中植紫薇花，何异坊州贡杜若，然历世循之，不以为非。至今舍人院紫微阁前植紫薇花，用唐故事也。

汉人有饮酒一石不乱，余以制酒法较之，每粗米二斛，酿成酒六斛六斗。今酒之至醲者，每秫一斛，不过成酒一斛五斗，若如汉法，则粗有酒气而已。能饮者饮多不乱，宜无足怪。然汉之一斛，亦是今之二斗七升，人之腹中，亦何容置二斗七升水邪？或谓："石乃钧石之石，百二十斤。"以今秤计之，当三十二斤，亦今之三斗酒也。于定国食酒数石不乱，疑无此理。

古说济水伏流地中，今历下凡发地皆是流水，世传济水经过其下。东阿亦济水所经，取井水煮胶，谓之"阿胶"。用搅浊水则清。人服之，下膈疏痰止吐，皆取济水性趋下、清而重，故以治淤浊及逆上之疾。今医方不载此意。

余见人为文章多言"前荣"，荣者，夏屋东西序之外屋翼也，谓之东荣、西荣。四注屋则谓之东霤、西霤。未知前荣安在？

宗庙之祭西向者，室中之祭也。藏主于西壁，以其生者之处奥也。即主祐而求之，所以西向而祭。至三献则尸出于室，坐于户西南面，此堂上之祭也。（原注：户西谓之扆，设扆于此。左户、右牖，户、牖之间谓之扆。坐于户西，即当扆而坐也。）上堂设位而亦东向者，设用室中之礼也。

"人而不为《周南》《召南》，其犹正墙面而立也。"《周南》《召南》，乐名也。"胥鼓《南》"，"以《雅》以《南》"是也。《关雎》《鹊巢》，"二南"之诗，而已有乐有舞焉。学者之事，其始也学《周南》《召南》，末至于舞《大夏》《大武》。所谓为《周南》《召南》者，不独诵其诗而已。

《庄子》言："野马也，尘埃也。"乃是两物。古人即谓野马为尘埃，如吴融云："动梁间之野马。"又韩偓云："窗里日光飞野马。"皆以尘为野马，恐不然也。野马乃田野间浮气耳，远望如群马，又如水波，佛书谓"如热时野马阳焰"，即此物也。

蒲芦，说者以为蜾蠃，疑不然。蒲芦，即蒲苇耳。故曰"人道敏政，地道敏艺"，夫政犹蒲芦也，人之为政，犹地之艺蒲苇，遂之而已，亦行其所无事也。

余考乐律及受诏改铸浑仪，求秦汉以前度量斗升，计六斗当今一斗七升九合，秤三斤当今十三两，（原注：一斤当今四两三分两之一，一两当今六铢半。）为升中方，古尺二寸五分十分分之三，今尺一寸八分百分分之四十五强。

十神太一：一曰太一，次曰五福太一，三曰天一太一，四曰地太一，五曰君基太一，六曰臣基太一，七曰民基太一，八曰大游太一，九曰九气太一，十曰十神太一。唯太一最尊，更无别名，止谓之太一。三年一移。后人以其别无名，遂对大游而谓之小游太一，此出于后人误加之。京师东西太一宫，正殿祠五福，而太一乃在廊庑，甚为失序。熙宁中，初营中太一宫，下太史考定神位。余时领太史，预其议论。今前殿祠五福，而太一别为后殿，各全其尊，深为得礼。然君基、臣基、民基，避唐明帝讳改为"棋"，至今仍袭旧名，未曾改正。

余嘉祐中客宣州宁国县，县人有方玙者，其高祖方虔，为杨行密守将，总兵戍宁国，以备两浙。虔后为吴人所擒，其子从训代守宁国，故子孙至今为宁国人。玙有杨溥与方虔、方从训手教数十纸，纸札皆精善。教称"委曲"书，押处称"使"，或称"吴王"。内一纸报方虔云："钱镠此月内已亡殁。"纸尾书"正月二十九日"。按《五代史》钱镠以后唐长兴二年卒，杨溥天成四年已僭即伪位，岂得长兴二年尚称"吴王"？溥手教所指挥事甚详，翰墨印记，极有次序，悉是当时亲迹。今按，天成四年岁庚寅，长兴二年岁壬辰，计差二年。溥手教，予得其四纸，至今家藏。

滇南矿厂图略（节选）

（清）吴其濬　撰

（清道光年间刻本）

滇矿图略上

金银之气，先见于山，故首之以引，有引而后可凿，故硐次之。硐无器不可以攻，故硐器次之。有器则矿出焉，故矿次之。矿得火而后知银、铜、镰、铅焉，故炉次之。炉成而器具，故炉器次之。炼银者，必以罩，故罩次之。

物备而无财，不可以聚人，故用次之。有用此有人，故丁次之。募丁者以役，故役次之。役者奉法者也，故规次之。规成而或逾，则禁之，故禁次之。法立令行，必救灾而捍患，故患次之。患或生于无所忌，而忌莫先于言语，故语忌次之。忌之而不免焉，则为异，故物异次之。何以异，惟神之故，故以祭终焉。

引第一

山有葱下有银，山有磁石下有铜。若金有开必先机之泄也，矿藏于内，苗见于外，是曰："冃引。"谚曰：一山有矿，千山有引。譬之于瓜冃者，蔓也；散矿者，叶也；堂矿者，瓜也。子冃之矿薄，老冃之矿进山，唯老走厂者能辨之，故记引。

曰"憨冃"，色枯而质轻，无矿也。

曰"铺山闩"，散漫无根，虽有所得，不过草皮微矿。

曰"竖生闩"，直挂无枝，其势太独，亦不成大事。

曰"磨盘闩"，盘旋曲绕势多趋下，数年之后必致水患。

曰"跨刀闩"，斜挂进山，忽断忽续，一得篷座分明，小则成刷，大望成堂。

曰"大闩"，宽厚尺余，横长数丈，石硖坚硬，马牙间错，一时不能得矿，既得之后，必有连堂，兼能悠久。

硐第二

闩引既审，而后可得矿矣。凿山而入，隧之中或九达焉，各寻其脉，无相侵越，故记硐。凡硐门谓之"礌"，得矿，于硐口竖木如门，有框无扇曰"扬礌门"；叠木门上如博山形，谓之"莲花顶"。中谓之"窝路"，土曰"松塂"，窝路石曰"硬硖"，窝路平进曰"平推"，稍斜曰"牛吃水"，斜行曰"陡腿"，直下曰"钓井"，倚木连步曰"摆夷"，梯向上曰"钻篷"。

左谓之"槌手边"。（原注：持槌者在左。）

右谓之"凿（原注：俗读如撰。）手边"。（原注：持尖者在右。）

上谓之"天篷"。

下谓之"底板"。

槌凿处谓之"尖"。本硐曰"行尖"，有大行尖、二行尖之分；讨辨曰"客尖"；分路曰"斯尖"，以把计数，自一至十、百。

硐之器第三

曰"槌"，一以铁打，如日用铁槌，而形长七八寸，木为柄，左手持尖，而右手持槌，一人用之。一以铁铸，形圆而稍扁，重三四五斤，攒竹为柄，则一人双手持槌，一人持尖。

曰"尖"，以铁为之，长四五寸，锐，其末以藤横箍其梗以藉手。

曰"凿"，铁头，木柄，各长有尺，形似铁撬。

曰"麻布袋"，形如搭裢，长四五尺，两头为袋。塂、硖、矿皆以此盛，用则一头在肩，而一头在臀，硐中多伏行也。

曰"风柜"，形如仓中风米之箱后半截。硐中窝路深远，风不透入则火不能然，难以施力，或久晴则太燥，雨久则湿蒸，皆足致此，谓之"闷亮"。设此可以救急，仍须另开通风。

曰"亮子"，以铁为之，如镫盏，碟而大，可盛油半斤，其柄长五六寸，柄有钩。另有铁棍，长尺，末为眼，以受盏钩，上仍有钩可挂于套头上。棉花搓条为捻，计每丁四五人用亮子一照。

曰"龙"，或竹或木，长自八尺以至一丈六尺，虚其中，径四五寸。另有棍，或木或铁，如其长，剪皮为垫，缀棍末，用以摄水上行。每龙每班用丁一名，换手一名，计龙一条，每日三班，共用丁六名。每一龙为一闸，每闸视水多寡，排龙若干，深可五六十闸，横可十三四排，过此则难施。

矿第四

盘町、贡古，古银薮也。朱提八两为流，直一千五百八十，他银一流直千。《后魏书》："骊山有银矿，二石得银七两。白登山亦有银矿，八石得银七两。"矿之高下见矣。

滇铜以溜称矿，一百斤得铜十斤为一溜，不须煅者曰"一火成铜"，自一次以至八九次曰"几冰几罩银"。以胚子称矿，一斤得银一分，为一分胚子，即可入罩，曰"炸矿"。先入炉并成镰条而后下罩，曰"大火矿"，罩之渣曰"底母"，卷而成块曰"铀团"。费之轻重，工之多寡，金之上下，皆视此，故记矿。

曰"铜矿"，凡数十种，紫金为上，加有红晕者曰"火里焰"，兼有蓝晕者曰"老鸦翎"。成分在五溜以上曰"马豆子"，成分高可七八溜。而断不成堂曰"黄金箔"，易有水。而最悠久曰"生铜"，即自然铜也，改煎换入能长，成分大块可作器皿。

曰"银矿"，凡数十种，墨碌为上，盐沙次之，有一两至七八两胚子，荞面黄、火药酥又次之，皆炸矿也。

曰"镰矿"，即黑铅也。

曰"明矿"，有大花、细花、劈柴之别，不过数分胚子。

曰"铜盖银"，黑矿起盐沙或发亮，皆有银。先入大炉，煎出似铁非铁，次入推炉，即分金炉，推去镰臊，末入小炉，揭成铜。其镰下罩出银。

曰"银盖铜"，矿色带绿或夹马牙者，皆有铜。罩中拨出渣臊，入大炉煎出镰水，所剩之渣臊，上窑煅炼几次，入铜炉成铜。

曰"铅"，即白铅也。用瓦罐炼成，闻其中亦有银，交阯人知取之之法，而内地不能也。

炉第五

金得火而流，铄之、范之，智者创，而巧者述也。黄土，金之父，故炉罩以土为之，土生而火泄，则质柔而变化矣。其制巧而不可易，故记炉。

凡炉以土砌筑，底长方广二尺余，厚尺余，旁杀渐上至顶而圆，高可八尺，空其中，曰"甑子"。面墙上为门，以进炭、矿；下为门，曰"金门"，仍用土封，至泼炉时始开；近底有窍，时开闭，以出臊。后墙有穴，以受风。铜炉风穴上另有一穴，以看后火。银炉内底平，铜炉内底如锅形。

凡起炉，初用胶泥和盐于炉甑内，周围抿实，曰"搪炉"；次用碎碳火铺底烘烧，曰"烧窝子"。约一二时，再用柱炭竖装令满，扯箱鼓风，俟其火焰上透，矿、炭均匀，源源输进炉内。风穴上矿、炭融结成一条，如桥衡，通炉皆红，此条独黑，曰"嘴子"。看后火，即看此。扯箱用三人，每时一换，曰"换手"。用力宜匀，太猛则嘴子红而掉，太慢则火力不到之处矿不能化，胶黏于墙，曰"生膀"。每六时为一班，铜炉二班曰"对时火"，三班曰"丁拐火"，四班曰"两对时火"，六班曰"二四火"。

泼炉则开金门，用爬先出浮炭、渣子；次揭冰铜，（原注：一冷即碎，故曰"冰"，亦曰"宾铜"。）次用铁条搅汁，拨净渣子，曰"开面"；次揭圆铜，（原注：揭铜或用水，或用泥浆，或用米汤，视矿性所宜。）铜炉无过六班，炉火不顺，矿、臊结成一块，曰"抬和尚头"，配合不宜，时有之，金门忽碎，矿汁飞溅，曰"放爆张"，每致伤人，幸不常有。

铅矿搪炉、烧窝皆同，而扯火紧慢任便，放臊一次，放铅一次，可至七八十班。至炼银罩，渣子亦只一二班。

炉之器第六

曰"风箱"，大木而空其中，形圆，口径一尺三四五寸，长一丈二三尺。每箱每班用三人，设无整木，亦可以板箍用，然风力究逊。亦有小者，一人可扯。

曰"揪"，铁、木皆有，用以上矿、炭。

曰"拔条"，亦曰"撞"，长八九尺，木柄一尺，泼铜炉后，用以敲炉墙凝结之渣臊。银罩则横屈其末，约一尺，用以赶臊。

曰"铁箝"，揭铜所用。

曰"木爬"，形方，横长一尺，高五六寸，厚寸余，柄长一丈，铜炉用。起冰铜须用新木，不用干木。

曰"簸箕"，洗矿所用。

罩第七

炼银曰"罩"，出银谓之"一池"。凡罩要，需为老灰也，故记罩。

小曰"虾蟆罩"，形似之，下为土台，长三四尺，横尺余，四周土墙高尺许，顶如鱼背。面上有口，以透火，下有口不封，以看火候。铺炭于底，置镰其中，炭在沙条上，炼约对时许，银浮于罩口内。用铁器水浸盖之，即凝成片，渣沉灰底，即底母也。出银后即拆毁另打。

大曰"七星罩"，形如墓，又曰"墓门罩"。下亦土台，长五六尺，横二尺，四周土墙，顶圆，有七孔以透火，因曰"七星罩"。前高二尺，上口添炭，下口为金门，土板封之。后以次而杀，铺灰于底，置矿于上，搀以镰、炭在沙条之上。约二时开金门，用铁条赶臊一次，仍封之，或一对时，或两对时，银亦出于罩口内。出银后添入矿镰，随出银，随添矿，可经累月，须俟损裂，再行打造，故又曰"万年罩"。

用第八

　　矿之初开，但资油、米耳。或不可开之处，而游民集众冒禁，谕之则嚚，逐之则顽。但于四面要隘，绝其所资，虽十万之众，不旬日而解散矣。欲聚丁，必储物，军行粮从，兹为至急，故记用。

　　曰"米"，口食必需，不能一日缺。硐炉沙丁昼夜不息，饥则便食，不以顿数，每丁日一仓升计，聚有万众，食费百石。

　　曰"油"，硐中昏黑，非灯不能行走。每灯一照，用油八两；每丁四人，用灯一挂。

　　曰"炭"，厂之既成，煎炉煅窑，用数动以巨万。铜厂每炉每矿一千斤，用炭一千斤外不等；每煅窑，每次如矿一万斤，用炭二三千斤不等。银厂每炉六时，用炭六七百斤不等；每罩对时，用炭三四百斤不等。枯树之炭，火力得半；经水之炭，喷焰不周。银厂下罩，必用木炭煎炉，亦可用煤。铜厂煅窑，挽用柴枝、树根，煎炉亦用炼炭。煤有二种，辨之以闩，银闩质重，仅可用于银炉；铜闩质轻，方可用于铜炉。法，先将煤捡净，土窑火煅成块，再敲碎用，火力倍于木炭，挽用、专用，亦辨矿性稀干，宜与不宜。仅知滇之宣威、禄劝，川之会理有之。

　　曰"镶木"，土山、窝路资以撑住，上头下脚，横长二三尺，左右两柱，高不过五尺，大必过心二寸，外用木四根，谓之"一架"。隔尺以外曰"走马镶"，隔尺以内曰"寸步镶"。

　　曰"铁"，硐用之椎尖，炉用之揪箍，皆铁器。而尖子用钝，即须另煅，谓之"煊尖"，故硐丁半能煅。

　　曰"水"，日用之外，洗矿、泼炉。

　　曰"盐"，日用之外，和泥、搪炉。

　　曰"疙瘩"，即树根，铜厂煅矿窑内，炭只引火，重在柴枝、树根，取其烟气熏蒸，不在火力。若积久枯干，即无用，故凡铜矿之须煅者，不能赶辨，半坐柴枝误耳。

丁第九

　　打厂之人，名曰"砂丁"。凡厂衰旺，视丁众寡，来如潮涌，去如星散。机之将旺，麾之不去；势之将衰，招之不来。故厂不虑矿乏，但恐丁散。合伙开硐谓之"石分"，从米称也；雇力称硐户曰"锅头"，硐户称雇力曰"弟兄"，雇力名目亦各不同，故记丁。

　　曰"管事"，经管工本，置办油、米一切什物。

　　曰"柜书"，亦曰"监班书记"。获矿方雇，每硐一人，旺硐或有正副。每日某某买矿若干，其价若干，登记账簿，开呈报单。

　　曰"镶头"，每硐一人，辨察闫引，视验墖色，调拨槌手，指示所向。松墖则支设镶木，闷亮则安排风柜，有水则指示安龙，得矿则核定卖价。凡初开硐，先招镶头，如得其人，硐必成效。

　　曰"领班"，专督众丁硐中活计，每尖每班一人，兼帮镶头支设镶木。

　　曰"槌手"，专司持槌，每尖每班一人，挂尖一人，持槌随时互易，称为"双换手"，选以年力壮健。

　　曰"背墖"，每尖每班无定人，硐浅硖硬，则用人少；硐深矿大，则用人多。

　　曰"亲身"，常时并无身工，得矿共分余利。

　　曰"月活"，不论有矿无矿，月得雇价。

　　曰"炉头"，熟识矿性，谙练配煎，守视火候。无论银硐，炉户之亏成，在其掌握。硐之要，在镶头；炉之要，在炉头。

　　曰"草皮活"，硐之外，杂事皆系月活。

役第十

　　《周礼》："卯人，府二人，史二人，胥四人，徒四十人。"设官则役随之，数则视其卯之盈虚而损益焉。俗谓"官不可以驺从"，视卯、司卯者，以役胥为指臂，且为心腹矣。众至千百，即设千百长，游徼啬夫，有街市而无废，故记役。

曰"书记",即胥吏。铜厂曰"经书""清书",掌铜银收支、存运之数;银厂曰"课书",掌银课收支、存解之数。均承行谕,帖告示,按月造送册报,随时禀陈事件,人须心地明白,算法精熟,务宜由署派轮,不可任厂保举。

曰"巡役",铜厂以估色为重,催炭次之;银厂,生课以坐硐为重,孰课以察罩为重。至若察私,并资勤干,辨其劳逸,均其甘苦。

曰"课长",天平与秤,库柜锁钥,均其专管。铜厂掌支发工本,收运铜斤;银厂掌收鏧课款,一切银钱出纳均经其手,间有委办事件,通厂尊之,选以谨厚为先,才为次。

曰"客长",分汉、回,旺厂并分省。而以一人总领之,掌平通厂之讼,必须公正老成,为众悦服,方能息事,化大为小。用非其人,实生厉阶,此役最重,而银厂尤重。

曰"炭长",银厂有可不设,铜厂则保举炭户领放工本,不必家道殷实,而以有山场、牲畜为要。

曰"炉长",铜厂有可不设,银厂课款攸关,此役为要。

曰"街长",掌平物之价,贸易赊欠、债负之事。

曰"总镶",亦曰"总工",银厂有之,任与硐长略同,选宜熟悉冈引、墈色、硪道、矿质。

曰"硐长",掌各硐之务,凡硐之应开与否,及邻硐穿通,或争尖夺底,均委其入硐察勘。

曰"练役",掌缉捕盗贼。

曰"壮练",铜厂有可不设,银厂人至万外必须招募,课赖护解,地资弹压。

规第十一

官之所奉者,例也;民之所信者,规也。例所不裁,规则至悉相沿之习,实可久之经矣。定于初开时易,改于既旺后难,无碍田园庐墓,踩有引苗者,皆准开采,例如是而已。不立规模而从事,狐裘蒙茸,其谁适从,故记规。

曰"报呈",凡择有可开之地,具报官房,委硐长勘明距某硐若干丈，并不干碍，给与木牌，方准择日破土。

曰"石分"，数人伙办一硐，股份亦有大小，厂所首需油、米，故计石而折银焉。退出添人，或相承顶，令其明立合同，后即无争。

曰"讨尖"，就人之硐分开窝路，即客尖也。本硐愿放亦令明立放约、讨约，各头人居间，得矿之后，抽收硐分，或二八，或一九。客尖亦有独办、伙办之不同。

曰"洪账"，有赢利之谓也。卖获矿价，除去工本，又抽公费。一曰"神"，庙工及香资也；一曰"公"，以备差费也。一曰"山"，山主之租也；一曰"水"，或分用农田沟水也，若系官山无此二项，或并入公件，余则就原伙石分而分之。

曰"废硐"，伙房无人，灶不起火，准其报明官房，委勘属实，给与木牌插立硐口，俟二三个月后无人来认，方准别人接办，其或出措工本及有事故者，报明亦准展限一二个月。废尖如之。

曰"支分"，凡硐，管事管镶头，镶头管领班，领班管众丁，递相约束，人虽众不乱。算找雇价曰"分"，预支雇价曰"支"，皆以三节，端午为小，中秋、年终为大，走厂之人率以此时来厂，大旺则闻风随时而集，平厂一经过期，便难招募也。

曰"火票"，凡炉起火，必请印票，泼炉时遣役看守，铜则登记圆数、熟课；银厂则押交原出银饼，以便上平鉴课。

曰"察流生课"，银厂定限时刻出矿，不准参差，并不准不卖。如此矿炉户还价一两不卖者，逾时即令硐户加价一二钱上课。

曰"打顶子"，凡两硐对面攻通，中设圆木或石尖头，折回，各走各路。或此硐之尖前行，而彼硐攻通在后，则关后通之尖，以让先行之尖。或此硐直行，而彼硐横通，则设木为记，准其借路行走。抑或由篷上、底下分路交行，有矿之硐遇此等事，最宜委勘公断，既无争夺，即无滋闹。即或两硐共得一堂矿，双尖并行，中留尺余以为界埂，俟矿打完再取此矿平分。

禁第十二

物无主则必争，况聚千万乌合之众，令之不行，禁之不止，则斧凿强于耰锄矣。申严号令，法宜约而豫，故记禁。

曰"争尖""夺底"，两硐相通并取一矿曰"争尖"，此硐在上而彼硐从下截之曰"夺底"，厂所常有之事也。禁之于始，即无效尤。

曰"执持凶器"，一察于丁众进厂之时，一严其铁匠打造之罚。

曰"烧香结盟"，谚曰"无香不成厂"，或结党而后入，或遇事而相邀。其分也，争为雄长；其合也，必至挟持，尰而摧之，决无为蛇之患。

患第十三

利之所在，患即生焉。天地秘藏，不容攥取，示之以伪，乃诱之也，藏之以水，乃费之也。下穷黄墟而无风，则有闷塞之患，硐老崩覆，患斯大矣。济以人力，是为预防，故记患。

曰"不分汁"，有真、有赝，物之情也，此其赝焉者耳；瓜熟蒂落，物之时也，否则其未熟者耳。矿有稀、稠之性，配合不宜，亦不分汁，访求老匠，多方配煨，间有成效者。

曰"闷亮"，初开之硐，窝路独进，风不能入，火遂不然，必须另开硐口，俾其窝路交通，名曰"通风"，兼置风柜扇风进内，暂可救急。年久之硐，窝路深远，亢旱则阳气燥烈，久雨则阴气湿蒸，皆有此患。待交节候为期，不过数旬。

曰"有水"，外而入者为阳水，或边箐涧，或逼江河，无法可治之矣。内而生者为阴水，金水相生，子母之义。有水之矿，成分方高，小则皮袋提背，大则安龙递址。然龙至十余闸后，养丁多费，每致不敷工本，得能择地开办水泄嘈硐，方为久远之计。

曰"盖被"，初开之时，不为立规，硐如筛眼，一经得矿，竞相争取，既虞滋事。硬砝窝路，尚自无妨，若是松壃，势必覆压矣。

语忌第十四

禁忌惟商贾独严，惧其识也。小说家谓："太岁如块，无见而聪。"故上工尤戒之，语为吉祥、丰豫之象，故记语忌。

封谓之"丰"，忌矿之封也。

镫谓之"亮子",油捻谓之"亮花"。

土谓之"塃",忌音同"吐"也。

石谓之"硖",忌音同"失"也。

梦谓之"混",忌梦为虚境也,孟姓亦称为混。

好谓之"彻",忌音同"耗"也。

物异第十五

雨金尚矣,钱之飞,银之变,志纪非尽诞也。南中银窟,刘禅时化为铜,古有之矣。盛衰有象,为之朕耳,灵山圣火,安知非金银气达霄汉耶。干宝有婢,伏棺再生,硐中之骸,殆未知死,或曰宝气所育,枯骨不朽,游魂为变,亦触生气而然,故记物异。

曰"山吼",在山内声如殷雷,在空中声如群蜂,由内而出者顿衰,由外而入者必旺。

曰"矿火",月明静夜方出,如人持炬,若近若远,忽分忽合,多在对山,或中隔河。

曰"干麂子",相传殁于硐内,尸不出硐,倚在镶木之间,年深月久,肉消而皮著,骨不朽,亦不仆。后人经过其前,能伸手向讨烟吃,与之吃毕,仍递烟筒还人,只不能言耳。

祭第十六

有益于民则祀之,矿龙之祠列于祀典。置吏春、秋奉牲币焉,地不爱宝非神,胡灵报赛以虔人心,肃而地示应矣。瘴疠时作,游魂无依,招魂从俗,亦曰"归厚",故记祭。

曰"山",即矿神也,为坛而祭,以二、八月祝帛、太牢,凡各头人及硐炉管事皆颁胙。

曰"西岳",有庙。

曰"金火娘娘",有庙,祭皆与山同。

曰"财神",每月初二、十六日,牙祭用三牲。

曰"中元会",建醮放焰口。

曰"会馆",直省不同,各祀其土神。

附:浪穹王崧《矿厂采炼篇》

太史公曰:"天下熙熙,皆为利来,天下攘攘,皆为利往。"斯言也,所指甚宏,而于厂尤切。

游其地者谓之厂民,厂之大者,其人以数万计,小者以数千计。杂流竞逐,百物骈罗,意非有他,但为利耳。无城郭以域之,无版籍以记之,其来也集于一方,其去也散之四海。扬子云曰:"一閧之市,必立之平",况几千、万人之所。萃乎要不过开采、煎炼二端,因而百务丛生,设制度、定纲纪,寖以成俗,事至繁碎,述之以为博物之助。

凡厂,皆在山林旷邈之地,距村墟、市镇极远。厂民穴山而入曰"礦",曰"硐",即古之坑,取矿而出,火炼为金,即古之冶。

滇之厂,银、铜为多,其法最详,矿犹玉之璞、珠之蚌也。主之者名曰"管事",出资本、募功力;治之人无尊卑,皆曰"弟兄",亦曰"小伙计"。选山而劈凿之,谓之"打礦子",亦曰"打硐",略如采煤之法。礦硐口不宽广,必佝偻而入,虑其崩摧,支拄以木,名曰"架镶";间二尺余,支木四,曰"一箱",硐之远近以箱计。弟兄入礦硐曰"下班",次第轮流,无论昼夜,视路之长短,分班之多寡。以巾束首曰"套头",挂镫于其上,铁为之,柄直上长尺余,末作钩,名曰"亮子"。所用油、铁,约居薪米之半。

硐中气候极热,群裸而入,入深苦闷,掘风洞以疏之,作风箱以扇之。掘深出泉,穿水窦以泄之。有泉则矿盛,金水相生也。水太多,制水车推送而出,谓之"拉龙"。拉龙之人,身无寸缕,蹲泥淖中,如涂涂附,望之似土偶,而能运动。硐内虽白昼,非镫火不能明,路直则鱼贯而行,谓之"平推",一往一来者,侧身相让。由上而下谓之"钻天",后人之顶接前人之踵。由上而下谓之"钓井",后人之踵接前人之顶,作阶级以便。陟降谓之"摆夷楼梯",两人不能并肩,一身之外尽属土石,非若秦晋之窑可为宅舍。释氏所称"地狱",谅不过是;张僧繇变相,未必绘及也。

矿有引线,亦曰"矿苗",亦曰"矿脉",其为臧否,老于厂者能辨之，直攻、横攻、仰攻、俯攻，各因其势，依线攻入。一人掘土凿石，数人负而出之。用锤者曰"锤手"，用凿者曰"凿手"，负土石曰"背塘"，统名"砂丁"。土内有豆大矿子曰"肥塘"，检出尚可煎炼。硐之深下者曰"井硐"，开而平者曰"城门硐"，硐中石围土砂者曰"天生硐"。掘硐至深，为积淋所陷，曰"浮硐"，攻者不得出，常闷死，或数十人，多至数十百。宝气养之，面如生，有突立向后入之人索饮食者，啐之则僵仆，名曰"干虮子"，死于磝硐，即委之死所，不取以出。

磝硐内分路攻采谓之"尖子"，计其数曰"把"，有多至数十把者。磝硐矿旺，他人丐其余地以攻采，谓之"斯尖子"。"斯"字之义，殆取于《毛诗》："斧以斯之。斯者，析也。"或有东西异丝，其渠各攻一路，迨深入而两线合一，互争其矿，经客长下视，定其左右，两造遵约释争，名曰"品尖子"。又有抄尖截底之弊，探知某磝硐有矿，从旁攻入，预邀其矿路，谓之"抄尖"；或从底仰攻，上达于矿路，谓之"截底"。相争无已，杀伤亦所不顾。既得矿而煎炼之，名曰"做炉火"，又曰"下罩子"。

凡厂之初辟也，不过数十人，裹粮结棚而栖，曰"伙房"。所重者油米，油以然镫，米以造饭也。四方之民，入厂谋生，谓之"走厂"。久之，由寡而渐众，有成效，乃白于官司，申请大府，饬官吏按验得实，专令一官主之，称为"厂主"，听其治、下其讼。税其所采炼者，入于金府，府以一人掌其出纳，吏一人掌官文书，胥二人供胥伺之役，游徼其不法者，巡察其漏逸者，举其货、罚其人。厂主所居曰"官房"，以七长治厂事：一曰"客长"，掌宾客之事；二曰"课长"，掌税课之事；三曰"炉头"，掌炉火之事；四曰"锅头"，掌役食之事；五曰"镶头"，掌镶架之事；六曰"硐长"，掌磝硐之事；七曰"炭长"，掌薪炭之事。一厂之磝硐多者四五十，少者二三十，计期数曰"口"。其管事又各置司事之人，工头以督力作，监班以比较背塘之多寡。其刑有笞，有缚，其笞以荆曰"条子"，其缚以篾曰"揎"，萦两拇悬之梁栋，其法严，其体肃。

厂民多忌讳。石谓之"硤"，为石音近于"失"也。土谓之"塘"，为土音近于"吐"，好谓之"彻"，为好音近于"耗"也。梦谓之"混脑子"，为梦属虚境也。石坚谓之"硤硬"，以火烧硤谓之"放爆火"，矿一片谓之"刷"，矿长伏硤谓之"闩"，大矿谓之"堂"。土石夹杂谓之

"松塃"，易攻凿，其矿不长久。凡攻凿宜硔硬，硬则久，可获大堂。凡磪硐，畏马血，涂之则矿走；畏印封，封之则引绝。凡矿最善变，积矿盈山未及煎炼，或化为石。佩金器者不入磪硐，有职位者不入磪硐，不鸣金，不然爆，不呵殿。祀西岳金天大帝，祀矿脉龙神，谓"龙神"，故猰夷畏见冠带吏也。

厂既丰富，构屋庐以居处，削木板为瓦，编蔑片为墙。厂之所需自米粟、薪炭、油盐而外，凡身之所被服，口之所饮啖，室宇之所陈设，攻采、煎炼之器具，祭祀、宴飨之仪品，引重致远之畜产毕具。商贾负贩，百工众技，不远数千里，蜂屯蚁聚，以备厂民之用。而优伶戏剧、奇邪淫巧，莫不风闻景附，觊觎沾溉，探丸肤箧之徒，亦伺隙而乘之。常有管事资本乏绝，用度不支，众将瓦解，徘徊终日，寝不成寐，念及明日天晓，索负者，支米、油、盐、柴者，纷沓而至，何以御之？无可如何，计唯有死而已。辗转之际，硐中忽于夜半得矿，司事者排闼入室告，管事喜出望外，起而究其虚实，询其形质高低。逾时更漏既尽，门外马喧人闹，厂主及在厂诸长，咸临门称贺。俄顷，服食什器，锦绣罗绮，珠玑珍错，各肆主者，赠遗络绎，充牣阶墀，堆累几榻。部分未毕，慧仆罗列于庭，骏马嘶鸣于厩，效殷勤、誉福泽者，延揽不暇。当此之时，其为荣也，虽华衮有所不及；其为乐也，虽登仙有所不如。

凡厂人获利，谓之发财。发财之道，有由磪硐者，有由炉火者，有由贸易者，有由材艺者，有由工力者，且有由赌博者。其繁华亚于都会之区，其侈荡过于簪缨之第，赢縢履蹻而来，车牛任辇而去。又或始而困瘁，继而敷腴，久之复困瘁，乃至逋负流离，死于沟壑。是故，厂之废兴靡常，甫毂击肩摩，烟火绵亘数千万家，倏为鸟巢兽窟，荆榛瓦砾，填塞溪谷。然其余矿弃材，樵夫、牧竖犹往往拾取之。语曰："势有必至，理有固然。市朝则满，夕则虚；求存故往，亡故去。"其此之谓与。

倪慎枢《采铜炼铜记》

铸山为铜，大要有二，曰"攻采"，曰"煎炼"。凡岘产铜之山，欲其如堂、如覆，敦博以厚，斯耐久采。视其后，欲其崨嶫而岭嶒也，无所取诸，取诸属与挚也。视其前，欲其轧加而㟒敖也，无所取诸，取诸峻以眇也。顾视其旁，欲其屹以肙也，无所取诸，取诸屋也。又欲其左之宫乎，右也观其泉，不欲其缩以邪也，欲其螯而过辨也。形既具，胚斯凝，充于中而见乎外，如云之蒸，如霞之烂，如苫庐之鳞以比，如羊象之伏以窜，晦冥之中，光景动人。

谛观山崖石穴之间，有碧色如缕，或如带，即知其为苗，亦有洞啮山坼，矿砂偶露者。乃募丁开采，穴山而入谓之"礶"，亦谓之"硐"。浅者以丈计，深者以里计，上下曲折，靡有定址，谓之"行尖"，尖本器名，状如凿，硐中所用之物，岐出谓之"棚尖"，土谓之"荒"，石谓之"甲"，碎石谓之"松甲"，坚石谓之"硬甲"。左右矗而立者曰"墙壁"，亦有随引而攻，引即矿苗。中荒旁甲，几同复壁者，覆于上者为"棚"，载于下者为"底"，横而间者为"闩"，（原注：凡硐上棚下座分明，必旺且久。）大抵矿砂结聚处，必有石甲包藏之，（原注：今称拦门峡。）破甲而入，坚者贵于黄、绿、赭、蓝，脆者贵于融化细腻，俗谓之黄木香，得此即去矿不远矣。

宽大者为"堂矿"，宽大而凹陷者为"塘矿"，斯皆可以久采者也。若浮露山面，一厵即得，中实无有者为"草皮矿"。稍掘即得，得亦不多者为"鸡抓矿"。参差散出，如合如升，或数枚，或数十枚，谓之"鸡窠矿"，是皆不耐久采者也。又有形似鸡抓，屡入屡得之，既深乃获成堂大矿者，是为"摆堂矿"，亦取之不尽者也。（原注：凡矿宜于成刷，若孑然一个，别无小矿，决不成器，今谓个个矿，亦曰独矿，矿虽成个，大小间错，忽断忽续，又必成堂，谚云：十跳九成堂也。）矿之名目不一，其佳者有黄胖、绿豆、青绿、墨绿。佳者为白锡蜡，色白体重，边纹如簇针尖。油锡蜡色光亮，红锡蜡色红，紫金锡蜡色深紫。尤佳者火药酥，色深黑，质松脆，皆彻矿，彻即净，厂俗讳净为彻。又有亚子矿，叠垒山腹，采之如拆砖墙，亦佳品。盐砂矿，色青黑，若带黄绿，则次矣。穿花绿石中夹矿，又其次矣。尤下者为松绿，内外纯绿，成分极低，止可为颜料之用。此攻采之大略也。

至于炼矿之法，先须辨矿，彻矿即可入炉，带土石者必捶拣、淘滤。矿汁稠者取汁稀者配之，或取白石配之；矿汁稀者取汁稠者配之，或以黄土配之，方能分汁，谓之"带石"。矿之易炼者，一火成铜，止用大炉煎熬。其炉长方高耸，外实中空，下宽上窄，高一丈五尺，宽九尺，底深二尺有奇。前为火门，架炭入矿之路也。红门下为小孔，谓之"金门"，撇取渣䐃之窦也。后为风口，槖之所鼓也。每煅一炉，俗谓之"扯火一个"。彻矿须四十桶，用炭百钧；次矿惟倍，加糜炭五之一；下矿三倍而差，加糜炭三之一。火候停匀，昼夜一周，渣䐃质轻自金门流出，即从金门中钩去灰烬。铜质沉重，融于炉底，闪烁腾沸，光彩夺目，以渍米水浇之，上凝一层，拑揭而起，用松针、糠覆之类，掠宕其面，淬入水中，即成紫板。（原注：凡铜元，热敲易碎，其口青色；冷敲难开，其口红色。）或得五六饼、六七饼不等，初揭一二饼，渣滓未净，谓之"毛铜"，须改煎方能纯净；自三四揭后，则皆净铜矣。其有矿经煅炼结而为团者，矿不分汁之故也。亦有本系美矿，而亦结为团者，配制失法，火力不均之故也。

然一火成铜之厂寥寥无几，其余各厂并先须窑煅，后始炉融。窑形如大馒，首高五六尺，小者高尺余，以柴炭间矿，泥封其外，上留火口。炉有将军炉、纱帽炉之分。将军炉，上尖下圆，其形如胄；纱帽炉，上方下圆，形如纱帽，并高二寻，十分高之四为其宽之度，十分宽之四为其厚之度，亦有高一寻者，其宽与厚亦称之余同。大炉又有蟹壳炉，上圆下方，高一丈有奇，宽半之，深尺有咫，余亦同大炉。矿之稍易炼者，窑中煨煅二次，炉中煎炼一次，揭成黑铜，再入蟹壳炉中煎炼，即成蟹壳铜，揭、淬略如前法。其难炼者，先入大窑一次，次配青白带石，入炉一次，炼成冰铜，再入小窑，翻煅七八次，仍入大炉，始成净铜，揭、淬亦如前法。计得铜百斤，已用炭一千数百矣。此煎炼之大略也。

又有所谓"铜中彻银者"，其矿坚黑如镔铁，俗谓之"明矿"。先以大窑煅炼，然后入炉煎成冰铜，再入小窑翻炼七八次，亦同前法。复入推炉，形如椑器，首置槖，尾置铜瓦，挤彻铅水，搋和底母，撒成净铜。挤出铅水，入罩炉分金，罩形如龟甲，大尺余，加火于外。亦有入窑翻煅之后，即入将军炉煎炼一日，铜汁流于炉内，银汁流于窝外。复以铜入推炉，煎成黑铜，再入蟹壳炉，揭成铜。以铅入罩子，煎成银者，约计万斤之矿，用炭八九千斤，不过得铜五六百斤，厂银一二十两而已，此其煎炼。稍有不同者，以其矿本不同，而所出者亦不同也。

煎炼又必择水火。深山寒浚之水，不可以淘洗矿砂，唯潴蓄和平者可用。淬、揭以清泉，则铜色黯淡；唯用米泔，则其色红活，此汤丹厂之所由名也。窑中之火，宜于轮囷薪木，稍间以炭，取其火力之耐久也。矿中唯可用炭，松炭、杂木炭取其猛而烈也，栗炭取其匀而足也。亦有因其价之昂廉不同而酌用者，此则人事之区画计较也。唯煎揭蟹壳，必用松炭，取其极猛极烈，易于挤彻渣膘，万不可以他炭通融者也。其采取也如此，其煎炼也如此，得铜不其难哉！

而有尤难者，采矿之时，俱于穿窿兀肆之中，冥搜暗索，得者一，不得者众。得铜多者，可以获十一之利，其寡者或至于不偿劳，此其难在乎民。各厂旧规，皆先银后铜。请国帑为本者，俱无业穷民，阅时既久，故绝逃亡，贻累出纳之官赔补，此其难又在乎官。（原注：硐民在领镶之勤力，炉民在炉头之谙练，厂员在司事之贤否，则皆得人之难也。）

且一厂之中，出资本者谓之锅头，司庶务者谓之管事，安置镶木者谓之镶头，采矿破甲者谓之椎手，出荒负矿者谓之砂丁，炼铜者谓之炉户，贸易者谓之商民。厂之大者，其人以万计，小者亦以千计，五方杂处，匪匿藏奸，植党分朋，互为恩怨，或资为忿争，或流为盗贼，所谓弹压约束之方，又岂易易哉！凡采炼银、铁诸矿之法，大略仿此。

《铜政全书·咨询各厂对》

问：土为金母，土气不厚，不能生金。滇产五金，而铜关閫法。闻踩厂之人，必相山势，与堪舆家卜地相等。是形势虽为山之面貌，而实为矿之胚胎，其如何相度，如何攻采，而后可以获堂矿？逐一登覆，以备考察。

万宝、义都厂员署易门县知县吴大雅禀：凡五行之气，动则流走，聚则凝结，堪舆卜地，察来龙、求结穴，厂之来脉则喜。层峦叠嶂，势壮气雄，凝聚则看，重关紧锁，堵塞坚牢，事虽各殊，理则一也。既得形势，复观矿苗，就近居民，或见物象出现，或见彩霞团结，所谓白虹辉而映地，荧光起而烛天，晦冥之中，光景动人。（原注：今称矿火者是。）杜工部云：不贪夜识金银气，宝藏之兴良有以也。

得胜厂员署龙陵同知史绍登禀：形势最关紧要，诚似堪舆卜地法。询之久经办厂人，均以来脉绵远，坐落主山高耸，两山护卫，层叠紧密中，尤取其龙包虎者为佳。出水之口，贵曲忌直，朝对之山，得与主山并高者，厂势悠久。（原注：按：视厂直如视地来脉，水口、龙虎、朝对皆同，只不用明堂耳，贵阴忌阳，贵藏忌露。）

问：开采之始，如何识为苗引？如何谓之草皮、鸡抓、彻矿、堂矿、塘矿；辨矿则有绿松、锡蜡、火药酥、铜掣银、银掣铜之分；制矿则有锉镕、淘洗之法，配矿则有底母、带石之异？该厂所出何矿，所用何物、何法？卖矿以斛抑系以秤，秤斛若干，出铜若干，值银若干？一一声复。

大宝厂员署武定直隶州知州文都禀：有矿之处，必有绿色，苗引挂于山石间，或一条，或一线，宽窄不一。厂民觅得绿引，知此山产有铜矿，招募砂丁，呈报开采。亦有久雨山崩，矿砂现露。盖矿如瓜之蔓也，此指有根之大矿而言。若山面有松脆绿石，挖下二三尺即得矿，谓之"草皮"。亦有见苗引，开挖穿山，破硤而入，或数丈、十余丈，得矿数个多至一二十个，且系无根之矿，谓之"鸡窝"。砂丁攻打磉硐，右手执铁锤，左手执铁尖，尖即打厂之器，俗言"打尖子"，即打磉硐也。彻矿者，矿之最净者也，厂地忌净字，不言净而言彻。堂矿者，矿如屋之堂大而且多也。塘矿者，矿在水底，必提拉水泄而后可取也。松绿者，内外纯绿，入水深翠，无甚成分，只作颜料用也。锡蜡者，色如白蜡，敲碎处如簇针尖，体重而坚也。火药酥，其色纯墨，其块不坚，轻击则碎，成分最高者也。铜掣银、银掣铜，乃一矿而铜、银互出也。掣矿之法，矿夹砂石必先锤碎，用筛于水内淘洗，使砂石轻浮随水而去，矿砂沉重聚于筛中，以便煎炼也。底母者，即镰也，乃铜掣银之厂所用以下罩煎银也。带石者，矿汁稀必就本厂所出汁稠之石以配炼之，矿汁稠必取汁稀之石以配炼之，方能分汁成铜也。今大宝厂所出之矿，仅紫锡蜡、黄沙包二种，锤筛、淘洗、煎炼配以稀石。卖矿以秤，视成分高低价无一定。（原注：按：矿性有稀稠必须配炼，而所宜或石或土，必在本山左右，乃天定也。）

吴大雅禀：山遇硤中带绿或带矾焦明矿，皆为引苗。开挖草皮数尺即得矿，挖完又易其地，是谓"草皮矿"也，鸡抓等于草皮。开采不远即得矿砂一窝，或半日即完，或一日便罄，再往前攻又得一窝，依然无几，名曰"鸡窝矿"，盖形其小也。间有深入而成大塘者，则为"摆塘矿"。尖子者，攻采之处，名曰"行尖"，得矿出完，中空如房屋，名曰"捞塘"。其左右有可采者，许人开采，名曰"亲尖"。得矿有抽分之例，银厂多系二八，铜厂多系一九，是为"碉分"。凡矿高者曰"彻矿"，如墨绿、紫金等，名色是也。攻采既久，遇有墙壁，破坚直进，忽得大矿，其盖如房顶，其底如平地，有三间五间屋之大，为"堂矿"。亦有两边俱硬，中间独松，几同巷道，矿之面窄底宽，形如池塘，为"塘矿"。大抵堂矿、塘矿，皆形其大，实相仿也。矿之色样则又有别，绿矿有墨绿、豆青绿、穿花绿、大亚子矿诸名色，墨绿、豆青为高，穿花即矣石矿。亚子矿间有成塘者，形如砌墙一团、一块，挖矿犹如拆砖，攻采亦易。锡蜡，一白锡蜡，一油锡蜡，一紫金锡蜡，皆矿之高者。火药酥，紫黑，散碎，状似火药。铜掣银，系大花明矿中带绿色或绿中带黑墨者，俱有银。盖明矿即镰母，故知其夹银也。银掣铜，乃银矿未能纯净，夹带铜气，扯火入炉，浮在面上者，即冰铜。二种俱借底母搀和，另用扯炉分开，其铜归炉，可揭蟹壳，其镰加罩，即出净银。固知造化之互用，亦见人工之并妙也。制矿之法，带碛则须锤筛，带泥则须淘洗。配矿之方，银厂则须底母，铜厂矿稠者配代石，矿稀者加稠矿以配之。义都之矿较胜万宝，现在紫金为多，故其煎炼亦纯，惜其所出微末，全以淘洗为功。万宝之矿多系豆绿、穿花、黄胖绿矿，间有紫金锡蜡，所出甚少，黄胖矿稠必配穿花，穿花矿稀必搀代石。

香树坡厂员南安州谔嘉州判赵煜宗禀：矿生山腹，须有棚墙围护，方能坐矿悠长。厂俗论礃内左曰"钻手"，右曰"锤手"，砂土谓之"荒"，废石谓之"碛"，石之坚巨者为"硬碛"，石之散碎者为"松碛"。石之削而左右竖立者曰"墙壁"，石之平而上下覆载者曰"棚底"。大凡矿砂结聚，上下左右总有棚壁包藏，宽大者谓之"堂"，横长者谓之"门"，零星者谓之"鸡抓"。开采之始，挖穴二三丈，得有绿末细砂，或油滑腻泥，即为苗引。未遇硬碛，获矿未能悠久，谓之"草皮"。必须数十丈、百余丈遇砚碛阻拦，用刚钻凿通谓之"破碛"。视其碛道鲜明，墙壁清楚，从此进攻，或松或硬，硬者贵于黄绿、赭蓝，松者贵于融细腻柔，俗名为"黄木香"。得此苗引，再遇有棚底，即可得矿，视其矿刷宽细，以定久暂。香树坡厂只有紫金、红、绿锡蜡，脉绿等矿。其锤、熔、配、制之法，矿体沉重无沙土夹杂，谓之"彻矿"，装窑煅炼一二次，入炉煎镕，看其臊汁清稀者用黄土配制，稠腻者用代石合煎，则揭铜纯净。如矿体轻泡或穿花透石，是为低矿，须煅炼多次，仍配白石，入炉扯火，出铜难免厚黑、钉僵。卖矿以桶为准,约合仓斗一斛,澄洗淘净得二三斗,值视高低铜之盈缩,难以悬拟。(原注:按:煅矿或二三日,或四五日,视其生熟,故矿性不可违,煅好即须煎炼,过冷则翻生,故炭斤必早备。)

问:炼铜之冶,有大炉、有皮炉、有罩子,三者形象如何?高若干?宽若干?中深大若干?受矿若干?炭若干?何处安风箱?炉罩是否并用,孰先孰后?如何分汁?如何提揭成铜?该厂几火成?何项铜每火折耗若干?每铜百斤,需炭若干?每炭百斤,需银若干?叙明。

大功、白羊厂员云龙州知州许学范禀:大功厂炼铜有煨窑,有大炉,有蟹壳炉。将矿先入煨窑煅炼二次,再入大炉。炉有二种,一名将军盔,上尖下圆;一名纱帽炉,上方下圆,高一丈五六尺,宽五六七尺,深二尺五六寸不等,每炉受矿二十余桶,用松炭二千余斤。昼夜煎炼,铜汁入于窝内成黑板铜,再入蟹壳炉内煎炼,揭成蟹壳铜。蟹壳炉形上圆下方,高八九尺,宽四五尺,深一尺有余,每炉受黑铜四百余斤,需炭五百余斤。铜汁镕于窝内,泼水一瓢,揭铜一元。以黑铜改煎蟹壳,每百斤约折耗铜十斤。

白羊厂有煨窑,有大炉,有推炉,有蟹壳炉,有罩子。将矿先入煨窑煅炼,再入大炉,炉形如将军盔,铅为底母,煎炼一月之久,方能分汁,铜汁镕于炉内,银汁流于窝外。铜汁复入推炉煎成黑板铜,推炉形如铜瓦,高二尺,长一丈,宽二尺。又入蟹壳炉煎炼,揭成蟹壳铜,银汁另入罩子。罩形如覆磬,约高三尺,宽二尺,深一寸有余,每罩受银汁五六十斤,煎厂饼银一二两不等。

者囊、竜邑厂员文山县知县屠述濂禀:者囊厂并无皮炉,系用将军大炉,像如盔,高七尺,宽四尺五寸,金门大一尺七寸,窝子深二尺。风箱安背后,比前金门高三寸。大窑宽大五寸,深高四寸;小窑大一尺五寸,深四尺。先入大窑煅一次,受矿一万斤,需炭四百斤,折耗三四百斤。次配青白代石,入大炉煎,折耗七千八九百斤得冰铜一千六七百斤。复将冰铜六七百斤。每铜一百斤翻煅七八次,煎二次,需炭一千四五百斤。

戛达厂系用纱帽炉,形如纱帽,高五尺,宽七尺,金门大一尺一寸,窝子深一尺五寸,风箱安在背后,比前金门高二寸许。内窝装满放出,外窝仍掀矿炭，受矿四五百斤，需炭三百余斤。大窑大五尺，深四尺，受矿一万斤，需炭四百斤有奇。小窑大一尺五寸，深四尺，受冰铜五百余斤，翻煅八次，需炭六百余斤。推炉形如木榇头，高二尺五寸，尾高二尺，横宽二尺二寸，直长六尺。金门大八寸，高五寸，深五寸，受冰铜五十余斤，需柴头七八十斤；风箱安在头上，尾用竹瓦挤彻铅水。罩形如半罩，高一尺二寸，宽一尺六寸，金门大一尺一寸，窝子深四尺，受铅水二十余斤，需炭四十余斤。计矿一万斤，大窑煅一次，折耗三四百斤；次配青白代石入大炉，折耗七千八九百斤，得冰铜一千六七百斤。复将冰铜入小窑翻煅六七次，折耗二百余斤；掺和底母入推炉，折耗八九百斤，揭得净铜五六百斤。挤出之铅水入罩，约得银一二十两，每铜百斤前后烧煅七八次，煎、推、罩三次，需炭一千四五百斤，柴头二百余斤。

赵煜宗禀：厂地支炉因地制宜，所用不同。薰罩、推炉，凡铅提银、银掣铜及改煎黑铜用之。香树坡厂系一火成铜，只用大炉。炉形系就地起基，长方高耸，中空外实，上窄下宽，计高一丈五尺，围宽九尺，底深二尺有余。前为火门，后为风口，架炭入矿均由火门装入。火门之下另开小孔，名为金门，以便掣取渣臊。后设风口，安置风箱，每扯火一个，高矿须四十桶，约费炭三千斤；中矿须七八十桶，约费炭三千五六百斤；低矿须百十桶，约费炭四千有零。火候停匀，对时即可出铜，倘火力不均，或矿不成器，以及配制失法，则炉内矿结成团，铜不分汁。各厂制矿不一，有煅至六七次，复用酸水浸泡八九回，先炉后罩，所谓九冰九罩而成铜也。该厂矿砂只须煅炼一二次，即可入炉，以松炭架火，取其焰力猛烈，化矿较速。铜汁易于沉底，渣臊汁轻由金门流出，视其出臊迨尽，则将金门揭开，柴炭渣臊钩钯净尽。铜镕沸溢，用淘米酸水，由金门泼入，使铜汁沾冷气微凝，立将火钳揭起一元，以松毛或谷糠闪燎其面，入水浸冷即成紫板铜。每炉或揭四五元、六七元不等，头二元渣滓未净，名曰"毛铜"，必须回炉改煎，其四五元无庸回火。至改煎毛铜，每百斤约折耗二三斤不一，需炭百五六十斤，炭价每百斤二钱六七分及三钱不等，看天气晴雨以定价值长缩。

问：煎铜有用松炭者，有用栗炭者，何以改煎必用松炭？何以杂木之炭不堪适用？凡厂礛多，日久遂至附近山木尽伐，而炭路日远，煎铜所需炭重十数倍于铜，成铜之后，再需煎、揭，运铜之费必省于运炭。炭路既远，何不移铜就炭？俾炉民少省运炭之费，即可多得铜本之利，是亦筹办铜务之一端也。能否行之，各以直对。

许学范禀：厂中用炭须与矿性相宜。大功矿质坚刚，若用栗炭则火性猛烈，镕化虽速而矿汁难分；松炭则火性和缓，矿以渐化而渣臊易出也。炭路日远，重倍于铜，固不若移铜就炭之便。但炭路必须与运铜道路相去不远，方免往返之烦，且煎炼蟹壳，必须有源活水与矿相宜者，方能如法成铜。兹查大功厂炭路俱在丽江一带，山径崎岖，与运铜道路逾远，而深山寒削之水，其性与铜又不堪相宜，是以只能移炭就铜。唯有饬令该处民人，将附近山场广栽松树，毋令毁伐，以期日久成林，庶将来不致无材可取耳。

赵煜宗禀：煎铜用炭，原有松、栗之分，而因地制宜，初无成格。栗炭性坚耐火，松炭质松多陷。概用栗炭，其焰甚少，而化矿较迟；纯用松炭，其性易过，而煎熬欠久。是以宁、大等厂拨运京局改煎蟹壳，必须松炭架炉，取其焰烈易去渣滓，揭铜匀薄，闪色鲜亮。香树厂铜斤均系运供省局鼓铸，只期铜质精纯，且系一火成熟，可以松、栗相掺杂木并用。唯炭山较远，归局之始，每百斤仅值钱二百二三十文不等，今增至三百有长，窃喜该厂并不改煎蟹壳，无事远觅松林，而价值亦尚平和，农隙亦易为购办，似可毋庸移矿就炭，以省糜费。

屠述濂禀：松炭系专揭蟹壳所用。者囊、戛达二厂俱系板铜，附近山场并无松炭，亦无栗炭，俱用杂木之炭。该二厂虽开采年久，出铜无几，炭亦不十分过远，相离仅八九十里之遥，移铜就炭一端，应毋庸议。盖炭固十倍于铜，而矿则又十倍于炭也。（原注：按：滇省厂井，均资薪炭，而厂硐则用镶木劈柴。炉则用炭，窑则用柴及炭，不可以数计，劝蓄树木，禁种火山，似亦当务之急也。）

问：金本生水，矿旺之礶，每多水淹，是以有例给水泄工费。泄水之法，有穴山引水而出者；有向下礶硐不能出水，凿池于旁提泄注水者，该厂水泄礶硐若干？是否可以泄水采矿？提拉水泄系用何法？逐一登覆。

赵煜宗禀：金为水母，无水则火能克金。礶硐多水则矿质高而且久，是以矿旺之厂，每多水淹，多办水泄。其泄水之法，须看礶硐高低，硐坐山腰，下临宽展，可以开硐，平推直进，引水下流，矿砂显露，此则价廉工省，或礛䃕开采本底下。临窄逼不能自下向上挖穴，疏水只得于硐内层开水套，用长竹通节作龙，逐层竖立，穿索提拉，使套内蓄水逐层自下扯上，仍由硐口提出。少者数条，多者十数条及二三十条不等，工费浩繁，即矿砂宽大而扯龙费功，窃恐所入不敷所出。今香树全厂少水，各硐无虑水淹，所以恒论：土既克水，不能生金。因之矿质成分较低，而成塘亦少，自开采以来，并无例给水泄之资。（原注：按：出矿之处，有无水者，有有水者，至黄金箔矿必有水，而后矿大也。养矿之水，可以提拉，泉眼之水，无能为力矣。）

问：厂众有硐民、炉民、商民之分。硐民之中，大抵出资购备油米者为锅头，出力采矿分卖者为弟兄，又何以有砂丁之名，并有雇工下硐之不一？买矿煎铜出售者为炉民、炉户，贸易油米各物者为商民，该厂现在各若干名、若干户？五方杂集，良莠不齐，逃犯最易混迹其中，作何约束、办诘，是亦厂员之事也。均宜登复备查。

赵煜宗禀：汤丹、宁台等厂，人烟辐辏，买卖街场各分肆市。今香树厂人民较少，往往互相资办，如油米，锅头亦尝伙同贸易，煎铜炉客又或附本开礛，唯就地论人，因事命名而已。至于砂丁即系弟兄，其初出力攻采，不受月钱，至得矿时，与硐主四六分财者，名为亲身弟兄。其按月支给工价，去留随其自便者，名为招募砂丁。其或硐内偶尔缺人，临时招募添补，则雇工应用。香树坡厂向无亲身弟兄，均系招募砂丁，即买矿煎铜、贸迁油米多有南安、易门人，统计来往停留及街场、礛䃕落业居家各项，一千余人。五方杂处，逃犯易藏，现在设立客长约束商贾，硐长查点砂丁、过客，责成街长、雇工归辖，炉长、厂员统为稽查，无使奸匪潜匿。（原注：按：凡厂初开，立规为要，旺后人众，各从其类。硐丁归于硐，以领镶约束之；炉丁趋于炉，以炉户招纳之；贸易喧于街，以客长、街长稽察之。勿谓新厂暂尔，因循蜂拥而来，便不就范。）

问：老厂开采日久，原借子厂以资接济，乃现在报开子厂者甚属寥寥。或称：厂一报开遂即详奏定额，及至出矿无多，不敷成本，炉丁已散，铜额难处，地方官畏累不报。查，现报铜厂者，日久并未定额，则地方官无累可畏也。或称：新厂试采三月，展限三月，再无成效，即行封闭，硐民恐费工本，限内不能著效，不敢报开。察，现报开新厂，有至一二年尚未煎样解验者，仍未饬令封闭，则硐民不畏试采限促也。或称：开厂之处，炉民、砂丁、商贾云集，油米、菜蔬日见昂贵，居民往往阻禁开采。察，以该地所产油米，因开厂而获重值未始，不足以裕生计，居民何故阻禁，其作何踩勘，如何劝谕、鼓舞多报子厂，俾铜丰额裕之处？胪列以闻。

赵煜宗禀：踩觅子厂，原以接济老厂，且可行销就近油米、蔬菜，若非有碍田园庐舍，官民最为乐从，断无阻禁之理。然亦看其形势若何。倘山势丰厚，著见苗引，抑或附近居民见有物象出现，否则霞彩团结，冥晦之中，光采动人，即官未先知而早已哄传，远近居民欲禁阻，而亦势所不能。唯开采之后，或山皮过厚，急遂未能见功，草皮矿微。不免煎炼折汁甚之。矿引入山，愈攻愈远，弃之不甘，攻之迟缓。又或厂员更换，接借无从，辗转耽延一二年之久，未能煎炼样、报额者有之，非尽官员之畏累不报也。（原注：按：矿之为物尊，曰"龙神隐见"，有时变化不测。其欲见也，坍山而引露，锄地而矿出，一朝百硐，旬日万人。其将隐也，有盖被不意，而窝路覆有水淹，无端而泉眼生，或不分汁，或无成分，机主于运，非人力之可为。且凡珍重之物，理自深藏，大矿曰堂，言深邃也。当民物之滋丰，各财力之优裕，办厂之人携有资本，此或无力，彼复继之，家中之败子，乃厂上之功臣。故有一硐经一二年，更三四辈而后得矿。进山既远，上下左右，路任分行，故其旺也久，而其衰也渐。迨只附近居民农隙从事，矿日而不能持久，朝树而即冀暮凉，得矿即争，无矿便散，故衰不能旺，而旺亦易衰。）

滇矿图略下

有山川然后有形势，有形势然后宝藏兴焉。滇之宝，铜为巨，故首铜矿；铜之课以数百万计，银之课以数万计，故银矿次之；若金、若锡、若铅、若铁，皆有课，故金、锡、铅、铁矿次之。银以下，皆挟赀者采凿之，铜之工资于帑，故帑次之。帑由官而赋于民，防其上侵而下渔也，畀以俸糈逮及胥吏，惠莫大焉，故惠次之。惠至矣，而工有良窳，吏有贤不肖，非严其考，无以集事，故考次之。恩均法立，地宝溢而转运上京，则鬻法有不竭之府矣，故运次之。运必计其程，故程次之。程自滇而泸，舍负驮而资舟，故舟次之。舟车久，则必耗，故耗次之。物不可终耗，必受之以节，故节次之。能节者必赢，赢之伙者莫如铸，故滇铸次之。铸之列于邻封者，皆滇矿所生也，故以采买终焉。

铜厂第一

滇多矿，而铜为巨擘，岁供京、滇鼓铸及两粤、黔、楚之采办、额课九百余万，而商贩不与焉。东则东川，西则宁台，其都会也。他府州皆有厂，或丰或歉，视东西之赢绌而补助之。厂惟一名，而附庸之礂不胜纪，盈则私为之名，虚则朝凿而夕委而。其封闭者，皆虚牝也。然消者长，长者消，数十年后或循环焉，故记铜厂。

定例各厂每办铜一百斤，抽课十斤，公、廉、捐、耗四斤二两，一成通商铜十斤，余铜七十五斤十四两给价收买，或免抽课铜，或免抽公、廉、捐、耗铜。或通商二成，额外多办，并准加为三成。

一曰京铜厂，以供京运也；一曰局铜厂，以供本省鼓铸也；一曰采铜厂，以备各省采买也。铜有紫板、蟹壳之名，成分自八成、八五以至九成。年久矿衰，广开子厂以补不足。由州县经管者，该管知府督之。由知府、直隶州同知、通判经管者，该管道员督之。

云南府属

万宝厂，在易门西北五十里，地名杂栗树，今名万宝山，其脉甚远。香树坡、义都皆过峡之山，聚结于此，重峦叠嶂，环抱数十里。易门县知县理之。乾隆三十七年开。四十三年，定额铜三十万斤，闰加二万五千斤。每铜百斤，抽课十斤，通商十斤，余铜八十斤供省铸及采买，间拨京运，余铜每百斤价银六两九钱八分七厘。今实办课、余、底本额省铜二十七万一千五百斤。

大美厂，在罗次北三十里，发脉于观音山，以照壁山为案，有一溪曰冷水沟，为洗矿、开炉之所。罗次县知县理之。乾隆二十八年开。四十四年，定额铜二万四千斤，闰加一万五千斤。每铜百斤，抽课十斤，公、廉、捐、耗四斤二两，通商十斤，收买余铜七十五斤十四两，供省铸及采买，余铜每百斤价银六两九钱八分七厘。今实办课、余额省铜三万二千四百斤。子厂：老硐箐厂。

银厂第二

通都阛阓，有银卯乎，则白昼而攫矣。旅居大姓，有银卯乎，则苑山而据矣。瘴疠蛇虺之窟，人迹不至，造物之所库也。千百年一发其藏，盖有数焉，骛者足茧万山，或遇或不遇。而流人冒死而不返者，以宝藏为桓司马之椁耳。不著其地，乌知其险阻艰难，故记银厂。

临安府属

摸黑厂，在建水猛梭寨。建水县知县理之。乾隆七年开，每银一两，抽课银一钱五分，撒散三分，额课银五十一两余。

个旧厂，在蒙自，南近越南界。蒙自县知县理之。康熙四十六年开，每银一两抽课银一钱五分，撒散三分，额课银二千三百六两余。子厂：龙树厂，底息银七十余两，无定额。

金锡铅铁厂第三

丽水之金，三代有之矣。金之课始于元，至一百八十余锭。明以银八千余两折买金一千两，曰例金。其后增耗金而减价银，后又加贡一千两，未行复加贡三千两，巡抚沈儆炌一疏，仁人之言，其利薄哉。

我朝初课金七十余两，递减至二十八两余，深仁厚泽，迥迈前古。若锡、若铅、若铁皆有额课，余利及于民者博矣。故记金、锡、铅、铁厂。（原注：附白铜。）

金厂四

嘉庆十五年，定额课金二十八两八钱六分五厘三毫，闰加一两四钱六分二厘九毫。附，次年颜料贡带，解赴户部缴纳。

麻姑厂，在文山西南，近越南及临安界。开化府知府理之。雍正八年开，每金床一张，月纳课金一钱三分，腊底、新正减半抽收，额课金十两零一分，闰加九钱一分。

金沙江厂，在永北西南，金沙江边，接宾川界。永北厅同知理之。康熙二十四年开，每金床一张，月纳课金一钱，额课金七两二钱六分，遇闰不加。

麻康厂，在中甸南，其东则安南银厂。中甸厅同知理之。乾隆十九年开，每金一两抽课金二钱，额课金十一两二钱，闰加五钱。

黄草坝厂，在腾越西，又西则大盈江贲达土司地。腾越厅同知理之。嘉庆五年开，按上、中、下三号塘口抽收，上沟抽课金一钱五分，中沟抽课金八分，下沟抽课金四分。额课金三钱九分五厘三毫，闰加三分二厘九毫。

锡厂一

个旧厂，在蒙自猛梭寨。蒙自县知县理之。康熙四十六年开，每锡百斤抽课十斤，每百斤例价银四两三分六厘一毫，额锡价银四千两。布政司发给商票，每课锡九十斤为一块，二十四块为一合，每合纳课银四两五钱，税银三两五钱七分八厘，额课税银三千一百八十六两。

凡铅厂四

有白铅，俗称倭铅，烧铅以瓦罐炉为四墙，矿、煤相和入于罐洼，其中排炉内仍用煤围之，以鞴鼓风，每二罐或四罐称为一乔，为炉大小，视乔多寡，有黑铅，俗称底母，炉与银厂同，定例每百斤抽课十斤，充公五斤，通商十斤。通商铅每百斤仍抽课十斤，充公五斤。课铅变价充饷，公铅变价充公，以支廉食，自一两八钱二分至二两余。铅每百斤工本银：白铅自一两二钱八分至二两，黑铅自一两四钱五分至一两六钱八分四厘。每工本银一百两，扣余平银一两五钱，亦充公，按年分册造报。

卑浙厂，在罗平境；块泽厂，在平彝境，均平彝县知县理之。雍正七年开，今实办供省局白铅二十一万九千七百六十九斤零。课铅变解银三百九十九两九钱八分，公铅变解银一百九十九两九钱二厘，余平扣解银六十七两八钱八分六厘。通商课铅变解银一百三十五两七钱七分二厘，公铅变解银六十七两八钱八分六厘，闰加铅一万九千一百一十四斤。课、公、变价，余平银，并加办供省局黑铅三万三千四百一十五斤，课、公铅变解银六十四两五钱。

者海厂，在会泽东南，铅矿出于矿山，银厂移矿就炭至者海烧炉，因名。会泽县知县理之。乾隆二年开办，供东川局铸，以裁局停。嘉庆八年复开，代建水县普马厂办供省局白铅二十一万九千七百六十九斤，抽课、充公、加闰与卑、块二厂同，唯变价每百斤银二两。二十二年，东局复开，兼办供东局白铅一十五万六千九百七十七斤零，闰加一万三千八十斤，课、公、变价与省局同。

阿那多厂，会泽县知县理之。办供东局黑铅一万一千九百三十三斤零。每百斤抽正课铅十斤，闰加九百九十四斤零，课铅、变价同白铅。

妥妥厂，在寻甸西北，又西为双龙铜厂。寻甸州知州理之。乾隆十三年开，铅运省店销售，获息充饷。今实办供省局黑铅三万三千四百一十五斤零，每百斤价脚银二两一钱，遇闰加增，额办省操铅二万斤。

凡铁厂十有四

有闰之年共课银二百九十两一钱五分八厘，无闰之年共课银二百八十一两五钱三分。

石羊厂，南安州知州理之。

鹅赶厂，镇南州知州理之。

三山厂，陆凉州知州理之。

红路口厂，马龙州知州理之。

龙明里上下铁厂，石屏州知州理之。

小水井厂，路南州知州理之。

河底厂，鹤庆州知州理之。

阿幸厂、沙喇箐厂、水箐厂，均腾越厅同知理之。

滥泥箐厂，䃳嘉州判理之。

椒子坝厂，大关同知理之。

老吾山厂，易门县知县理之。

猛烈乡厂，威远同知理之。

凡白铜，省店每一百一十斤抽课一斤，变价银三钱。

凡商运四川立马河厂白铜到省出售者，按例抽课折征银两，尽收尽解。（原注：原开茂密、祭牛二厂矿砂久衰，向以抽收商贩造报，嗣将二厂名目删除，据实入册，作收造报。）

凡商运定远大茂岭厂课白铜到省出售者，抽课变价银与川厂同。（原注：道光二十三年，办价银四百二十两零。）大茂岭厂，在定远县，在厂扯炉，抽小课，每斤变价同。（原注：是年，变价银一十七两七钱。）

凡商运四川立马河厂白铜到元谋县马街，每码收税银七钱，尽收尽解。

凡商发川厂白铜到会泽县，领过四川宁远府税票者，每百斤收税银一两。无票者每一百一十斤抽课十斤，每斤折价银三钱。（原注：道光二十二年分记白铜四千八百九十九斤，收税银四十八两九钱九分。）

帑第四

滇民咈寙，不商不贾，章贡挟重资者皆走荒。徼外奇珍则翡翠、宝石，民用则木棉、药物，利倍而易售。矿厂唯产银者，或千金一掷如博枭。而铜矿率无籍游民奔走，博果腹耳。官界以资而役其力，有获则以价买之，物揭而书之。

滇课铜九百余万，百斤价率六两有奇，以六五计之，縻银六十万余，而运费不与焉。通商者什一或什二，课不足亦增值而购之。农部与滇库先二岁而预筹其帑，数十厂、数十万众待以生，而九府虚实恃此以酌剂，所关甚钜，故记帑。

凡滇省办运京铜，岁拨帑银一百万两。内户、工二部正额铜，批饭食银六万四千四百五十五两二钱；户部加办铜，批饭食银二千三百一两八钱四分四厘。天津道库剥费银二千八百两。坐粮厅库正额铜斤，车脚、吊载银四千九百七十两一钱八分，加办铜斤车脚、吊载银一百七十九两九钱八分四厘；各运帮费银八千四百两，均由直隶司库分别拨解。自汉口至仪征，水脚银一万四百三十四两，由湖北司库拨支；自仪征至通州，水脚银一万六千二百六两，由江苏司库拨支。停止沿途借支增给经费银一万三千两。（原注：道光八年，奏案分给正运四起，加运二起，支领正运每起该银二千五百两，加运每起该银一千五百两。）由湖北、江宁二省司库，各半拨支直隶、湖北、江宁三省动拨帮费、经费银两。滇省仍于筹存各本款内，按年照数提入铜本项下，其余银八十三万七千二百五十二两七钱九分二厘。（原注：该省题拨铜本时，再查明司库铜息并积存杂项银两，除留存备用外，余俱尽数拨抵铜本之用，不敷银两再行协拨供支。）令协拨省分委员解交云南，铜本于前二年赶办，如丙年工本，滇省于甲年具题部中，即行核拨，于乙年夏季到滇，俾得及时采办，以免挪借。（原注：嘉庆十八年减银四万两，道光十九年复故。）

凡滇厂采办已逾十年，硐穴深远，准豫借两月底本银两，每厂民办缴铜百斤，带缴余铜五斤，定限四十个月，扣缴清楚。如炉户中有亏欠者，即著落经放厂员赔补归款。

凡滇厂距省远近不一，赴司请领工本，往返需时。迤东道库贮银八万两，迤西道库贮银四万两。凡所属铜厂需本接济，由道亲往查明发给。（原注：现无分贮一款。）迤南道所辖厂地，距道比省更远，仍由藩司酌发。粮道专辖厂地，移明藩库转发。此项接济银两，即于请领月额工本内，按季分扣，年清年款。倘道员滥行多发，致有欠本，即令道员赔偿。如系知府专管之厂，转禀请发，即著道府分赔。如藩司额外多发，以致厂员滥放无著，一律参赔，并将接季通报之厂欠有无未完，分晰声造，按照盐课未完分数事例察参。

凡铜厂工本，上月发本，下月即须收铜。若三月后不缴，该管道府勒令厂员陆续扣销，或将家产追变。统以一年为断，逾期不完，即著令厂员赔缴，将厂民审明定罪。倘事隔数年，忽有炉欠，即将厂员以侵亏科断，该管上司，照徇隐例议处。倘有炉户逃亡事故，令厂员随时通报，该管道府详查，如果属实，准以市平拨抵。（原注：各厂借领工本银，每百两扣市平银一两，存贮司库，以为抵补厂欠之用。）若再有不敷，即令经放之员赔补，毋许以厂欠推卸砂丁，藉为搪抵，并责成厂员慎选殷实之人充当。倘并无家产，任听滥充，如有欠缺，惟该员是问。

凡铜厂无著厂欠银两，如实在厂衰矿薄，炉户故绝无追者，取具道府等印结，奏明办理。倘不应豁免者，督抚以下摊赔。（原注：计督抚合赔一股，藩司分赔一股。如系知府、直隶州经营之厂，该管巡道分赔二股；如系州县经管之厂，该管知府、直隶州分赔二股。厂员均分赔六股。）

考第六

岁会、月要、日成，所以弊吏也；日省、月试、称事，所以劝工也。矿者工所聚，而吏与有专责焉。能者赏，不能者罚，事集而帑不虚耗。非刑非德，乌能齐不齐之众，而董正有司哉！故记考。

凡滇厂皆地方官理之，其有职任繁剧，而距厂辽远，不能兼理者，则委专员理之。酌远近、别大小，量材而任，宽裕者叙，短缺者议。

凡滇省应办额铜，按月均分记数解交，缺者补足，一两月不能足，记过；三月后不能足，则檄彻听议，别委员接理之。若月额外获铜多者，小则记功，大则请叙。

凡滇厂情形靡定，有丰旺多于旧额者，据实报增，计其多办之数，请叙。若以额铜已足，走私盗卖，即治其罪。其缺额者，实系矿砂衰薄，准厂员据实具报，委大员勘察属实，或减额，或停采，随案题报。如厂员调剂失宜，以致短额，仍以少办之数，请议，甚者随时纠劾。

凡承办铜斤，如厂铜缺额，运泸迟延，其厂员、运员均遭戍。至缺额八分以上及未及八分者，均褫职，仍在厂协同催办，一年后仍不足额，亦即遭戍。

凡滇省运铜，该管道府查验，务须熔化纯洁、圆整，大块不得借称激碎，配兑掺杂。零星间有配搭碎块，改用木桶装盛，块数、斤数注明桶面，逐起造册，咨部查验、兑收。其直由该省通融酌办，不准报销。

凡铜面上，錾明厂分、斤数、号数及炉户姓名。倘成色不及八五至九成以上者，部局拣出另煎。其亏折斤两，责令承办各员，如数赔补，仍按号行提炉户责惩。如有掺和铁砂，将黑厚板铜搪塞及运员含混接收，除驳回外，将厂运及督办各员交议。

程第八

滇多山而孕百蛮，商贾所至有驿传所不及者，矿产于瘴乡巉穴，寸天尺地，蔓壑支峰，古之悬车束马，何以加焉！负贩侁侁，朝凿暮蹊，林箐菑翳，而羊肠诘曲，顶趾相接矣。陆险砥之，水险劈之，受钱于库，储百余年矣。小者负担，大者牛车，食官廪而履九达，俨然与都畿相埒，德之流行速于置邮而传命，斯之谓也，故记程。

附：铜政全书·筹改寻甸运道移于剥隘议

王昶　著

谨按：京铜逾越蜀江，危矶湍水，沉溺屡见。而加运两起，期以二三月开行，正值春夏，雪消水涨，加以大雨时行，暴风不测，故沉覆者尤多。其例豁免者，又须另给工本，发交铜厂，按数办出补运。其不准豁者，追赔亦费，追乎？况近年滇省产铜拮据，发买补办亦殊难得，则凡有可以稍减沉覆者，即当择而采之，毋庸以更张为戒也。查各省采买之铜，由粤西滩河水运，曾不闻有沉覆之事。乾隆三十七年，迤东道博明曾议由剥隘挽运京铜，以达粤西。越一年，臬司徐嗣复踵其议，而变通之。于运程、运费、时势之间备细筹计，较之博明所议倍详。惜乎！格而不行也。夫由省运至剥隘、白色，再至汉口，较由寻甸、泸州至汉口者，每铜百斤多用运费银才四分耳。经由省城上游各厂之铜，每年不及二百万，若拨一百九十余万，由竹园村转运剥隘，以供京铜，两起加运多用脚银不过七百七十余两，即以寻、昭陆运节省之银拨给供支外，尚有多银。是此七百数十两，不过沉铜八九千斤之价，而况沉铜多者有一次、两次、三次之不等，所沉打捞不获之铜数，以彼絜此，相去几倍。徒而无算，由此一路运费之多用者无几，而京铜之获全者甚大。通盘计算，其得失之数，固悬殊矣。

夫改寻甸店一路之铜，于剥隘转运，路远而费多；改省城一路之铜，于剥隘转运，路不远而费无多，黑白昭然。乃议者竟举从前改运寻甸之运费银数，牵连议驳，其故何欤？且以寻、东一路铜运之迟，乃议分运以速之。广南府所议，夏、秋将铜运贮广南，冬令转运剥隘，以避广南以下夏、秋之瘴疠，其于此路应运之铜，既可以无误，而分运以舒东、寻一路之力。俾两路各副其期，则运更易矣。乃举此一路之铜而云，不能较速于寻、东，是盖未之深思耳。

至宁台铜低，虑他厂牵搭，今则铜面已镌厂名，自不能以他厂低铜牵搭矣。惟虽改路分运，自下关至省应仍其旧，自省至白色仍令广西州、广南府承运。所请自下关至白色，由京运委员承领、催运，稍有未协耳。至此路陆运设店、养廉、工食、纸笔、灯油之数，可于寻、威一路，各店按照分运铜数划分，以为挹注，原可不必另支。即有不足，而四十七年，各陆路添设卡役，查催京铜，有名无实，尽可裁移，以补此路之店费，亦不必有不赀之虑也。

以由省城一路之京铜，改运剥隘，既分寻甸拥挤之势，可速运期；又免威宁、镇雄铜多限急之时，派累民夫背运，而免两起加运京铜，避蜀江盛涨之险，可免沉失，盖有数善焉。近睹东、寻两路京铜陆运之艰，常筹计及此，乃翻阅旧卷，已有先为计及者，今欲举而行之。其自省以下之牛运、车运，已无虑不给。唯剥隘之船，足供与否，宜檄行广南府详筹，以为久长之计。然后陈明两台入奏，乃调藩江西，不及办此，因录前后之案，以待后来采择焉。（原注：按：浙江等省可由内河行，若运京，须过洞庭湖耳。）

舟第九

自滇而蜀，舍车而资舟，其大小轻重皆有度。司津者豫其责，而置臣督莅之，其专派之藩、臬稽查尤详，厚升以资，而严其怠玩之罚。数千里溯洄、溯游，人力风候，非忠信，涉波涛，乌能胜任哉？故记舟。

凡云、贵运京铜、铅船只，永宁责成永宁道督同永宁知县、泸州知州代雇，重庆责成东川道督同江北同知代雇，汉口责成汉黄德道督同汉阳府同知代雇，仪征责成江宁监巡道督同仪征知县代雇，淮扬道催趱前进，如有疏失船户等，追价惩之。

凡运船，运员慎雇坚固、宽大民船，泸州会同州牧验明、取具，船户切实保认各结。重庆会同江北厅察验取结，其值照市给发，不经地方官，以防胥役勾串并革除揽头名目。或径雇抵通州，或雇至汉口、江宁换船，听运员自行相机办理。

凡险滩，地方官刊刻一纸交铜船运员，传示各船相度趋避，并于两岸插立标记，俾免涉险；临期多添夫役，委游击、都司察催、押送，以昭慎重。

凡险滩，酌募滩师四五名，捐给工食，放滩安稳者赏，有失则罚，有滩州、县，不得滥将未经练习之人充数。

凡滇省运铜，减载添船，自重庆至汉口，每正运一起，添船四只，于额领水脚、杂费外，加给船水工食银一百八十二两四钱，杂费银一十三两；每加运一起，添船五只，于额领水脚、杂费外，加给船水工食银二百三十四两四钱，杂费银十六两二钱五分。于京铜项下动支，据实入册造销。

凡装运，每船以八分载为度，应载铜、铅之数，令地方官核明申报。如大船缺少，或值水涸，雇剥小船，亦将实在船数及应载铜数移明，前途察验。倘减船重载，带货营私者，举其货，罚其人；盗卖者，抵罪。

凡重庆至宜昌，节节险滩，每夹舸船一只，以装载万斤为限，余船每只各五万斤，零数仅数千斤至二万数千斤者，准其分船洒带，若三万斤以上者，别载一船，仍取大小适中。若船小载重及以大船夹带者，皆有罚。

凡加运京铜，运至汉口拨湖南站船十只，每只装铜三万二千斤；湖北站船三十二只，每只装铜四万斤。江宁换拨头号坞船二十六只，每只装铜五万五千斤；三号坞船十三只，每只装铜三万六千斤，抵通卸载回次。

凡委员运铜，沿途偶有擦损，随时捡拾归数，不得禀报磕进。

凡铜、铅船过境，沿途地方官照催漕例，会同营员派拨兵役催趱、防护。（原注：铜斤正运，每起拨兵十三名，健役七名；加运，每起拨兵十六名，健役八名。）经过川江险滩地方，员弁豫带兵役、水手在滩所照护。

凡运员起程，本省给与护牌，沿途入境，均令运员先期知会地方官。经过之日，地方官察无别项弊窦，即于护牌内粘贴印花，注明经过月日。（原注：守风、守冻，亦即注明。）一面知会下站，一面具结申报，该督抚将是否在川江、大江、黄河之处，于奏报折内逐细声明，并将印结送部，俟运员抵通后核察。

凡秤铜，令永宁道督同泸州知州、运员及泸店委员，用部颁法马监兑秤收，具结加转，飞饬川东道。俟铜斤到重庆，委江北厅同运员逐一过秤，出具切实印结，又由川东道飞饬夔关察验。

凡运船，自重庆以下，令上站之员，将分装各船编列字号，开具每船装载斤数、块数及船身吃水尺寸，船户人等姓名，造册移知。下站按册察验，如无短少情弊，即具结放行；倘船户、水手有中途逃匿者，拿治。

凡接护之地方官，遇运船到境，即饬押送人役严密巡逻，毋任船户等乘隙滋弊。至汉口、仪征换船过载，令湖广、江南督抚饬令护送大员，同运官盘查过秤，具结申报。

凡运船经过江河险隘处所，水浅之时，应须起剥，均令地方官会同运员妥协办理。统计铜、铅长运至京，即值水涸，每运起剥总不得过八次。天津至通州一次起剥，每百斤给银六分九厘，其余沿途剥费，正运铜斤每起不得过一千六百两，雇纤工价不得过二百四十两；加运铜斤，每起不得过一千六百两，雇纤工价不得过二百一十两；铅斤每起在途剥费不得过二千两，雇纤工价不得过二百七十两。令沿途地方官将用过银数，出结送部，浮冒者按限著追。

凡铜、铅运抵天津，雇船起剥，向系起六存四。如原船实系破漏，不能前进，会同天津县全行起剥，一体报销，原船水脚银两应截至天津县止。由津至通州，计程三百二十里，每铜百斤合银三分七厘六忽零，每铅百斤合银四分五厘六毫六丝五忽零，于水脚银内照数扣除。

凡京铜运抵天津，全行起剥，所需剥费银二千八百两，（原注：分为六起支领，正运每起银五百两，加运每起银四百两。）豫由直隶司库剥贮天津道库。（原注：见铜本条。）俟各运员抵津，按起支给，滇省每年于题拨铜本案内声明扣除。

耗第十

衣成缺衽，室成缺隅，物无常足，其势然也。铜凿于山，浮于江汉，逾于淮，乱于河，入于汶泗，达于潞，其折阅盖有之矣。然不为之限，非泥沙弃之，即囊橐私之耳。十全者受优擢，十失一二者抵过，此则偿其物，罚其人，劝惩之道存焉，故记耗。

有路耗。凡铜自厂至店，自店递至泸，陆运途长，载经屡换，既有磕碰，必致折耗。在例收耗铜内，分别给之，准于册内除算。

有逾折。例准路耗之外，复有短少谓之逾折，每年额定二万四千斤。（原注：威店、关店、坪店各四千斤，昭店、镇店各六千斤。）每百斤作价银一十一两，店员赔缴，转发厂员买补。

凡余铜，每正铜百斤例带余铜三斤之内，以八两为泸州以前折耗，（原注：逾额折耗，在运官名下，照定价勒追交，厂官于运限内补足。）以二斤八两为泸州以后折耗及京局添秤之用。添秤所余，准运官领售，仍纳崇文门税，运官豫售，以漏税论。其应纳沿途关税，云南巡抚于运官回省日，饬在应领养廉等银内，按则扣存汇解，并将原给运京水脚扣除奏销。凡余铜随正抵通，应由坐粮厅验贮，听钱局提取添秤。中途遇有沉溺，现到正铜不敷收兑，将所带余铜尽数抵收。若有余，仍准纳税领售。凡钱局饬提余铜，由运官雇车，不给运脚。如抵铜不敷，即令照数赔补，每百斤缴价银十三两一钱三分七厘零，仍令厂员买足搭运。（原注：此项旧例亦有逾折，定额后，经奏明停止。）

凡险滩沉溺，打捞全获，水深四丈以外者，每获百斤给工费银四钱；四丈以内者，给工费银三钱；水深八九尺未及一丈者，给工费银一钱，水摸饭食给银四分。至难以施力，酌量情形，不必过于勉强，以致水摸有涉险轻生之事。其运员会同地方试探打捞，定限十日，将捞获铜斤归帮，开行前进。未获者，摘留运员家丁，交地方官督同看守打捞。其著名险滩，沉溺无获，文武各官出具保结，准其题豁，仍严捏报之罚。如系次滩，除捞获外，运员赔十分之七，地方官赔十分之三。其险滩不会同地方官打捞者，虽全获，不准报销捞费。

附：论铜政利病状

王太岳　著

乾隆四十年八月，云南布政使王太岳议曰：窃照滇南地处荒裔，言政理者，必以铜政为先。然自官置厂以来，未六十年，而官民交病，进退两穷。或比之救荒无奇策，何也？盖今日铜政之难，其在采办之四，而在输运者一。

一曰：官给之价，难再议加也。乾隆十九年，前巡抚爱必达，以汤丹铜价实少八钱有奇，奏请恩许半给，则加四钱二分三厘六毫。越二年，前巡抚郭一裕，请以东川铸息充补铜本，则又加四钱二分三厘六毫。越六年，前总督吴达善通筹各局加铸，再请增给铜价，则又奉加银四钱。又越六年，前巡抚鄂宁复以陈请，则又暂加六钱。越三年，始停暂加之价。于是，汤丹、大水、碌碌、茂麓等厂，遂以六两四钱为定价。而青龙山等二十余小厂，旧时定价三两八九钱、四两一二钱者，亦于乾隆二十四年前巡抚刘藻奏请，照汤丹旧例，每铜百斤定以五两一钱五分有奇收买，即金钗最低之铜，亦以四两之旧价，加银六钱。

朝廷之德意，至为厚矣。然行之数年，辄以困敝告，岂诚人情之无厌哉！限于旧定之价过少，虽累加而莫能偿也。夫粤、蜀与滇比邻，而四川之铜，以九两、十两买百斤，广西以十三两买百斤，何以云南独有节缩乎？江阴杨文定公名时抚滇，奏陈《铜厂利弊疏》云：各厂工本，多寡不一，牵配合计，每百斤价银九两二钱，其后凡有计息议赔，莫不以此为常率。至买铜，则定以四两、五两以至六两，然且课铜出其中，养廉、公费出其中，转运、耗捐出其中，捐输金江修费出其中，即其所谓六两者，实得五两一钱有奇。非唯较蜀、粤之价，几减其半，即按之云南本价，亦特十六七耳，故曰：旧定之价过少也。然在当时，莫有异辞，而今乃病其少者，何也？旧时滇铜，听人取携。自康熙四十四年，始请官为经理，岁有常课。既而官给工本，逋欠稍多，则又收铜归本，官自售卖。雍正初，始议开鼓铸、运京局，以疏销积铜，其实岁收之铜，不过八九十万。又后数年，亦不过二三百万，比于今日，十才二三。是名为归官，而厂民之私以为利者，犹且八九，官价之多寡，固不较也。自后讲求益详，综核益密，向之隐盗者，至是而厘剔毕尽。于是厂民无复纤毫之赢溢，而官价之不足，始无所以取偿，是其所以病也。

兹硐路已深，近山林木已尽，夫工、炭价，数倍于前，而又益以课长之掯克，地保之科派，官役之往来供亿。于是向之所谓本息、课运、役食、杂用，以及厂欠、路耗，并计其中，而后有九两二钱之实值者，今则专计工本而已。几于此，厂民受价六两四钱之外，尚须贴费一两八九钱而后足，问所从出，不过移后以补前，支左而绌右，他日之累，有不可胜言者矣。夫铜价之不足，厂民之困惫，至于如此，然而未有以加价请者，何也？诚知度支之稽制有经，非可以发棠之请，数相尝试也。且虽加以四钱、六钱之价，而积困犹未遽苏也。故曰"官给之价，难议加也。采办之难，此其一也"。

一曰：取给之数，不能议减也。盖滇铜之供运京外者，亦尝一二议减矣。乾隆三十二年，云南巡抚鄂宁，以各厂采铜才得五百余万，不能复供诸路之买，咨请自为区画。准户部议，留是年加运之京铜及明年头纲铜，以供诸路买铸，于是云南减运二百六十余万斤。后三年，云贵总督明德，又以去年获铜虽几千万，然自运供京局及留滇鼓铸外，仅余铜一百三十万斤，以偿连年积逋九百二十余万，犹且不足，难复遍应八路之求，因请概停各路采买。准户部议奏，许缓补解京铜，酌停江南、江西两道采买，于是云南减买五十余万斤。后半年，前抚院明德，又以各路委官在滇候领铜四百一十余万，以去年滇铜所余一百余万计之，四年乃可足给。此四年之中，非特截留及缺交京铜不能补运，而各省岁买滇铜二百余万，积至数载，将有八九百万，愈难为计，因请裁减云南铸钱及各路买铜之数。准户部议奏，许停云南之临安、大理、顺宁、广南，并东川新设各局。又暂减广西、陕西、贵州、湖北买铜六十三万斤，于是云南得减办二百余万。通计前后缓减五百余万，厂民之势力乃稍舒矣。

夫滇铜之始归官买也，岁供本路铸钱九万余千，及运湖广、江西钱四万串，计才需用一百一万斤。至雍正五年，滇厂获铜三百数十万斤，始议发运镇江、汉口各一百余万斤，听江南、湖南、湖北受买。至雍正十年，发运广西钱六万二千余串，亦仅需铜四十余万斤。其明年，钦奉谕旨，议广西府设局开铸，岁运京钱三十四万四千六十二串，计亦只需铜一百六十六万三千余斤。乾隆二年，前总督尹文端公继善，又以浙江承买洋铜，逋久滋积，京局岁需洋铜、滇铜率四百万斤，请准江、浙赴滇买铜二百万斤。云南依准部文，解运京钱之外，仍解京铜三十余万，以足二百万之数。而直隶总督李卫，又以他处远买滇铜转解，孰与云南径运京局，由是各省供京之正铜及加耗，悉归云南办解，然尚止于四百四十四万也。未几，而议以停运京钱之正、耗铜，改为加运京铜一百八十九万余斤矣。又未几，而福建采买二十余万斤矣，湖北采买五十余万斤矣，浙江采买二十余万斤矣，贵州采买四十八万余斤矣，江西采买三十余万斤矣，广西采买四十六万斤矣。既而广西以盐易铜十六万余斤矣；既而陕西罢买川铜，改买滇铜三十五万，寻增为四十万斤矣。于是，云南岁需措办九百余万，而后足供京外之取。而汉局鼓铸，尚不与焉。夫天地之产，常须留有余以待滋息，独滇铜率以一年之入，给一年之用，比于竭流而渔，鲜能继矣。又况一年之用，几溢一年之出，此凶年取盈之术也，故曰取给之数过多也。

尝稽滇铜之采，其初一二百万者不论矣。自乾隆四五年以来，大抵岁产六七百万耳，多者八九百万耳，其最多者千有余万，至于一千二三百万止矣。今乾隆三十八年、三十九年，皆以一千二百数十万告，此滇铜极盛之时，未尝减于他日也。然而不能给者，唯取之者多也。向时江、安、闽、浙买滇铜以代洋铜，议者犹以滇铜衰盛靡常，当多为之备，仍责江、浙官收商买洋铜，以冀充裕。及请滇铜径运京师，以其余留湖广，而商办洋铜，则听江、浙收买。议者又以滇铜虽有余，尚须筹备，以供京局，若遽留楚供铸，设将来京铜有缺，所关不细。又议浙江收买洋铜，亦须存贮，滇铜若缺，仍可接济。即近岁截留京铜，部议亦以滇铜实有缺乏情形，当即通筹接济。是皆以三十年之通制。国用为天下计，非独为滇计也。

至于今日，而京师之运额，既无可缺，而自江南、江西以外，尚有浙、闽、黔、粤、秦、楚诸路开铸，纷纷并举。一则曰此民之用也，饷钱也，不可少也。再则曰炉且停矣，待铸极矣，不可迟也。而滇之铜政，骚然矣。夫以云南之产，不能留供云南之用，而裁铸钱以畀诸路。诸路之用铜者，均被其利，而产铜之云南，独受其害。其产愈多，则求之益众，而责之益急。然则云南之铜，何时足用乎？故曰取用之数，不能议减也。供办之难，此其二也。

一曰大厂之逋累，积重莫苏也。谨按杨文定公奏陈《铜政利弊疏》云：运户多出夷猓，或山行野宿，中道被窃；或马牛病毙，弃铜而走；或奸民盗卖，无可追偿。又硐民皆五方无业之人，领本到手，往往私费，无力开采；亦有开硐无成，虚费工本；更或采铜既有，而偷卖私销；贫乏逃亡，悬项累累，名曰"欠厂"。由此观之，自有官厂，即有厂欠，非一日矣。然其时，凡有无追之厂欠，并得乞恩贷免，故岁岁采铜，数倍于前，而厂民之逋欠，亦复数倍。司厂之员，惧遭苛谴，少其数以报上官。而每至数年，辄有巨万之积欠，则有不可以豁除请者矣。上官以其实欠，而莫能豁也，于是委曲迁就，以姑补其缺。

乾隆二十三年，奏请预备汤丹等厂工本银十二万五千两，所以偿厂欠也。三十三年，逮治综理铜政，司厂之员，着赔银七万五千余两，所以厘厂欠也。三十七年，除豁免之令，而于发价之时，每以百两收银一两，大约岁发七十万两，而收七千余两，籍而贮之，以备逃亡，亦所以减厂欠也。至于开采之远，工费之多，官本之不足，莫有计之者，故不数年，而厂欠又复如旧。三十七年冬，均考厂库，以稽厂欠，前、后厂官赔补数万两外，仍有民欠十三万余两。重蒙恩旨，特下指挥，俾筹利便，然后厂铜得以十一通商，而以铸息代之偿欠。今之东川局加铸是也。

然而铸之息，悉以偿厂次；通商之铜，又以供局铸。至于未足之工本，依然无措也。是以旧逋方去，新欠以来，未两年间，又不可訾算矣。自顷定议，每以岁终，责取无欠结状，由所隶上司加之保结，由是连岁无厂欠之名。然工本之不足，厂民不能徒手枵腹而攻采也，则为之量借油、米、炉炭，以资工作，而责其输铜于官，以此羁縻厂民，曰：尔第力采，我能尔济。厂民亦以此糊其口，曰：官幸活我，且力采以赎前负。上下相蒙，觊幸于万有一遇之堂矿。是虽讳避厂欠，而积其欠借，不归之油、米、炉炭，亦复不下巨万之值，要之皆出公帑也。蚩蚩之民，何知大义，彼其所以俯首受役，弊形体而不辞者，挚挚为利耳。至于利之莫图，而官帑之逋负，且日迫其后，而厂民始无望矣。夫厂以出铜，民以厂为业，民亡所望，厂何为焉？区区三五官吏之讲求，其于铜政庸有济乎？故曰大厂之逋累，积重莫苏也。采办之难，此其三也。

一曰小厂之收买，涣散莫纪也。云南矿厂，其旧且大者，汤丹、碌碌、大水、茂麓为最，而宁台、金钗、义都次之。新厂之大者，狮子山、大功为最，而发古山、九渡、万宝、万象诸厂次之。至如青龙山、日见汛、凤凰坡、红石岩、大风岭诸厂，并处僻远，常在丛山乱箐之间。而如大屯、白凹、人老、箭竹、金沙、小岩，又皆界连黔、蜀，径路杂出，奸顽无籍，贪利细民，往往潜伏其间，盗采铸钱，选踞高冈深林，预为走路。一遇地方兵役，踪迹勾捕，则纷然骇散，莫可寻追。其在厂地采矿，又皆游惰穷民，苟图谋食，既无赀力深开远入，仅就山肤寻苗，而取矿经采之处，比之鸡窝，采获之矿，谓之"草皮草荒"，是虽名为采铜，实皆侥幸尝试已耳。矿路既断，又觅他引，一处不获，又易他处，往来纷籍，莫知定方。是故一厂之所，而采者动有数十区，地之相去，近者数里，远者一二十里或数十里，虽官吏之善察者，固有不能周尽矣。加以此曹不领官本，无所统一，其自为计也。本出无聊，既非恒业，何所顾惜？有则取之，无则去之，便则就之，不便则去之。如是而绳以官法，课以常科，则有散而走耳，何能麋乎？官厂者见其然也，故常莫可谁何，而惟一二客长、锅头是倚。厂民得矿，皆由客长平其多寡，而输之锅头，炉房因其矿质，几锻几揭，而成铜焉。每以一炉之铜，纳官二三十斤，酬客长、炉头几斤，余则听其怀携，远卖他方，核其实数，曾不及汤丹厂之百一。夫以滇之矿厂之多，诸路取求之广，而惟二三大厂是资。其余小厂，环布森列，以几十数，而合计几十厂之铜，比之二三大厂，不能半焉，则大厂安得不困？故曰小厂之收买，涣散莫纪也。采办之难，此其四也。

若夫转运之难，又可略言矣。夫滇，僻壤也。著籍之户，才四十万，其畜马牛者，十一二耳。此四十万户，分隶八十七郡邑，其在通途而转运所必由者，十二三耳。由此言之，滇之牛马不过六七万，而运铜之牛马，不过二三万，盖其大较矣。滇既有岁运京铜六百三十万，又益诸路之采买与滇之鼓铸，岁运铜千二百万。计马牛之所任，牛可载八十斤，马力倍之，一千余万之铜，盖非十万匹、头不办矣。然民间马牛，只供田作，不能多畜以待应官，岁一受雇，可运铜三四百万。其余八九百万斤者，尚须马牛七八万，而滇固已穷矣。

乾隆三年，部议广西府局发运京钱，陆用牛一万四千头、马九千匹，水用船三千只，念其雇集不易，恐更扰民，辄许停铸。是年，云南奏言：滇铜运京，事在经始，江、安、闽、浙之二百万，未能一时发运。准户部议，运京许宽至明年，而江、浙诸路之铜，且需后命。凡以规时审势，不欲强以所必不能也。又前件议云：户部有现铜三百万，工部稍不足，可且借拨。又，乾隆三十五年，议云：户部两局库，有现铜四百五十万，云南尚有两年运铜，计可衔接抵局者，仍八百余万。自后滇之发运，源源无绝，以供京局铸钱，有盈无缺，其截发挂欠铜三百五十余万，均可着缓补解，此其为滇之官民计者，持论何恕？而其为国用计者，又何详也？今则不然，户局有铜二百五十万，合工部之铜三四百万，滇铜之发运在道，岁内均可继至者，千有余万。其视往时，略无所减，而议者且切切焉有不继之忧。于是云南岁又加运旧欠铜八十万斤，通前为七百一十余万，而滇益困矣。

且夫转运之法，着令固已甚详矣。初时，京铜改由滇运，起运之日，必咨经过地方，并令防卫、催稽、守风、守水、守冻，又令所在官司，核实报咨。其后以运官或有买货重载，淹留迟运，兼责沿途官弁，驱促遄行，徇隐有罚。其后有以纳铜不如本数，议请申用雍正二年采办洋铜之例，运不依限者褫职，戴罪管运，委解之上司，并夺三官，领职如故。其有盗卖诸弊，本官按治如律，并责上官分赔。又改定运限，自永宁至通州，限以九月，其在汉口、仪征换篓、换船，限以六十日。自守冻而外，守风、阻水之限，不复计除。运铜入境，并由在所官弁，依限申报具奏。而滇、蜀亦复会商，以永宁、泸州搬铜打包，限五十五日。其由永宁抵合江，由重庆府抵江津，并听所在镇道稽查，委官催督。或有无故逗留，地方官弁匿不实报者，并予纠劾。其后以铜船停泊，阻塞挽漕，又议缘江道路，委游击、都司押运，自仪征以下，并听巡漕御史催趱，运官虽欲饰诈迁延，固不得矣。又积疲之后，户部方日月考课。于是巡抚与布政使躬历诸厂，以求采运之宜。而责巡道周环按视，以课转运之勤怠，而察其停、寄、盗、匿。其自守丞以下，州县之长与簿尉巡检之官，往来相属，符檄交驰，弁役四出，所在官吏，日懦懦焉，救过之不暇，而厨传骚然矣。

尝考乾隆二年，滇有余铜三百四十七万，故能筹洋铜之停买。十七年，有积铜一千八九百余万，故能给诸路之取求。二十四年以后，有大兴、大铜二厂，骤增铜四百余万，故能贴运京铜，岁无缺滞。此如水利，其积不厚，而日疏决之，则涸可立待，势固然矣。今司运之官，惧罹罪责，既皆增价雇募，然犹不免以人易畜，官司责之吏役，吏役责之乡保。里民每赢数日之粮，以应一日之役，中间科索、抑派，重为民扰，喜事之吏，驱率老幼，横施鞭打，瘁民生而亏政体，非小故也。

具此五难，是以滇之铜政有救荒无奇策之喻。虽然，荒固不可不救，而铜固不可不办，不可不运也。尝窃救前人之论议，厝注得失之所由，其有已效于昔，而可试行于今者，曰：多筹息钱，以益铜价也；通计有无，以限买铜也；稍宽考成，以舒厂困也；实给工本，以广开采也；预借雇值，以集牛马也。

云南之铜，供户、工二部，供浙、闽诸路，供本路、州、郡饩饷，其为用也大矣。故铜政之要，必宽给价，价足而后厂众集，厂众集而后开采广，广采则铜多，铜多则用裕。前巡抚爱必达疏云：汤丹、大水等厂，开采之初，办铜无多，迨后岁办铜六七百万及八九百万。今几三十年，课、耗、余息，不下数百万金，近年矿砂渐薄，窝路日远，近厂柴薪待尽，炭价倍增，聚集人多，油、米益贵。每年京外鼓铸，需铜一千万余斤，炉民工本不敷，岁出之铜，势必日减。洋铜既难采办，滇铜倘复缺少，京外鼓铸，何所取资？前巡抚刘藻以汤丹、大碌不敷工本，两经奏准加价，厂民感奋。大铜厂本年办铜六十万，大兴厂夏、秋两集，尚有铜三百七八十万。各厂总计，共铜一千二百余万，历岁办铜之多，无逾于此。实蒙特允，初未见有不许也。今之去昔，近者十年，远者二十余年，所云碏碉日远、攻采日难者，又益甚矣。而顾云发棠之请，不可数尝者，何也？有铜本斯有铜息，有铸钱斯有铸息，故曰有益下而不损上者，不可不讲也。

按乾隆十八年，东川增设新局五十座，加铸钱二十二万余千，备给铜、铅工本之外，岁赢息银四万三千余两，九年之间，遂有积息四十余万。自是以后，云南始有公贮之钱，而铜本不足，亦稍稍知所取给矣。二十余年，东川加半卯之铸，岁收息银三万七千余两，以补汤丹、大水四厂工本之不足。二十五年，以东川铸息不敷加价，又请于会城、临安两局，各加铸半卯。二十八年，再请加给铜价，则又于东川新、旧局，冬季三月旬加半卯。三十年，又以铜厂采获加多，东川铸息尚少，则又请每年、每月各加铸半卯，并以加汤丹诸厂之铜价。而大理亦开局钱，岁获息八千余两，以资大兴、大铜、义都三厂之㞑水采铜。先后十二年间，加铸增局，至五六而未已。滇之钱法与铜政相为表里，盖已久矣。以厂民之铜铸钱，即以铸钱之息与厂，费不他筹，泽无泛及，而此数十厂、百千万众，皆有以苏因穷而谋饱煖，积其欢呼翔踊之气。铜即不增，亦断无减，于以维持铜政，绵衍泉流，所谓"多铸息钱，以益铜本"者，此也。

取给之数，诚不可议减矣。诸路之所自有，与其缓急之实，不可不察也。往者江南、江西、浙江、福建、陕西、湖北、广东、广西、贵州九路之铜，皆买诸滇，沓至迭来，滇是以日不暇给。夫圣朝天下一家，其在诸路者，与在滇之备贮，固无异也。窃见去年陕西奏开宁羌矿铜，越两月余，已获现铜二千四百斤，仍有生砂，又可炼铜五六千斤。由此锤凿深入，真脉显露，久大可期。又湖北奏开咸丰、宣恩两县矿厂，先后炼铜已得一万五千余斤，将来获利必倍。盖见之邮报者如此。今秦、楚开采皆年余矣，其获铜也，少亦当有数万，而采买之滇铜如故，必核其自有之数，则此二邦者固可减买也。贵州本设二十炉，继而减铸二十三卯，采买滇铜亦减十万。顷岁又减五炉，议以铜四十四万七千斤，岁为常率。而滇铜仍实买三十九万六百六十斤，至于黔铜则减七万，将以易且安者自予，而劳且费者予滇，非平情之论也。是故，黔之采买亦可减也。又今年陕西奏言：局铜现有二十五万一千四百余斤，加以商运洋铜五万，当有三十余万。又委官领买之滇铜六十二万六千二百斤，且当继至。以此计之，是陕西以有铜九十余万，而又有新开之矿厂，产铜方未可量，此一路之采，非唯可减，抑亦可停矣。

又闽、浙、湖北及江南、江西旧买洋铜，每百斤价皆十七两五钱，而滇铜价止十一两，较少六两五钱，其改买宜矣。然此诸路者，其运费、杂支，每铜百斤，例销之银亦且五六两，合之买价，当有十六七两，其视洋铜之价，未见大有多寡。加以各路运官贴费，自一二千至五六千，则已与洋铜等价矣。以此相权，滇铜实不如洋铜之便，则此数路者，并可停买也。诚使核其实用，则岁可减拨百数十万，而滇铜必日裕矣。所谓"通计有无，以限买铜"者，此也。

厂欠之实，见之杨文定公始筹厂务之年，后乃日加无已。逮其积欠已多，始以例请放免，其放免者，又特逃亡物故之民。而身有厂欠，受现价、采现铜，而纳不及数者不与焉，是故放免常少，而逋欠常多。乾隆十六年，议以官发铜本，依经征盐课例，以完欠分数考课。厂官堕征之法，止于夺俸，厂官尚得借其实欠之数，以要一岁之收，于采固无害也。其后以厂欠积至十三万，而督理之官，自监司以下，并皆逮治追偿。寻以铜少不能给诸路之采买，遂以借拨京运之额铜二百六十几万者，计其虚值，而议以实罚，于诸厂之官，罚金至十有四万。寻又以需铜日给，严责厂官限数办铜，其限多而获少者，既予削夺。或乃惧罹纠劾，多报斤重，则又以虚出通关，按治如律，罪至于死。斯诚铜厂之厄会矣。

夫大小诸厂、炉户、砂丁之属，众至千万，所恃以调其甘苦，时其缓急者，唯厂官耳。顾且使之进退狼狈，莫所适从，至于如此，铜政尚可望乎？故曰：岁供之铜，犹累累千百万者，幸也。且由今计之，将欲慎核名实，规图久远，蕲以兴铜政、裨国计，则非宽厂官之考成不可。何也？近岁之法，既以岁终取其欠结状，而所辖之上司，又复月计而季汇之。厂官不敢复多发价，必按其纳铜之多寡，一如预给之数，而后给价继采，是诚可以杜厂欠矣。然而采铜之费，每百斤实少一两八九钱者，顾安出乎？给之不足，则民力不支，将散而罢采；欲足给之，而欠仍无已，必不见许于上官，是又一厄也。

然则今之岁有铜千百万者，可恃乎？预借之底本，与所谓接济之油、米，固所赖以赡厂民之匮乏，而通厂政之穷者也。谨按：乾隆二十三年，预借汤丹厂工本银五万两，以五年限完；又借大水、碌碌厂工本银七万五千两，以十年限完。皆于季发铜本之外，特又加借，使厂民气力宽舒，从容攻采，故能得铜以偿夙逋也。三十六年，又请借，特奉谕旨，以从前借多扣少，厂民宽裕，今借数既少，扣数转多，且分限三年，较前加迫，恐承领之户，畏难观望，日后借口迁延，更所不免。仰见圣明如神，坐照万里。而当时犹以日久逋逃，新旧更易为虑，不敢宽期多发，仅借两月底本银七万数千两，而以四年限完。厂民本价之外，得此补助，虽其宽裕之气不及前借，而犹倚以支延且三四载，此预借底本之效也。又自三十四年、三十七年，先后陈请备贮油、米、炭薪以资厂民，厂民乃能尽以月受铜价雇募砂丁，而以官贷之油、米资其日用，故无惰采，斯又所谓接济者之效也。

今月扣之借本，消除且尽，独油、米之贷，当以铜价计偿，而迟久未能者，犹且仍岁加给，继此不已。万一上官不谅，而责以逋慢，坐以亏挪，则厂官何以逃罪？是又他日无穷之祸，而为今日之隐忧者也。

前岁云南新开七厂，条具四事。户部议曰："炉户、砂丁，类皆贫民，不能自措工本，赖有预领官银，资其攻采。硐矿赢绌不齐，不能绝无逃欠，若概令经放之员，依数完偿，恐预留余地，惮于给发，转妨铜政。"信哉斯言！可谓通达大计者矣。今诚宽厂官之考成，俾得以时贷借油、米，而无他日亏缺之诛。又仿二十三年预借之法，多其数而宽以岁时，则厂官无迫悭畏阻之心，而厂民有日月舒展之适，上下相乐，以毕力于矿厂，而铜政不振起，采办不加多者，未之有也。所谓"宽考成而舒铜困"者，此也。

小厂之开，涣散莫纪矣。求所以统一之、整齐之者，不可不亟讲也。窃见乾隆二十五年，前巡抚刘藻奏言：中外鼓铸，取给汤丹、大碌者十八九，至于诸小厂，奇零凑集，不过十之一二。然土中求矿，衰盛靡常，自须开采新礁，预为计之，庶几此缩彼盈，源源不匮。今各小厂旁近之地，非无引苗，唯以开挖大矿，类须经年累月。厂民十百为群，通力合作，借垫之费，极为繁钜，幸而获矿，炼铜输官，乃给价甚微，不惟无利可图，且不免于耗本，断难竭蹶从事。又奏言：青龙等厂，乾隆二十四年连闰十有三月，共获铜四十八万。自二十五年二月，蒙准加价，自二十六年三月初旬，亦十有三月，共获铜一百余万。所获余息，加给铜价之外，实存银二万九千数百两，较二十四年，多息银一万有奇。而各厂民亦多得价银一万二千余两，感戴圣恩，洵为惠而不费。

又三十三年，前巡抚明德奏言：云南山高脉厚，到处出产矿砂，但能经理得宜，非唯裨益铜务，而数千万谋食穷民，亦得借以资生。由此观之，小厂非无利也。诚使加以人力，穿硖成堂，则初辟之矿，入不必深，而工不必费。又其地僻人少，林木蔚萃，采伐既便，炭亦易得，较大厂攻采之费，当有事半而功倍者，尤不可不亟图也。今厂民既皆徒手掠取，而一出于侥幸尝试之为。而为厂官者，徒欲坐守抽分之课外，此已无多求，是故诸小厂非无矿也，货弃于地，莫为惜也。又况盗卖、盗铸，其为漏卮，又不知几何哉。小厂之铜，岁不及汤丹、大水诸大厂之十一者，实由于此。

诚于厂之近邑，招徕土著之民，联以什伍之籍，又择其愿朴持重者为之长，于是假之以底本，益之以油、米、薪炭，则涣散之众，皆有所系属，久且倚为恒业，虽驱之犹不去也。然后示以约束，董以课程，作其方振之气，厚其已集之力，使皆穿石破峡，以求进山之矿，而无半途之费，虽有不成者，寡矣。若更开曲靖、广西之铸局，而以息钱加铜价，则宣威、沾益诸山之铜，不复走黔，路南、建水、蒙自诸山之铜，无复走粤，安见小厂不可转为大也？所谓"实给工本，以广开采"者，此也。

滇之牛马诚少矣，滇铜之储备又虚矣。而部局犹以待铸为言，移牒趣运，急于星火，殆未权于缓急之实者也。铜运之在滇境者，后先踵接，依次抵泸，既以乙岁之铜，补甲岁之运；又将以乙岁之运，待丙岁之铜。而泸州之旋收旋兑者，亦略不停息，则又终无储备之日矣。夫唯宽以半岁之期会，然后泸州有三四百万之储，储之既多，则兑者方去，而运者既来，是常有余贮也。如是，而凡运官之至者，皆可以时兑发，次第启行，在泸既无坐守之劳，在途又有催督之令，运何为而迟哉？

又京局现停加卯，用铜悉如常额。自今年五六月以后，云南癸巳、甲午两岁八运之铜，皆当相继抵京，计供宝源、宝泉两局之鼓铸，可至四十二年之七月。今乙未之铜，又开运矣，明年秋冬及其次年之春夏，又当有六百三十余万之铜抵局，则由今至于四十三年之夏，京局固无缺铜也。诚使丙申头纲之铜，例以明年八月开运者，计宽至次年三月，而以十二月为八运告竣之期，不过丁酉之岁末月，而皆当依次运京，此似缓而实急之计也。

若夫筹运之法，固非可以滇少马牛自谢也。则尝窃取往籍而考之，始云南之铸钱运京也。由广西府陆运，以达广南之板蚌，舟行以达粤西之百色，而后迤逦入汉。而广西、广南之间，经由十九厅、州、县，各以地之远近大小，雇牛递运，少者数十头，多者三五百头至一千二百，并以先期给价雇募。每至夏、秋，触冒瘴雾，人、牛皆病，故常畏阻不前。既又官买牛马，制车设传，以马五百八十八匹，分设七驿；又以牛三百七十八头，车三百七十八辆，分设九驿，递供转运。

会部议改运滇铜，乃停广西之铸，而以江、安、浙、闽及湖北、湖南、广东之额铜并停买，归滇运京。于是，滇之正耗四百四十余万，悉由东川径运永宁。其后以寻甸、威宁，亦可达永宁也，乃分二百二十万，由寻甸转运。而东川之由昭通、镇雄以达永宁者，尚二百二十万。其后又以广西停铸之钱，合其正、耗、余铜通计一百八十九万一千四百四十斤，并令依数解京，是为加运之铜，亦由东川、寻甸分运。至乾隆七年，而昭通之盐井渡始通，则东川之运铜，半由水运以抵泸州，半由陆运以抵永宁。十年，威宁之罗星渡又通，则寻甸陆运之铜，既过威宁，又可舟行以抵泸州矣。十四年，金沙江以迄工告，而永善黄草坪以下之水，亦堪通运，于是东川达于昭通之铜，皆分出于盐井、黄草坪之二水，与寻甸之运铜，并得径抵泸州矣。

然昭通、东川之马牛，亦非尽出所治，黔、蜀之马与旁近郡县之牛，盖尝居其大半。雇募之法，先由官验马牛，烙以火印，借以买价，每以马一匹，借银七两；牛四头、车一辆，借以六两。比其载运，则半给官价，而扣存其半，以销前借。扣销既尽，则又借之，往来周旋，如环无端。故其受雇皆有熟户，领运皆有恒期，互保皆有常侣，经纪皆有定规。日月既久，官民相习，虽有空乏，而无逋逃，亦雇运之一策也。今宣威既踵此而试行之矣。使寻甸及在威宁之司运者，皆行此法，以岁领之运价，申明上司，预借运户，多买马牛，常使供运，滇产虽乏，庶有济乎。

　　然犹有难焉者，诸路之采买，雇运常迟也。顷岁定议滇铜，每以冬、夏之秒，计数分拨，大小之厂，各以地之远近、铜之多寡而拨之。采买委官远至，东驰西逐，废旷时日。是以今年始议，得胜、日见、白羊诸远厂之铜，皆自本厂运至下关，由大理府转发，黔、粤之买铜者，鲜远涉矣。而义都、青龙诸近厂，与云南府以下之厂，犹须诸路委员就往买铜，自雇自运，咸会白色，然后登舟。主客之势，呼应既难，又以农事，马牛无暇，夏秋瘴盛，更多间阻。是故部牒数下，而云南之报出境者，常虑迟也。往时临安、路南之铜，皆运弥勒县之竹园村，以待诸路委官之买运，其后以委官之守候历时，爰有赴厂领运之议。然其时，实以云南缺铜，不能以时给买，非运贮竹园村之失也。诚使减诸路之采买，而尽运迤西诸路之铜，贮之云南府，以知府综其发运。又运临安、路南之铜，尽贮之竹园村，以收发责之巡检。如是，则诸路委官，至辄买运去耳，岂复有奔走旷废之时哉？

　　若更依仿运钱之制，以诸路陆运之价，分发缘路郡县，各募运户，借以官本，多买马牛，按站接运，比于置邮。夏、秋尽撤马牛，归农停运，则人、马无瘴疠之忧，委官有安闲之乐。于其暇时，又分寻甸运铜之半，由广西广南达于白色，并如运钱之旧，即运京之铜，亦且加速，一举而三善备焉矣。惟择其可而采纳焉。

　　王昶曰：谨按右所撰论，综核铜政上下数十年之原委，切中窾要。经济之实，晁、贾之文，后之人拾其绪论，皆鸣为奇策。然时势不同，盖有可行于昔，而不可行于今者，非当日立言之过也。上年曾有条陈以铸息增铜价，又有请复省城铜店汇收各省采买铜者，皆不能行，因附记焉。

武经总要前集（节选）

（宋）曾公亮　撰

（明嘉靖年间刻本）

水攻

夫水攻者，所以绝敌之道，沉敌之城，漂敌之庐舍，坏敌之积聚。百万之众，可使为鱼。害之轻者，犹使缘木而居，县釜而炊。故曰：汾水可以灌平阳，济水可以灌安邑。河水灌大梁，洧水灌颍川；韩信夹潍水决沙囊而斩龙沮，曹公引沂泗注下邳而克吕布，皆控带山阜，得地形之利也。若平陆引水，劳力费工，利害相半。智伯以水攻而亡，此又水攻者之宜戒也。今存其法焉。故兵法曰：以水佐攻者彊。凡水因地而成势，谓源高于城，本高于末，则可以遏而止，可以决而流，或引而绝路，或堰以灌城，或注毒于上流，或决壅于半济，其道非一。须先设水平，测度高下，始可用之也。

水平

水平者，木槽长二尺四寸，两头及中间凿为三池，池横阔一寸八分，纵阔一寸三分，深一寸二分，池间相去一尺五寸。间有通水渠，阔二分，深一寸三分。三池各置浮木，木阔狭微小于池，箱厚三分，上建立齿，高八分，阔一寸七分，厚一分。槽不转为关脚，高下与眼等。以水注之，三池浮木齐起。眇目视之，三齿齐平，则为天下准。或十步，或一里，乃至数十里，目力所及，置照版、度竿，亦以白绳计其尺寸，则高下丈尺分寸可知，谓之水平。

照版，形如方扇，长四尺，下二尺黑，上二尺白，阔三尺，柄长一尺，可握。

度竿，长二丈，刻作二百寸，二千分，每寸内小刻其分。随其分向远近高下其竿，以照版映之，眇目视三浮木齿及照版，以度竿上尺寸为高下，递而往视，尺寸相乘。山冈、沟涧、水之高下浅深，皆可以分寸度之。

水平图

水战（原注：并图）

吴楚杨越之间，俗习水战，故吴人以舟楫为舆马，以巨海为平道，是其所长。春秋时，吴以舟师伐楚，又越军、吴军舟战于江。伍子胥对阖闾，以船军之教比陆军之法。大翼者当陆军之车，小翼者当轻车，突冒者当冲车，楼船者当行楼车，桥船者当轻足骠骑。（原注：大翼以下皆船名。）公输般自鲁之楚，为舟战之具，谓之钩拒，退则钩之，进则拒之。

汉武伐南越，于昆明开池习水战，制楼船，士建橹楼戈矛，船下置戈戟，以御蛟鼍水怪之害。然楼船战舰形制之盛，不若轻疾之利为。故张兵威，畜器械，以楼船大舰为先；趋便利，立功效，则走舸、海鹘为其用。或伏袭而入敌境，则凡舟皆可用也。故吕蒙袭关羽，白衣摇橹，作商贾服，羽不闻，遂立功焉。

战船

凡水战，以船舰大小为等，胜人多少皆以米为准，一人不过重米二石。帆橹轻便为上，以金鼓旗幡为进退之节。其战，则有楼船、鬭舰、走舸、海鹘；其潜袭，则有蒙冲、游艇；其器，则有拍竿为其用。利顺流以击之。诸军视大将军之旗，旗前亚，闻鼓进则；旗立，闻金则止；旗偃即还。若先锋、游奕等船，为贼所围，以须外援，则视大将赤旗，向贼点则进。每点，一船进；旗前亚，不举，则战船徐退；旗向内点，每点，一船退。若张疑兵，则于浦泥广设旌旗、帆樯以惑之。此其大略也。

游艇

游艇者，无女墙。舷上桨床，左右随艇子大小长短，四尺一床。计会进止，回军转阵，其疾如风，虞候用之。

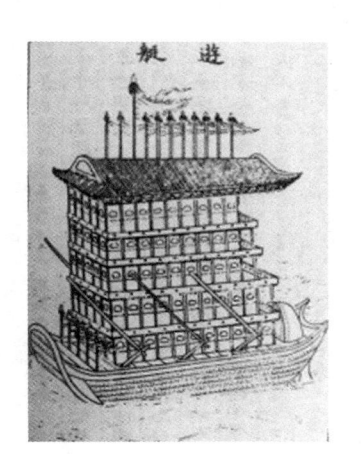

游艇图

拍竿者，施于大舰之上。每舰作五层，楼高百尺，置六拍竿，并高五十尺，战士八百人，旗帜加于上。每迎战，敌船若逼，则发拍竿，当者船舫皆碎。隋高祖命杨素伐陈，自信州下峡，造大舰名五牙舰，上起楼五层，高百余尺，左右前后置六拍竿，并高五十尺，容战士八百人，旗帜加于上。次曰黄龙，置兵五百人。自余平乘、舴艋等各有差。军下至荆门，陈将吕仲肃于州以舰拒素，素令巴蛮乘五牙四艘逆战，船近，以拍竿碎陈十余舰，夺江路。

蒙冲

蒙冲者，以生牛革蒙战船背，左右开掣棹空，矢石不能败。前后左右有弩窗、矛穴，敌近则施放。此不用大船，务在捷速，乘人之不备。

楼船

楼船者，船上建楼三重，列女墙战格，树帆帜，开弩窗、矛穴，外施毡革御火。置炮车、擂石、铁汁，状如小垒。其长百步，可以奔车驰马。若遇暴风，则人力不能制，不甚便于用。然施之水军，不可以不设，足张形势也。

走舸

走舸者，船舷上立女墙，棹夫多，战卒皆选勇力精锐者充。往返如飞鸥，乘人之所不及。金鼓、旌旗在上。

蒙冲图、楼船图

走舸图、斗舰图

斗舰

斗舰者，船舷上设女墙，可蔽半身，墙下开掣棹空。（原注：音孔。）船内五尺。又建棚，与女墙齐。棚上又建女墙，重列战士。上无覆背，前后左右竖牙旗、金鼓。（原注：晋谋伐吴，诏王濬修舟舰。乃作大舟连舫，一百二十步受二千人。以木为城，起楼橹间四间，其上皆得驰马。画鹢首怪兽，以惧江神。）

海鹘

海鹘者，船形头低尾高，前大后小，如鹘之形。舷上左右置浮版，形如鹘翼翅，助其船，虽风涛怒涨，而无侧倾。覆背左右以生牛皮为城，牙旗、金鼓如常法。

海鹘图

济水附

凡军行，遇津渡泛溢，及入山谷，逢水暴涨，止则无舍，济则无舟。太公对周武王，以飞桥、辘轳越沟堑，飞江、天艎济大水，而不显制度，无以追究。然器用素具，乃克无患，或有急难以赍持。故韩信以木罂渡河而虏魏王豹，邓训以缝革置筏而系胡。此又临事制宜，而能利涉者也。今以所存法，图之于后。

凡军行渡水，上流有浮沫至者，须待其定，测水不涨，则渡。盖虑半渡水涨，或虏人壅遏上流，欲绝吾军也。

凡殊方异域，水势有洄洑险恶者，及蛟鼍水害之属，兵师济渡，须皆先得乡导问状，预为防虑。

凡将渡，先于岸上四面列阵，仍令乘高远望，以候骑探之，防寇之掩袭，然后分队旋济。

凡济，必先战队。既升岸，勒为方阵，亦令人乘高远望，如前法。

凡簰筏，谓以竹木及有屋宇处，可以毁拆，为筏浮渡，并束草刍，亦可用之。

凡遇沟涧小水，可伐水傍木，并枝柯，縻以藤蔓，绁索，推置水中，使前后积聚相挽，可以渡人。

凡大寒欲济，流澌未合，以巨绳横绝水面，约澌须臾，流澌自合，可以济矣。

凡军行，遇溪陂未得济者，则渡水阔狭，以军中车用铁索相维，横绝中流，实以土囊，以遏水势。水稍浅，诸军可渡。

蒲筏

蒲筏者，以蒲束九大围，颠倒为十道，缚如束枪状，量长短为之。无蒲，用苇，可以浮渡。

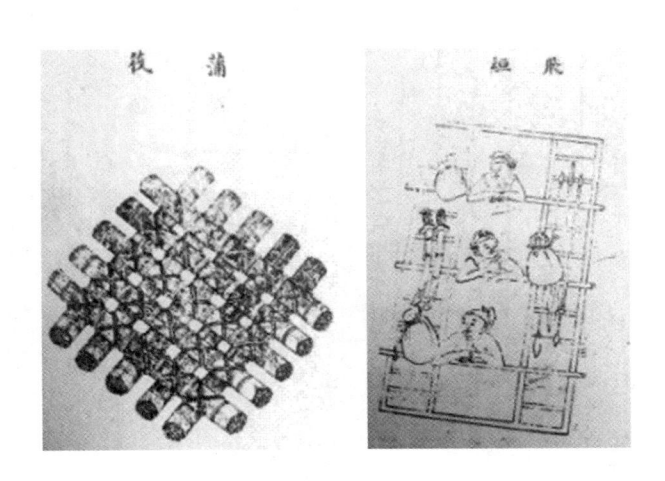

蒲筏图、飞絙图

飞絙式

飞絙者，募善游水士，或使人腋挍浮水，系绳于腰，先浮渡水；次引大絙于两岸，立大柱，急定其絙。使人挟絙浮水而过，器械戴于首。如大军，可为数十道渡。

浮囊

浮囊者，以浑脱羊皮吹气令满，系其空，束于腋下，人浮以渡。

皮船

皮船者，以生牛马皮，以竹木缘之，如箱形，火干之，浮于水。一皮船可乘一人，两皮船合缝能乘三人，以竿系木助之，可十余返。

木罌

木罌者，缚瓮缶以为筏。瓮缶受二石，力胜一人。瓮间容五寸，下以绳勾联，编枪其上，形长而方，前置筏（原注：或作版。）头，后置稍，左右置棹。

浮囊图、皮船图

木罂图、械筏图

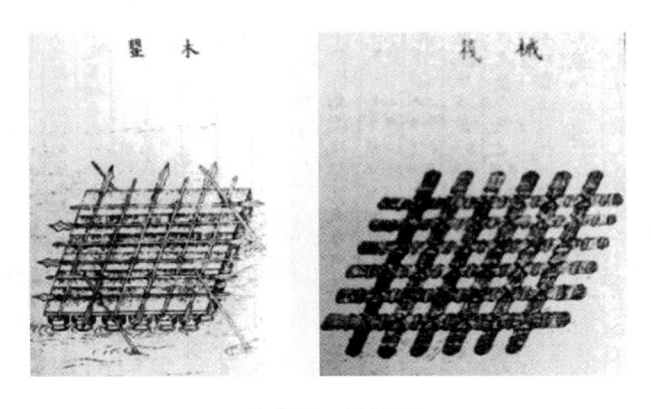

械筏

械筏者，以枪十条为束一，力胜一人。且以五千条为率，为一筏。枪去鐏刃，鳞次而排，纵横缚之，可渡五百人。或左右各系浮囊二十，先令水工至前岸立大柱，系二大絙，属之两岸，以夹筏。絙上以木绲环贯之，施绳联著于筏，筏首系绳，令岸上牵挽之，以絙为约，免漂溺之患。

火攻

兵法曰：凡火攻有五，一曰火人，二曰火积，三曰火辎，四曰火库，五曰火队。所谓火人者，焚其营栅，及其士卒，骇而攻之，必溃也。所谓火积者，焚其粮食薪刍，军无以存也。所谓火辎者，器械、财货及军士衣装，在道未止者也。所谓火库者，军在营垒，已有止舍也。二者焚之，使其乏绝也。所谓火队者，焚其行伍，因乱击之，可覆也。此五者，灭敌之大利也。

又曰：烟火必素具。谓蒿茅、薪刍、膏油之属，皆素备也。发火必有时，起火必有日。时者，天之燥也。（原注：燥者，旱也。）日者，宿在箕、壁、翼、轸也。此四宿者，风起之日也。凡火攻，必因五火之变而应之。火发于内，则军应之于外。（原注：谓外以兵攻也。）火发兵静者，待而勿攻，极其火力，可从而从之，不可从则止。（原注：谓火尽以来，若敌扰乱，则攻之；不挠，则收兵而退。）火可发于外，无待于内，以时发之。（原注：若敌居草莱，则可从外及时发火，不必更待内火发而应之。恐敌自挠草莱，我不能起火。）火发上风，无攻下风。（原注：以兵随风势攻之。）昼风久，夜风止。凡军必知有五火之变，以数守之。（原注：须算星躔之数，守风起之日，乃可以发火。）故曰：以火佐攻者明。今以诸家旧法附于后。

兵法曰：引兵深入敌境，遇丛林深草，在军前后，三军行远，人马疲倦，不及休止。敌人因疾风之利，燔吾上风，锐兵伏于吾后。若此者，则燔吾前之草木，以绝火势；又燔吾后，以拒敌人。我军按黑地而处，坚整队伍，敌莫能害。

火禽图、雀杏图

火禽

火禽，以胡桃割剖分空中，实艾火，开两孔，复合。先捕敌境中野鸡，系项下，针其尾而纵之，奔入草，器败火发。

雀杏

雀杏，磨杏子，中空，以艾实之。捕取敌人城中，及仓库中雀数十百枚，以杏系雀足上，加火。薄暮，群飞入城垒中栖宿，其积聚庐舍，须臾火发。

火兵

火兵，以骑枚，缚马口，人负束薪、束蕴，怀火，直抵敌营。一时举火，营中大乱，急而乘之。静而不乱，舍而勿攻。

火兵图、火兽图

火兽

火兽以艾，煴火于间，置瓢中，开四孔。系瓢于野猪、獐鹿项上，针其尾端，向营而纵放之，奔走入草，瓢败火发。

火牛

古法也，用牛，前膊缚枪，其刃向外，以桦皮、细草注尾上，驱其首向敌。发火，其牛震骇前奔，敌众必乱，可以乘之。古有燧象、火马，其法略同，皆可度宜用之。

火船

凡火战，用弊船或木筏载以刍薪，从上风顺流发火，以焚敌人楼船战舰。

火盗

择人状貌、音服与敌同者，夜窃号，逐便怀火偷入营，火焚其聚积。火发，众乱而出，以兵攻之。

行烟

猛烟冲人，无拒者。凡攻城邑，旬日未拔，则备蓬艾、薪草万束已来，其束轻重，使人力可负，以干草为心，湿草外傅。候风势急烈，于上风班布发烟，渐渐逼城，仍具皮笆、傍牌，以御矢石。

烟球

球内用火药三斤，外傅黄蒿一重，约重一斤，上如火球法，涂傅之令厚。用时以锥烙透。

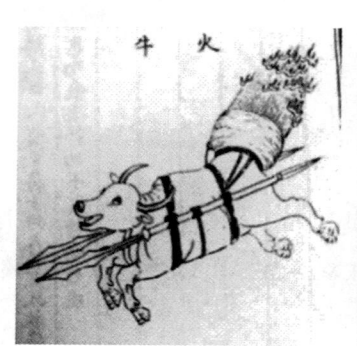

火牛图、火船图

毒药烟球

球重五斤，用硫黄一十五两、草乌头五两、焰硝一斤十四两、芭豆五两、狼毒五两、桐油二两半、小油二两半、木炭末五两、沥青二两半、砒霜二两、黄蜡一两、竹茹一两一分、麻茹一两一分，捣合为球。贯之以麻绳一条，长一丈二尺，重半斤，为弦子。更以故纸一十二两半、麻皮十两、沥青二两半、黄蜡二两半、黄丹一两一分、炭末半斤，捣合涂傅于外。若其气熏人，则口鼻血出。二物并以炮放之，害攻城者。

凡燔积聚，及应可燔之物，并用火箭射之，或弓或弩，或床子弩，度远近放之。其法见攻守，及器械门。

武经总要前集卷之十一终。

历代名画记（节选）

（唐）张彦远　撰

（明嘉靖年间刻本）

叙师资传授南北时代

　　自古论画者，以顾生之迹，天然绝伦，评者不敢一二。余见顾生评论魏晋画人，深自推挹卫协，即知卫不下于顾矣。只如狸骨之方，右军欢重；龙头之画，谢赫推高。名贤许可，岂可容易？后之浅俗，安能察之？详观谢赫评量，最为允惬。姚、李品藻，有所未安。李驳谢云："卫不合在顾之上。"全是不知根本，良可于悒。只如晋室过江，王廙书画第一，书为右军之法，画为明帝之师。今言书画，一向吷声，但推逸少、明帝，而不重平南。如此之类至多，聊且举其一二。若不知师资传授，则未可议乎画。今粗陈大略云：至如晋明帝师于王廙，卫协师于曹不兴，顾恺之、张墨、荀勖师于卫协，史道硕、王微师于荀勖。卫协、戴逵师于范宣，逵子教，教弟颙，师于父。陆探微师于顾恺之，探微子绥、弘肃并师于父。顾宝光，袁倩师于陆。倩子质师于父，顾骏之师于张墨，张则师于吴暕，吴暕师于江僧宝。刘胤祖师于晋明帝，胤祖弟绍祖、子璞并师于胤祖。姚昙度子释惠觉师于父，蘧道敏师于章继伯，道敏甥僧珎师于道敏。沈标师于谢赫，周昙妍师于曹仲达，毛惠远师于顾，惠远弟惠秀、子稜并师于惠远。袁昂师于谢、张、郑。张僧繇子善果、儒童并师于父，解倩师于聂松、蘧道敏。焦宝愿师于张、谢。江僧宝师于袁、陆及戴。田僧亮师于董、展。曹仲达师于袁。郑法士师于张，法士弟法轮、子德文并师于法士。孙尚子师于顾、陆、张、郑。陈善见师于杨、郑，李雅师于张僧繇，王仲舒师于孙尚子，二阎师于郑、张、杨、展，范长寿、何长寿并师于张，尉迟乙僧师于父，陈庭师于乙僧，靳智翼师于曹，吴智敏师于梁宽，王智慎师于阎，檀智敏师于董，吴道玄师于张僧繇，卢稜伽、杨庭光、李生、张藏并师于吴，刘行臣师于王韶应，韩干，陈闳师于曹霸，王绍宗师于殷仲容。各有师资，递相仿效，或自开户牖，或未及门墙，或青出于蓝，或冰寒于水，似类之间，精粗有别，只如田僧亮、杨子华、杨契丹、郑法士、董伯仁、展子虔、孙尚子、阎立德、阎立本并祖述顾、陆、僧繇。田则郊野柴荆为胜，杨则鞍马人物为胜，契丹则朝廷簪组为胜，法士则游宴豪华为胜，董则台阁为胜，展则车马为胜，孙则美人魑魅为胜，阎则六法备该。万象不失，所言胜者，以触类皆能，而就中尤所偏胜者，俗所共推。展善屋木，且不知董、展同时齐名，展之屋木不及于董。李嗣真云："三体轮奂，董氏造其微；六辔沃若，展生居其骏，而董有展之车马，展无董之台阁。"此论为当，若论衣服车舆，土风人物，年代各异，南北有殊，观画之宜，在乎详审。只如吴道子画仲由，便戴木剑；令公画昭君，已著帏帽，殊不知木剑创于晋代，帏帽兴于国朝，举此凡例，亦画之一病也。且如幅巾传于汉魏，幂离起自齐隋，幞头始于周朝，巾子创于武德。胡服靴衫，岂可辄施于古象，衣冠组绶，不宜长用于今人。芒履非塞北所宜，牛车非岭南所有。详辩古今之物，商较土风之宜。指事绘形，可验时代，其或长生南朝，不见北朝人物。习熟塞北，不识江南山川；游处江东，不知京洛之盛，此则非绘画之病也。故李嗣真评董、展云：地处平原，阙江南之胜，迹参戎马，乏簪裾之仪。此是其所未习，非其所不至。如此之论，便为知言。譬如郑玄未辩栌梨，蔡谟不识螃蟹，魏帝终削《典论》，隐居有昧药名，吾之不知。盖阙如也，虽有不知，岂可言其不博。精通者，所宜详辩南北之妙迹，古今之名踪，然后可以议乎画。

论顾陆张吴用笔

或问余以顾、陆、张、吴用笔如何，对曰："顾恺之之迹，紧劲联绵，循环超忽，调格逸易，风趋电疾，意存笔先，画尽意在，所以全神气也。昔张芝学崔瑗、杜度草书之法，因而变之，以成今草。书之体势，一笔而成，气脉通连，隔行不断。唯王子敬明其深旨，故行首之字，往往继其前行，世上谓之'一笔书'。其后陆探微亦作一笔画，连绵不断。故知书画用笔同法。陆探微精利润媚，新奇妙绝，名高宋代，时无等伦。张僧繇点曳斫拂，依卫夫人《笔陈图》，一点一画别是一巧，钩戟利剑森森然，又知书画用笔同矣。国朝吴道玄，古今独步，前不见顾、陆，后无来者。授笔法于张旭，此又知书画用笔同矣。张既号'书颠'，吴宜为'画圣'。人假天造，英灵不穷。众皆审于盼际，我则离披其点画；众皆谨于象似，我则脱落其凡俗。弯弧挺刃，植柱构梁，不假界笔直尺，虬须云鬓，数尺飞动，毛根出肉，力健有余。常有口诀，人莫得知。数仞之画，或自臂起，或从足先，巨壮诡怪，肤脉连结，过于僧繇矣。"或问余曰："吴生何以不用界笔直尺，而能弯弧挺刃，植柱构梁？"对曰："守其神，专其一。合造化之功。假吴生之笔，向所谓意存笔先，画尽意在也。凡事之臻妙者，皆如是乎？岂止画也！与乎庖丁发硎，郢匠运斤，效颦者徒劳捧心，代斫者心伤其手。意旨乱矣，外物役焉，岂能左手画圆，右手画方乎？夫用界笔直尺，是死画也；守其神，专其一，是真画也。死画满壁，曷如污墁？直画一划，见其生气。夫运思挥毫，自以为画，则愈失于画矣。运思挥毫，意不在于画，故得于画矣。不滞于手，不凝于心，不知然而然，虽弯弧挺刃，植柱构梁，则界笔直尺，岂得入于其间矣。"又问余曰："夫运思精深者，笔迹周密，其有笔不周者，谓之如何？"余对曰："顾、陆之神不可见其盼际，所谓笔迹周密也。张、吴之妙，笔才一二，像已应焉，离披点画，时见缺落，此虽笔不周而意周也。若知画有疏密二体，方可议乎画。"或者颔之而去。

论画工用拓写

夫阴阳陶蒸，万象错布，玄化亡言，神工独运。草木敷荣，不待丹碌之采，云雪飘扬，不待铅粉而白，山不待空青而翠，风不待五色而绰。是故运墨而五色具，谓之得意。意在五色，则物象乖矣。夫画物特忌形貌采章，历历具足，甚谨甚细，而外露巧密。所以不患不了，而患于了。既知其了，亦何必了，此非不了也。若不识其了，是真不了也。夫失于自然而后神，失于神而后妙，失于妙而后精，精之为病也而成谨细。自然者为上品之上，神者为上品之中，妙者为上品之下，精者为中品之上，谨而细者为中品之中。余今立此五等，以包六法，以贯众妙。其间诠量可有数百等，孰能周尽？非夫神迈识高，情超心惠者，岂可议乎知画？夫工欲善其事，必先利其器。齐纨吴练，冰素雾绡，精润密致，机杼之妙也。武陵水井之丹，磨嵯之沙，越隽之空青，蔚之曾青，武昌之偏青，蜀郡之铅华，始兴之解锡，斫炼澄汰，深浅轻重精粗；林邑昆仑之黄，南海之蚁矿，云中之鹿胶，吴中之鳔胶，东阿之牛胶，漆姑汁炼煎并为重采，郁而用之。古画不用头绿大青，取其精华，接而用之。百年传致之胶，千载不剥，绝纫食竹之毫，一划如剑。有好手画人，自言能画云气。余谓曰："古人画云，未为臻妙，若能沾湿绡素，点缀轻粉，纵口吹之，谓之吹云。"此得天理，虽曰妙解，不见笔踪，故不谓之画。如山水家有泼墨，亦不谓之画，不堪仿效。江南地润无尘，人多精艺。三吴之迹，八绝之名，逸少右军，长康散骑，书画之能，其来尚矣。《淮南子》云：宋人善画，吴人善冶，不亦然乎？好事家宜置宣纸百服，用法蜡之，以备摹写。古时好拓画，十得七八，不失神彩笔踪。亦有御府拓本，谓之官拓。国朝内库、翰林、集贤、秘阁拓写不辍。承平之时，此道甚行，艰难之后，斯事渐废。故有非常好本，拓得之者，所宜宝之，既可希其真踪，又得留为证验。遍观众画，唯顾生画古贤，得其妙理。对之令人终日不倦，凝神遐想，妙悟自然，物我两忘，离形去智，身固可使如槁木，心固可使如死灰。不亦臻于妙理哉！所谓画之道也，顾生首创维摩诘象，有清羸示病之容，隐几忘言之状，陆与张皆效之，终不及矣。

论名价品第

或曰："昔张怀瓘作《书估》，论其等级甚详。君曷不铨定自古名画，为画估焉？"张子曰："书画道殊，不可浑诘。书即约字以言价，画则无涯以定名。况汉魏三国名踪已绝于代，今人贵耳贱目，罕能详鉴。若传授不昧，其物犹存，则为有国有家之重宝。晋之顾、宋之陆、梁之张首尾完全，为希代之珍，皆不可论价。如其偶获方寸，便可械持。比之书价，则顾、陆可钟张，僧繇可同逸少。书则逡巡可成，画非岁月可就。所以书多于画，自古而然。今分为三古，以定贵贱，以汉魏三国为上古，则赵岐、刘褒、蔡邕、张衡、曹髦、杨修、桓范、徐邈、曹不兴、诸葛亮之流是也。以晋宋为中古，则明帝、荀勖、卫协、王廙、顾恺之、谢稚、嵇康、戴逵、陆探微、顾宝光、袁倩、顾景秀之流是也。以齐、梁、北齐、后魏、陈、后周为下古，则姚昙度、谢赫、刘瑱、毛惠远、元帝、袁昂、张僧繇、江僧宝、杨子华、田僧亮、刘杀鬼、曹仲达、蒋少游、杨乞德、顾野王、冯提伽之流是也。隋及国初为近代之价，则董伯仁、展子虔、孙尚子、郑法士、杨契丹、陈善见、张孝师、范长寿、尉迟乙僧、王知慎、阎立德、阎立本之流是也。上古质略，徒有其名，画之踪迹，不可具见。中古妍质相参，世之所重，如顾、陆之迹，人间切要。下古评量科简，稍易辩解，迹涉今时之人所悦。其间有中古可齐上古，顾、陆是也。下古可齐中古，僧繇、子华是也。近代之价可齐下古，董、展、杨、郑是也。国朝画可齐中古，则尉迟乙僧、吴道玄、阎立本是也。若铨量次第，有数百等，今且举俗之所知而言。凡人间藏蓄，必当有顾、陆、张、吴为正经。杨、郑、董、展为三史，其诸杂迹为百家。必也手揣卷轴，口定贵贱，不惜泉货，要藏箧笥，则董伯仁、展子虔、郑法士、杨子华、孙尚子、阎立本、吴道玄，屏风一片，值金二万，次者售一万五千。其杨契丹、田僧亮、郑法轮、乙僧、阎立德一屏值金一万，且举俗间谙悉者。推此而言，可见流品。夫中品艺人，有合作之时，可齐上品艺人。上品艺人当未遇之日，偶落中品，唯下品虽有合作，不得厕于上品，在通博之人，临时鉴其妍丑。只如张颠以善草得名，楷隶未必为人所宝，余曾见小楷《乐毅》，虞、褚之流。韦鶠以画马得名，人物未必为人所贵，余见画人物，顾、陆可畴。夫大画与细画，用笔有殊，臻其妙者，乃有数体。只如王右军书，乃自有数体。及诸行草，各有临时构思浅深耳。画之臻妙，亦犹于书。此须广见博论，不可匆匆一概而取。昔裴孝源都不知画，妄定品第，大不足观。但好之，则贵于金玉；不好，则贱于瓦砾，要之在人，岂可言价？"

论鉴识收藏购求阅玩

夫识书人多识画，自古蓄聚宝玩之家，固亦多矣。则有收藏而未能鉴识、鉴识而不善阅玩者，阅玩而不能装褫、装褫而殊亡铨次者，此皆好事者之病也。贞观、开元之代，自古盛时，天子神圣而多才，士人精博而好艺，购求至宝，归之如云。故内府图书，谓之大备。或有进献以获官爵，或有搜访以获锡赉。又有从来蓄聚之家，自号图书之府。蓄聚既多，必有佳者，妍蚩浑杂，亦在铨量。是故非其人，虽近代亦朽蠹；得其地，则远古亦完全。其有晋宋名迹，焕然一新，已历数百年，纸素彩色未甚败。何故开元、天宝间，踪或已耗散？良由宝之不得其地也。夫金出于山，珠产于泉，取之不已，为天下用。图画岁月既久，耗散将尽，名人艺士，不复更生，可不惜哉？夫人不善宝玩者，动见劳辱，卷舒所失者，操揉便损，不解装褫者，随手弃损，遂使真迹渐少，不亦痛哉！非好事者不可妄传书画，近火烛不可观书画，向风日、正餐饮、唾涕、不洗手并不可观书画。昔桓玄爱重图书，每示宾客，客有非好事者，正餐寒具，以手捉书画，大污点。玄惋惜移时，自后每出法书，辄令洗手，人家要置一平安床褥，拂拭舒展观之。大卷轴宜造一架，观则悬之。凡书画时时舒展，即免蠹湿。余自弱年，鸠集遗失，鉴玩装理，昼夜精勤，每获一卷、遇一幅，必孜孜葺缀，竟日宝玩。可致者必货弊衣，减粝食。妻子童仆，切切嗤笑，或曰："终日为无益之事，竟何补哉？"既而欢曰："若复不为无益之事，则安能悦有涯之生？"是以爱好愈笃，近于成癖。每清晨间景，竹囱松轩，以千乘为轻，以一瓢为倦。身外之累，且无长物，唯书与画，犹未忘情。既颓然以忘言，又怡然以观阅，常恨不得窃观御府之名迹，以资书画之广博。又好事家难以假借，况少真本，书则不得笔法，不能结字，已坠家声，为终身之痛，画又迹不逮意，但以自娱，与夫熬熬汲汲，名利交战于胸中，不亦犹贤乎？昔陶隐居启梁武帝曰："愚固博涉，患未能精。若恨无书，愿作主书令史，晚爱楷、隶，又羡典章之人。人生数纪之内，识解不能周流天壤，区区惟恣五欲，实可怀耻，每以得作才鬼，犹胜顽仙，此陶隐居之志也。"由是书画皆为精妙。况余凡鄙于二道，能无癖好哉？

文房四谱（节选）

（宋）苏易简　撰

（明龙山童氏刻本）

墨谱一之叙事

《真诰》云：今书通用墨者何？盖文章属阴，墨，阴象也，自阴显于阳也。

《续汉书》云：中宫令主御墨。

《汉书》云：尚书令、仆、丞郎，月赐隃糜大墨一枚，小墨一枚。

《东宫故事》：皇太子初拜，给香墨四丸。

《释名》曰：墨者，晦也。言似物晦墨也。

陆士龙与兄曰：一日上三台，得曹公藏石墨数十万斤，然不知兄颇见否？今送二螺。

古有九子之墨，祝婚者多子，善祷之像也。（原注：词曰：九子之墨，藏于松烟。本性长生，子孙图。）

顾微《广州记》曰：怀化郡掘堑，得石墨甚多，精好可写书。今山中多出朱石，亦可以入朱砚中使。

戴延之《西征记》曰：石墨山北五十里，山多墨可书，故号焉。（原注：盛弘之《荆州记》曰：筑阳县亦出。）

杨雄《诏令》：尚书赐笔墨，观书石室。

《墨薮》云：凡书先取墨。必庐山之松烟，岱郡之鹿角胶，十年之上强如石者妙。

《周书》有涅墨之刑。《庄子》云：舐笔和墨。晋公墨缞，邑宰墨绶，是知墨其来久矣。

陶侃献晋帝笺纸三千枚，墨二十九，皆极精妙。

王充《论衡》云：以涂傅泥，以墨点缯，孰有知之，清受尘，白取垢，青蝇之污，常在绢素。

欧阳通每书，其墨必古松之烟，末以麝香，方可下笔。

许氏《说文》云：墨，书墨也，字从黑土。墨者煤烟所成，土之类也。

古人灼龟，先以墨画龟，然后灼之，兆顺食墨乃吉。《尚书·洛诰》云：唯洛食。汉文大横入兆，即其事也。

北齐朝会仪：诸郡守劳讫，遣陈土宜。字有谬误及书迹滥劣者，必令饮墨水一升。见《开宝通礼》。

郦元注《水经》云：邺都铜雀台北曰冰井台，高八丈，有屋一百四十间。上有冰室数井，井深十五丈，藏冰及石墨焉。石墨可书。（原注：又见《陆云与兄书》云。）

《括地志》云：东都寿安县洛水之侧有石墨山，山石尽黑，可以书疏，故以石墨名山。

《新安郡记》云：黟县南一十六里有石岭，上有石墨，土人多采以书。有石墨井，是昔人采墨之所。今悬水所淙激，其井转益深矣。

《陈留耆旧转》云：王邯刚猛，能解槃牙、破节目。考验楚王英谋反，连及千余人，事竟，引入诘问，无谬。一见，赐御笔墨；再见，赐佩带；三见，除司徒西曹属。

王充《论衡》云：河出图，洛出书，此皆自然也。天安得笔墨图画乎？

《晋令》：治书令史掌威仪禁令，领受写书缣帛笔墨。

《笔阵图》：以笔为刀稍，墨为鍪甲。

墨谱二之造

韦仲将《墨法》曰：（原注：即韦诞也。）今之墨法，以好醇松烟干捣，以细绢筛于缸中，筛去草芥。此物至轻，不宜露筛，虑飞散也。烟一斤已上，好胶五两，浸梣皮汁中。梣皮，即江南石檀木皮也。其皮入水绿色，又解胶，并益墨色。可下去黄鸡子白五枚，亦以真珠一两，麝香一两，皆别治细筛。都合调下铁臼中，宁刚不宜泽。捣三万杵，多益善。不得过二月、九月，温时臭败，寒则难干。每挺重不过二两。故萧子良《答王僧虔书》云：仲将之墨，一点如漆。

冀公《墨法》：松烟二两，丁香、麝香、干漆各少许，以胶水溲作挺，火烟上薰之，一月可使。入紫草末色紫，入秦皮末色碧，其色俱可爱。

昔祖氏本易定人，唐氏之时墨官也。今墨之上必假其姓而号之，大约易水者为上。其妙者必以鹿角胶煎为膏而和之，故祖氏之名闻于天下。今太行济源、王屋亦多好墨，有圆如规，亦墨之古制也。有以栝木烟为之者尤粗。又云：上党松心为之尤佳，突之末者为上。

江南黟、歙之地，有李廷珪墨尤佳。廷珪本易水人。其父超，唐末流离渡江，睹歙中可居造墨，故有名焉。今有人得而藏之家者，亦不下五六十年。盖胶败而墨调也。其坚如玉，其纹如犀，写逾数十幅，不耗一二分也。

墨或坚裂者至佳。凡收贮宜以纱囊盛，悬于透风处佳。

造朱墨法：上好朱砂细研飞过，好朱红亦可。以梣皮水煮胶，清浸一七日，倾去胶清。于日色中渐渐晒之，干湿得所，和如墨挺。于朱砚中研之，以书碑石。亦须二月、九月造之。

宋张永涉猎经史，能为文章，善隶书。又有巧思，纸墨皆自造。上每得永表，辄执玩咨嗟久之，供御者不及也。

造麻子墨法：以大麻子油沃糯米半碗强，碎剪灯芯堆于上，燃为灯。置一地坑中，用一瓦钵微穿透其底，覆其焰上，取烟煤重研过。以石器中煎煮皂荚膏，并研过者糯米膏，入龙脑、麝香、秦皮末和之，捣三千杵。溲为挺，置荫室中俟干。书于纸上，向日若金字也。秦皮，陶隐居云：俗谓之樊槻皮。以水渍和墨，书色不脱，故造墨方多用之。

近黟、歙间有人造白墨，色如银。迨研讫，即与常墨无异。却未知所制之法。

墨谱三之杂说

张芝临池书，水尽墨。

《神仙传》云：班孟能嚼墨，一喷皆成字，尽纸有意义。

王子年《拾遗》云：张仪、苏秦同志写书，遇圣人之文，则以墨画掌及股里以记之。

葛洪好学，自伐薪买纸墨。

《灾祥集》曰：天雨墨，君臣无道，馋人进。

《神仙传》：汉桓帝征仙人王远，远乃题宫门四百余字。帝恶而削之，外字去，内字复见，墨皆入木里。

杨雄《答刘歆书》云：雄为郎，自奏心好沈博绝丽之文，愿不受三岁俸，息休直事，得肆心广意。成帝诏不夺俸，令尚书赐笔墨，得观书于石室。故天下上计孝廉及内郡卫卒会者，雄常把三寸弱翰，赍油素四尺以问其异，归则以铅擿松椠，二十七年于兹矣。

伪蜀有童子某者能通书。孟氏召入，甚嘉其颖悟，遂锡之衣服及墨一丸。后家童误坠于庭下盆池中。后数年重植盆中荷芰，复获之，坚硬光腻仍旧。或云僖宗朝所用之墨余者。

唐王勃为文章，先研墨数升，以被覆面，谓之腹稿。起即下笔不休。（原注：幼常梦人遗之墨丸盈袖。）

西域僧书言彼国无砚笔纸，但有好墨，中国者不及也。云是鸡足山古松心为之。仆尝获贝叶，上有梵字数百，墨倍光泽。会秋霖，为窗雨湿，因而揩之，字终不灭。

后周宣帝令外妇人以墨画眉，盖禁中方得施粉黛。

《汉书》：光武起，王莽以墨污渭陵、延陵周垣。

仆将起赴举年，梦今上临轩亲赐墨一挺，仆因蹈舞拜受，且日言于座客。有郭靖者，江表人也，前贺曰："必状元及第。"仆诘之，郭曰："仆有征方言也。"前春御试，果冠群彦，而郭公已有他事遁归江表。后言之于礼部郎中张洎，洎曰："大墨者，笔砚之前，用时必须出手矣。手与首同音也。"仆亦自解之曰："天子手与文墨也。"

顾野王《舆地志》曰：汉时王朗为会稽太守，子肃随之郡，住东斋中。夜有女子从地出，称赵王女，与肃语。晓别，赠墨一丸。肃方欲注《周易》，因此便觉才思开悟。

《抱朴子》：友人元伯先生以濡墨为城池，以机轴为干戈。

汲太子妻与夫书曰：并致上墨十螺。

葛龚《与梁相书》曰：复惠善墨，下士难求，椎骸骨，除肝胆，不足明报。

干宝《搜神记》曰：益州西有祠，自称黄石公。人或馈纸笔一丸墨，则石室中言吉凶。

《本草》云：墨味辛无毒，止血生肌肤。合金疮散，主产后血晕。磨醋服之，亦主眯目，物芒入目，点瞳子上。又主血痢及小儿客忤，捣筛和水调服之。好墨入药，粗者不堪。

陶隐居云：樊梍皮水渍以和墨，书色不脱，即秦皮也。

陶隐居云：乌贼鱼腹中有墨，今作好墨用之。（原注：乌贼者，以其食乌也。）

海人云：乌贼鱼，即秦王算袋鱼也。昔秦王东游，弃算袋于海，化为此鱼，形一如算袋，两带极长。墨犹在腹，人捕之，必喷墨昏人目也。其墨人用写券，岁久其字磨灭，如空纸焉。无行者多用之。

《国语》：晋成公初生，梦人规其臀以墨曰："使有晋国三世。"故名黑臀。

颍川荀济与梁武有旧，而素轻梁武。及梁受禅，乃入北。尝云："会于楯鼻墨作文檄梁。"

今常侍徐公铉云："建康东有云穴，西山有山墨，亲常使之。"又云："幼年常得李超墨一挺，长不过尺，细裁如筋。"与其爱弟锴共用之，日书不下五千字，凡十年乃尽。磨处边际如刀，可以裁纸。自后用李氏墨，无及此者。超即廷珪之父也。

唐末陶雅为歙州刺史二十年，尝责李超云："尔近所造墨，殊不及吾初至郡时，何也？"对曰："公初临郡，岁取墨不过十挺。今数百挺未已，何暇精好焉。"

山中新伐木书之，字即隐起。他日洗去墨，字犹分明。又书于版牍，岁久木朽，而字终不动。盖烟煤能固木也。亦徐常侍言。

今之小学者，将书，必先安神养气，存想字形在眼前，然后以左手研墨，墨调手稳方书，则不失体也。又曰："研墨如病。"盖重其调匀而不泥也。又曰："研墨要凉，凉则生光。墨不宜热，热则生沫。"盖忌其研急而墨热。又李阳冰云："用则旋研，无令停久，久则尘埃相污，胶力隳亡。如此，泥钝不任下笔矣。"

初，举子云："凡入试，题目未出间，豫研墨一砚。"盖欲其办事，非主于事笔砚之妙者也。

今之烧药者，言以墨涂纸裹药，尤能拒火。

王嘉《拾遗记》：昔老君居景室山，与老叟五人共谈天地之数，撰经书垂十万言。有浮提国二神人出金壶器，中有墨汁，状若淳漆。洒木石，皆成篆隶，以写之。及金壶汁尽，二人乃欲刳心沥血以代墨焉。五老，即五天之精也。景室，即太室、少室也。

王献之与桓温书扇，误为墨污，因就成一驳牛，甚工。曹不兴画屏，改误污为蝇，大帝以手弹之。

义熙中，三藏佛驮跋陁住建业谢司空寺，造护净堂，译《华严经》。堂下忽化出一池，常有青衣童子自池中出，与僧洒扫研墨。

宋云《行记》云：西天磨休王斫髓为墨，写大乘经。（原注：见《笔势》中。）

石崇《奴券》曰：张金好墨，过市数蠹，并市豪笔，备即写书。

赵壹《非草书》云：十日一笔，月数丸墨。（原注：见《笔势》中。）

刘恂《岭表录异》云：岭表有雷墨。盖雷州庙中雷雨勃起，人多于野中获得石，状如黳石，谓之雷公墨也。扣之枪枪然，光莹可爱。

《典论》云：袁绍妻刘氏性妒，绍死未殡，杀其妾五人。恐死者知，乃髡其发，墨其面。

曹毗《志怪》云：汉武凿昆明极深，悉是灰墨，无复土，举朝不解。以问东方朔，朔曰："臣愚不足以知之，可试问西域胡僧。"上以朔不知，难以核问。后汉明帝时，外国道人入来洛阳时，有忆方朔言者，乃试问之。胡人曰："经曰：天地大劫将尽，则劫烧灰。此烧之余。"乃知朔言有旨。（原注：又曰出《幽明录》。）

墨谱四之辞赋

后汉李尤《墨铭》

书契既远，研墨乃陈。烟石相附，以流以伸。

曹植《乐府》诗

墨出青松烟，笔出狡兔翰。古人成鸳迹，文字有改刊。

张仲素《墨池赋》

墨之为用也，以观其妙；池之为玩也，不伤其清。苟变池而尽墨，知功积而艺成。伊昔伯英，务兹小学，栖迟每亲乎上善，勤苦方资乎先觉。俾夜作昼，日居月诸；挹彼一水，精其六书。或流离于崩云之势，乍滴沥于垂露之余。由是变此黛色，涵乎碧虚。浴玉羽之翩翩，或殊白鸟；濯锦鳞之潋潋，稍见玄鱼。自强不息，允臻其极。何健笔以成文，俾方塘之改色。映扬鬐之鲤，乍谓寓书；沾曳尾之鱼，还同食墨。汩汹斯久，杳冥莫测。受涅者必染其缁，知白者咸守其黑。苹风已歇，桂月初临；玄渚弥净，玄流更清。所以恢宏学海，辉映儒林，将援毫而悦目，岂泛舟而赏心；其外莫测，其中莫见，同君子之用晦，比至人之不炫。冰开而纯漆重重，石映而玄圭片片。倘北流而浸稻，自成黑黍之形；如东门之沤麻，更学素丝之变。究其义也，如虫篆之所为；悦其风也，想鸟迹之多奇。将与能也，而可传可继；岂谋乐也，而泳之游之。耻魏国之沈沈，徒开墨井；笑昆山之浩浩，空设瑶池。专其业者全其名，久其道者尽其美。譬彼濡翰，成兹色水。则知游艺之徒尽，以墨池而为比。

李白《酬张司户赠墨歌》

上党碧松烟，夷陵丹砂末。兰麝凝珍墨，精光乃堪掇。黄头奴子双鸦鬓，锦囊卷之怀抱间。今日赠予《兰亭》去，兴来洒笔会稽山。

僧齐己《谢人惠墨》诗

珍我岁寒烟，携来路几千。只应真典诰，销得苦磨研。正色浮端砚，精光动蜀笺。因君强濡染，舍此即忘筌。

段成式《送温飞卿墨往复书》十五首

段云：近集仙旧吏献墨二挺，谨分一挺送上。虽名殊九子，状异二螺，如虎掌者非佳，似兔支者差胜。不意吴兴道士忽遇，因取上章；赵王神女得之，遂能注《易》。所恨隃麋松节，绝已多时；上谷榹头，求之未获也。成式述作中蹶，草隶非工，唯兹白事，足以驱策。讵可供成篆之砚，夺如椽之笔乎？

温答曰：庭筠白：即日僮偻至，奉披荣诲，蒙赉易州墨一挺。竹山奇制，上蔡轻烟。色掩缁帷，香含漆简。虽复三台故物，贵重相传；五两新胶，干轻入用。犹恐于潜圹远，建业厄赢。韦曜名方，即求鸡木；傅玄佳致，别染龟铭。恩加于兰省郎官，礼备于松梖介妇。汲妻衡弟，所未窥观；《广记》《汉仪》，何尝著列。矧又玄洲上苑，青锁西垣，板字犹新，疑签尚整。帐中女史，每袭清香；架上仙人，常持缥帙。得于华近，辱在庸虚。岂知夜鹤频惊，殊渐志业；秋蛇屡绾，不称精研。惟忧痟物虚投，蜡盘空设。晋陵虽坏，正握铜兵；王诏徒深，谁磨石砚。捧受荣荷，不任下情。庭筠再拜。

段答云：昨献小墨，殆不任用。借杖之力，殊未坚刚；和麸之余，固非精好。既非怀化所得，岂是筑阳可求。况某从来政能，渐伯祖之市果；自少学业，愧稚川之伐薪。飞卿掣肘功深，焠掌忘倦，齐奋五笔，捷发百函。愁中复解玄嘲，病里犹屠墨守。烟石所附，抑有神手；裁札承讯，忻怪兼襟。莫测庚词，难知古训，行当祇谒，条访阙疑。成式状。

温答云：昨夜安东听偈，北窗追凉。楠枕才敧，兰缸未艾。缥绳初解，紫简仍传。丽事珍繁，摘笔益赡。虽则竟山充贡，握椠堪书，五丸二两之精英，三辅九江之清润。葛龚受赐，称下士难求；王粲著铭，叹遐风易远。俱苞输囷，尽入浧金，遗逸皆存，纤微悉举。鹦观鹏运，岂识逍遥；鲲入鲋居，应嗟坎窞。愿承馨欵，以牖愚蒙。庭筠状。

段答云：昨更拾从土黑声之余，自谓无遗策矣。但愧井蛙尚犹自恃，醯鸡未知大全。忽奉毫白，复新耳目。重耳误彻，谬设生惭；张奂致渝，研味竟纸。虽赵壹《非草》，数丸志征；汲嫒饷夫，十螺求说。肝胆将破，翰答已疲，有力负之，更迟承问。成式状。

温答云：伏蒙又抒冲襟，详征故事。苍然之气，仰则弥高；悲彼之泉，汲而增广。方且惊神褫魄，宁唯矜甲投戈。复思素洛呈祥，翠妫垂贶，龟字著象，鸟荚含华。至于汉省五丸，武部三善。仲宣佳藻，既咏浮光；张永研工，常称点漆。逸少每停质滑，长康常务色轻。捣乃韦书，知为宋画。荀济提兵之檄，磨楯而成；息躬覆族之言，削门而显。敢持蛙井，犹望鲲池，不任惭伏宗仰之至。庭筠状。

段答云：赫日初升，白汗四匝，愁议墨阳之地，懒窥兼爱之书。次复八行，盈襞交互。访伏牛之夜骨，岂望登真；迷良兽之沈脂，虚成不任。更得四供晋贰，五入汉陵，隐侯辞著于麇胶，葛玄术矜于鱼吐。宁止千松，政染三丸，可和僧虔独擅之才，周禺自谓无愧而已。支策长望，梯几熟观。方困九攻，徒荣十部。齐师其遁，讵教脱局。成式状。

温答云：窃以童山不秀，非邹衍可吹；眢井无泉，岂耿恭不拜。墨尤之事，谓以获麟；笔圣之言，翻同倚马。静思神运，不测冥搜。亦有自相里而分，岂公输所削，流辉精绢，假润清泉。铭著李尤，书投苏竟，宁忧素败，不畏飞扬。传相见贻，守宫斯主，研蚌胎而合美，配马滴以成章。更率荒芜，益渐疏略。庭筠状。

段答云：蓝染未青，玄嘲转白，责牝羊以求乳，耨石田而望苗。殆将壮肠，岂止憎貌。犹记烟磨青石，黛渍幕书，施枨易思，号令难晓。苏秦同志，佣力有而可题；王隐南游，著书无而谁给。今则色流琅研，光滴彩毫，腹笥未缄，初不停缀。疲兵怯战，惟愿竖降。成式状。

温答云：驿书方来，言泉更涌，高同泰峙，富类敖仓。怯蒙叟之大巫，骇王郎之小贼。尤有刚中巧制，庙里奇香。征上党之松心，识长安之石炭。乌黔靡用，龟食难知，规虞器以成奢，默梁刑而严罪。便当北面，不独栖毫。庭筠状。

段答云：飞卿博穷奥典，敏给芳词，吐水千瓶，有才一石。成式尺纸寒暑，素所不闲，一卷篇题，从来盖寡。窃以墨事故附，巾箱先无，可谓有骐骥而虽疲，遵绳墨而不跌者。忽记邺西古井，更欲探寻；虢略镂盘，谁当仿效。况又剧问可答，但愧于子安；一见之赐，敢同于郅恢乎？阵崩鹤唳，歌怯鸡鸣，复将晨压我军，望之如墨也。岂胜愁居慑处之至。成式状。

温答云：庭筠阅市无功，持挝寡效，大魂障听，蜗睆伤明。庸敢抚翼鹓鹏，追踪骥骒？每承函素，若涉沧溟。亦有丛憀尚存，戈余可记。至于缥从权制，既御秦兵；绶匪旧仪，仍传汉制。张池造写，蔡碣含舒。荷新淦之恩，空沾子野；发冶城之诏，独避元规。窘类轹羹，辞同拾饭，其为愧怍，岂可胜言。庭筠状。

段答云：韫椟遍寻，缄筠穷索，思安世簏内，搜伯喈帐中。更睹沈家令之谢笺，思生松黛；杨师道之佳句，才挟烟华。抑又时方得闲，地不爱宝。定知灾祥不两，讵论穹昊所无。还介方酬，郁仪未睨，羽驿沓集，笔路载驰。岂知石室之书，能迷中散；麻繻之语，只辨光和。底滞之时，征引多误，弹笔搦纸，渐怯倍增。成式状。

温答云：昨日浴签时，光风亭小宴，三鼓方归。临出捧缄，在醒忘答，亦以蚯蠔久馨，川渎皆陨。岂知元化之怀，莫能穷竭；季伦之宝，益更扶疏。虽有翰海垒石，渍阳水号。烟城倥咏，剩出青松；恶道遗踪，空留白石。扇里止余乌狰，屏间正作苍蝇。岂敢犹弯楚野之弓，尚索神亭之戟？谨当焚笔，不复操觚矣。庭筠状。

段答云：问义不休，揽笔即作，何啻悬鼓得捶也。小生方更陪鳃，尚自举尾；更搜屋犬，得复刀圭。因计风人辞中，将书乌皂；长歌行里，谓出松烟。供椒掖量用百丸，给兰台率以六石。棠梨所染，滋润多方；黎勒共和，周遮无法。傅玄称为正色，岂虚言欤？飞卿笔阵堂堂，舌端滚滚。一盟城下，甘作附庸。成式状。

《松滋侯易玄光传》文嵩撰

易光玄，字处晦，燕人也。其先号青松子，颇有材干。雅淡清贞，深隐山谷不仕，以吟啸烟月自娱。常谓门生邴炎曰："余青山白云之士，去荣华，绝嗜欲，修真得道，久不为寒暑所侵，寿且千岁，然犹未离五行之数，终拘有限。余渐觉形神枯槁，是知老之将至矣。余他日必为风雨所踬，后因子炽盛，余当神化为云气之状，升霄汉矣。"其留者号玄尘生，徙居黔突之上，必遇胶水之契，隃糜处士鹿角煎，和丹砂麝香数味，遗而饵之，其后果然，门生皆以青松子前知定数矣。玄尘生饵药得道，自黄帝时，苍颉比鸟迹为文，以代结绳之政，玄尘便与有功焉。其后子孙皆传其术，以成道易水之上，遂为易氏焉。玄光即玄尘曾孙也。家世通玄处素，共寿皆永。尝与南越石虚中为研究云水之交，与宣城毛元锐、华阴楮知白为文章濡染之友。明天子重儒玄，慕其有道，世为文史之官，特诏常侍御案之右，拜中书监、儒林待制，封松滋侯。其宗族蕃盛，布在海内，少长皆亲砚席，以文显用也。

史臣曰：古者得姓，非官族世功，则多以地名为氏，或爵邑焉，或所居焉。松滋侯易氏，盖前山林得道人也。青松子富有春秋，不显氏名，其族或隐天下名山，皆避为栋梁之用也。有居太山者，秦始皇巡狩至东岳，因经其隐所，拜其兄弟五人为大夫焉。其参元得道能神仙者，则自易水之上，后代故用为姓云。

岭外代答（节选）

（宋）周去非　撰

（清长塘鲍氏知不足斋刻本）

珠池

合浦产珠之地，名曰断望池，在海中孤岛下，去岸数十里，池深不十丈。蜑人没而得蚌，剖而得珠。取蚌，以长绳系竹篮，携之以没。既拾蚌于篮，则振绳令舟人汲取之，没者亟浮就舟。不幸遇恶鱼，一缕之血浮于水面，舟人恸哭，知其已葬鱼腹也。亦有望恶鱼而急浮，至伤股断臂者。海中恶鱼，莫如刺纱，谓之鱼虎，蜑所甚忌也。蜑家自云：海上珠池，若城郭然，其中光怪，不可向迩。常有怪物，哆口吐焰，固神灵之所护持。其中珠蚌，终古不可得者。蚌溢生于城郭之外，故可采耳。所谓珠熟之年者，蚌溢生之多也。然珠生熟年，百不一二，耗年皆是也。珠熟之年，蜑家不善为价，冒死得之，尽为黠民以升酒斗粟，一易数两。既入其手，即分为品等铢两而卖之城中。又经数手乃至都下，其价递相倍蓰，至于不赀。采珠在官有禁，州以廉名，谓其足以贪也。史称孟尝守合浦，珠乃大还，为廉吏之应。二十年前，有守甚贪，而珠亦大熟。虽物理无验，然此以清名至今，彼与草木俱腐耳。噫！孰知孟尝还珠之说，非柳子厚复乳穴之说乎？东广海中亦有珠池，伪刘置军采之，名媚川都。死者甚多，太祖皇帝平岭南，废其都为静江军。

蛇珠

乾道初，钦州村落妇人黄氏，晒禾棚屋上。忽一物飞鸣而来，坠其髻上，复坠禾中，光曜夺目，盘旋不已。就取，乃一大珠。是夜，光怪满室，邻里异之。里正访知而索焉不得，闻之县官，其家惧，取蒸熟，光遂隐。后钦有士人姓宁，得与赴省，以万钱赊买往都下。贾胡叹曰：此蛇珠也，惜哉！宁以不售，携归还黄。今其珠故在，置之盘中，犹有微晕映盘。

辟尘犀

钦人有往深山，得大蜈蚣蜕，一节尺余，坚如铁石。持归，鸡犬皆惊，窗隙日影，更无霏埃。有博物者曰：是所谓辟尘犀者耶？

琥珀

人云茯苓在地千年，化为琥珀。钦人田家锄山，忽遇琥珀，初不之识，或告之曰：此琥珀也，厥直颇厚。其人持以往博易场，卖之交址，骤致大富。

砗磲

南海有蚌属曰砗磲，形如大蚶，盈三尺许，亦有盈一尺以下者。惟其大之为贵，大则隆起之处，心厚数寸。切磋其厚，可以为杯，甚大，虽以为瓶可也。其小者犹可以为环佩、花朵之属。其不盈尺者，如其形而琢磨之以为杯，名曰潋滟，则无足尚矣。佛书所谓砗磲者，玉也，南海所产，得非窃取其名耶？

龙涎

大食西海多龙,枕石一睡,涎沫浮水,积而能坚。鲛人探之以为至宝。新者色白,稍久则紫,甚久则黑。因至番禺尝见之,不薰不莸,似浮石而轻也。人云龙涎有异香,或云龙涎气腥能发众香,皆非也。龙涎于香本无损益,但能聚烟耳。和香而用真龙涎,焚之一铢,翠烟浮空,结而不散,座客可用一箭分烟缕。此其所以然者,蜃气楼台之余烈也。

大贝

海南有大贝,圆背而紫斑,平面深缝,缝之两旁,有横细缕,陷生缝中,《本草》谓之紫贝。亦有小者,大如指面,其背微青,大理国以为甲胄之饰。且古以贝子为通货,又以为宝器,陈之庙朝,今南方视之,与蚌蛤等,古今所尚,固不同耶?

髹饰录

(明) 黄成 撰

(日本蒹葭堂藏抄本)

序

漆之为用也，始于书竹简。而舜做食器，黑漆之。禹做祭器，黑漆其外，朱画其内，于此有其贡。周制于车，漆饰愈多焉，于弓之六材，亦不可阙，皆取其坚牢于质，取其光彩于文也。后王做祭器，尚之以着色涂金之文、雕镂玉珧之饰，所以增敬盛礼，而非如其漆城、其漆头也。然复用诸乐器，或用诸燕器，或用诸兵仗，或用诸文具，或用诸宫室，或用诸寿器，皆取其坚牢于质，取其光彩于文。呜呼，漆之为用也，其大哉！又液叶共疗疴，其益不少。唯漆身为癞状者，其毒耳。盖古无漆工，令百工各随其用，使之冶漆，固有益于器而盛于世。别有漆工，汉代其时也。后汉申屠蟠，假其名也。然而今之工法，以唐为古格，以宋元为通法。又出国朝厂工之始制者殊多，是为新式。于此千文万华，纷然不可胜识矣。新安黄平沙，称一时名匠，复精明古今之髹法，曾著《髹饰录》两卷，而文质不适者、阴阳失位者、各色不应者，都不载焉，足以为法。今每条赘一言，传诸后进，为工巧之一助云。天启乙丑春三月，西塘杨明撰。

乾集

凡工人之作为器物，犹天地之造化，所以有圣者有神者，皆示以功以法，故良工利其器。然而，利器如四时，美材如五行。四时行、五行全，而物生焉；四善合、五采备，而工巧成焉。今命名附赞而示于此，以为《乾集》。乾所以始生万物，而髹具工则，乃工巧之元气也。乾德大哉！

利用第一

（原注：非利器美材，则巧工难为良器，故列于首。）

天运，即旋床，有余不足，损之补之。

（原注：其状圜而循环不辍，令碗、盒、盆、盂，正圆无苦窳，故以天名焉。）

日辉，即金，有泥、屑、麸、薄、片、线之等。人君有和，魑魅无犯。

（原注：太阳明于天，人君德于地，则魑魅不干，邪谄不害。诸器施之，则生辉光，鬼魅不敢干也。）

月照，即银，有泥、屑、麸、薄、片、线之等。宝臣惟佐，如烛精光。

（原注：其光皎如月。又有烛银。凡宝货以金为主，以银为佐，饰物亦然，故为臣。）

宿光，即蒂，有木有竹。明静不动，百事自安。

（原注：木蒂接牝梁，竹蒂接牡梁。其状如宿列也，动则不吉，亦如宿光也。）

星缠，即活架。牝梁为阴道，牡梁为阳道。次行连影，陵乘有期。

（原注：牝梁有穸，故为阴道；牡梁有榫，故为阳道。觑数器而接架，其状如列星次行。反转失候，则淫泆冰解，故曰有期。又案：曰宿、曰星，皆指器物，比百物之气，皆成星也。）

津横，即荫室中之栈。众星攒聚，为章于空。

（原注：天河，小星所攒聚也。以栈横架荫室中之空处，以列众器，其状相似也。）

风吹，即揩光石并桴炭。轻为长养，怒为拔拆。

（原注：此物其用与风相似也。其磨轻则平面光滑无抓痕；怒则棱角

显，灰有玷瑕也。）

雷同，即砖、石，有粗细之等。碾声发时，百物应出。

（原注：髹器无不用磋磨而成者。其声如雷，其用亦如雷也。）

电掣，即锉，有剑面、茅叶、方条之等。施鞭吐光，与雷同气。

（原注：施鞭言其所用之状；吐光言落屑霏霏。其用似磨石，故曰与雷同气。）

云彩，即各色料，有银朱、丹砂、绛矾、赭石、雄黄、雌黄、靛华、漆绿、石青、石绿、韶粉、烟煤之等。瑞气鲜明，聚成花叶。

（原注：五色鲜明，如瑞云聚成花叶者。黄帝华盖之事，言为物之饰也。）

虹见，即五格揩笔砚。灿映山川，人衣楚楚。

（原注：每格泻合色漆，其状如蝃蝀。又砚笔描饰器物，如物影文相映，而暗有画山水人物之意。）

霞锦，即钿螺、老蚌、车螯、玉珧之类，有片有沙。天机织贝，冰蚕失文。

（原注：天真光彩，如霞如锦，以之饰器则华妍，而康老子所卖亦不及也。）

雨灌，即髹刷，有大小数等，及蟹足、疏鬣、马尾、猪鬃，又有灰刷、染刷。沛然不偏，绝尘膏泽。

（原注：以漆喻水，故蘸刷拂器；比雨，麭面无颗，如雨下尘埃，不起为佳。又漆偏则作病，故曰不偏。）

露清，即罂子桐油。色随百花，滴沥后素。

（原注：油清如露，调颜料则如露在百花上，各色无所不应也。后素言露从花上坠时，见正色，而却呈绘事也。）

霜挫，即削刀并卷凿。极阴杀木，初阳斯生。

（原注：霜杀木，乃生萌之初；而刀削朴，乃髹漆之初也。）

雪下，即筒罗。片片霏霏，疏疏密密。

（原注：筒有大小，罗有疏密，皆随麸片之细粗、器面之狭阔而用之，其状如雪之下而布于地也。）

霰布，即蘸子，用缯、绢、麻布。蓓蕾下零，雨冻先集。

（原注：成花者为雪，未成花者为霰，故曰蓓蕾，漆面为文相似也。）

其漆稠粘，故曰雨冻，又曰下零，曰先集，用蘸子打起漆面也。）

雹堕，即引起料。实粒中虚，迹痕如炮。

（原注：引起料有数等，多禾壳之类，故曰实粒中虚，即雹之状。又雹，炮也，中物有迹也。引起料之痕迹为文，以比之也。）

雾笼，即粉笔并粉盏。阳起阴起，百状朦胧。

（原注：雾起于朝，起于暮。朱縿黑縿，即阴阳之色，而器上之粉道百般，文图轻疏，而如山水草木，被笼于雾中而朦胧也。）

时行，即挑子，有木有竹，有骨有角。百物斯生，水为凝泽。

（原注：漆工审天时而用漆，莫不依挑子，如四时行焉，百物生焉。漆或为垸，或为当，或为糙，或为铇，如水有时以凝，有时以泽也。）

春媚，即漆画笔，有写象、细钩、游丝、打界、排头之等。化工妆点，曰悬彩云。

（原注：以笔为文彩，其明媚如化工之妆点于物，如春日映彩云也。日，言金；云，言颜料也。）

夏养，即雕刀，有圆头、平头、藏锋、圭首、蒲叶、尖针、剞劂之等。万物假大，凸凹斯成。

（原注：千文万华，雕镂者比描饰，则大似也。凸凹，即识款也。雕刀之功，如夏日生育长养万物矣。）

秋气，即帚笔并茧毬。丹青施枫，金银著菊。

（原注：描写，以帚笔干傅各色，以茧球施金银，如秋至而草木为锦。曰丹青，曰金银，曰枫，曰菊，都言各色百华也。）

冬藏，即湿漆桶并湿漆瓮。玄冥玄英，终藏闭塞。

（原注：玄冥玄英，犹言冬水。以漆喻水，玄言其色。凡湿漆贮器者，皆盖藏，令不潆凝，更宜闭塞也。）

暑溽，即荫室。大雨时行，湿热郁蒸。

（原注：荫室中以水湿，则气熏蒸。不然，则漆难干。故曰大雨时行。盖以季夏之候者，取湿热之气甚矣。）

寒来，即圬，有竹有骨有铜。已冰已冻，令水土坚。

（原注：言法絮漆、法灰漆、冻子等，皆以圬粘著而干固之，如三冬气令水土冰冻结坚也。）

昼动，即洗盆并帉。作事不移，日新去垢。

（原注：宜日日动作，勉其事不移异物，而去懒惰之垢，是工人之德也，示之以汤之盘铭意。凡造漆器，用力莫甚于磋磨矣。）

夜静，即窨。列宿兹见，每工兹安。

（原注：底、坯、糙、麴，皆纳于窨而连宿，令内外干固，故曰每工也。列宿指成器，兼示工人昼勉事，夜安身矣。）

地载，即几。维重维静，陈列山河。

（原注：比物重静，都承诸器，如地之载物也。山指捎盘，河指模凿。）

土厚，即灰，有角、骨、蛤、石、砖及坯屑、磁屑、炭末之等。大化之元，不耗之质。

（原注：黄者，厚也，土色也。灰漆以厚为佳。凡物烧之，则皆归土，土能生百物而永不灭，灰漆之体，总如率土然矣。）

柱括，即布并蕲絮、麻筋。土下轴连，为之不陷。

（原注：二句言布筋包裹，橑榛在灰下而漆不陷，如地下有八柱也。）

山生，即捎盘并鞣几。喷泉起云，积土产物。

（原注：泉指滤漆，云指色料，土指灰漆，共用之于其上，而作为诸器，如山之产生万物也。）

水积，即湿漆。生漆有稠、淳之二等，熟漆有揩光、浓、淡、明膏、光明、黄明之六制。其质兮坎，其力负舟。

（原注：漆之为体，其色黑，故以喻水。复积不厚则无力，如水之积不厚，则负大舟无力也。工者造作，无吝漆矣。）

海大，即曝漆盘并煎漆锅。其为器也，众水归焉。

（原注：此器甚大，而以制熟诸漆者，故比诸海之大，而百川归之矣。）

潮期，即曝漆挑子。鱼鲔尾反转，波涛去来。

（原注：鳝尾反转，打挑子之貌；波涛去来，挑翻漆之貌。凡漆之曝熟有佳期，亦如潮水有期也。）

河出，即模凿并斜头刀、锉刀。五十有五，生成千图。

（原注：五十有五，天一至地十之总数，言甸片之点、抹、钩、条，总五十有五式，皆刀凿刻成之，以比之河出图也。）

洛现，即笔觇并揩笔觇。对十中五，定位支书。

（原注：四方四隅之数皆相对，得十而五，乃中央之数。言描饰十五体皆出于笔砚中，以比之龟书出于洛也。）

泉涌，即滤车并髤。高原混混，回流涓涓。

（原注：漆滤过时，其状如泉之涌，而混混下流也。滤车转轴回紧，则漆出于布面，故曰回流也。）

冰合，即胶，有牛皮，有鹿角，有鳔。两岸相连，凝坚可渡。

（原注：两岸相连，言二物缝合；凝坚可渡，言胶汁如冰之凝泽，而干则有力也。）

楷法第二

（原注：法者，制作之理也。知圣人之意，而巧者述之，以传之后世者列示焉。）

三法：

巧法造化。

（原注：天地和同万物生，手心应得百工就。）

质则人身。

（原注：骨肉皮筋巧作神，瘦肥美丑文为眼。）

文象阴阳。

（原注：定位自然成凸凹，生成天质见玄黄。法造化者，百工之通法也；文质者，髤工之要道也。）

二戒：

淫巧荡心。

（原注：过奇擅艳，失真亡实。）

行滥夺目。

（原注：其百工之通戒，而漆匠须尤严矣。）

四失：

制度不中。

（原注：不鬻市。）

工过不改。

（原注：是谓过。）

器成不省。

（原注：不忠乎？）

倦懒不力。

（原注：不可雕。）

三病：

独巧不传。

（原注：国工守累世，俗匠擅一时。）

巧趣不贯。

（原注：如巧拙造车，似男女同席。）

文彩不适。

（原注：貂、狗何相续，紫、朱岂共宜？）

六十四过：

髤漆之六过：

（原注：《说文》曰：漆，垸巳，复漆之也。）

冰解。

（原注：漆稀而仰俯失候，旁上侧下，淫泆之过。）

泪痕。

（原注：漆慢而刷布不均之过。）

皱皷。

（原注：漆紧而荫室过热之过。）

连珠。

（原注：隧棱，凹棱也。山棱，凸棱也。内壁，下底际也。龈际，齿根也。漆潦之过。）

颣点。

（原注：髤时不防风尘，及不挑去飞丝之过。）

刷痕。

（原注：漆过稠而用硬毛刷之过。）

色漆之二过：

灰脆。

（原注：漆制和油多之过。）

黯暗。

（原注：漆不透明，而用颜料少之过。）

彩油之二过：

柔黏。

（原注：油不辨真伪之过。）

带黄。

（原注：煎熟过焦之过。）

贴金之二过：

癜斑。

（原注：粘贴轻忽漫缀之过。）

粉黄。

（原注：衬其厚而浸润之过。）

罩漆之二过：

点晕。

（原注：滤绢不密及刷后不挑去颣之过。）

浓淡。

（原注：刷之往来，有浮沉之过。）

刷迹之二过：

节缩。

（原注：用刷滞，虰行之过。）

模糊。

（原注：漆不稠紧，刷毫软之过。）

蓓蕾之二过：

不齐。

（原注：漆有厚薄，蘸起有轻重之过。）

溃瘘。

（原注：漆不黏稠，急紧之过。）

揩磨之五过：

露垸。

（原注：觚棱、方角及平棱、圆棱，过磨之过。）

抓痕。

（原注：平面车磨用力及磨石有砂之过。）

毛孔。

（原注：漆有水气及浮沤不拂之过。）

不明。

（原注：揩光油摩，则漆未足之过。）

霉黣。

（原注：退光不精，漆制失所之过。）

磨显之三过：

磋迹。

（原注：磨磋急忽之过。）

蔽隐。

（原注：磨显不及之过。）

渐灭。

（原注：磨显太过之过。）

描写之四过：

断续。

（原注：笔头漆少之过。）

淫侵。

（原注：笔头漆多之过。）

忽脱。

（原注：荫而过候之过。）

粉枯。

（原注：息气未翳，先施金之过。）

识文之二过：

狭阔。

（原注：写起轻忽之过。）

高低。

（原注：稠漆失所之过。）

隐起之二过：

齐平。

（原注：堆起无心计之过。）

相反。

(原注：物象不用意之过。)

洒金之二过：

偏累。

(原注：下布不均之过。)

刺起。

(原注：麸片不压定之过。)

缀甸之二过：

粗细。

(原注：裁断不比视之过。)

厚薄。

(原注：琢磨有过不及之过。)

款刻之三过：

浅深。

(原注：剔法无度之过。)

绦缕。

(原注：运刀失路之过。)

龃龉。

(原注：纵横文不贯之过。)

枪划之二过：

见锋。

(原注：手进刀走之过。)

结节。

(原注：意滞刀涩之过。)

剔犀之二过：

缺脱。

(原注：漆过紧，枯燥之过。)

丝。

(原注：层髹失数之过。)

雕漆之四过：

骨瘦。

(原注：暴刻无肉之过。)

玷缺。
（原注：刀不快利之过。）
锋痕。
（原注：运刀轻忽之过。）
角棱。
（原注：磨熟不精之过。）
裹之二过：
错缝。
（原注：器衣不相度之过。）
浮脱。
（原注：黏著有紧缓之过。）
单漆之二过：
燥暴。
（原注：衬底未足之过。）
多颣。
（原注：朴素不滑之过。）
糙漆之三过：
滑软。
（原注：制熟用油之过。）
无肉。
（原注：制熟过稀之过。）
刷痕。
（原注：制熟过稠之过。）
丸漆之二过：
松脆。
（原注：灰多漆少之过。）
高低。
（原注：刷有厚薄之过。）
布漆之二过：
邪宽。
（原注：贴布有急缓之过。）

浮起。

（原注：粘贴不均之过。）

捎当之二过：

尴恶。

（原注：质料多，漆少之过。）

瘦陷。

（原注：未干固辄埝之过。）

补缀之二过：

愈毁。

（原注：无上古之意之过。）

不当。

（原注：不试看其色之过。）

坤集

凡髹器，质为阴，文为阳。文亦有阴阳。描饰为阳，描写以漆。漆，木汁也，木所生者火而其象凸，故为阳。雕饰为阴，雕镂以刀。刀，黑金也，金所生者水而其象凹，故为阴。此以各饰众文皆然矣。今分类举事而列于此，以为《坤集》。坤所以化生万物，而质体文饰乃工巧之育长也。坤德至哉！

质色第三

（原注：纯素无文者，属阴以为质者，列在于此。）

黑髹，一名乌漆，一名玄漆，即黑漆也，正黑光泽为佳。揩光要黑玉，退光要乌木。

（原注：熟漆不良，糙漆不厚，细灰不用黑料，则紫黑。若古器，以透明紫色为美。揩光欲滑光莹，退光欲敦朴古色。近来揩光有泽漆之法，其光滑殊为可爱矣。）

朱髹，一名朱红漆，一名丹漆，即朱漆也，鲜红明亮为佳。揩光者，其色如珊瑚，退光者朴雅。又有矾红漆，甚不贵。

（原注：髹之春暖夏热，其色红亮；秋凉，其色殷红；冬寒，乃不可。又其明暗，在膏漆、银朱调和之增减也。倭漆窃丹带黄。又用丹砂者，暗且带黄。如用绛矾，颜色愈暗矣。）

黄髹，一名金漆。即黄漆也，鲜明光滑为佳，揩光亦好，不宜退光。共带红者美，带青者恶。

（原注：色如蒸栗为佳，带红者用鸡冠雄黄，故好。带青者用姜黄，故不可。）

绿髹，一名绿沉漆，即绿漆也，其色有浅深，绿欲沉。揩光者忌见金星，用合粉者甚卑。

（原注：明漆不美则色暗，揩光见金星者，料末不精细也。臭黄、韶粉相和则变为绿，谓之合粉绿，劣于漆绿太远矣。）

紫髹，一名紫漆，即赤黑漆也，有明、暗、浅、深，故有雀头、栗壳、铜紫、骍毛、殷红之数名。又有土朱漆。

（原注：此数色，皆因丹、黑调和之法，银朱、绛矾异其色，宜看之试牌而得其所。又土朱者，赭石也。）

褐髹，有紫褐、黑褐、茶褐、荔枝色之等。揩光亦可也。

（原注：又有枯瓠、秋叶等。总依颜料调和之法为浅深，如紫漆之法。）

油饰，即桐油调色也。各色鲜明，复髹饰中之一奇也，然不宜黑。

（原注：此色漆则殊鲜妍，然黑唯宜漆色，而白唯非油则无应矣。）

金髹，一名浑金漆，即贴金漆也，无癜斑为美。又有泥金漆，不浮光。又有贴银者，易霉黑也。黄糙宜于新，黑糙宜于古。

（原注：黄糙宜于新器者，养益金色故也。黑糙宜于古器者，其金处处摩残，成黑斑以为雅赏也。癜斑，见于贴金二过之下。）

纹䰀第四

（原注：䰀面为细纹属阳者，列在于此。）

刷丝，即刷迹纹也，纤细分明为妙，色漆者大美。

（原注：其纹如机上经缕为佳，用色漆为难。故黑漆刷丝，上用色漆

擦被，以假色漆刷丝，殊拙。其器良久，至色漆摩脱见黑缕而文理分明，稍似巧也。）

绮纹刷丝，纹有流水、洞澋、连山、波叠、云石皴、龙蛇鳞等，用色漆者亦奇。

（原注：龙蛇鳞者，二物之名。又有云头雨脚、云波相接、浪淘沙等。）

刻丝花，五彩花文如刻丝。花、色、地、纹，共纤细为妙。

（原注：刷迹作花文，如红花、黄果、绿叶、黑枝之类。其地或纤刷丝，或细蓓蕾。其色或紫，或褐，华彩可爱。）

蓓蕾漆，有细、粗，细者如饭糁，粗者如粒米，故有秾花、沧漪、海石皴之名。彩漆亦可用。

（原注：蓓蕾其文簇簇，秾花其文攒攒，沧漪其文鳞鳞，海石皴其文磊磊。）

罩明第五

（原注：罩漆如水之清，故属阴。其透彻底色明于外者，列在于此。）

罩朱髹，一名赤底漆，即赤糙罩漆也。明彻紫滑为良，揩光者佳绝。

（原注：揩光者似易成，却太难矣。诸罩漆之巧，更难得耳。）

罩黄髹，一名黄底漆，即黄糙罩漆也，糙色正黄，罩漆透明为好。

（原注：赤底罩厚为佳，黄底罩薄为佳。）

罩金髹，一名金漆，即金底漆也，光明莹彻为巧，浓淡、点晕为拙。又有泥金罩漆，敦朴可赏。

（原注：金薄有数品，其次者用假金薄或银薄。泥金罩漆之次者，用泥银或锡末，皆出于后世之省略耳。浓淡、点晕，见于罩漆之二过。）

洒金，一名砂金漆，即撒金也，麸片有细粗，擦敷有疏密，罩髹有浓淡。又有斑洒金，其文：云气、漂霞、远山、连钱等。又有用麸银者。又有揩光者，光莹眩目。

（原注：近有用金银薄飞片者，甚多，谓之假洒金。又有用锡屑者，又有色糙者，共下品也。）

描饰第六

（原注：稠漆写起，于文为阳者，列在于此。）

描金，一名泥金画漆，即纯金花文也。朱地、黑质共宜焉。其文以山水、翎毛、花果、人物故事等；而细钩为阳，疏理为阴，或黑漆理，或彩金象。

（原注：疏理，其理如刻，阳中之阴也。泥薄金色，有黄、青、赤，错施以为象，谓之彩金象。又加之混金漆，而或填或晕。）

描漆，一名描华，即设色画漆也。其文各物备色，粉泽烂然如锦绣，细钩皴理以黑漆，或划理。又有彤质者，先以黑漆描写，而后填五彩。又有各色干著者，不浮光，以二色相接，为晕处多为巧。

（原注：若人面及白花、白羽毛，用粉油也。填五彩者，不宜黑质，其外匡朦胧不可辨，故曰彤质。又干著，先漆象而后傅色料，比湿漆设色，则殊雅也。金钩者见于㓸斓门。）

漆画，即古昔之文饰，而多是纯色画也。又有施丹青而如画家所谓没骨者，古饰所一变也。

（原注：今之描漆家不敢作，近有朱质朱文、黑质黑文者，亦朴雅也。）

描油，一名描锦，即油色绘饰也，其文飞禽、走兽、昆虫、百花、云霞、人物，一一无不备天真之色。其理或黑，或金，或断。

（原注：如天蓝、雪白、桃红，则漆所不相应也。古人画饰多用油，今见古祭器中，有纯色油文者。）

描金罩漆，黑、赤、黄三糙皆有之，其文与描金相似。又写意，则不用黑理。又如白描亦好。

（原注：今处处皮市多作之。又有用银者，又有其地假洒金者，又有器铭诗句等，以充朱或黄者。）

填嵌第七

（原注：五彩金钿，其文陷于地，故属阴，乃列在于此。）

填漆，即填彩漆也，磨显其文，有干色，有湿色，妍媚光滑。又有镂嵌者，其地锦绫细文者愈美艳。

（原注：磨显填漆，前设文；镂嵌填漆，后设文。湿色重晕者为妙。又一种有黑质红细文者，其文异禽怪兽，而界郭空闲之处皆为罗文、细条、縠绉、粟斑、叠云、藻蔓、通天花儿等纹，甚精致。其制原出于南方也。）

绮纹填漆，即填刷纹也，其刷纹黑，而间隙或朱，或黄，或绿，或紫，或褐。又文质之色，互相反亦可也。

（原注：有加圆花文或天宝海琛图者。又有刻丝填漆，与前之刻丝花可互考矣。）

彰髹，即斑文填漆也，有叠云斑、豆斑、粟斑、蓓蕾斑、晕眼斑、花点斑、秾花斑、青苔斑、雨点斑、彪斑、玳瑁斑、犀花斑、鱼鳞斑、雉尾斑、绉縠纹、石绺纹等，彩华瑸然可爱。

（原注：有加金者，璀璨炫目。凡一切造物，禽羽、兽毛、鱼鳞、介甲有文彰者，皆象之，而极仿模之工，巧为天真之文，故其类不可穷也。）

螺钿，一名甸嵌，一名陷蚌，一名坎螺，即螺填也，百般文图，点、抹、钩、条，总以精细密致如画为妙。又分截壳色、随彩而施缀者，光华可赏。又有片嵌者，界郭理皴皆以划文。又近有加沙者，沙有细粗。

（原注：壳片古者厚而今者渐薄也。点、抹、钩、条，总五十有五等，无所不足也。壳色有青、黄、赤、白也。沙者，壳屑，分粗、中、细，或为树下苔藓，或为石面皴纹，或为山头霞气，或为汀上细沙。头屑极粗者，以为冰裂纹，或石皴亦用。凡沙与极薄片，宜磨显揩光，其色熠熠，共不宜朱质矣。）

衬色甸嵌，即色底螺钿也，其文宜花鸟、草虫，各色莹彻焕然如佛郎嵌。又加金银衬者，俨似嵌金银片子，琴徽用之，亦好矣。

（原注：此制多片嵌划理也。）

嵌金、嵌银、嵌金银。右三种，片、屑、线各可用，有纯施者，有杂嵌者，皆宜磨现揩光。

（原注：有片嵌、沙嵌、丝嵌之别，而若浓淡为晕者，非屑则不能作也。假制者用鍮、锡，易生霉气，甚不可。）

犀皮，或作西皮，或犀毗，文有片云、圆花、松鳞诸斑。近有红面者。共光滑为美。

（原注：摩窊诸斑。黑面、红中、黄底为原法。红面者，黑为中，黄为底。黄面，赤、黑互为中为底。）

阳识第八

（原注：其文漆堆，挺出为阳中阳者，列在于此。）

识文描金，有用屑金者，有用泥金者，或金理，或划文，比描金则尤为精巧。

（原注：傅金屑者贵焉，倭制殊妙，黑理者为下底。）

识文描漆，其著色或合漆写起，或色料擦抹，其理文或金，或黑，或划。

（原注：各色干傅、末金、理文者为最。）

揸花漆，其文俨如缋绣为妙，其质诸色皆宜焉。

（原注：其地红，则其文去红，或浅深别之，他色亦然矣。理钩皆彩，间露地色，细齐为巧。或以枪金，亦佳。）

堆漆，其文以萃藻、香草、灵芝、云钩、绦环之类。漆淫泆不起立，延引而侵界者，不足观。又各色重层者堪爱，金银地者愈华。

（原注：写起识文，质与文互异其色也。淫泆延引，则须漆却焉。复色者要如剔犀。共不用理钩，以与他之文为异也。淫泆侵界，见于《描写四过》之下淫侵。）

识文，有平起，有线起。其色有通黑，有通朱。其文际忌为连珠。

（原注：平起者用阴理，线起者阳文耳。堆漆以漆写起，识文以灰堆起；堆漆文质异色，识文花，地纯色，以为殊别也。连珠，见于《漆六过》之下。）

堆起第九

（原注：其文高低灰起加雕琢，阳中有阴者，列在于此。）

隐起描金，其文各物之高低，依天质灰起，而棱角圆滑为妙。用金屑为上，泥金次之。其理或金或刻。

（原注：屑金文刻理为最上，泥金象金理次之，黑漆理盖不好，故不载焉。又漆冻模脱者，似巧无活意。）

隐起描漆，设色有干、湿二种，理钩有金、黑、刻三等。

（原注：干色泥金理者妍媚，刻理者清雅，湿色黑理者近俗。）

隐起描油，其文同隐起描漆，而用油色耳。

（原注：五彩间色，无所不备，故比隐起描漆则最美。黑理钩亦不甚卑。）

雕镂第十

（原注：雕刻为隐现，阴中有阳者，列在于此。）

剔红，即雕红漆也，髹层之厚薄、朱色之明暗、雕镂之精粗，亦甚有巧拙。唐制多如印板，刻平锦朱色，雕法古拙可赏；复有陷地黄锦者。宋元之制，藏锋清楚，隐起圆滑，纤细精致。又有无锦文者，其有象旁刀迹见黑线者，极精巧。又有黄锦者、黄地者，次之。又矾胎者，不堪用。

（原注：唐制如上说，而刀法快利，非后人所能及。陷地黄锦者，其锦多似细钩云，与宋元以来之剔法大异也。藏锋清楚，运刀之通法；隐起圆滑，压花之刀法；纤细精致，锦纹之刻法。自宋元至国朝，皆用此法。古人精造之器，剔迹之红间，露黑线一、二带。一线者，或在上、或在下；重线者，其间相去或狭或阔无定法：所以家家为记也。黄锦、黄地亦可赏。矾胎者，矾朱重漆，以银朱为面，故剔迹殷暗也。又近琉球国产，精巧而鲜红，然而工趣去古甚远矣。）

金银胎剔红，宋内府中器有金胎、银胎者，近日有鍮胎、锡胎者，即所假效也。

（原注：金银胎多文间见其胎也，漆地刻锦者不漆器内。又通漆者，上掌则太重。鍮、锡胎者多通漆。又有磁胎者、布漆胎者，共非宋制也。）

剔黄，制如剔红而通黄。又有红地者。

（原注：有红锦者，绝美也。）

剔绿，制与剔红同而通绿。又有黄地者、朱地者。

（原注：有朱锦者、黄锦者，殊华也。）

剔黑，即雕黑漆也，制比雕红则敦朴古雅。又朱锦者，美甚。朱地、黄地者次之。

（原注：有锦地者、素地者，又黄锦、绿锦、绿地亦有焉，纯黑者为古。）

剔彩，一名雕彩漆，有重色雕漆，有堆色雕漆，如红花、绿叶、紫枝、黄果、彩云、黑石及轻重雷文之类，绚艳悦目。

（原注：重色者，繁文素地；堆色者，疏文锦地为常具。其地不用黄、黑二色之外，侵夺压花之光彩故也。重色，俗曰横色；堆色，俗曰竖色。）

复色雕漆，有朱面，有黑面，共多黄地子，而镂锦纹者少矣。

（原注：髹法同剔犀，而错绿色为异；雕法同剔彩，而不露色为异也。）

堆红，一名罩红，即假雕红也，灰漆堆起，朱漆罩覆，故有其名。又有木胎雕刻者，工巧愈远矣。

（原注：有灰起刀刻者，有漆冻脱印者。）

堆彩，即假雕彩也，制如堆红，而罩以五彩为异。

（原注：今有饰黑质，以各色冻子隐起团堆、圬头印划、不加一刀之雕镂者，又有花样锦纹脱印成者，俱名堆锦，亦此类也。）

剔犀，有朱面，有黑面，有透明紫面。或乌间朱线，或红间黑带，或雕鼍等复，或三色更叠。其文皆疏刻剑环、绦环、重圈、回文、云钩之类。纯朱者不好。

（原注：此制原于锥毗，而极巧致精，复色多，且厚用款刻，故名。三色更叠，言朱、黄、黑错重也。用绿者非古制。剔法有仰瓦，有峻深。）

镌甸，其文飞走、花果、人物、百象，有隐现为佳。壳色五彩自备，光耀射目，圆滑精细、沉重紧密为妙。

（原注：壳色，细螺、玉瑰、老蚌等之壳也。圆滑精细乃刻法也；沉重紧密乃嵌法也。）

款彩，有漆色者，有油色者。漆色宜干填，油色宜粉衬。用金银为绚者,倩盼之美愈成焉。又有各色纯用者,又有金、银纯杂者。

(原注:阴刻文图,如打本之印板,而陷众色,故名。然各色纯填者,不可谓之彩,各以其色命名而可也。)

枪划第十一

(原注:细镂嵌色,于文为阴中阴者,列在于此。)

枪金,枪或作戗,或作创,一名镂金、枪银,朱地黑质共可饰。细钩纤皴,运刀要流畅而忌结节。物象细钩之间,一一划刷丝为妙。又有用银者,谓之枪银。

(原注:宜朱、黑二质,他色多不可。其文陷以金薄或泥金。用银者宜黑漆,但一时之美,久则霉暗。余间见宋元之诸器,希有重漆划花者;枪迹露金胎或银胎,文图灿烂分明也。枪金、银之制,盖原于此矣。结节,见于枪划二过下。)

枪彩,刻法如枪金,不划丝,嵌色如款彩,不粉衬。

(原注:又有纯色者,宜以各色称焉。)

斒斓第十二

(原注:金银宝贝,五彩斑斓者,列在于此。总所出于宋、元名匠之新意,而取二饰、三饰可相适者,而错施为一饰也。)

描金加彩漆,描金中加彩色者。

(原注:金象、色象,皆黑理也。)

描金加甸,描金杂螺片者。

(原注:螺象之边,必用金双钩也。)

描金加甸错彩漆,描金中加螺片与色漆者。

(原注:金象以黑理,螺片与彩漆以金细钩也。)

描金散沙金,描金中加洒金者。

(原注:加洒金之处,皆为金理钩。倭人制金象,亦为金理也。)

描金错洒金加甸,描金中加洒金与螺片者。

(原注:金象以黑理,洒金及螺片皆金细钩也。)

金理钩描漆，其文全描漆，为金细钩耳。

（原注：又有为金细钩，而后填五彩者，谓之金钩填色描漆。）

描漆错甸，彩漆中加甸片者。

（原注：彩漆用黑理，螺象用划理。）

金理钩描漆加甸，金细钩描彩漆杂螺片者。

（原注：五彩、金、细并施，而为金象之处，多黑理。）

金理钩描油，金细钩彩油饰者。

（原注：又金细钩填油色，渍、皴、点亦有焉。）

金双钩螺钿，嵌蚌象而金钩其外匡者。

（原注：朱、黑二质，共用蚌象，皆划理，故曰双钩。又有用金细钩者，久而金理尽脱落。故以划理为佳。）

填漆加甸，填彩漆中错蚌片者。

（原注：又有嵌衬色螺片者，亦佳。）

填漆加甸金银片，彩漆与金银片及螺片杂嵌者。

（原注：又有加甸与金，有加甸与银，有加甸与金、银，随制异其称。）

螺钿加金银片，嵌螺中加施金银片子者。

（原注：又或用甸与金，或用甸与银，又以锡片代银者，不耐久也。）

衬色螺钿，见于填嵌第七之下。

枪金细钩描漆，同金理钩描漆，而理钩有阴、阳之别耳。又有独色象者。

（原注：独色象者，如朱地黑文、黑地黄成文之类，各色互用焉。）

枪金细钩填漆，与枪金细钩描漆相似，而光泽滑美。

（原注：有其地为锦纹者，其锦或填色或枪金。）

雕漆错镌甸，黑质上雕彩漆及镌螺壳为饰者。

（原注：雕漆，有笔写厚堆者，有重髹为板子而雕嵌者。）

彩油错泥金加甸金银片，彩油绘饰，错施泥金、甸片、金银片等，真设文富丽者。

（原注：或加金屑，或加洒金亦有焉。此文宣德以前所未曾有也。）

百宝嵌，珊瑚、琥珀、玛瑙、宝石、玳瑁、钿螺、象牙、犀角之类，与彩漆板子，错杂而镌刻镶嵌者，贵甚。

(原注：有隐起者，有平顶者，又近日加窑花烧色代玉石，亦一奇也。)

复饰第十三

(原注：美其质而华其文者，列在于此，即二饰重施也。宋元至国初，皆巧工所述作也。)

洒金地诸饰，金理钩螺钿，描金加甸，金理钩描漆加蚌，金理钩描漆，识文描金，识文描漆，嵌镌螺，雕彩错镌螺，隐起描金，隐起描漆，雕漆。

(原注：所列诸饰，皆宜洒金地，而不宜平、写、款、戗之文。沙金地亦然焉。今人多假洒金上设平、写、描金或描漆，皆假效此制也。)

细斑地诸饰，识文描漆，识文描金，识文描金加甸，雕漆，嵌镌螺，雕彩错镌螺，隐起描金，隐起描漆，金理钩嵌蚌，枪金钩描漆，独色象枪金。

(原注：所列诸饰，皆宜细斑地，而其斑黑、绿、红、黄、紫、褐，而质色亦然，乃六色互用。又有二色三色错杂者，又有质斑同色，以浅深分者，总揩光填色也。)

绮纹地诸饰，压文同细斑地诸饰。

(原注：即绮纹填漆地也，彩色可与细斑地互考。)

罗纹地诸饰，识文划理、金理描漆、识文描金、揸花漆、隐起描金、隐起描漆、雕漆。

(原注：有以罗为衣者，有以漆细起者，有以刀雕刻者，压文皆宜阳识。)

锦纹枪金地诸饰，嵌镌螺，雕彩错镌甸，余同罗纹地诸饰。

(原注：阴纹为质地，阳文为压花，其设文大反而大和也。)

纹间第十四

(原注：文质齐平，即填嵌诸饰及枪、款互错施者，列在于此。)

枪金间犀皮，即攒犀也。其文宜折枝花、飞禽、蜂、蝶及天宝海琛图之类。

（原注：其间有磨斑者，有钻斑者。）

款彩间犀皮，似攒犀而其文款彩者。

（原注：今谓之款文攒犀。）

嵌蚌间填漆，填漆间螺钿，右二饰文间相反者，文宜大花，而间宜细锦。

（原注：细锦复有细斑地、绮纹地也。）

填蚌间枪金，钿花文枪细锦者。

（原注：此制文、间相反者不可，故不录焉。）

嵌金间螺钿，片嵌金花、细填螺锦者。

（原注：又有银花者，有金银花者，又有间地沙蚌者。）

填漆间沙蚌，间沙有细、粗、疏、密。

（原注：其间有重色眼子斑者。）

裹衣第十五

（原注：以物衣器而为质，不用灰漆者，列在于此。）

皮衣，皮上糙、二髹而成，又加文饰。用薄羊皮者，棱角接合处如无缝缄，而漆面光滑。又用縠纹皮，亦可也。

（原注：用縠纹皮者不宜描饰，唯色漆三层而磨平，则随皮皱露色为斑纹，光华且坚而可耐久矣。）

罗衣，罗目正方，灰缄平直为善，罗与缄必异色，又加文饰。

（原注：灰缄，以灰漆压器之棱，缘罗之边端而为界域者。又加文饰者，可与《复饰第十三·罗纹地诸饰》互考。又等复色数叠而磨平为斑纹者，不作缄亦可。）

纸衣，贴纸三、四重，不露坯胎之木理者佳，而漆漏燥，或纸上毛茨为颣者，不堪用。

（原注：是韦衣之简制，而裱以倭纸薄滑者好，且不易败也。）

单素第十六

（原注：髹器一髹而成者，列在于此。）

单漆，有合色漆及髹色，皆漆饰中尤简易而便急也。

（原注：底法不全者，漆燥暴也。今固柱梁多用之。）

单油，总同单漆而用油色者，楼、门、扉、窗，省工者用之。

（原注：一种有错色重圈者，盆、盂、碟、盒之类，皿底、盒内多不漆，皆坚木所车旋。盖南方所作，而今多效之，亦单油漆之类，故附于此。）

黄明单漆，即黄底单漆也，透明、鲜黄、光滑为良。又有罩漆墨画者。

（原注：有一髹而成者、数泽而成者。又画中或加金，或加朱。又有揩光者，其面润滑，木理灿然，宜花堂之瓶卓也。）

罩朱单漆，即赤底单漆也，法同黄明单漆。

（原注：又有底后为描银，而如描金罩漆者。）

质法第十七

（原注：此门详质法名目，顺次而列于此，实足为法也。质乃器之骨肉，不可不坚实也。）

棬榡，一名坯胎，一名器骨。方器有旋题者、合题者，圆器有屈木者、车旋者，皆要平、正、薄、轻，否则布灰不厚。布灰不厚，则其器易败，且有露脉之病。

（原注：又有篾胎、藤胎、铜胎、锡胎、窑胎、冻子胎、布心纸胎、重布胎，各随其法也。）

合缝，两板相合，或面、旁、底、足合为全器，皆用法漆而加捎当。

（原注：合缝粘者，皆扁绦缚定，以木楔令紧，合齐成器，待干而捎当焉。）

捎当，凡器物，先剚剗缝会之处，而法漆嵌之，及通体生漆刷之，候干，胎骨始固，而加布漆。

（原注：器面窊缺、节眼等深者，法漆中加木屑，斲絮嵌之。）

布漆，捎当后，用法漆衣麻布，以令麵面无露脉，且棱角缝合之处不易解脱，而加垸漆。

（原注：古有用革、韦衣，后世以布代皮，近俗有以麻筋及厚纸代布，制度渐失矣。）

垸漆，一名灰漆，用角灰、磁屑为上，骨灰、蛤灰次之，砖灰、坯屑、砥灰为下。皆筛过，分粗、中、细，而次第布之如左。灰毕而加糙漆。

（原注：用坯屑、枯炭末，加以厚糊、猪血、藕泥、胶汁等者，今贱工所为，何足用？又有鳗水者，胜之。鳗水，即灰膏子也。）

第一次，粗灰漆。

（原注：要薄而密。）

第二次，中灰漆。

（原注：要厚而均。）

第三次，作起棱角，补平窊缺。

（原注：共用中灰为善，故在第三次。）

第四次，细灰漆。

（原注：要厚薄之间。）

第五次，起线缘。

（原注：蠡窗边棱为线缘或界缄者，于细灰磨了后，有以起线挑堆起者，有以法灰漆为缕黏络者。）

糙漆，以之实垸，脵滑灰面，其法如左。糙毕而加麵漆为文饰，器全成焉。

第一次，灰糙。

（原注：要良厚而磨宜正平。）

第二次，生漆糙。

（原注：要薄而均。）

第三次，煎糙。

（原注：要不为皱斳。右三糙者，古法，而髹琴必用之。今造器皿者，一次用生漆糙，二次用曜糙而止。又者赤糙、黄糙，又细灰后以生漆擦之，代一次糙者，肉愈薄也。）

漆际，素器贮水、书匣防湿等用之。

（原注：今市上所售器，漆际者多不和斱絮，唯坑际漆界者，易解脱也。）

尚古第十八

（原注：一篇之大尾。名尚古者，盖黄氏之意在于斯，故此书总论成饰而不载造法，所以温故而知新也。）

断纹。髹器历年愈久，而断纹愈生，是出于人工而成于天工者也。古琴有梅花断，有则宝之；有蛇腹断，次之；有牛毛断，又次之。他器多牛毛断。又有冰裂断、龟纹断、乱丝断、荷叶断、縠纹断。凡揩光牢固者，多疏断；稀漆脆、虚者，多细断，且易浮起，不足珍赏焉。

（原注：又有诸断交出，或一旁生彼，一旁生是，或每面为众断者，天工苟不可穷也。）

补缀。补古器之缺，剥击痕尤难焉！漆之新古、色之明暗相当，为妙。又修缀失其缺片者，随其痕而上画云气，黑髹以赤、朱漆以黄之类，如此五色金钿，互异其色而不掩痕迹，却有雅趣也。

（原注：补缀古器，令缝痕不觉者，可巧手以继拙作，不可庸工以当精制，此以其难可知。又补处为云气者，盖好事家效祭器，画云气者作之，今玩赏家呼之曰云缀。）

仿效。模拟历代古器及宋元名匠所造，或诸夷倭制等者，以其不易得，为好古之士备玩赏耳，非为卖骨董者之欺人贪价者作也。凡仿效之所巧，不必要形似，唯得古人之巧趣与土风之所以然为主。然后考历岁之远近，而设骨剥、断纹及去油漆之气也。

（原注：要文饰全不异本器，则须印模后，熟视而施色。如雕镂识款，则蜡墨干打之，依纸背而印模，俱不失毫厘。然而有款者模之，则当款旁复加一款曰"某姓名仿造"。）